Processo Constitucional Brasileiro

Processo Constitucional Brasileiro

PROPOSTAS PARA A REFORMA

2022

André Rufino do Vale
Fábio Lima Quintas
Georges Abboud
Coordenadores

ALMEDINA

PROCESSO CONSTITUCIONAL BRASILEIRO
PROPOSTAS PARA A REFORMA
© Almedina, 2022
COORDENADORES: André Rufino do Vale, Fábio Lima Quintas, Georges Abboud

DIRETOR ALMEDINA BRASIL: Rodrigo Mentz
EDITORA JURÍDICA: Manuella Santos de Castro
EDITOR DE DESENVOLVIMENTO: Aurélio Cesar Nogueira
ASSISTENTES EDITORIAIS: Isabela Leite e Larissa Nogueira
ESTAGIÁRIA DE PRODUÇÃO: Laura Roberti

DIAGRAMAÇÃO: Almedina
DESIGN DE CAPA: Roberta Bassanetto

ISBN: 9786556276588
Outubro, 2022

Dados Internacionais de Catalogação na Publicação (CIP)
(Câmara Brasileira do Livro, SP, Brasil)

Processo constitucional brasileiro : propostas para a reforma / André Rufino do Vale, Fábio Lima Quintas, Georges Abboud, coordenadores. -- São Paulo : Almedina, 2022.

Vários autores.
Bibliografia.
ISBN 978-65-5627-658-8

1. Direito constitucional 2. Direito constitucional - Brasil 3. Direito processual 4. Direito processual - Brasil I. Vale, André Rufino do. II. Quintas, Fábio Lima. III. Abboud, Georges..

22-117777 CDU-342:347.9(81)

Índices para catálogo sistemático:
1. Brasil : Processo constitucional : Direito 342:347.9(81)
Cibele Maria Dias - Bibliotecária - CRB-8/9427

Este livro segue as regras do novo Acordo Ortográfico da Língua Portuguesa (1990).

EDITORA: Almedina Brasil
Rua José Maria Lisboa, 860, Conj.131 e 132, Jardim Paulista | 01423-001 São Paulo | Brasil
www.almedina.com.br

SOBRE OS COORDENADORES

André Rufino do Vale

Doutor em Direito pela Universidad de Alicante (Espanha) e pela Universidade de Brasília. Estágios de pós-doutorado no Centro de Estudios Políticos y Constitucionales (CEPC-Espanha) e na Universidad Carlos III de Madrid. Mestre em Direto pela Universidade de Brasília e Mestre em Argumentação Jurídica pela Universidad de Alicante. Professor dos cursos de graduação e pós-graduação do Instituto Brasileiro de Ensino, Desenvolvimento e Pesquisa (IDP). Líder do grupo de pesquisa Observatório Constitucional (IDP/CNPq). Procurador Federal da Advocacia-Geral da União.

Fábio Lima Quintas

Pós-doutor em Ciências Jurídico-Processuais pela Faculdade de Direito da Universidade de Coimbra (2021). Doutor em Direito do Estado (Direito Constitucional) pela Universidade de São Paulo (2013). Mestre em Direito e Estado pela Universidade de Brasília (2005). Graduado em Direito pela Universidade de Brasília (2002). É professor do Instituto Brasileiro de Ensino, Desenvolvimento e Pesquisa – IDP (Brasília-DF), vinculado ao programa de pós-graduação, nos cursos de mestrado e doutorado. Advogado.

Georges Abboud

Mestre, Doutor e Livre-docente em direito pela Pontifícia Universidade Católica de São Paulo – PUC-SP. Professor de processo civil da PUC-SP e do programa de mestrado e doutorado em direito constitucional do Instituto Brasiliense de Direito Público – IDP-DF. Advogado e Consultor Jurídico.

SOBRE OS AUTORES

André Rufino do Vale
Doutor em Direito pela Universidad de Alicante (Espanha) e pela Universidade de Brasília. Estágios de pós-doutorado no Centro de Estudios Políticos y Constitucionales (CEPC-Espanha) e na Universidad Carlos III de Madrid. Mestre em Direto pela Universidade de Brasília e Mestre em Argumentação Jurídica pela Universidad de Alicante. Professor dos cursos de graduação e pós-graduação do Instituto Brasileiro de Ensino, Desenvolvimento e Pesquisa (IDP). Líder do grupo de pesquisa Observatório Constitucional (IDP/CNPq). Procurador Federal da Advocacia-Geral da União.

Ariel Uarian
Mestre em Direito Constitucional pelo IDP.

Daniel A. Vila-Nova G.
Jurista (Advogado, Professor, Pesquisador e Árbitro); Doutor em Ciência Política pelo Instituto de Ciências Humanas e Filosofia da Universidade Federal Fluminense (ICHF/UFF); Mestre em Direito, Estado e Constituição pela FD/UnB; e Professor da pós-graduação em Direito da Escola de Direito de Brasília do Instituto de Direito Público (EDB/IDP) e, também, da pós-graduação telepresencial da Unyleya.

Daniel Mitidiero
Professor Associado de Direito Processual Civil dos Cursos de Graduação, Mestrado e Doutorado da Faculdade de Direito da UFRGS.

Fábio Lima Quintas
Pós-doutor em Ciências Jurídico-Processuais pela Faculdade de Direito da Universidade de Coimbra (2021). Doutor em Direito do Estado (Direito Constitucional) pela Universidade de São Paulo (2013). Mestre em Direito e Estado pela Universidade de Brasília (2005). Graduado em Direito pela Universidade de Brasília (2002). É professor do Instituto Brasileiro de Ensino, Desenvolvimento e Pesquisa – IDP (Brasília-DF), vinculado ao programa de pós-graduação, nos cursos de mestrado e doutorado. Advogado.

Gabriela Fonseca de Melo
Mestre em Direito Constitucional pelo Instituto Brasiliense de Direito Público (IDP), Pós-graduada em Direito Sistêmico pela faculdade Innovare e Hellinger Schulle, Pós-graduada em Direito e Processo do Trabalho pela faculdade Mackenzie de Brasília, Graduada em Direito – UDF Centro Universitário, Servidora Pública no Tribunal Superior do Trabalho.

Georges Abboud
Mestre, Doutor e Livre-docente em direito pela Pontifícia Universidade Católica de São Paulo – PUC-SP. Professor de processo civil da PUC-SP e do programa de mestrado e doutorado em direito constitucional do Instituto Brasiliense de Direito Público – IDP-DF. Advogado e Consultor Jurídico.

Ilton Norberto Filho
Mestre e Doutor em Direitos Humanos e Democracia pela Universidade Federal do Paraná (UFPR). Pós-Doutor em Direito Constitucional pela Pontifícia Universidade Católica do Rio Grande do Sul (PUCRS). Professor Adjunto da UFPR e do mestrado e doutorado em Direito Constitucional no IDP (Brasília). Membro da Comissão Nacional de Estudos Constitucionais do Conselho Federal da Ordem dos Advogados do Brasil. Vice-Secretário Geral da Academia Brasileira de Direito Constitucional (ABDConst). Advogado.

Ingo Wolfgang Sarlet
Doutor em Direito pela *Ludwig-Maximillians-Universität-München* (1997). Pós-Doutor pela Universidade de Munique. Professor Titular da Faculdade de Direito e dos Programas de Mestrado e Doutorado em Direito e em Ciências Criminais da Escola de Direito da Pontifícia Universidade

Católica do Rio Grande do Sul (PUCRS). Desembargador aposentado do TJRS e ex-Juiz do TRE/RS. Advogado.

João Costa-Neto
Juiz de Direito do Tribunal de Justiça do Estado de São Paulo (TJSP) e Professor da Faculdade de Direito da Universidade de Brasília (UnB), na graduação e na pós-graduação (mestrado e doutorado). É Doutor e Mestre em Direito, Estado e Constituição pela Universidade de Brasília (UnB). Doutorando em Direito Público pela Humboldt-Universität zu Berlin. Mestre em Direito Romano pela Faculdade de Direito da Universidade de São Paulo (USP). Bacharel e Licenciado em Filosofia pela Universidade de Brasília (UnB). Bacharel em Direito pela Universidade Católica de Brasília (UCB). Foi Juiz Auxiliar em gabinete de Ministro do Supremo Tribunal Federal.

João Paulo Bachur
Advogado, doutor em ciência política pela USP, com pós-doutorado em filosofia pela Universidade Livre de Berlim como *fellow* da Fundação Alexander von Humboldt. Coordenador do mestrado e doutorado em direito constitucional do Instituto de Desenvolvimento, Ensino e Pesquisa (IDP) e professor no programa avançado em gestão pública do Insper/SP.

João Pedro de Souza Mello
Advogado. Mestrando e bacharel em Direito pela Universidade de Brasília (UnB).

João Trindade Cavalcante Filho
Doutor em Direito do Estado pela Universidade de São Paulo. Mestre em Direito Constitucional pelo Instituto Brasiliense de Desenvolvimento, Ensino e Pesquisa (IDP). Consultor Legislativo do Senado Federal. Advogado e professor de Direito Constitucional do IDP.

Jorge Octávio Lavocat Galvão
Professor Adjunto da UnB e da pós-graduação do IDP, Procurador do DF e Advogado. Mestre em Direito pela NYU, Doutor em Direito pela USP e Visiting Researcher por Yale.

Lenio Luiz Streck
Doutor em Direito pela UFSC. Pós-doutorado em Direito pela FDUL. Professor titular da Universidade do Vale do Rio dos Sinos (Unisinos/RS) e da Universidade Estácio de Sá (UNESA/RJ). Membro catedrático da Associação Brasileira de Direito Constitucional - ABDConst. Coordenador do Dasein - Núcleo de Estudos Hermenêuticos. Advogado. Ex-Procurador de Justiça do Estado do Rio Grande do Sul.

Luiz Felipe Gallotti Rodrigues
Acadêmico da Faculdade de Direito da Universidade de Brasília (FD/UnB).

Marco Félix Jobim
Pós-doutor pela Universidade Federal do Paraná. Doutor em Teoria Geral da Jurisdição e Processo pela PUCRS. Mestre em Direitos Fundamentais pela ULBRA/RS. Professor Adjunto dos cursos de graduação e pós-graduação *lato* e *stricto sensu* (mestrado e doutorado) da PUCRS. Advogado.

Matthäus Kroschinsky
Mestrando em direito pela Pontifícia Universidade Católica de São Paulo - PUC-SP. Advogado.

Matheus Pimenta de Freitas
Advogado. Mestrando e bacharel em Direito pela Universidade de Brasília (UnB). Professor de direito constitucional do IDP e coordenador do Grupo de Estudos e Pesquisa em Direito Eleitoral da UnB. Coautor dos livros *Decisões Controversas do STF* (Editora Forense, Rio de Janeiro, 2019), *A Constituição entre o Direito e a Política: O Futuro das Instituições* (Editora GZ, Rio de Janeiro, 2018) e *Forças Armadas e democracia no Brasil: a interpretação do artigo 142 da Constituição de 1988* (Jota, 2020). Contribuiu na elaboração da 13ª e da 14ª edição da obra *Curso de Direito Constitucional*, de autoria de Gilmar Ferreira Mendes e Paulo Gonet Branco (São Paulo: Saraiva, 2018). Desenvolve pesquisas e possui artigos publicados sobretudo na área de Direito Constitucional e de Direito Eleitoral.

Nina Pencak
Doutoranda e Mestre em Finanças Públicas, Tributação e Desenvolvimento pela Universidade do Estado do Rio de Janeiro (UERJ). Cofundadora do

coletivo jurídico Elas Discutem. Professora e Assessora de Ministro no Supremo Tribunal Federal.

Osmar Mendes Paixão Côrtes
Pós-Doutor em Direito Processual Civil pela UERJ. Doutor em Direito pela PUC/SP. Mestre em Direito e Estado pela Unb. Diretor do IBDP. Professor do mestrado/doutorado do IDP. Advogado.

Pedro França Aires
Mestre em Direito pela Pontifícia Universidade Católica de São Paulo – PUC-SP. Advogado.

Pedro Júlio Sales D'Araújo
Doutor em Direito Econômico, Financeiro e Tributário pela Faculdade de Direito da Universidade de São Paulo (USP); mestre pela Faculdade de Direito da Universidade de Brasília (UnB); e especialista em Direito Tributário pela FGV/SP. Foi pesquisador visitante bolsista na Westfälische Wilhelms-Universität Münster (Alemanha). Assessor de Ministro do Supremo Tribunal Federal para assuntos tributários.

Raquel de Andrade Vieira Alves
Doutoranda em Direito Financeiro pela Universidade de São Paulo – USP. Mestre em Finanças Públicas, Tributação e Desenvolvimento pela Universidade do Estado do Rio de Janeiro – UERJ. Ex-Assessora de Ministro no Supremo Tribunal Federal. Autora do livro Federalismo fiscal brasileiro e as contribuições (Rio de Janeiro: Lumen Juris, 2017). Cofundadora do coletivo jurídico Elas Discutem. Advogada

Sandro Marcelo Kozikoski
Mestre e Doutor em Direito das Relações Sociais pela UFPR. Pós-Doutor Universidade de Coimbra – Programa de Pós-Doutoramento em Democracia e Direitos Humanos – *Ius Gentium Conimbrigae*/Centro de Direitos Humanos (IGC/CDH). Professor Adjunto de Direito Processual Civil da UFPR. Capacitação docente em Direito e Economia (FGV-RJ). Ex-Professor Adjunto da Faculdade Nacional de Direito (FND) – UFRJ. Coordenador Científico da Especialização de Direito Processual Civil da ABDConst. Membro da Comissão de Precatórios da Ordem dos Advogados do Brasil,

Seção Paraná (OAB/PR). Vice-Presidente do Instituto Paranaense de Direito Processual (IPDP). Membro do Instituto Brasileiro de Direito Processual (IBDP). Ex-Procurador-Geral do Estado do Paraná. Advogado.

Sofia de Medeiros Vergara
Graduanda em Direito pela Universidade de Brasília (UnB); Editora-Assistente na Revista dos Estudantes de Direito da UnB; membra do Grupo de estudos em Empresarial e Arbitragem da UnB (GEA), membra do Grupo de Estudos sobre Constituição, Empresa e Mercado da UnB (GECEM); membra do Observatório de LGPD; e membra do Women Inside Trade Starters (WIT Starters).

Victor Marcel Pinheiro
Doutorando em Direito do Estado pela Faculdade de Direito da Universidade de São Paulo (USP). *Visiting Scholar* na Universidade de Columbia (EUA). Consultor Legislativo do Senado Federal e Advogado.

NOTA DA COORDENAÇÃO

A Câmara dos Deputados instituiu uma Comissão de Juristas para elaborar anteprojeto de legislação que sistematize as normas de processo constitucional brasileiro[1]. O ato de criação se justifica pela necessidade de consolidação, sistematização e harmonização das normas que tratam do processo e julgamento das ações do controle abstrato de constitucionalidade, das reclamações constitucionais, do mandado de segurança, do *habeas data*, do mandado de injunção e dos recursos extraordinários, atualizando-as com a jurisprudência do Supremo Tribunal Federal.

O Observatório Constitucional, do Instituto Brasileiro de Ensino, Desenvolvimento e Pesquisa (IDP), acompanha de perto os trabalhos dessa Comissão e, portanto, dentro do seu escopo de instituir um espaço aberto de reflexão e de crítica sobre o desenvolvimento do Direito Constitucional no Brasil, apresenta esta obra coletiva que visa reunir diversos estudos e propostas para a reforma legislativa do processo constitucional brasileiro.

A Comissão encarregada de sistematizar as normas de processo constitucional tem pela frente o desafio de reforçar a concretização da Constituição nesse âmbito tão sensível e carente de aprimoramento técnico, mediante a acolhida das boas sugestões doutrinárias e análise das mais relevantes posições adotadas, pelo STF, em sua densa e complexa jurisprudência acerca da tutela de direitos fundamentais.

Os estudos realizados são guiados por duas diretrizes fundamentais para a reforma do processo constitucional.

[1] Ato do Presidente da Câmara dos Deputados, de 24.11.2020 (*DOU* 25.11.2020).

A primeira é a correspondência da legislação à necessária *autonomia* desse ramo processual. Equacionar possíveis caminhos para a jurisdição constitucional no Brasil impõe termos clareza acerca da especificidade do processo constitucional, vale dizer, do seu estatuto científico autônomo em relação aos demais "processos" regrados pelo Direito positivo brasileiro, dado o caráter singular da sua função e dos seus objetos. Assim, é preciso conferir a dimensão metodológica/teórica adequada ao processo constitucional, integrando seu aprendizado nos cursos de graduação, para que o aluno compreenda que o processo constitucional tem teoria, institutos e funções diferentes dos demais ramos processuais, sendo urgente reconhecermos sua autonomia teórica.

A segunda diretriz leva em conta a necessidade atual de maior *sistematização* normativa dos procedimentos e das técnicas de decisão das ações constitucionais. Como é sabido, o processo constitucional brasileiro se caracteriza – e assim se distingue dos modelos do direito comparado – pela quantidade, diversidade e originalidade de ações constitucionais destinadas à garantia dos direitos e à proteção da Constituição. No Brasil, pelo menos no que corresponde ao controle abstrato de normas, observa-se que um sistema que possui essa quantidade e diversidade de ações acaba necessitando, para funcionar com alguma eficácia, de padronização de ritos procedimentais e de técnicas de decisão. E é nessa perspectiva que as propostas para as reformas legislativas nesse campo devem ser conduzidas, com o objetivo de conferir maior sistematização ao processo constitucional.

Em vista dessas duas diretrizes, surgirão várias discussões.

No plano metodológico, mas com repercussão na delimitação da sistematização que se pretende fazer, cabe discutir a abrangência do processo constitucional. Apenas para ilustrar, pode-se indagar se é possível elaborar regras gerais atinentes ao controle de constitucionalidade, difuso e concentrado, que orientem os juízes e tribunais na aplicação da Constituição. Cabe questionar, por exemplo, se o recurso extraordinário e a reclamação constitucional mereceriam ser tratados nessa legislação ou se podem continuar sendo regulados pelo Código de Processo Civil. Igualmente, pode-se indagar se o processo constitucional deve tratar de todos os *writs* constitucionais (mandado de segurança, mandado de injunção, *habeas data* e *habeas corpus*) ou mesmo de ações que encontram previsão normativa na Constituição (ação popular, ação civil pública). Ou se a sistematização do processo constitucional deve limitar-se aos instrumentos processuais específicos do controle concentrado de constitucionalidade.

A busca pela autonomia e pela sistematização do processo constitucional não significa, obviamente, a descaracterização das especificidades de cada ação, levando-se em conta os distintos tipos de pedidos e de causas de pedir que cada uma comporta. Essas especificidades devem ser observadas e analisadas adequadamente. Assim, com o intuito de adotar recortes temáticos, os estudos jurídicos e propostas normativas deste projeto poderão delimitar campos de análise voltados especialmente para determinadas *ações*, *ritos* e *técnicas de decisão* específicos. E deverão ser especialmente abordados, nesse sentido, os *efeitos* e a *execução* das decisões no controle de constitucionalidade.

Nessa perspectiva, a obra está dividida em capítulos temáticos que abarcam, ainda que de modo genérico, os principais tópicos que devem ser enfrentados nas propostas de reforma legislativa do processo constitucional.

Esperamos que os estudos aqui reunidos sejam bem acolhidos pela comunidade acadêmica nas áreas do Direito Constitucional e do Direito Processual Civil e, igualmente, por todos os juristas e políticos interessados no tema, e assim possam de alguma maneira influenciar os debates jurídicos e políticos sobre a reforma do processo constitucional brasileiro.

Brasília, junho de 2022.

André Rufino do Vale
Fábio Lima Quintas
Georges Abboud

SUMÁRIO

I
AUTONOMIA DO PROCESSO CONSTITUCIONAL, UNIFORMIZAÇÃO DE AÇÕES E SISTEMATIZAÇÃO DE PROCEDIMENTOS

I

AUTONOMIA DO PROCESSO CONSTITUCIONAL, UNIFORMIZAÇÃO DE AÇÕES E SISTEMATIZAÇÃO DE PROCEDIMENTOS

1
EM BUSCA DE SISTEMATIZAÇÃO E UNIFORMIZAÇÃO: ALGUMAS PROPOSTAS PARA A REFORMA DO PROCESSO CONSTITUCIONAL BRASILEIRO

ANDRÉ RUFINO DO VALE

Introdução

A Câmara dos Deputados instituiu uma Comissão de Juristas para elaborar anteprojeto de legislação que sistematize as normas de processo constitucional brasileiro[1].

O ato da Câmara dos Deputados se justifica pela reconhecida necessidade de *consolidação*, *sistematização* e *harmonização* das normas que tratam do processo e julgamento das ações do controle abstrato de constitucionalidade, das reclamações constitucionais, do mandado de segurança, do *habeas data*, do mandado de injunção e dos recursos extraordinários, atualizando-as com a jurisprudência do Supremo Tribunal Federal.

Neste artigo, pretendo deixar consignadas algumas propostas para a reforma do processo constitucional brasileiro, sem nenhuma pretensão de ser exaustivo em relação à quantidade de tópicos que podem ser abordados e enfrentados pela Câmara dos Deputados na condução dessa reforma. A intenção deste breve ensaio é apenas a de levantar questionamentos que considero importantes sobre alguns pontos do processo constitucional que podem ser objeto de maiores reflexões e, se for o caso, de mudanças normativas e aperfeiçoamentos institucionais. Começarei dando ênfase à

[1] Ato do Presidente da Câmara dos Deputados, de 24.11.2020 (*DOU* 25.11.2020).

necessidade atual de maior sistematização e uniformização das normas do processo constitucional brasileiro, especialmente em razão da quantidade e diversidade de ações previstas na legislação, para em seguida ressaltar a problemática das medidas cautelares e das técnicas de decisão no controle abstrato da constitucionalidade das normas, e ao final abordarei a questão das liminares no mandado de injunção.

1. Sistematização e uniformização

O processo constitucional brasileiro se caracteriza – e assim se distingue dos modelos do direito comparado – pela *quantidade, diversidade* e *originalidade* de ações constitucionais destinadas à garantia dos direitos e à proteção da Constituição. Ao contrário dos modelos verificados em outros países, o sistema brasileiro não reserva a um único tipo de ação ou de recurso a função de proteção dos direitos fundamentais. Diferentes ações constitucionais estão voltadas a esse objetivo, cada uma com sua especificidade, principalmente, o mandado de segurança – uma criação genuína do sistema constitucional brasileiro, com inspiração no *juicio de amparo* mexicano[2] – o *habeas corpus*, o *habeas data*, o mandado de injunção, a ação civil pública e a ação popular. Essa diversidade de ações constitucionais próprias do modelo difuso é ainda complementada por uma variedade de instrumentos voltados ao exercício do controle abstrato de constitucionalidade pelo Supremo Tribunal Federal, como a ação direta de inconstitucionalidade, a ação direta de inconstitucionalidade por omissão, a ação declaratória de constitucionalidade e a arguição de descumprimento de preceito fundamental.

Talvez o sistema brasileiro não necessitasse de tantas ações para resguardar direitos e proteger a ordem constitucional com a devida eficácia. Em países que também adotam sistemas mistos de controle da constitucionalidade, um conjunto específico (e reduzido) de *writs* constitucionais e de ações ou recursos para o controle abstrato demonstra ser desnecessária a existência de um instrumento processual distinto para cada direito que se queira garantir, assim como uma ação para cada tipo de pedido e/ou de causa de pedir no âmbito do controle em abstrato. Na maioria

[2] Vale, André Rufino do. *Constitucionalismo social completa 100 anos neste dia 5 de fevereiro*. Revista Consultor Jurídico, Coluna Observatório Constitucional, de 4 fevereiro de 2017: https://www.conjur.com.br/2017-fev-04/observatorio-constitucional-constitucionalismo-social-completa-100-anos-neste-fevereiro.

dos países latinos, por exemplo, observa-se a exclusividade do *juicio* e do *recurso de amparo* (civil ou penal), além de poucas *acciones de control de constitucionalidad*[3].

No Brasil, pelo menos no que corresponde ao controle abstrato de normas, observa-se que um sistema que possui essa quantidade e diversidade de ações acaba necessitando, para funcionar com alguma eficácia, de padronização de ritos procedimentais e de técnicas de decisão. Prova disso é que, desde a sua inicial conformação normativa, sobretudo na década de 1990 (especialmente as Leis n. 9.868 e 9.882, de 1999), a ação direta de inconstitucionalidade (ADI) e a ação declaratória de constitucionalidade (ADC) foram tratadas pela doutrina como tendo um *caráter dúplice ou ambivalente*, que as tornam, praticamente, uma mesma ação "com sinal trocado"[4]. E, posteriormente, o próprio Supremo Tribunal Federal acabou tendo que admitir que entre as ações diretas de inconstitucionalidade por ação (ADI) e por omissão (ADO) deve existir a *fungibilidade processual*[5], a qual também é aplicada na relação entre a ação direta de inconstitucionalidade (ADI) e a arguição de descumprimento de preceito fundamental (ADPF), tendo em vista a relação de *subsidiariedade* entre essas ações[6].

Assim, se não se pretende, neste momento, elaborar propostas de reforma do texto constitucional para simplificar o rol de ações do controle em abstrato da constitucionalidade, a sistematização legislativa dos procedimentos e das técnicas de decisão é atualmente fundamental. É sobre esse aspecto que a Comissão precisa se debruçar com maior cuidado, até mesmo ante a necessidade de atualização dos ritos das ações existentes com a jurisprudência do STF.

A sistematização e a uniformização não significam a descaracterização das especificidades de cada ação, levando-se em conta os distintos tipos de pedidos e de causas de pedir que cada uma comporta. Um esforço de consolidação e de padronização, com a manutenção de alguns ritos pró-

[3] FIX-ZAMUDIO, Héctor; FERRER-MAC-GREGOR, Eduardo (coord.). *El Derecho de amparo en el mundo*. México: Editorial Porrúa; 2006.

[4] MENDES, Gilmar Ferreira. *Processo e julgamento da ação direta de inconstitucionalidade e da ação declaratória de constitucionalidade perante o Supremo Tribunal Federal: uma proposta de projeto de lei*. In: *Direitos Fundamentais e Controle de Constitucionalidade*. São Paulo: Celso Bastos Editor; Instituto Brasileiro de Direito Constitucional; 1999, p. 459 e ss.

[5] ADI 875, 1987, 2727 e 3243, Rel. Min. Gilmar Mendes, julgamento em 24.02.2010.

[6] ADPF-QO nº 72, Rel. Min. Ellen Gracie, DJ 2.12.2005.

prios, foi plenamente possível quando elaboramos o projeto de lei sobre a ação direta de inconstitucionalidade por omissão, que se transformou, sem nenhuma modificação de nosso texto originário, na Lei n. 12.063, de 22 de outubro de 2009, que incluiu o capítulo II-A na Lei n 9.868/99. Tive a oportunidade de participar da redação daquele texto e assim posso afirmar que, por exemplo, as redações dos artigos 12-E e 12-H, § 2º, tiveram o objetivo de dar a necessária sistematização dos ritos próprios da ação direta de inconstitucionalidade por omissão (ADO) com os ritos e técnicas de decisão da ação direta de inconstitucionalidade (ADI). Essa sistematização está bem explicada em artigo que publiquei na Revista do CONJUR na época do advento daquela lei (outubro de 2009)[7].

No campo das medidas cautelares, a fungibilidade de ritos procedimentais, ou mesmo de técnicas de decisão, é uma necessidade prática inegável, e isso deve ser considerado pela Comissão. O Supremo Tribunal, por exemplo, há muito já adota, para a medida cautelar em ADPF que determine a suspensão de processos judiciais que envolvam a aplicação da lei impugnada, o prazo de 180 dias para o julgamento definitivo do mérito da ação, previsto para a ADC (art. 21, parágrafo único, da Lei 9.868/99). O STF também já convencionou aplicar, por analogia, o procedimento do art. 12 da Lei 9.868/99, que rege a ADI, para a ADPF, a qual se submete ao rito estabelecido na Lei 9.882/99[8].

2. Resolução do problema das medidas cautelares monocráticas

Em se tratando de medidas cautelares, ressalte-se que a Comissão também terá a oportunidade de propor soluções normativas para o problema atual das medidas liminares decididas de forma monocrática, sobretudo nas ações diretas de inconstitucionalidade. Desde 2012, inclusive em arti-

[7] VALE, André Rufino do. *Os avanços da Lei da Ação Direta de Inconstitucionalidade por Omissão.* Revista Consultor Jurídico, publicado em 29 de outubro de 2009: https://www.conjur.com.br/2009-out-29/avancos-lei-acao-direta-inconstitucionalidade-omissao. VALE, André Rufino do. *A ação direta de inconstitucionalidade por omissão na nova Lei n. 12.063, de 2009.* Revista da Advocacia-Geral da União, n. 95, dez. 2009.

[8] ADPF 137, Rel. Min. Cármen Lúcia, 20.10.2008; ADPF 154, Rel. Min. Cármen Lúcia, 30.11.2008; ADPF 156, Rel. Min. Cármen Lúcia, 19.12.2008; ADPF 177, Rel. Min. Ayres Britto, 02.11.2009; ADPF 179, Rel. Min. Cármen Lúcia, 04.08.2009; ADPF 183, Rel. Min. Ayres Britto, 04.08.2099; ADPF 193, Rel. Min. Cármen Lúcia, 09.10.2009; ADPF 235, Rel. Min. Luiz Fux, 10.06.2011.

gos publicados na Revista do CONJUR[9], tenho afirmado contundentemente que essas medidas cautelares monocráticas são em regra ilegais, por violação à Lei 9.868/99 (art. 10), e inconstitucionais, por afronta ao art. 97 da Constituição. Em estudos mais recentes, também venho afirmando que, além da patente ilegalidade e da evidente inconstitucionalidade, a prática das decisões cautelares monocráticas no controle abstrato de constitucionalidade configura uma completa transgressão de um dos componentes fundamentais da deliberação de uma Corte Constitucional: a colegialidade[10].

A colegialidade representa uma das principais diretrizes para a prática deliberativa de órgãos judiciais colegiados. Como afirmei em estudo aprofundado sobre o tema[11], o termo colegialidade possui uma ambiguidade intrínseca, que o torna plurissignificativo em relação ao fenômeno da deliberação no seio de um órgão colegiado. Desse modo, ele pode fazer alusão a distintos matizes e nuances de uma mesma prática deliberativa – as posturas argumentativas de cada membro em relação ao colegiado e suas respectivas interações; as posições institucionais e os comportamentos sociais e psicológicos individuais e do grupo; os atos e as formas de atuação deliberativa e de tomada de decisão coletiva; etc. – dependendo da perspectiva de análise que se queira adotar.

O aspecto mais saliente das práticas deliberativas de tribunais constitucionais diz respeito à noção que os magistrados cultivam em torno da colegialidade como uma exigência de *imparcialidade* e de *impessoalidade* do órgão judicial, independente das figuras individuais de seus membros. Levando esse aspecto em conta, a colegialidade deve fazer do tribunal constitucional, no plano interno, um *corpo decisório unitário* que impede o desenvolvimento do individualismo e, com isso, contribui à *despersonalização dos magistrados* e à *impessoalidade do órgão judicial*.

[9] VALE, André Rufino do. *Cautelares em ADI, decididas monocraticamente, violam Constituição.* Revista Consultor Jurídico, publicado em 31 de janeiro de 2015: https://www.conjur.com.br/2015-jan-31/observatorio-constitucional-cautelares-adi-decididas-monocraticamente-violam-constituicao

[10] VALE, André Rufino do. *A inconstitucionalidade das decisões cautelares monocráticas no controle abstrato de constitucionalidade.* In: Decisões controversas do STF. Rio de Janeiro: Forense; 2020.

[11] VALE, André Rufino do. *Argumentação constitucional: um estudo sobre a deliberação nos Tribunais Constitucionais.* São Paulo: Almedina; 2019.

Nesse sentido, como se pode perceber, a *unidade institucional*[12] e a *colegialidade* correspondem, respectivamente, aos aspectos externo e interno da ideia de coesão do órgão judicial. Quanto mais conscientes estiverem os membros do colegiado de que constituem apenas uma parte do todo, e quanto maior for a convicção de todos em torno da totalidade de seu conjunto, maior será o grau de colegialidade desse órgão.

Apesar de depender em grande parte das posturas deliberativas individuais (que podem estar vinculadas ao caráter, à personalidade e às virtudes de cada indivíduo), seria possível trabalhar com regras, procedimentos e práticas que favoreçam a colegialidade. Exemplo claro está nas normas e procedimentos que asseguram a isonomia das posições institucionais de cada membro do órgão colegiado – ainda que isso não impeça estabelecer certas prerrogativas próprias da figura distinta de seu presidente –, como a que atribui valor igual de voto a todos – excetuado o voto de qualidade do presidente na hipótese de empate na votação.

Nesse contexto, é crucial o grau de abertura que cada sistema atribui à atuação monocrática dos magistrados. Quanto maiores forem as possibilidades previstas pelo ordenamento de solução de casos por meio de decisões monocráticas, menor será o papel do órgão colegiado e, portanto, menor será o grau de colegialidade do tribunal constitucional em questão.

No direito comparado, é possível observar que outras Cortes Constitucionais não abrem espaço para a atuação monocrática de seus magistrados. É o caso, por exemplo, do Tribunal Constitucional da Espanha, que mantém uma colegialidade muito forte no seio de seu órgão pleno devido ao fato de que naquele tribunal não há nenhuma abertura processual e procedimental para a atuação jurisdicional individual por meio de decisões monocráticas.

A colegialidade é um princípio que deve ser cultivado e preservado na prática deliberativa. Além da previsão e do respeito a certas normas e procedimentos de deliberação, ela exige o empenho e a participação efetiva de todos os integrantes nos momentos deliberativos do tribunal[13]. Pressupõe,

[12] Aqui se trata, especialmente, da unidade institucional do tribunal constitucional em relação ao seu exterior, que exige que o órgão colegiado que o representa se dirija ao público externo com uma única e unívoca voz institucional. As deliberações colegiadas devem sempre se desenvolver tendo como norte a produção dessa manifestação institucional una e inequívoca do tribunal.

[13] Importante mencionar aqui que, na realidade italiana, Giuseppe Branca, então Presidente da *Corte Costituzionale* (em 1970), fez um estudo descritivo e sintético de todo o processo

igualmente, a consideração por parte de cada membro de que as decisões são tomadas por todo o colegiado e não por suas frações ou unidades[14].

A colegialidade, dessa forma, é contrária às posturas individualistas de magistrados e, portanto, pressupõe normas e procedimentos que inibam comportamentos que visem fazer sobressair sua figura ou seus atos individuais em relação ao grupo.

O Supremo Tribunal Federal possui atualmente um sistema de normas, procedimentos e práticas de deliberação que pouco favorecem essa noção de colegialidade. Cultiva-se abertamente no tribunal uma cultura de individualismo e de atuação monocrática por parte de cada magistrado.

Essa característica está presente em diversos aspectos da conformação institucional do tribunal e de sua prática deliberativa, tais como: a ausência de deliberações prévias que impliquem contatos e trocas internas entre os magistrados; a estrutura organizativa e administrativa muito autônoma e independente dos gabinetes dos juízes, que não favorece a prática da intercomunicação; a previsão de amplos poderes concedidos aos magistrados para solucionar definitivamente os processos e recursos por meio de decisões monocráticas; a sistemática de votos individuais em série nas sessões deliberativas, os quais posteriormente são todos individualmente publicados em sua íntegra e também em formato *seriatim* nos acórdãos; a manutenção, por parte de cada magistrado, de contatos diretos com os meios de comunicação, conformando um tribunal institucionalmente fragmentado em suas relações político-institucionais com a imprensa; etc.

decisório na Corte italiana para concluir que a colegialidade está presente quando existe a participação ativa e efetiva de todos os magistrados (*partecipazione attiva, efetiva di tutti i giudici*) em todos os momentos deliberativos no interior do tribunal. Ao final, também atribui à colegialidade um significado muito semelhante ao esboçado neste tópico, no sentido de que ela constitui uma exigência de que as diversas posições individuais componham uma linha comum que seja ou aparente ser objetiva: "*La collegialità, soltanto la collegialità effettiva, del resto, consente alle diverse posizioni individuali di comporsi in uma linea comune che finisce per essere o apparire obiettiva*". BRANCA, Giuseppe. *Collegialità nei giudizi della Corte Costituzionale.* Padova: Cedam; 1970.

[14] Essa noção de totalidade do grupo também corresponde à ideia de colegialidade esboçada por Harry T. Edwards com base em sua experiência de juiz de circuito nos Estados Unidos (United States Court of Appeals for the D.C. Circuit), em que ele deixa enfatizado que "the fundamental principle of collegiality is the recognition that judging on the appellate bench is a *group* process". EDWARDS, Harry T. *The effects of collegiality on judicial decision making.* In: University of Pennsylvania Law Review, vol. 151,n. 5, may 2003, p. 1656.

Portanto, a diretriz de colegialidade, com todas as características aqui ressaltadas, deve servir como norte para reformas institucionais em todos esses aspectos da prática deliberativa do STF.

As hipóteses, sempre excepcionalíssimas, para a concessão monocrática de medidas cautelares no controle abstrato de constitucionalidade devem ser bem delimitadas e definidas normativamente. Se o STF não o faz de modo adequado e suficiente em normas do seu Regimento Interno, cabe então ao Legislador atuar para definir essas hipóteses excepcionais. O quadro atual assim o exige e, dessa forma, é preciso regulamentar o uso do poder geral de cautela pelo Relator nas ações do controle abstrato. Como afirmei em outras ocasiões, esse é um imperativo que decorre da própria divisão funcional dos Poderes.

O fato da existência de leis e atos normativos com vigência suspensa (há anos) por decisão judicial de apenas um indivíduo deveria ser motivo de muita preocupação, especialmente do próprio Supremo Tribunal Federal. A manutenção dessas decisões enseja um estado de coisas inconstitucional, que afronta especialmente a regra constitucional da reserva de plenário, mas que também significa uma afronta a todo o sistema de divisão funcional de poderes e, enfim, à própria democracia representativa.

Enquanto a teoria e a filosofia do direito e da política permanecem discutindo a fundo sobre a (i)legitimidade democrática do poder conferido a um grupo de juízes para suspender e/ou anular (com efeitos gerais) os atos políticos dos demais Poderes, é certo que não resta mais a menor dúvida de que, em uma democracia, um único juiz não deve deter todo esse poder.

Nesse contexto, poderia ser proposta a completa revogação ou a substancial alteração da redação do atual § 1º do art. 5º da Lei 9.882/99, o qual vem sendo utilizado, inclusive por analogia, para o deferimento monocrático de liminares nas ações do controle em abstrato.

Mencione-se, nesse ponto, que o Projeto de Lei n. 7.104/2017 já havia trazido proposta legislativa para vedar as decisões monocráticas de Ministros do STF no controle abstrato de constitucionalidade, tornando-as de competência exclusiva do Plenário da Corte[15]. Conforme o projeto, o art.

[15] O Projeto de Lei n. 7.104/2017, de autoria do Deputado Rubens Pereira Júnior, tem a seguinte justificativa: "O sistema de controle de constitucionalidade brasileiro é um dos mais complexos do mundo, tendo em vista suas nuances, procedimento e, especialmente, em face dos resultados oriundos de suas decisões de mérito ou mesmo cautelares e liminares. Estamos em um momento de extensa e profunda judicialização em todos os aspectos da sociedade,

10 da Lei n. 9.868/99 passaria a conter a seguinte redação: *"Art. 10. Poderá ser concedida medida cautelar na ação direta, exclusivamente, por decisão da maioria absoluta dos membros do Tribunal, observado o disposto no art. 22, após a audiência dos órgãos ou autoridades dos quais emanou a lei ou ato normativo impugnado, que deverão pronunciar-se no prazo de cinco dias".* O projeto também previu a revogação do atual § 1º do art. 5º da Lei 9.882/99 (ADPF), cujo *caput* passaria a ter este texto: *"Art. 5º O Supremo Tribunal Federal, exclusivamente, por decisão da maioria absoluta de seus membros, poderá deferir pedido de medida liminar na arguição de descumprimento de preceito fundamental".*

3. (Re)pensar o art. 12 da Lei n. 9.868, de 1999

Ainda no contexto dos ritos cautelares, a Comissão igualmente poderá enfrentar o que em outro momento denominamos de fenômeno da "*ordinarização*" do procedimento do art. 12 da Lei n. 9.868/99, um patente desvirtuamento de sua finalidade primordial[16]. Como é sabido, a teleologia do art. 12 é permitir ao Tribunal o julgamento definitivo de mérito de forma célere. Sua aplicação, portanto, deve estar condicionada ao efetivo cumprimento dessa finalidade exigida pela norma. Porém, na prática, devido a uma série de fatores que analisamos de modo mais profundo em outro trabalho[17], a instrução dos autos de acordo com o art. 12 comumente leva

especialmente no que tange às questões políticas. Temos recentemente um sem número de decisões em sede de ações específicas do controle de constitucionalidade que geraram situações conturbadas de imenso alcance. E o maior complicador é que tais decisões se efetivam, via de regra, em sede de decisões cautelares, precárias por sua própria natureza jurídica o que, indubitavelmente, gerou uma maior insegurança em seu alcance. O presente Projeto de Lei visa, basicamente, impedir que se conceda decisões de natureza cautelar, liminar ou similares nas ações do controle concentrado de constitucionalidade que não pelo próprio pleno do Supremo Tribunal Federal e por quórum de maioria absoluta dos seus membros. Tal medida, ao nosso julgo, é extremamente necessária visto que dessa forma se impede decisões liminares de natureza monocrática nas aludidas ações o que tem, ao nosso ver, o condão de evitar maiores traumas na ordem jurídica. Modos que nobres pares, a proposta que ora apresentamos vem no sentido de evitar danos de grande monta no que tange a própria segurança jurídica, nesse sentido o julgamos importante e esperamos contar com a aquiescência de Vossas Excelências para sua aprovação".

[16] Mendes, Gilmar Ferreira; Vale, André Rufino do. *Questões atuais sobre as medidas cautelares no controle abstrato de constitucionalidade.* In: Mendes, Gilmar Ferreira; Galvão, Jorge Octavio Lavocat; Mudrovitsch, Rodrigo de Bittencourt (org.). *Jurisdição Constitucional em 2020.* São Paulo: Saraiva; 2016, p. 318.

[17] Mendes, Gilmar Ferreira; Vale, André Rufino do. Questões atuais sobre as medidas cautelares no controle abstrato de constitucionalidade. In: Mendes, Gilmar Ferreira;

o mesmo tempo que a tramitação pelo rito ordinário. Cabe então questionar, tendo em vista o quadro permanente de excesso de processos na pauta de julgamentos do Plenário do STF, como poderia ser repensado o rito do artigo 12 da Lei n. 9.868/99? Quais soluções normativas poderiam proporcionar ao Tribunal a capacidade institucional para um julgamento definitivo célere?

Ante a proposta para se repensar o rito do artigo 12 da Lei n. 9.868/99, o que é necessário neste momento é trabalhar com distintos ritos cautelares alternativos, que possibilitem ao Tribunal atuar de modo célere ante os casos urgentes, inclusive com o julgamento definitivo do mérito, um objetivo sempre visado quando se instituiu o rito especial do art. 12.

Nesse aspecto, é atualmente necessária a previsão normativa da possibilidade da conversão do julgamento de medida cautelar em julgamento definitivo de mérito, o que a própria Corte já admitiu para alguns casos[18]. Como a prática tem demonstrado, presentes determinadas circunstâncias, a conversão do julgamento torna-se praticamente inevitável. E algumas dessas circunstâncias são evidentes. A principal delas é atinente à amplitude e à profundidade da cognição das questões constitucionais suscitadas na ação. Quando o Tribunal, por razões diversas (a maioria das vezes essas razões estão fundadas na importância do tema debatido), passa a realizar, ainda que em julgamento preliminar, a cognição ampla e exauriente das questões presentes no processo, a conversão do julgamento torna-se medida necessária para se consolidar o entendimento fixado naquele momento e evitar que, por vários fatores (o principal é, obviamente, a constante mudança de composição), ele venha a ser modificado tempos (às vezes muito tempo) depois, com graves consequências para a segurança jurídica.

4. A necessária distinção entre técnicas de decisões interpretativas

Além da atenção com os ritos cautelares, a Comissão também terá a oportunidade de trabalhar com a sistematização das diferenciadas técnicas de decisão no controle da constitucionalidade, as quais vem sofrendo diversas adaptações pelo STF na última década.

Alguns avanços observados na jurisprudência já foram devidamente incorporados por algumas leis mais recentes, como a Lei do Mandado de

GALVÃO, Jorge Octavio Lavocat; MUDROVITSCH, Rodrigo de Bittencourt (org.). Jurisdição Constitucional em 2020. São Paulo: Saraiva; 2016, p. 317 e ss.

[18] ADI 4.163, Rel. Min. Cezar Peluso, julgada em 29.2.2012.

Injunção (Lei n. 13.300, de 2016) e a Lei da Ação Direta de Inconstitucionalidade por Omissão (Lei n. 12.063, de 2009), que proporcionaram importantes aperfeiçoamentos nas técnicas de decisão para o controle da omissão legislativa inconstitucional (total e parcial).

As distintas e inovadoras técnicas decisórias precisam agora ser objeto de maior sistematização, em razão do seu potencial para serem aplicadas em todas as ações do controle abstrato.

Um tópico importante, nesse aspecto, diz respeito à necessária distinção normativa entre as técnicas da *intepretação conforme a Constituição* e da *declaração de inconstitucionalidade sem redução de texto*, cuja nítida diferenciação, que há muito tempo já está assentada na teoria[19] e sugerida na disposição do art. 28, parágrafo único, da Lei n. 9.868/99, até hoje não foi adequadamente absorvida pela jurisprudência do STF[20].

Esse é mais um ponto importante para análise da Comissão, a qual poderá avaliar, no campo da distinção teórica entre *texto* e *norma*, as possibilidades de tipificação de técnicas diferenciadas de *decisões interpretativas aditivas* ou *substitutivas*, amplamente reconhecidas no direito comparado[21] e já adotadas pelo próprio STF em alguns casos.

5. Liminares no mandado de injunção

Quanto às ações constitucionais do processo subjetivo, também existem diversas propostas interessantes para o seu aperfeiçoamento, mas que não poderão ser aqui expostas com a profundidade que cada temática merece. De todo modo, não posso deixar de aproveitar esta oportunidade para pontuar um aspecto importante do processo da ação do mandado de injunção, que acabou ficando de fora do texto definitivo da Lei n. 13.300, de 2016.

[19] STRECK, Lenio Luiz; MENDES, Gilmar Ferreira; VALE, André Rufino do. *Comentários ao art. 97 da Constituição*. In: CANOTILHO, J. J. Gomes (*et al.*). *Comentários à Constituição do Brasil*. 2ª Ed. São Paulo: Saraiva; 2018, p. 1437.

[20] Desde o julgamento da Rp. 1.417, Rel. Min. Moreira Alves, a Corte equipara as duas técnicas de decisão.

[21] MORAIS, Carlos Blanco de. *Justiça Constitucional. Tomo II. O contencioso constitucional português entre o modelo misto e a tentação do sistema de reenvio*. Coimbra: Coimbra Editora; 2005, p. 238 e ss. MARTÍN DE LA VEGA, Augusto. *La sentencia constitucional en Italia*. Madrid: Centro de Estudios Políticos y Constitucionales; 2003. DÍAZ REVORIO, Francisco Javier. *Las sentencias interpretativas del Tribunal Constitucional*. Valladolid: Lex Nova; 2001. LÓPEZ BOFILL, Héctor. *Decisiones interpretativas en el control de constitucionalidad de la ley*. Valencia: Tirant lo Blanch; 2004.

Apesar de na época termos feito propostas nesse sentido[22], a Lei do Mandado de Injunção não trouxe a previsão de ritos e técnicas de decisão para a concessão de medidas liminares nessa ação, tendo em vista antiga jurisprudência do STF que não admite esse tipo de provimento nos processos de controle da omissão inconstitucional.

Como se sabe, o Supremo Tribunal Federal nunca admitiu medidas liminares nas ações constitucionais destinadas ao tratamento da omissão inconstitucional, seja em mandado de injunção[23] ou em ação direta de inconstitucionalidade por omissão[24]. A razão estaria no fato de que, nesses casos, a única consequência jurídica de uma decisão final seria a mera comunicação formal, ao órgão legislativo ou administrativo, de sua mora inconstitucional, conforme dispõe o § 2º do art. 103 da Constituição. Assim, não faria qualquer sentido a medida liminar (uma antecipação de tutela) que, satisfativa, viesse apenas a antecipar esse ato formal de comunicação sobre o estado de mora legislativa.

Levando em conta essa jurisprudência, antiga e pacífica, a Lei 13.300/2016 nada dispôs sobre as medidas liminares.

É preciso ter em consideração, no entanto, que há algum tempo a jurisprudência do STF já vem dando sinais de superação daquele vetusto entendimento quanto à eficácia da decisão final nas ações do controle da omissão inconstitucional. A jurisprudência mais recente contém decisões que sugerem prazo razoável para a atuação do legislador[25], determinam a aplicação

[22] Vale, André Rufino do. *Mandado de Injunção: comentários ao projeto de regulamentação.* In: Mendes, Gilmar Ferreira; Vale, André Rufino do; Quintas, Fábio Lima (org.). *Mandado de injunção: estudos sobre a sua regulamentação.* São Paulo: Saraiva; 2013, pp. 203 e ss.

[23] MI 283, Rel. Min. Sepúlveda Pertence, DJ 25.10.1990; MI 313, Rel. Min. Moreira Alves, DJ 14.05.1991; MI 335, Rel. Min. Celso de Mello, pleno, 09.08.1991; MI 323, Rel. Min. Moreira Alves, pleno, 31.10.1991; MI 542, Rel. Min. Celso de Mello, DJ 05.11.1996; MI 621, Rel. Min. Maurício Corrêa, DJ 14.03.2000; MI 636, Rel. Min. Maurício Corrêa, DJ 07.03.2001; MI 647-MC, Rel. Min. Ilmar Galvão, 21.08.2001; MI 712, Rel. Min. Eros Grau, DJ 29.04.2004).

[24] "A suspensão liminar de eficácia de atos normativos, questionados em sede de controle concentrado, não se revela compatível com a natureza e a finalidade da ação direta de inconstitucionalidade por omissão, eis que, nesta, a única consequência político-jurídica possível traduz-se na mera comunicação formal, ao órgão estatal inadimplente, de que está em mora constitucional" (ADI 267, Rel. Min. Celso de Mello, julgada em 25.10.1990).

[25] ADI 3.682, Rel. Min. Gilmar Mendes, julgada em 9.5.2007. "Ação julgada procedente para declarar o estado de mora em que se encontra o Congresso Nacional, a fim de que, em prazo razoável de 18 (dezoito) meses, adote ele todas as providências legislativas necessárias ao cumprimento do dever constitucional imposto pelo art. 18, § 4º, da Constituição, devendo

analógica de outras leis[26], e outras que, em hipóteses de omissão parcial, constituem genuínas decisões manipulativas com efeitos aditivos[27].

De toda forma, o fato é que, no caso da ação direta de inconstitucionalidade por omissão, a Lei 12.063/2009, superando aquela antiga jurisprudência do STF, previu expressamente a medida cautelar nesse tipo de ação, estabelecendo, inclusive, além de ritos cautelares próprios, tipos de decisão cautelar diferenciados.

A Lei 12.063/2009 (art. 12-F, § 1º) estabelece três tipos de decisão em medida cautelar na ação direta de inconstitucionalidade por omissão. Primeiro, poderá o Tribunal suspender a aplicação da lei ou do ato normativo questionado, no caso de omissão parcial. Com efeito, nas hipóteses de cumprimento incompleto ou imperfeito do comando constitucional, haverá conduta positiva do poder legislativo apta a ser suspensa cautelarmente, em razão de excepcional urgência e relevância da matéria, verificadas pelo Tribunal no caso. Segundo, o Tribunal poderá suspender processos judiciais ou procedimentos administrativos nos quais esteja sendo discutida a aplicação de lei ou ato normativo (omissão parcial), providência de

ser contempladas as situações imperfeitas decorrentes do estado de inconstitucionalidade gerado pela omissão. Não se trata de impor um prazo para a atuação legislativa do Congresso Nacional, mas apenas da fixação de um parâmetro temporal razoável, tendo em vista o prazo de 24 meses determinado pelo Tribunal nas ADI nºs 2.240, 3.316, 3.489 e 3.689 para que as leis estaduais que criam municípios ou alteram seus limites territoriais continuem vigendo, até que a lei complementar federal seja promulgada contemplando as realidades desses municípios".

[26] MI 670, Rel. p/ acórdão Min. Gilmar Mendes, julgado em 25.10.2007; MI 708, Rel. Min. Gilmar Mendes, julgado em 25.10.2007."Mandado de injunção conhecido e, no mérito, deferido para, nos termos acima especificados, determinar a aplicação das Leis nos 7.701/1988 e 7.783/1989 aos conflitos e às ações judiciais que envolvam a interpretação do direito de greve dos servidores públicos civis". MI 721, Rel. Min. Marco Aurélio, julgado em 30.8.2007. "Inexistente a disciplina específica da aposentadoria especial do servidor, impõe-se a adoção, via pronunciamento judicial, daquela própria aos trabalhadores em geral – artigo 57, § 1º, da Lei nº 8.213/91".

[27] ADPF 54, Rel. Min. Marco Aurélio, julgada em 12.4.2012. "O Tribunal, por maioria e nos termos do voto do Relator, julgou procedente a ação para declarar a inconstitucionalidade da interpretação segundo a qual a interrupção da gravidez de feto anencéfalo é conduta tipificada nos artigos 124, 126, 128, incisos I e II, todos do Código Penal". Nesse caso, o que o Tribunal fez foi dar interpretação conforme a Constituição, com efeitos aditivos, ao art. 128 do Código Penal, para estabelecer que, além do aborto necessário (quando não há outro meio de salvar a vida da gestante) e do aborto no caso de gravidez resultante de estupro (hipóteses expressamente tratadas pela legislação penal), não se pune o aborto se o feto padece de anencefalia (hipótese não levada em conta pelo legislador).

extrema relevância para evitar estados de insegurança jurídica decorrentes de divergências na interpretação/aplicação da lei ou do ato. Neste ponto, a lei, inegavelmente, busca inspiração na experiência da ADC (art. 21 da Lei nº 9.868/99) e da ADPF (art. 4º, § 3º, da Lei 9.882/99) e sua profícua aplicação pelo STF (por exemplo, ADC 11, ADPF 101, ADPF 130). Em terceiro lugar, a lei trata, ainda, de *"outra providência a ser fixada pelo Tribunal"* em sede de medida cautelar. Se, à primeira vista, a norma parece conferir um exacerbado poder ao Supremo Tribunal Federal, é preciso ponderar, por outro lado, que, na prática, a norma será de extrema importância para a solução dos sempre complexos problemas decorrentes da omissão legislativa (parcial ou total). O dispositivo normativo permite, por exemplo, que o Tribunal, ante a lacuna normativa, determine a aplicação analógica e temporária de outra norma, como o fez em decisão final no conhecido caso da omissão inconstitucional quanto à regulamentação do direito fundamental de greve dos servidores públicos (MI 708, MI 670, MI 712).

Portanto, ante a recente evolução da jurisprudência do STF e o advento da Lei 12.063/2009, que disciplinou a medida cautelar em tema de omissão inconstitucional, parece não mais subsistir a justificativa que, com base na antiga jurisprudência do STF, conclui pela impossibilidade da decisão liminar no mandado de injunção.

Poder-se-ia argumentar, de todo modo, que a disposição geral (art. 14) da Lei n. 13.300/2016 que determina a aplicação subsidiária ao mandado de injunção da Lei do Mandado de Segurança (Lei 12.016/2009) e do Código de Processo Civil poderiam suprimir essa lacuna e tornar possíveis os provimentos cautelares (aplicando a lei do mandado de segurança, art. 7º, III) e antecipatórios da tutela (aplicando o CPC) também no mandado de injunção.

A previsão legal da medida liminar no mandado de injunção é algo que, no atual desenvolvimento da jurisprudência do STF e da legislação sobre a omissão inconstitucional (especialmente a Lei 12.063/2009), deve ser objeto de apreciação da Comissão. A simples previsão de aplicação subsidiária ao processo do mandado de injunção da Lei do Mandado de Segurança e do Código de Processo Civil (art. 14 da Lei n. 13.300/2016) não proporciona o devido tratamento às especificidades das medidas liminares em tema de omissão inconstitucional. Como se pode constatar na Lei 12.063/2009, o rito específico e os tipos diferenciados de decisão liminar são especialmente distintos do que prevê a legislação ordinária quanto ao tema, seja nas ações do controle abstrato de constitucionalidade (Leis 9.868/99 e 9.882/99), no Mandado de Segurança (Lei 12.016/2009) ou no Código de Processo Civil. Portanto, o tratamento específico e diferenciado se justifica tendo em vista a própria natureza especial das ações constitucionais que têm por objeto a omissão legislativa.

A liminar no mandado de injunção poderia assumir aspectos diferenciados conforme se esteja diante de omissão total ou omissão parcial. No caso de omissão total, presentes os requisitos gerais da plausibilidade jurídica do pedido e o receio de dano irreparável ou de difícil reparação, a liminar poderia assumir a forma de uma típica antecipação da tutela, determinando a aplicação analógica e temporária de outra lei, até o julgamento definitivo da ação. No caso de omissão parcial, a liminar poderia consistir na suspensão da lei ou ato normativo impugnado, até o julgamento final do mandado de injunção, hipótese em que a decisão assume a forma de um provimento cautelar destinado a assegurar o resultado útil da decisão de mérito. Não obstante, não pode ser descartada a possibilidade de que, também na hipótese de omissão parcial, a liminar possa assumir a forma de uma antecipação de tutela, determinando a provisória aplicação analógica de outra lei para os casos não previstos na norma contestada, até o julgamento definitivo de mérito. Ademais, seria recomendável uma disposição geral que, tal como aquela prevista na Lei 12.063/2009, colocasse à disposição do Tribunal um poder geral de cautela para enfrentar os difíceis problemas relacionados ao tema da omissão inconstitucional. Assim, a lei poderia conter a cláusula geral que abre espaço para "outra providência a ser fixada pelo Tribunal" em sede de medida cautelar.

Conclusões

Enfim, estas são apenas algumas sugestões para a necessária reforma do processo constitucional brasileiro. Espera-se, agora, que a nova Presidência da Câmara dos Deputados mantenha os trabalhos da Comissão de Juristas e forneça as condições institucionais para o seu pleno desenvolvimento.

2
O PROCESSO CONSTITUCIONAL: SUA AUTONOMIA E SEUS DESAFIOS CONTEMPORÂNEOS

GEORGES ABBOUD

Considerações iniciais

Qualquer sugestão que hoje em dia se faça, em prol do aprimoramento da jurisdição constitucional brasileira, deve levar em conta não só os difíceis meandros da nossa realidade imediata, como também um conceito muito claro de *processo constitucional.*

A afirmação parece óbvia e até meio acaciana. Mas o Brasil de 2020 e 2021 não nos permite deixá-la passar, como se, num assunto tão sério, bastasse o subentendido. É que, nos últimos tempos, defendeu-se que a Constituição Federal conferiu às Forças Armadas uma espécie de Poder Moderador, entendeu-se que o Supremo teria cerceado a liberdade –ou melhor, o dever – de ação do Presidente da República frente a uma crise sanitária, entre outras coisas.

Nosso objetivo, com este artigo, é, em primeiro lugar, defender que o conceito de processo constitucional mais adequado aos desafios da contemporaneidade é o que lhe confere plena dignidade e autonomia científicas. Em segundo lugar, um conceito forte de processo constitucional está intimamente relacionado à defesa da democracia.

Ao final, desenharemos, ainda que brevemente, os obstáculos que se apresentam à autonomia do processo constitucional na pós-modernidade. Em nossa opinião, o enfrentamento da crescente complexidade social, mediante o uso da chamada *razão procedural,* é a baliza mais importante de qualquer intenção reformadora que se projete sobre o processo constitucional brasileiro.

1. A dignidade e a autonomia científicas do processo constitucional

Quanto mais se estuda o processo constitucional, seja no âmbito da doutrina ou no da teoria, confirma-se a conclusão de que se trata de um autêntico ramo do direito, que possui bases científicas autônomas.[1]

O jurista alemão Peter Häberle, concordando com essa assertiva, entende o processo constitucional como instância instrumentalizadora da "abertura da Constituição aos seus intérpretes", relacionando esse ramo do direito à tese de que o texto constitucional deve ser interpretado como um contrato, de modo que, nele, todos os cidadãos se vejam incluídos, sem os onerar excessivamente, nem os submeter a cisões sociais.[2]

O processo constitucional se assume, portanto, nessa perspectiva, como um *locus* privilegiado para a proteção e a implementação dos direitos fundamentais.[3] Por isso é possível conceituá-lo, como o fez Eduardo Ferrer Mac-Gregor, como a disciplina jurídica encarregada do estudo sistemático da jurisdição, da magistratura e dos órgãos e garantias constitucionais, compreendendo estas últimas como instrumentos preponderantemente processuais, dirigidos à proteção e à defesa dos valores, princípios e normas de caráter fundamental.[4]

Daí o cuidado que todos devemos ter para não transformar a jurisdição constitucional, especialmente nos tempos de hoje, em um espaço para todo tipo de ativismo. A judicialização excessiva e intransigente de pautas políticas ativistas transforma a jurisdição constitucional em palco de batalhas políticas, culminando por diversas vezes na própria fragilidade da jurisdição constitucional. A encenação desse espetáculo nocivo faz com que o Judiciário deixe de ser julgador de conflitos e se converta em distribuidor

[1] Sobre a autonomia do processo constitucional, MAC-GREGOR, Eduardo Ferrer. *Derecho procesal constitucional*: origen científico (1928-1956), Madrid: Marcial Pons, 2008.

[2] HÄBERLE, Peter. *La* Verfassungsbeschwerde *nel sistema dela giustizia tedesca*, Milano: Giuffrè Editore, 2000, p. 24; HÄBERLE, Peter. El tribunal constitucional como poder político. *In:* HÄBERLE, Peter. *Estudios sobre la jurisdicción constitucional*, México: Editorial Porrúa, 2005, 3.b, p. 108-109.

[3] FALCÓN, Enrique. El derecho procesal constitucional: teoria general, nacimiento y desarrollo de la disciplina, contenido, autonomia científica. *In:* MAC-GREGOR, Eduardo Ferrer e LARREA, Arturo Zalvídar Lelo de (org.). *La ciencia del derecho procesal constitucional.* Estudios em homenaje a Héctor Fix-Zamudio en sus cinquenta años como investigador del derecho. México: Marcial Pons, 2008, v. VII, p. 454.

[4] MAC-GREGOR, Eduardo Ferrer. *Panorámica del Derecho procesal constitucional y convencional*, Madrid: Marcial Pons, 2013, p. 49.

de derrotas políticas para tal ou qual grupo. Ou seja, no lugar de promover a atividade integrativa dos cidadãos, a jurisdição constitucional, se privada da autonomia que lhe confere um conceito forte de processo constitucional, torna-se mais um elemento de segregação social.

Sem esse alerta, que já fizemos repetidas vezes[5], não é possível dimensionar corretamente os limites de atuação do Supremo Tribunal Federal, enquanto guardião da constituição, nem compreender a importância do processo constitucional.

De acordo com o Mac-Gregor, a ciência do direito processual constitucional adquiriu relevância com a criação dos Tribunais Constitucionais, especialmente depois do surgimento da Corte Constitucional Austríaca, e da publicação da obra de Hans Kelsen.[6]

Hoje em dia, o direito processual constitucional compreende duas realidades: análise histórico-social e estudo científico. O estudo científico pode ser estruturado em quatro etapas[7]: (1ª) *Precursora* (1928-1942), que se inicia com as obras de Kelsen[8] sobre as garantias constitucionais e se projeta a partir do debate estabelecido entre ele e Schmitt acerca de quem deveria ser o guardião da Constituição[9]; (2ª) *Descobrimento processual* (1944-1947), na qual se deve a Alcalá-Zamora y Castillo a advertência sobre o direito processual constitucional figurar como ramo científico autônomo; (3ª) *Descobirmento dogmático processual* (1946-1955), etapa em que o processo passa a ser desenvolvido junto das tendências do constitucionalismo, podendo-se falar em correlação entre constitucionalismo e processo. Nesse período, as principais contribuições doutrinárias são as de Couture[10], em razão de seus

[5] ABBOUD, Georges. *Processo Constitucional Brasileiro*, 5ª ed., São Paulo: Thomson Reuters Brasil/Ed. Revista dos Tribunais, 2021, p. 484.

[6] MAC-GREGOR, Eduardo. *Derecho procesal constitucional*, cit, VI, p. 64.

[7] Sobre o desenvolvimento do processo constitucional também pode ser consultado: GOZAÍNI, Osvaldo Alfredo. *Introducción al derecho procesal constitucional*, Buenos Aires: Rubinzal – Culzoni Editores 2006, p. 48-52.

[8] Para o exame do processo constitucional na obra de Kelsen, ver: GOZAÍNI, Osvaldo Alfredo. *Introducción al derecho procesal constitucional*, cit., 9.1, p. 55-59.

[9] Sobre a polêmica, ver: SCHMITT, Carl. *La defesa de la Constitución*, Madrid: Tecnos, 1983; KELSEN, Hans. *Quién debe ser el defensor de la Constitución?*, Madrid: Tecnos, 1995. Para uma análise crítica, conferir: BEAUD, Olivier. *Kelsen contre Schmitt*: um dialogue de sourds, *In:* BEAUD, Olivier e PASQUINO, Pasquale. *La controverse sur "le guardien de la Constitution" et la justice constitutionelle.* Kelsen contre Schmitt, Paris: Editions Panthéon-Assas, 2007.

[10] Examinando o conceito de processo constitucional na obra de Couture, conferir: GOZAÍNI, Osvaldo Alfredo. *Introducción al derecho procesal constitucional*, cit., 9.3, p. 62-64.

estudos sobre garantias constitucionais, com destaque, também, para os escritos dogmáticos a respeito de jurisdição e processo constitucional de Calamandrei[11] e Cappelletti[12]; e (4ª) *Definição conceitual e sistemática* (1955-1956), última etapa científica do processo constitucional, na qual, graças às contribuições de Héctor Fix-Zamudio[13], foram lançadas as premissas teóricas fundamentais para caracterizar o direito processual constitucional como disciplina processual autônoma.

Por fim, do ponto de vista histórico[14] e social, o direito processual constitucional se refere aos instrumentos jurídicos de proteção dos direitos humanos[15] e também da proteção do próprio direito, na medida em que é na jurisdição constitucional, seja por meio de processos subjetivos ou de controle concentrado de constitucionalidade, que os direitos fundamentais são resguardados em última instância.

Assim, o Tribunal Constitucional, quando assegura a preservação dos direitos fundamentais e da Constituição Federal, confere integridade e coerência ao ordenamento.

2. A importância democrática de um processo constitucional autônomo

Das definições que fornecemos acima, uma circunstância se impõe com clareza total: a autonomia do processo e da jurisdição constitucionais está ligada, intimamente, coma a defesa da democracia.

Vivemos, hoje, sob a pressão de dois grandes ideais políticos: a *democracia* e o *constitucionalismo*. Erguidos em resposta às tragédias do século passado, a esperança é de que, cultivando-os intensamente, os campos de concentração do Alemanha nazista, os *gulags* do regime soviético e as torturas da nossa ditadura militar brasileira não se repitam.

[11] Analisando o processo constitucional na doutrina de Calamandrei, ver: GOZAÍNI, Osvaldo Alfredo. *Introducción al derecho procesal constitucional*, cit., 9.2, p. 59-62.

[12] Analisando o processo constitucional desenvolvido por Cappelletti, consultar: GOZAÍNI, Osvaldo Alfredo. *Introducción al derecho procesal constitucional*, cit., 9.4, p. 64-68

[13] Ver: GOZAÍNI, Osvaldo Alfredo. *Introducción al derecho procesal constitucional*, cit., 9.4, p. 64-68. A principal obra de Fix-Zamudio é *La garantía jurisdicional de la constitución mexicana.* Ensayo de uma estructuración procesal del amparo, de 1955, publicada parcialmente, no ano seguinte, em diversas revistas mexicanas.

[14] Para uma análise da origem histórica do processo constitucional, ver: FALCÓN, Enrique. El derecho procesal constitucional: teoria general, nacimiento y desarrollo de la disciplina, contenido, autonomia científica, cit., v. III, p. 442-445.

[15] MAC-GREGOR, Eduardo. *Derecho processual constitucional*, cit., XIII, p. 138.

Se pesquisássemos na *Internet* o que se entende por democracia, chegaríamos por certo a esta definição superficial: uma forma de governo na qual a população decide, por si própria, segundo a lógica da maioria, as regras que orientam a convivência dos indivíduos.

Aplicando o mesmo método ao constitucionalismo, talvez obtenhamos a seguinte fórmula, que já indica sua natureza mais "incomum" ou "acadêmica": o sofisticado mecanismo de contenção da autonomia popular, que sujeita a liberdade a uma lei superior (*v.g.* a Constituição de 1988 e os direitos que ela qualifica como fundamentais) e a certos limites impostos pela vontade das maiorias políticas.

Defini-las dessa forma e, na sequência, afirmar que vivemos numa *democracia constitucional* nos coloca, parece, diante de um paradoxo[16]. Afinal, como poderíamos justificar um modelo de governo que une dois elementos incompatíveis, um majoritário, que preza a maioria (democracia), e outro contramajoritário, que se lhe opõe (constitucionalismo)?

Nas democracias contemporâneas, a jurisdição constitucional assegura a proteção das minorias e dos direitos fundamentais contra maiorias eventuais.

Tal concepção tornou praticamente uníssono o entendimento de que, hoje em dia, o processo constitucional, dotado que é de envergadura democrática, pode ser definido como o subsistema processual responsável por assegurar a solução dos conflitos jurídicos de ordem constitucional do Estado, bem como – na linha do que já afirmamos – o *locus* privilegiado para a proteção e implantação dos direitos fundamentais.

Em obra dedicada à análise da relação entre Tribunal Constitucional e minoria política, José A. Montilla Martos ressalta a função contramajoritária da jurisdição constitucional, afirmando que, nos Estados Unidos, a justiça constitucional se originou com a finalidade de servir de instrumento judicial para a proteção da minoria, enquanto, na Europa, seu desenvolvimento e consolidação ocorreram depois da 2.ª Guerra Mundial, por conta da afirmação dos valores da democracia pluralista em face dos totalitarismos.[17]

[16] MICHELMAN, Frank Isaac. *Brennan and Democracy*, Princeton: Princeton University Press, 2005, pp. 5-6.

[17] José A. Montilla Martos. *Minoria Política & Tribunal Constitucional*, Madrid: Trotta, 2002, n. 3.1, p. 86.

Nesse contexto, se, por um lado, o catálogo de direitos fundamentais constituía uma garantia formal para o pluralismo social, a jurisdição constitucional é o que a tornava efetiva, apresentando-se como o instrumento hábil para a recomposição de grupos desarticulados e autorreferentes no que tange à defesa jurídica dos valores democráticos reconhecidos no pacto constitucional. Daí se vincular a legitimidade da jurisdição constitucional à legitimidade da minoria frente à maioria.[18] Eis a razão de existir da jurisdição constitucional na democracia contemporânea, que ela só consegue efetivar mediante um processo constitucional autônomo.

3. Os desafios do processo constitucional brasileiro na contemporaneidade

Mesmo tendo tudo isso em mente, é preciso admitir que a jurisdição constitucional está passando por relevantes transformações.

Sem abandonar seus papéis tradicionais, ela é constantemente confrontada com a complexidade social crescente e com a necessidade de dialogar, seja com os outros Poderes ou com outros saberes metajurídicos, impostos muitas vezes pela globalização ou pelas novas tecnologias.

O grande desafio aqui é justamente o de promover o diálogo sem perder sua autonomia, e isso exige grandeza dos agentes incumbidos do exercício da jurisdição constitucional em cada Estado.

Na realidade, há uma correspondência entre as transformações sofridas pela jurisdição constitucional e a complexidade que lhe foi imposta a decidir. Ou seja, na medida em que temas de alta complexidade passaram a ser submetidos à jurisdição constitucional, esta foi forçada a se preparar mediante criação de novas técnicas e instrumentos para tanto.

Nessa linha, a jurisdição constitucional foi aperfeiçoando ferramentas para solucionar, de forma qualitativa, a complexidade crescente dos casos a ela submetidos. Consequentemente, foram desenvolvidas, por exemplo, técnicas interpretativas como arguição de nulidade sem redução de texto e interpretação conforme a Constituição.

Do mesmo modo, estruturou-se a possibilidade de correção legislativa por meio do efeito aditivo e o controle dos efeitos da decisão de inconstitucionalidade mediante diversas formas de utilização da modulação de efeitos.

[18] José A. Montilla Martos. *Minoria Política & Tribunal Constitucional*, Madrid: Trotta, 2002, n. 3.2, p. 93-94.

Demais disso, de órgão puramente controlador, a jurisdição constitucional desempenha, cada vez mais, papel de corretora e (re)construtora dos atos dos demais poderes, mediante decisões interpretativas, aditivas e limitativas. Na contemporaneidade, também se exige dela o desempenho de uma função regulamentadora, o que torna necessário, por conseguinte, conferir-lhe instrumentos mais adequados ao atingimento desse desiderato.

Em outras palavras: pensar a função regulamentadora da jurisdição constitucional, tendo por base somente o modelo tradicional do paradigma da decisão, não é suficiente. Isso porque a decisão judicial é, por diversas vezes, incapaz de absorver a complexidade ínsita ao dever de regulamentação, que impõe à jurisdição constitucional a crescente demanda de trabalhar com prognoses, fazendo uso do consequencialismo normativo como elemento imprescindível a ser incorporado na atuação da jurisdição constitucional.

Cada vez mais, a jurisdição constitucional é desafiada, não pela decisão do presente, mas sim em assegurar, a partir de sua decisão, a regulamentação futura de temas sensíveis à sociedade de modo que a arquitetura da tradicional decisão de inconstitucionalidade precisa ser repensada para assegurar essa atuação para o futuro.

Atualmente, a jurisdição constitucional precisará aperfeiçoar e criar novas técnicas para o enfrentamento da complexidade contemporânea, *e.g.*, diálogo constitucional entre Poderes, produção de decisões negociadas, estruturadas e provisórias, bem como a inserção e criação de padrões normativos para trabalharmos com o consequencialismo na jurisdição constitucional.

Justamente a respeito desse tema, Ricardo Campos faz uma das mais perspicazes análises acerca desse movimento, em que a jurisdição constitucional é vista não mais sob a ótica estritamente normativa, mas também *cognitivista*. Nesse novo paradigma, a jurisdição constitucional:

> possuiria um *modus operandi* metodológico distinto ao colocar em primeiro plano as consequências da decisão como argumento jurídico para fundamentá-la. Em outras palavras, a fonte primária do Direito passa da constituição para prognósticos das possíveis consequências da decisão.[19]

[19] CAMPOS, Ricardo. A transformação da jurisdição constitucional e o perigo do consequencialismo. *Consultor Jurídico*. Disponível em: [https://www.conjur.com.br/2020-fev-11/ricardo-campos-juris- dicao-constitucional-perigo-consequencialismo].

A jurisdição constitucional vista nesse novo modelo, prossegue Campos, rompe com a tradição do *iura novit curia*, na qual as partes do litígio trazem ao juiz os elementos de conhecimento e a Corte, que "conhece a lei", tão somente determina a solução da lide.

No modelo cognitivista, o juiz é também um partícipe na prognose dos efeitos de sua decisão, e sua posição de agente político dentro de um Estado Constitucional desponta como nunca antes.

Não se trata de qualquer forma de protagonismo judicial, por nós combatido incessantemente. Trata-se de reconhecer que a complexidade social requer a abertura do direito a outros saberes, sob a forma de diálogo, para que possa calibrar sua atividade decisória e produzir um comando simultaneamente constitucional e produtor de boas consequências institucionais.

Determinadas complexidades contemporâneas constituem paradoxos que não podem ser tratados ou solucionados por meio da lógica estrita da decisão judicial (procedente/improcedente), daí a necessidade de essa dimensão *cognitivista* ser empregada.

Igualmente, ressaltamos que não se trata da mera lógica *law and economics*, na qual o discurso jurídico é consumido pela retórica mercadológica, mas, antes, de uma postura de humildade do próprio direito em reconhecer que precisa, para bem decidir, de elementos que fogem ao conhecimento jurídico tradicional. Daí a afirmação de Campos de que o "consequencialismo é inevitável".

A jurisdição constitucional ultrapassa suas próprias fronteiras originais de racionalização do poder político e promoção dos direitos fundamentais. Ela assume um papel central nas prognoses decisórias, e se reconhece como uma partícipe cada vez mais importante da realização da Constituição, sem que isso signifique qualquer mitigação de sua autonomia. Trata-se, na realidade, de um aperfeiçoamento da jurisdição constitucional, dentro dos limites normativo-constitucionais, para proporcionar uma maior absorção de complexidade.

Promover o diálogo sem perder a autonomia é justamente o desafio. Daí propormos, uma *hermenêutica integrativa* que atenda o papel de reunir os elementos centrais do ordenamento que, possibilitando uma aproximação do juiz com os fatos, facilite a realização da prognose decisória sem afastamento das balizas normativo-constitucionais. No centro desse universo de elementos está a conjugação do CPC 489, § 1º, que diz ao juiz como se justifica uma decisão no modelo da CF, com a LINDB 20/30, que dá atenção específica à aproximação entre o sujeito cognoscente e os fatos, ao passo que igualmente dá balizas para uma calibragem consequencialista adequada, se bem lida.

Ricardo Campos nos apresenta a rica experiência alemã que, desde a década de 1970, vem se utilizando de um "modelo chamado 'modelo de margens de previsão escalonadas' (*Modell abgestufter Prognosenspielräume*) que visa conferir contornos mais claros à inserção de elementos prognósticos na decisão".

Num primeiro momento, o Tribunal concederia ao legislador uma "prerrogativa de prognose", assumindo que o processo legislativo permitiu certa absorção de conhecimento técnico metajurídico. A partir daí o julgador avaliaria os efeitos decorrentes da lei criada, com um dever de "observação e correção (*Beobachtungs- und Nachbes- serungspflicht*)", corrigindo a legislação produzida se os efeitos dela decorrentes se mostrarem, parcial ou totalmente, equivocados.

Em nossa opinião, trata-se de abordagem que. antes de qualquer coisa, dignifica a legislação, já que prestigia o produto criado por aqueles que detém legitimidade democrática para tanto. A partir daí qualquer "correção" nos rumos da legislação por um viés prognóstico deve ocorrer por meio do diálogo, em um primeiro momento interinstitucional (diálogo constitucional entre os Poderes), para, após, colher os bons argumentos da sociedade e dos segmentos técnicos especializados, formando, por fim, uma decisão dentro das balizas constitucionais e alimentada pelo diálogo democrático.

A complexidade contemporânea impôs ao direito desafios decisórios e regulatórios que exigem formas de tratamento e abordagem sensíveis às incertezas que lhe são ínsitas. Daí termos defendido, no item anterior, que a jurisdição constitucional está sendo forçada, com cada vez mais frequência, a lidar com prognoses e a enfrentar questões indecidíveis perante perspectiva tradicional da decisão.

Na contemporaneidade, consideramos, portanto, ter havido o redimensionamento da esfera constitucional, tornando necessário que a jurisdição constitucional passe a agir para além da decisão, de forma a regulamentar temas cada vez mais complexos e dinâmicos, bem como lidar com um número crescente de paradoxos.

Conclusões

Na contemporaneidade, consideramos, portanto, ter havido o redimensionamento da esfera constitucional, tornando necessário que a jurisdição constitucional passe a agir para além da decisão, de forma a regulamentar temas cada vez mais complexos e dinâmicos, bem como lidar com um número crescente de paradoxos.

A sistematização do processo constitucional em um *corpus* coeso reforça o estatuto científico de que ele dispõe frente aos demais ramos do Direito, o que impõe, necessariamente um tratamento legislativo que compreenda tal desafio.

Valendo-nos de uma analogia simplória, se a LINDB 22 prevê que a interpretação – judicial, administrativa ou controladora – de normas (*rectius*, textos legais) sobre gestão pública deve considerar *"os obstáculos e as dificuldades reais do gestor e as exigências das políticas públicas a seu cargo"*, o legislador não pode se furtar de tomar em consideração os "obstáculos e dificuldades" reais do processo constitucional enquanto ciência autônoma.

É inequívoco que a chamada "constitucionalização" do Direito, enquanto processo irradiador dos ditames constitucionais a todos os ramos do direito positivo, ocorre de duas formas principais: 1) hermenêutica; e 2) legislativa.

Por meio da hermenêutica, o intérprete busca adequar o sentido da legislação infraconstitucional às bases da Constituição Federal, por meio de técnicas especificas como, por exemplo, as sentenças interpretativas, manipulativas e aditivas[20], as quais reforçam a autonomia científica do processo constitucional. Tornadas possíveis em virtude da recepção, pela teoria do direito, do descolamento fundamental entre *texto* e *norma*, tais mecanismos prestigiam a manutenção do produto legislado, em detrimento à declaração de sua inconstitucionalidade.

Noutro giro, a mais comum e talvez mais eficiente forma de *constitucionalização* (com todas as ressalvas desse termo) do direito é a que se dá por meio da atividade legislativa, que concretiza a ordem da Constituição com a criação de leis novas, ou pela alteração das que já existem.

O melhor exemplo recente dessa modalidade de constitucionalização do direito foi o chamado pacote "anticrime" (Lei 13.964/2019), que alterou profundamente a legislação penal e processual penal brasileira.

[20] Abboud, Georges. *Processo Constitucional Brasileiro*, 5.ª ed., São Paulo: Thomson Reuters Brasil/Editora Revista dos Tribunais, 2021, itens 3.23-3.25, p. 761-786.

Além de incluir a figura do "juiz de garantias" (CPP 3º-B), a reforma acentuou de forma irretocável o dever de motivação das decisões judiciais (CF 93, IX), calcada na facticidade específica do caso concreto, *v.g.*CPP 282, §6º, CPP 315, §2º (que consistem na reprodução *ipsis litteris* do CPC 489, §1º, e que tratam de enrijecer os critérios para que se considere qualquer decisão judicial devidamente fundamentada) e o CPP 316 parágrafo único (que introduziu a revisão periódica e fundamentada das prisões preventivas).

Qualquer proposta de reforma do processo constitucional brasileiro terá pela frente o desafio de reforçar a concretização da Constituição nesse âmbito tão sensível e carente de aprimoramento técnico, mediante a acolhida das boas sugestões doutrinárias e análise das mais relevantes posições adotadas, pelo STF, em sua densa e complexa jurisprudência acerca da tutela de direitos fundamentais.

Não se pode deixar de reconhecer que o trabalho será imensamente facilitado pelo arcabouço legislativo de qualidade do qual dispomos, tais como a LADIn e LADPF, que sistematizam o processamento das ADIns, ADCs e ADPFS; a recente Lei do Mandado de Injunção (Lei nº 13.300/2016), que contribuiu imensamente para a efetividade desse remédio constitucional essencial, no que diz respeito à fixação das possibilidades de atuação legislativa positiva provisória do STF nos casos de injunções concedidas (LMI 8º, II) e à concessão de eficácia *ultra partes* ou *erga omnes* à decisão (LMI 9º, §1º). E não se pode deixar de mencionar o relevante serviço prestado pelo CPC vigente ao ampliar o regramento das reclamações constitucionais[21], tornando-as mais aptas ao enfrentamento das complexidades impostas à jurisdição constitucional.

Referências

Abboud, Georges. *Processo Constitucional Brasileiro*, 5ª ed., São Paulo: Thomson Reuters Brasil/Ed. Revista dos Tribunais, 2021.

Beaud, Olivier. *Kelsen contre Schmitt*: um dialogue de sourds, *In:* Beaud, Olivier e Pasquino, Pasquale. *La controverse sur "le guardien de la Constitution" et la justice constitutionelle.* Kelsen contre Schmitt, Paris: Editions Panthéon-Assas, 2007.

Campos, Ricardo. A transformação da jurisdição constitucional e o perigo do consequencialismo. *Consultor Jurídico.* Disponível em: [https://www.conjur.com.br/2020-fev-11/ricardo-campos-juris- dicao-constitucional-perigo-consequencialismo].

[21] Abboud, Georges. *Processo Constitucional Brasileiro*, 5.ª ed., São Paulo: Thomson Reuters Brasil/Editora Revista dos Tribunais, 2021, item 4.11.7, p. 1025 e ss.

FALCÓN, Enrique. El derecho procesal constitucional: teoria general, nacimiento y desarrollo de la disciplina, contenido, autonomia científica. In: MAC-GREGOR, Eduardo Ferrer e LARREA, Arturo Zalvídar Lelo de (org.). La ciencia del derecho procesal constitucional. Estudios em homenaje a Héctor Fix-Zamudio en sus cinquenta años como investigador del derecho. México: Marcial Pons, 2008.

GOZAÍNI, Osvaldo Alfredo. Introducción al derecho procesal constitucional, Buenos Aires: Rubinzal – Culzoni Editores 2006.

HÄBERLE, Peter. La Verfassungsbeschwerde nel sistema dela giustizia tedesca, Milano: Giuffrè Editore, 2000.

HÄBERLE, Peter. El tribunal constitucional como poder político. *In:* HÄBERLE, Peter. *Estudios sobre la jurisdicción constitucional*, México: Editorial Porrúa, 2005.

KELSEN, Hans. Quién debe ser el defensor de la Constitución?, Madrid: Tecnos, 1995.

MAC-GREGOR, Eduardo Ferrer. *Derecho procesal constitucional*: origen científico (1928-1956), Madrid: Marcial Pons, 2008.

MARTOS, José A. Montilla. Minoria Política & Tribunal Constitucional, Madrid: Trotta, 2002.

MICHELMAN, Frank Isaac. *Brennan and Democracy*, Princeton: Princeton University Press, 2005.

SCHMITT, Carl. La defesa de la Constitución, Madrid: Tecnos, 1983.

3
O LABIRINTO E O FIO DE ARIADNE: A CONSTRUÇÃO E A REFORMA DO PROCESSO CONSTITUCIONAL BRASILEIRO

Daniel A. Vila-Nova G.

1. Introdução crítica à jurisdição constitucional aplicada: o Labirinto e o Fio

Eis os emaranhados: de um lado, o Labirinto, de outro, o Fio de Ariadne.

Antes mesmo de cogitar o enfrentamento de nossos minotauros constitucionais, a tarefa de peregrinar a busca de uma suposta autonomia e da peculiar abrangência do Processo Constitucional no Brasil é, no mínimo, uma longa caminhada.

Preliminarmente, um alerta.

Este ensaio, por si só, não tem a ambição de responder a todas as minúcias dessa caravana de desafios. Esta coletânea, de outra parte, em seu conjunto, oferece um mapeamento de possíveis encruzilhadas e veredas da construção e da reforma do Processo Constitucional, independentemente das modificações legislativas que venham, ou não, a ser incorporadas pelo Congresso Nacional.

Feita a ressalva: o que é Processo Constitucional, afinal?

Há, a rigor, algum processo que não seja "constitucional"? Por extensão, se houver sentido em se conferir um campo autônomo para os estudos processuais, quais são as suas premissas, suas noções básicas, como o seu funcionamento se desdobra e, por fim, quais as funções normativas e institucionais a que essa edificação processual-constitucional se presta.

O presente artigo busca endereçar, de modo bastante específico, algumas das dificuldades metodológicas, assim como propor instrumentos de análise para a melhor decodificação sobre o como seria possível transformar o que aí está: reconheçamos, ou não, a autonomia científica do "Processo Constitucional brasileiro", o fato é que já existe, no direito posto (e no pressuposto), um conjunto de disposições normativas (constitucionais, legais, processuais, codificadas, ou não e, ainda, regimentais) e outro plexo de práticas institucionais desempenhadas, sobremaneira, pelo Supremo Tribunal Federal, nas suas múltiplas facetas e nas diferentes formas de suas sessões públicas – real, virtual ou por videoconferência – de seus órgãos colegiados (Primeira Turma, Segunda Turma, Plenário) e monocráticos (Presidente, cada um e cada uma dos demais 10 – dez – Ministros e Ministras).

A revelação dessas disposições normativas e das práticas institucionais corresponde a um passo indispensável para a compreensão das possíveis abrangências do Processo Constitucional que se pretende implantar no Brasil. Aliás, ao se levar a sério a própria complexidade federativa do Estado brasileiro, falar nessa emergente área processual envolve a percepção de que, além do STF, há pelo menos outros 26 (vinte e seis) Tribunais de Justiça que exercem o chamado *controle estadual*, no âmbito da chamada fiscalização abstrata de normas (uma experiência, inclusive, bem anterior[1] à promulgação da Constituição da República Federativa do Brasil, de 05 de outubro de 1988 – CRFB/1988).

Pensar o processo constitucional, portanto, envolve não apenas a atuação do Supremo. Ao se situar a discussão sobre a autonomia e a abrangência dessa novel área de estudos, pesquisas e normas processuais, deve-se levar em consideração a dimensão institucional desempenhada, ao menos em tese, pelos 25 Tribunais de Justiça dos Estados (TJE's) e, ainda, pelo Tribunal de Justiça do Distrito Federal e Territórios (TJDFT).

Mas não é só.

A Jurisdição Constitucional Aplicada (JCA) impõe que se avalie como harmonizar as múltiplas manifestações do controle judicial de constitucionalidade no país, tanto na vertente da fiscalização abstrata (o chamado controle abstrato, concentrado, direto ou por ação), quanto na concreta (o controle concreto, difuso, indireto ou por exceção).

Aqui, não nos basta a instigante hipótese do professor Francisco Fernández Segado (2003:55-82), no sentido de que haveria uma "obsolescência"

[1] Do ponto de vista normativo, a literatura atribui à Emenda Constitucional nº 7, de 13 de abril 1977 a "data de nascimento" do *controle estadual* no Brasil.

da dicotomia entre controle difuso e concentrado no sistema constitucional "americano" (a *Common Law*) e no "europeu-kelseniano" (ou romano-germânico). Se o propósito é o de engendrar as vicissitudes do Processo Constitucional no Brasil, torna-se indispensável retomar o desenho dos institutos e das instituições envolvidas na aplicação dessa Jurisdição Constitucional. Daí a importância de que, sem purismos quanto ao mérito da classificação (difuso *versus* concentrado), valha identificar quais seriam as "zonas cinzentas" ou os "portais de comunicação" entre ambos os mundos do controle judicial, entre nós, brasileiras e brasileiros.

Nesse particular, exploraremos, a título experimental e imaginativo, 2 (duas) experiências que nos parecem bastante curiosas quanto ao sofisticado entrelaçamento entre esses dois mundos, ou quiçá, de se poder cogitar, até mesmo, da possível existência de uma dimensão híbrida que, numa singela alusão à teoria matemática dos conjuntos, não se enquadre nem propriamente no controle concentrado, nem no mundo do difuso.

Os experimentos emblemáticos serão: i) a Arguição de Descumprimento Fundamental (ADPF), típica ação constitucional do controle de constitucionalidade concentrado; e ii) a incorporação da Repercussão Geral (RG) da questão constitucional nos recursos extraordinários, uma experiência que modificou a estrutura e o funcionamento do controle difuso no Brasil (desde a "Reforma do Judiciário", nos termos da EC 45, de 08 de dezembro de 2004).

Por ora, basta a indicação de tais exemplificações como correspondentes a diferentes facetas que encarnam, cada uma a seu modo, elementos quantitativos significativos (principalmente para o caso do recurso extraordinário) e a diversidade e a originalidade que a JCA ostenta no Brasil. Em nenhuma outra experiência constitucional comparada, há, a um só tempo, a possibilidade do uso articulado, por exemplo, dessas duas espécies processuais para a resolução (e/ou prevenção) conjunta de determinados litígios.

Logo, mais do que uma questão taxinômica, nossa abordagem enfatizará como os diferentes usos e empregos desse ferramental processual podem nos auxiliar na cartografia das principais referências teóricas, práticas e conceituais do Processo Constitucional brasileiro. Só faz sentido se falar em Processo Constitucional no Brasil, se tal ambição tiver a preocupação de mapear tanto os experimentos de controle concentrado, como os do difuso. E mais: desde já, abandonamos a premissa de que seria necessária uma legislação específica ou própria para tratar do "processo constitucional".

A tarefa de legislação sobre processo corresponde a uma competência legislativa privativa da União Federal (CRFB/1988, art. 22, I) e, exatamente por isso, não precisa se render aos caprichos de comissões de juristas e/ou de especialistas em questões processuais. O que se invoca, para fins de confecção deste breve estudo, é que independente do desfecho e das "idas-e-vindas" das tramitações parlamentares, seja possível localizar e detalhar as coordenadas de um pensamento crítico sobre o processo constitucional no país.

A disciplina não será, necessariamente, criada por lei. A propósito, se houver alguma "lei" a convocar que seja a da liberdade de pensamento e da tão combalida autonomia científica. Não existe melhor vacina para que o conhecimento progrida com consciência dos vícios e vieses a que toda investigação se sujeita.

As afirmações acima, por mais categóricas que pareçam, à primeira vista, não desprezam a utilidade "pedagógica" que a instituição de um marco normativo próprio pode desempenhar. A questão central, nos parece, é a de que, independentemente das reformas legislativas vindouras, já há sinais e elementos para a construção de uma dimensão metodológica e teórica adequada ao estudo dos processos constitucionais brasileiros.

Aliás, tal questão sequer é nova. Dito de outro modo: o caráter inovador e disruptivo dos processos constitucionais brasileiros é um dos aspectos que encarnam a vitalidade, mais que secular, de uma experiência brasileira de controle judicial de constitucionalidade. Afinal, a chamada "Doutrina Brasileira do *Habeas Corpus*" (experimento desdobrado logo nos primeiros anos da Constituição dos Estados Unidos do Brasil de 1891) dependeu de alguma legislação específica, ou foi obra do uso criativo de artífices e do pensamento dos notáveis Rui Barbosa e Pedro Lessa, dentre outros?

Essa discussão já tem medicina brasileira para lá de certificada!

Os remédios constitucionais brasileiros são a melhor tradução dos *writs* originários da tradição anglossaxônica (Sistema da *Common Law*). Imaginar o Processo Constitucional no Brasil significa resgatar essa tradição singular brasileira, naquilo que ela tem de mais arcaico e, também, de promissor. Logo, a compreensão sistematizada das peculiaridades processuais do Direito de Petição, da Reclamação Constitucional, do *Habeas Corpus*, do *Habeas Data*, do Mandado de Segurança (individual e coletivo), da Ação Popular, da Ação Civil Pública, da Ação de Improbidade Administrativa, da Ação de Impugnação de Mandato Eletivo (AIME), assim como de todas as modalidades do controle concentrado no Brasil (aqui, genericamente, sob as categorias da Ação Direta de Inconstitucionalidade – ADI, por ação, por omissão ou, ainda, a interventiva –, da Ação Declaratória de Constitucionalidade – ADC –; e da já aludida ADPF).

Como esta coletânea tem o propósito de intervenção na realidade política e jurídica sobre a matéria, nada mais oportuno que a abordagem complementar de perspectivas críticas que permitam o detalhamento das tensões constitucionais e institucionais que permeiam a matéria. Só é possível transformar "algo", estrutural e funcionalmente, se for alcançado algum entendimento sobre as balizas conceituais e operacionais que caracterizam esse fenômeno. É por meio desse exercício de memória e de imaginação, que encerramos este exercício de introdução crítica, com a apresentação de dois instrumentos de análise para uma melhor compreensão e aprofundamento dos liames e propriedades do processo que se diz "constitucional".

A Arquitetura Constitucional e a Engenharia Institucional correspondem a duas ferramentas de descrição, de análise e de transformação dos aspectos normativos e institucionais envolvidos na labiríntica tarefa de "reforma" do Processo Constitucional.

O processo constitucional, por definição, tem uma faceta "constitucional". O estudo dessa dimensão de caráter jurídico-político permite a concepção de um invento arquitetônico que esboça o desenho normativo dos institutos dessa novel especialidade processual. Daí a relevância do contributo da Arquitetura Constitucional.

O "desenho", contudo, somente fica um pouco mais adequado se considerarmos que, em paralelo à dimensão jurídico-política (Arquitetura Constitucional), também se desenvolve outra de cunho político-jurídico (ou "institucional"). A Engenharia Institucional busca identificar e investigar o aparato institucional e administrativo que busca materializar o "conceito arquitetônico" por meio de "engenhos". Isto é, de aplicações bem mais específicas que as preponderantemente normativas e que permitem o detalhamento e a institucionalização (regimental e/ou administrativa) de diferentes formas de gerenciar, monitorar e planejar e implementar o arcabouço normativo posto.

Aqui, o nosso "Fio" argumentativo: a relação de oposição e de recíproca complementaridade entre tais categorias[2] a ser ilustrada com a apresen-

[2] Para maiores aprofundamentos sobre a relação de oposição e recíproca complementaridade entre Arquitetura Constitucional e Engenharia Institucional, vide "SUPREMOLOGIA: O

tação, na próxima seção: da ADPF; e da Repercussão Geral no Recurso Extraordinário e no Recurso Extraordinário com Agravo (RE/ARE).

2. Experimentos emblemáticos no processo constitucional brasileiro contemporâneo

A mera invocação da singularidade dos casos da arguição (ADPF), da repercussão geral (RG no RE e no ARE) não se sustenta, por si só, enquanto opção metodológica justificável. Assim, antes mesmo de partir para o esmiuçamento das singularidades de cada uma dessas experimentações constitucionais e institucionais da Jurisdição Constitucional Aplicada, será oportuno apresentar os motivos que legitimam a opção por tais espécies do controle judicial de constitucionalidade, assim como os elementos que as aproximam, entre si, ou que as apartam, conforme o processo de construção da fiscalização de constitucionalidade no Brasil.

A ADPF (ou, simplesmente, "arguição") corresponde à modalidade-básica de ação constitucional mais recente do controle de constitucionalidade abstrato brasileiro. Instituída pelo Poder Constituinte Derivado com a Edição da Emenda Constitucional 03, de 17 de março de 1993, foi somente com a promulgação da Lei Federal 9.882, de 03 de dezembro de 1999 (doravante, "LADPF"), que o processo e julgamento da ADPF foi minudenciado quanto às suas normas de organização e procedimento, consoante o § 10 do art. 102 da Constituição.

A prática institucional e decisória em torno desse instituto é, portanto, relativamente recente (pouco mais de 21 – vinte e um – anos), exclusivamente inserida no contexto posterior à promulgação da "Carta Cidadã" de Ulisses Guimarães e, conforme se apresentará no tópico específico adiante, bastante considerável não somente em termos quantitativos desde a sua implementação no âmbito da jurisdição da Suprema Corte brasileira, mas também pelos efeitos institucionais que ostenta. A ADPF, por força do denominado princípio da subsidiariedade (LADPF, art. 4º, I), permite o fechamento operacional a partir do ferramental da fiscalização constitucional abstrata de normas pelo Judiciário de tal modo que, quanto mais arguições forem admitidas e julgadas, em tese, maior a tendência de esvaziamento da Jurisdição Constitucional Aplicada no âmbito judicial difuso.

Supremo Tribunal Federal (STF) nas encruzilhadas da Política & do Direito no Brasil" (Tese de Doutorado em Ciência Política defendida perante o DCP/ICHF/UFF)

A RG no RE e no ARE (ou, "repercussão geral"), por sua vez, consiste em mudança constitucional e institucional que alterou a estrutura de seleção e filtragem da medida judicial mais longeva do controle de constitucionalidade difuso no Brasil: o recurso extraordinário. Idealizado por Rui Barbosa como um instrumento recursal apto a suscitar, pela via da exceção, o denominado "*juízo de inaplicação*" de uma norma a um caso concreto apresentado perante o Poder Judiciário, esse instituto mais que centenário e contemporâneo à própria proclamação da República sofreu uma alteração significativa em sua forma de processamento perante o Supremo Tribunal Federal.

Com a Edição da Emenda Constitucional 45, de 08 de dezembro de 2004 (a denominada "Reforma do Judiciário"), instituiu-se a "repercussão geral" sob a justificativa de racionalização e contenção do volume processual de recursos extraordinários e, à época, agravos de instrumento ("AI's", hoje, Recursos Extraordinários com Agravo, ou, apenas ARE's). Com o instituto processual, ainda que, às avessas, passou-se a se exigir como preliminar de interposição do recurso extraordinário a exposição, pelos recorrentes, de elementos de repercussão, social, econômica, política e jurídica. Sem adentrar nas minúcias das consequências que ainda se sentem quanto a tal mudança da Constituição, o fato é que, nos últimos 17 (dezessete) anos, houve uma transformação do próprio perfil do controle judicial difuso de constitucionalidade perante o Supremo e, ainda, um impacto ainda não muito bem mensurado sobre o volume processual em tramitação perante o Judiciário brasileiro.

Realizadas as justificativas desse binômio experimental, passemos à apresentação de algumas peculiaridades, nesta ordem: da "arguição" (ADPF), da "repercussão" (RE e ARE) e da "reclamação" (RCL).

2.1. A "arguição" (ADPF) enquanto matriz subsidiária concentrada e suplementar

O experimento da JCA desempenhada pelo Supremo Tribunal Federal envolve múltiplos e incessantes exercícios de memória e de imaginação. Neste tópico, apresentam-se algumas das principais peculiaridades do instituto da arguição de descumprimento de preceito fundamental (ADPF). A literatura constitucionalista e processual civil considera a "arguição" como uma medida processual subsidiária, uma espécie de ação constitucional própria que, no âmbito da fiscalização abstrata de normas, torna-se cabível quando as demais espécies de ações concentradas não são admitidas (ADI, em suas diversas variantes; e a ADC, basicamente).

Uma primeira observação importante é de ordem quantitativa. Com base em elementos empíricos e estatísticos oficiais, observa-se o crescimento do volume, em termos absolutos e relativos, da representatividade da ADPF no âmbito do controle concentrado de constitucionalidade.

Sob a perspectiva quantitativa, portanto dados estatísticos levantados a partir da base de dados oficiais disponíveis na própria página eletrônica do Supremo Tribunal Federal (www.stf.jus.br) permitem o levantamento do número total de ADPF's distribuídas desde a edição da Lei Federal 9.882, de 03 de dezembro de 1999 (a "Lei da ADPF" - LADPF). Nesse período de 21 (vinte um) anos desde a positivação infraconstitucional do instituto, foram protocoladas, no total, 918 (novecentas e dezoito) arguições.[3] sendo que, no último quinquênio (2016 a 2021), foram ajuizadas mais ADPF's – isto é mais precisamente 482 (quatrocentas e oitenta e duas) – do que nos primeiros 16 (dezessete) anos desde a implementação do instituto na jurisdição da Corte – período (1999-2016) em que foram ajuizadas, no total, cerca de 436 (quatrocentas e trinta e seis) arguições.

Em um simples exercício exploratório, utilizou-se a seguinte metodologia: a partir de informações constantes do portal institucional do STF, foram consideradas as decisões finais, as proferidas em recurso interno e as decisões liminares proferidas (tanto as deferidas, quanto as indeferidas) pelo Tribunal e seus Ministros, no período compreendido de dezembro de 1999 a dezembro de 2021. Nota-se, por conseguinte, que a pesquisa abrangeu todo o histórico da mencionada classe processual perante o STF.

Exatamente com base nessas referências indicadas, foi possível detectar uma evolução cronológica do perfil de judicialização e de julgamento desse tipo específico de medida do controle concentrado, a qual pode ser visualizada a partir da tabela descritiva abaixo reproduzida, em que se indica o número de ADPF's por ano:

[3] Adota-se como referência a data de 02 de dezembro de 2021 (véspera do 21º Aniversário da criação infraconstitucional da ADPF, nos termos da Lei Federal 9.882, de 03 de dezembro de 2021).

	ADPF's por ano
2000	9
2001	16
2002	12
2003	10
2004	12
2005	25
2006	22
2007	20
2008	30
2009	47
2010	20
2011	23
2012	26
2013	38
2014	21
2015	49
2016	59
2017	65
2018	55
2019	80
2020	131
2021	151
Total	918

À primeira vista, os dados acima permitiriam a inferência inicial de que o aumento do ajuizamento desse tipo de ação (em especial no último quinquênio – dezembro de 2016 a dezembro de 2021) poderia estar associado a uma maior densidade jurisprudencial dela decorrente. Em outras palavras, a partir do momento que os precedentes pioneiros ("casos líderes", ou *leading cases*) do STF passaram a fixar as balizas quanto aos requisitos de conhecimento e os limites do provimento judicial cabível em sede de ADPF, haveria, ao menos em tese, uma sinalização acerca dos critérios jurisprudenciais que lastreariam a apreciação e o julgamento das futuras arguições.

Outra leitura complementar é a de que, à medida que as arguições passaram a ser acionadas e resultados jurisdicionais favoráveis tenham sido obtidos, cada vez mais o instituto passou a se tornar mais e mais estimulado. Essa hipótese parece obter alguma confirmação no gráfico abaixo:

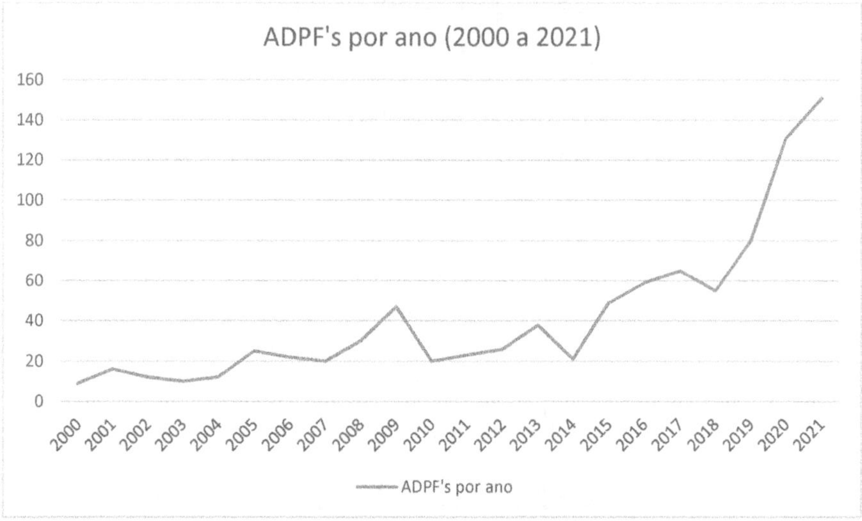

Conforme o gráfico acima ilustra, é notável perceber que, enquanto transcorreu quase uma década (1999-2009) para que as primeiras 202 (duzentas e duas) arguições fossem acionadas pelo conjunto de pretensos legitimados (CRFB/1988, art. 102, § 1º, conforme regulamentação pelo art. 2º da LADPF), as 234 (duzentas e trinta e quatro) arguições seguintes já foram ajuizadas em pouco menos de 7 (sete) anos (2009-2016).[4] No triênio imediatamente seguinte (2017-2019), por exemplo, a marca de 200 (duzentas) foi alcançada em apenas 3 (três) exercícios.

A intensificação desse crescimento, em termos absolutos, é verificável, em especial, nos últimos 5 (cinco) anos (2016-2021), em que as já mencionadas 482 novas ADPF's superam a soma do total de pedidos dos períodos anteriores. Observa-se, ainda que, no último biênio (o qual foi impactado

[4] Acerca da inspiração inicial de algumas das percepções quantitativas desdobradas neste artigo, vale mencionar que, em 02 de dezembro de 2016, por ocasião dos então 17 (dezessete) anos do instrumento da ADPF, o autor (Daniel Augusto Vila-Nova Gomes) e Abhner Youssef Mota Arabi, então na condição de assessores jurídicos do Ministro do STF Luiz Fux publicamos, no Portal Jota, artigo intitulado "Intermitências da Arguição e Jurisdição Constitucional", https://www.jota.info/especiais/intermitencias-da-arguicao-e-jurisdicao-constitucional-02122016.

pelos efeitos das sessões virtuais em razão da pandemia do *Coronavírus Disease* – Covid-19 –), foram distribuídas 282 (duzentas e oitenta e duas) arguições. Isso equivale a mais do que a distribuição de toda a primeira década do instituto (1999-2009, 202), assim como montante superior às 236 (duzentas e trinta e seis) nos sete anos seguintes à primeira década (201-2016) e a quase metade do quinquênio em que se inserem (sendo 236 ajuizamentos, de 482 distribuições, ou aproximadamente 49% – quarenta e nove porcento).

Por fim, somente neste ano de 2021 (de 1º a janeiro a 03 de dezembro), foram distribuídas 141 (cento e quarenta e uma) arguições – em termos comparativos, o equivalente a mais da metade das distribuições da primeira década do instituto e, isoladamente, o correspondente a 15,35% (quinze porcento e trinta e cinco centésimos) de todas as ADPF's ajuizadas desde o advento dessa ação constitucional. Caso considerado o último ano do instituto (isto é, o período de 04 de dezembro de 2020 a 03 de dezembro), registra-se o recorde de toda a série histórica – 151 (cento e cinquenta e uma) arguições (ou 16,44% do total).

Esse incremento, contudo, não é apenas em termos absolutos. Ele é também perceptível em termos da série histórica e, ademais, do ponto de vista comparativo com as demais espécies básicas do sistema de fiscalização abstrata de constitucionalidade (ADI, ADO, ADC). Assim, utilizando das ferramentas de visualização dinâmica de dados, as quais, atualmente, compreendem os dados a partir do ano de 2010 (inclusive), é possível constatar uma verdadeira mudança do perfil de uso e de incidência da ADPF.

Conforme dados extraíveis, mediante customização, a partir de informações disponibilizadas na aba "Estatística" da página oficial do Supremo Tribunal Federal (http://portal.stf.jus.br/estatistica/), veja-se o quantitativo de processos da fiscalização abstrata de constitucionalidade recebidos no Ano de 2010:

Processos recebidos por classe do controle concentrado
(Ano de 2010)

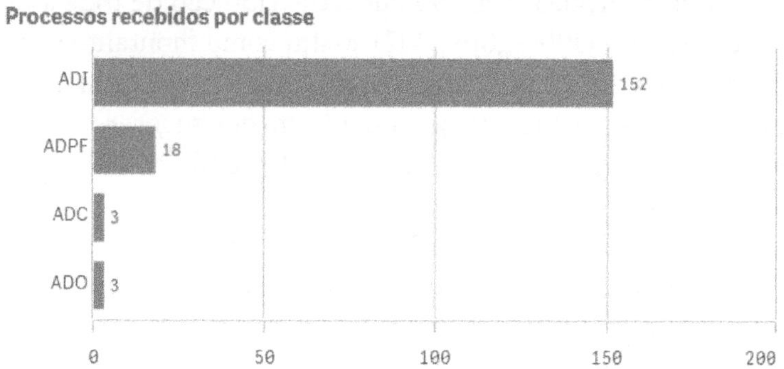

Nota-se que já no Ano de 2010, a ADPF figurava como a segunda classe processual mais expressiva em termos quantitativos (18 arguições), mais era relativamente pouco representativa – correspondia a pouco mais de 10% (10,23%) do total de 176 (cento e setenta e seis) ações de controle concentrado distribuídas no mencionado ano; ou ainda a 11,84% (onze porcento e oitenta e quatro centésimos) da classe mais expressiva dessa modalidade de fiscalização (a ADI).

Utilizando-se a mesma metodologia de adaptação de dados dinâmicos ("customização") pela mesma página oficial do STF, denota-se o quanto que, no último biênio pandêmico, modificou-se a representatividade da ADPF.

Processos recebidos por classe do controle concentrado
(Anos de 2020/2021)

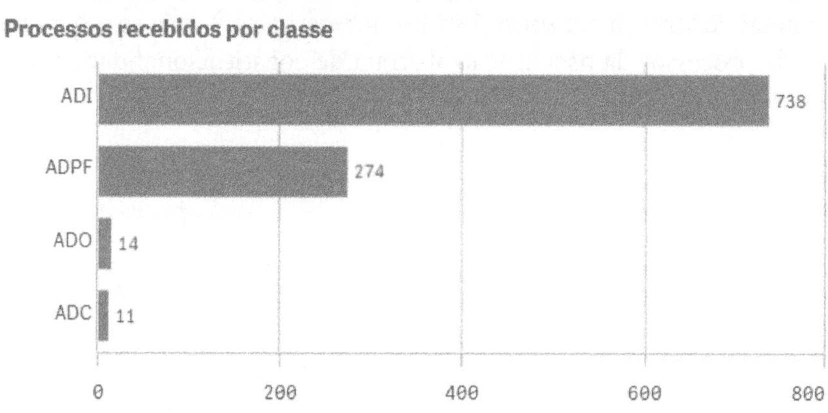

Num universo de 1.037 (mil e trinta e sete) processos de fiscalização abstrata de normas (distribuídos nas classes ADI, ADPF, ADO e ADC), mais de um quarto (26,42%) das ações de controle concentrado são arguições. Verifica-se que a representatividade dessa classe processual mais que dobrou após transcorrida a segunda década de existência do instituto. Ademais, o número de ADPF's no último biênio (2020-2021) equivaleu a mais de um terço das ADI's ajuizadas no mesmo período – mais precisamente 37,12% (trinta e sete porcento e doze centésimos), o que significa que a representatividade comparativa da ADPF mais que triplicou em relação à ADI.

Ainda que se atribua essa modificação considerável às excepcionalidades do funcionamento do Tribunal Constitucional durante a pandemia, vale registrar, ainda, o apanhado da série histórica nos últimos 11 anos (conforme o conjunto de dados disponibilizados, para visualização dinâmica, em seu Portal de Transparência e Estatística). Eis os dados consolidados para a fiscalização abstrata de 2010 (inclusive) a 2021 (dados atualizados na data do 21º aniversário da LADPF, Lei Federal 9.882/1999):

Processos recebidos por classe do controle concentrado (Anos de 2010 a 2021)

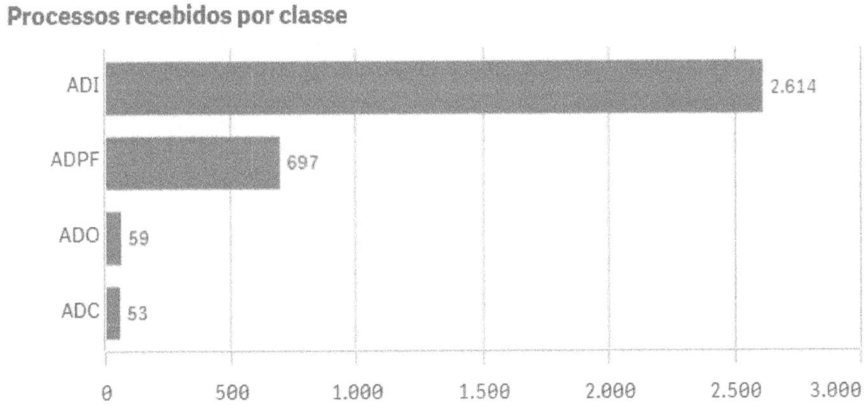

Desse universo de 3.423 (três mil quatrocentas e vinte e três) ações de controle concentrado, no agregado, as 697 ADPF's correspondem a mais de um quinto (20,36%) do total de processos do controle concentrado (mais que o dobro da representatividade verificável no ano de 2010, por exemplo); e, ademais, a mais que um quarto (26,67%) do total de ADI's no mesmo período (2.614).

Tais dados são indiciários de que, no âmbito da fiscalização abstrata, há uma mudança em curso. O ganho de importância quantitativa da ADPF, contudo, carecerá, para fins de um estudo mais abrangente, de uma análise qualitativa mais apurada.

Como o objetivo do levantamento deste primeiro experimento é o de destacar o aspecto da denominada "subsidiariedade" da arguição enquanto ação concentrada de caráter residual, chamamos a atenção da leitora e do leitor no sentido de que a Jurisdição Constitucional Aplicada do STF tem sido mais acionada para se pronunciar acerca dos "resíduos" da produção normativa nacional. Essa tendência é, a um só tempo, exemplificativa de que a Corte Constitucional brasileira: **a)** tem expandido a sua jurisdição para espécies normativas anteriores a 1988; ou, ainda, mesmo que posteriores a promulgação da Carta Cidadã, para a legislação municipal e, por fim, também para as normas federais infralegais e práticas que ostentem a natureza de "ato do Poder Público" (LADPF, Lei Federal 9.882/1999, art. 1º); e **b)** que a ampliação da representatividade da ADPF acontece não apenas no âmbito das ações do controle concentrado, mas do próprio complexo sistema de JCA do Brasil (sistema difuso-concentrado), uma vez que a admissão do cabimento de arguições encarna não somente a possibilidade de exame direto e concentrado pelo STF, mas também, nos termos do §1º do art. 4º da LADPF, da ausência de "qualquer outro meio eficaz de sanar a lesividade").

Mais do que a descrição de uma realidade institucional, a pretexto da pretendida reforma do processo constitucional brasileiro, há de se ter em conta que, a ampliação do cabimento ou do objeto da ADPF envolverá, necessariamente, um esvaziamento da jurisdição a ser originariamente desempenhada pelos demais órgãos do Poder Judiciário. Nesse particular, sem o compromisso de oferecer uma resposta definitiva, mas com a coragem de pontuar as preocupações democráticas e estratégicas de tal opção, pergunta-se: diante das recorrentes críticas de "inchaço da pauta" ou de excessiva "judicialização da política" e, ainda, de "ativismo judicial", seria desejável que o Congresso Nacional legisle no sentido de que o Supremo concentre ainda mais poderes? Ainda que assim se decida, há uma pergunta preliminar os sujeitos institucionais responsáveis pela Jurisdição Constitucional Aplicada no Brasil são os juízes singulares e os Tribunais em Geral, ou apenas o STF? A legitimidade e conveniência da pauta de uma reforma do processo constitucional é algo de exclusivo interesse do Supremo, ou o restante do Poder Judiciário também terá um papel de protagonismo relevante?

A depender das respostas acima, o pêndulo do balanceamento entre controle difuso e/ou do controle concentrado será melhor ajustado. Independente das escolhas legislativas, há de se ter em mente, portanto, que a modificação do escopo da ADPF não modifica apenas a dinâmica decisória da fiscalização abstrata de normas (a qual tem efeitos, inclusive, para o sistema federativo e para a autonomia da legislação dos entes subnacionais), mas o próprio equilíbrio da distribuição de competências da JCA também na modalidade difusa de fiscalização.

Compreendida essa sofisticada relação de implicação entre a concepção arquitetônica do experimento constitucional da arguição e o "espaço" do controle difuso e das demais espécies do controle concentrado, é importante acenar, no próximo experimento institucional, para possibilidades e limites aplicáveis ao recurso extraordinário, assim como para oportunidades, alternativas e engenhos que permitam o aperfeiçoamento do atual processo constitucional também no âmbito da fiscalização difusa. Afinal, para além do STF, há, ou não, algum papel dos demais órgãos judiciais?

2.2. RG no RE e no ARE: a "repercussão", entre o "virtual" e o "real"

A experiência da instituição de um "filtro recursal" no direito brasileiro é uma demanda que remonta às origens da "Crise do RE" – um impasse mais que secular no Supremo Tribunal Federal. A expressão é atribuída a Pedro Lessa, mas o sentimento de impotência diante de um acervo processual que, no Brasil, ainda alcança cifras e montantes da ordem de 75,4 milhões de processos (Ano-Base 2020), segundo o recente *Relatório Justiça em Números 2021*[5], produzido pelo Departamento de Pesquisas Judiciárias do Conselho Nacional de Justiça (DPJ/CNJ).

A Edição da já aludida EC 45/2004, a "Reforma do Judiciário" tinha como um de seus objetivos declarados a redução da carga processual no Brasil. Passados cerca de 17 (dezessete) anos desde a modificação consti-

[5] *Relatório Justiça em Números 2021* (Ano-Base 2020), produzido pelo DPJ/CNJ disponível em: https://www.cnj.jus.br/wp-content/uploads/2021/11/relatorio-justica-em-numeros2021-221121.pdf.

tucional, é verdade que, nos últimos anos, houve uma redução significativa de processos. De 2021 para 2020[6], por exemplo, o acervo foi reduzido em cerca de 2,1 milhões de processos. O feito fica ainda mais notável quando se observa que, segundo o mesmo *Relatório*, divulgado no ano de 2016 (Ano-Base 2015)[7], o Poder Judiciário no Brasil chegou a conviver com mais de 102 (cento e dois) milhões de processos (sem computar, aqui, o total de processos em tramitação perante o Supremo Tribunal Federal[8]).

Não é possível, contudo, que nos iludamos: a não ser que se deseje dourar a pílula.

Em 2004, um dos problemas que a sociedade brasileira debateu era o referente à urgente e necessária redução do número de processos em tramitação no país. Além de fortes sinais de *hiperjudicialização*, tal fator impacta na qualidade e, sobretudo, na celeridade da prestação judicial. O fato que, desde a EC 45/2004, segue a nos incomodar é o de que, apesar de todas as alterações constitucionais, da edição de novas legislações processuais (por exemplo o Código de Processo Civil – CPC –, Lei Federal 13.105, de 16 de março de 2015) e materiais (como a flexibilização da Consolidação das Leis Trabalhistas – CLT –, promovidas, em larga escala, a partir do ano de 2017), dos investimentos públicos realizados em dispositivos tecnológicos, em infraestrutura e em renovação e ampliação dos recursos materiais e humanos do aparato judiciário, o Brasil saltou de pouco mais de 40 (quarenta) milhões de processos em tramitação[9], para, atualmente (mesmo com as reduções recentes), um acervo de mais de 75 (setenta e cinco) milhões de causas.

[6] *Relatório Justiça em Números 2020* (Ano-Base 2019), produzido pelo DPJ/CNJ, acessível pelo *link*: https://www.cnj.jus.br/wp-content/uploads/2021/08/rel-justica-em-numeros2020.pdf.

[7] *Relatório Justiça em Números 2016* (Ano-Base 2015), produzido pelo DPJ/CNJ, acesso pelo *hiperlink*: https://www.cnj.jus.br/wp-content/uploads/2011/02/b8f46be3dbbff344931a933579915488.pdf.

[8] Por definição, o *Relatório Justiça em Números*, produzido anualmente pelo DPJ/CNJ, contempla os dados judiciários dos 90 (noventa) Tribunais do país, sendo que o 91º, o STF, é expressamente excluído, uma vez que, do ponto de vista da coordenação de políticas públicas judiciárias, o CNJ se subordina ao Supremo. Ainda assim, é digno de nota o fato de que, em pleno 2021, ou seja, às vésperas do Bicentenário da Independência do País, até Hoje (dezembro de 2021), jamais tenha sido produzido um relatório estatístico que contemple e integre a totalidade dos dados processuais de todos os 91 (noventa e um) Tribunais criados e instituídos no Brasil.

[9] *Relatório Justiça em Números 2004* (Ano-Base 2003), produzido pelo DPJ/CNJ disponível em https://www.cnj.jus.br/wp-content/uploads/2011/02/justica_numeros_2003.pdf.

Nesses 17 (dezessete) anos, para sermos francos, ainda há algo que não está a funcionar a contento. Chegamos a dobrar o número de processos durante esse período e, ainda que considerado o quantitativo atual, o incremento de volume processual é superior a 85% (oitenta e cinco porcento). Mesmo que adotemos como referência o momento em que houve a padronização dos glossários de definições de casos pendentes, assim como de uma contabilização parametrizada, não se pode ignorar que, segundo o *Relatório* de 2009, tramitavam cerca de 61 (sessenta e um) milhões de processos.[10] Hoje, há 14 (quatorze) milhões a mais.

A angústia constitucional que nos acompanha é: apesar dos avanços quanto ao aperfeiçoamento da universalização da coleta de dados, a título de telemetria estatística, com o desenvolvimento de metodologias estatísticas mais apuradas e a adoção de indicadores mais complexos e versáteis, houve progresso, de fato, quanto às políticas judiciárias no Brasil?

Há algum segmento da justiça, ou alguma área do processo brasileiro, seja do ponto de vista normativo, seja do institucional, em que seja possível cravar a superação dos impasses que levaram à necessidade e urgência da "Reforma do Judiciário". Note-se que a invocação dessas dificuldades não é aleatória: a ocasião de se discutir uma reforma do processo constitucional há de levar a sério se, a rigor, não estaríamos apenas a reelaborar em outros termos, o problema central que ainda não foi devidamente equacionado.

Especificamente quanto ao tema do excesso de processos, pelo menos até o ano da Reforma de 2004, era induvidoso que a principal carga de trabalho do órgão de cúpula do Poder Judiciário brasileiro, o Supremo, decorria dos milhares recursos extraordinários (seja na modalidade típica, seja, na dos então "agravos de instrumento", segundo a terminologia da legislação processual então em vigor). Curiosamente, a partir do final do ano de 2020, pela primeira vez na história institucional pós-Constituição de 1988, o acervo processual do STF passou a ser majoritariamente formado por processos originários – e não mais os recursais.

O que explica isso?

Uma das possíveis hipóteses – e que trabalharemos, brevemente, aqui – é a da adoção progressiva de inovações regimentais que permitiram que,

[10] O esforço de padronização de conceitos estatísticos e de parametrização da coleta de dados ocorreu, de maneira mais sistematizada no *Relatório Justiça em Números 2009* (Ano-Base 2008), produzido pelo DPJ/CNJ disponível em https://www.cnj.jus.br/wp-content/uploads/2011/02/rel_sintetico_jn2009.pdf.

pelo menos no âmbito da jurisdição desempenhada pela Corte Constitucional brasileira, houvesse uma redução do número de processos em tramitação perante o STF.

A notícia parece animadora, mas demanda cautela de quem se propuser a analisar esses achados estatísticos. Ainda não é possível afirmar, em absoluto, a redução do número de recursos extraordinários interpostos em todo o país porque, a rigor, o *Banco Nacional de Dados de Demandas Repetitivas e Precedentes Obrigatórios* ("BNPR" –também gerido pelo Conselho Nacional de Justiça) apresenta dados que ainda carecem de maior consolidação e solidez estatística. Além de serem visíveis as lacunas quanto à adequada coleta, consolidação e transparência de tais dados, sequer há uma periodização, ano a ano, que nos permita identificar a eventual evolução do acervo de recursos represados em razão do instituto da repercussão geral. [11]

Ante todo o exposto, caberia, em um nível ainda mais aprofundado, a pergunta: qual é o impacto numérico para o restante do Poder Judiciário e do jurisdicionado?

Apenas para que se tenha uma estimativa inicial, segundo informações gerais extraídas do Banco Nacional de Dados de Demandas Repetitivas e Precedentes Obrigatórios (BNPR)[12], gerido pelo Conselho Nacional de Justiça (CNJ), há um montante (mínimo) estimado de pouco mais de 3 (três) milhões de processos[13] sobrestados desde a edição da Resolução nº 235, de 13 de julho de 2016, que instituiu o banco. Ainda que se considere que esse impacto tenha sido proporcional a cada um dos anos do último quinquênio (2016-2020), a média anual corresponderia a cerca de 600.000 (seiscentos mil) processos anuais.

Com o intuito de melhor percepção da grandeza desse número, quando comparada à distribuição do próprio STF (órgão judicial que seria o destinatário desses recursos), tal montante anual aproxima-se da distribuição (efetiva) dos últimos 7 (sete) anos do Tribunal. É dizer, de 2014 a 2020, o Supremo recebeu 630.720 (seiscentos e trinta mil setecentos e vinte processos). Caso consideremos apenas as classes relacionadas ao incidente da

[11] O autor convida a leitora e o leitor a explorarem a Página Oficial do BNPR: tirem suas próprias conclusões. O Banco de Dados é disponível pelo sítio eletrônico: https://bnpr.cnj.jus.br/bnpr-web/.

[12] O Banco pode ser acessado por meio do *link*: https://www.cnj.jus.br/bnpr-web/.

[13] O número consolidado, a partir de planilha do Excel gerada pelo próprio BNPR, é 3.019.056 (três milhões dezenove mil e cinquenta e seis) processos afetados.

repercussão geral, os mesmos 600.000 (seiscentos mil) processos equivalem a, aproximadamente, 9 (nove) anos dos recursos interpostos, entre 2012 e 2020 – nesse período, foram distribuídos ao órgão de cúpula do Poder Judiciário 636.044 (seiscentos e trinta e seis mil e quarenta e quatro) recursos associados à sistemática.

Quando comparado ao poder judiciário, contudo, o quantitativo anual de 600.000 (seiscentos mil) processos corresponde ao acervo do Tribunal de Justiça do Estado de Rondônia (TJRO) no ano de 2019 – um órgão judiciário qualificado, pelo CNJ, como de "pequeno porte", e que contou com a distribuição de 262.930 (duzentos e sessenta e dois mil novecentos e trinta) casos novos, além do quantitativo de 334.374 (trezentos e trinta e quatro mil trezentos e setenta e quatro) casos pendentes no mencionado exercício.

Diante da ausência de interoperabilidade ampla entre os sistemas de informações dos 91 (noventa e um) tribunais do país (incluído o STF), e, ademais, da pluralidade de sistemas eletrônicos em utilização no país[14], sequer há o registro estruturado ou detalhado, do número de sobrestamentos por ano, ou ainda de aplicação do entendimento do Supremo quanto aos julgamentos de mérito da repercussão geral pelos demais tribunais do país. A resposta, como se percebe, ainda é bastante imprecisa, mas, em nossa avaliação, sem prejuízo das Considerações Finais desta tese, corresponde a uma das fronteiras para o aprimoramento das informações disponíveis e da engenharia institucional quanto ao instituto da repercussão geral.

Ou seja, impossível desprezar a falta de coordenação e de monitoramento quanto aos problemas de integração de bancos de dados, de padronização de glossários de informações processuais, de parametrização metodológica da coleta e contabilização estatística, sem falar na urgente e necessária interoperabilidade entre os diferentes sistemas de registros processuais (os quais ainda transitam entre o "real" e as diferentes plataformas "virtuais"). Além do desenvolvimento dessas ferramentas de gerenciamento, não será possível seguir adiante, com qualidade e com efetividade, sem a elaboração de uma Agenda de Pesquisa institucional e

[14] Apenas para que se tenha uma dimensão da diversidade de sistemas eletrônicos: a) no âmbito do CNJ e da maioria dos tribunais brasileiros, utiliza-se, desde 2011 o *Sistema PJe*; b) o maior tribunal em número de processos no país (o TJSP) utiliza o *Sistema SAJ* (também utilizado pelo TJMG e pelo TJSC); por fim, há ainda o módulo que é utilizado pelos Tribunais Regionais Federais (Sistema *E-Proc*).

normativa que seja competente para abarcar a pluralidade de realidades do Poder Judiciário nacional e do acesso à justiça no Brasil.

Nesse particular, sem o compromisso de adesão à proposta de Agenda que desenvolvemos na Tese *Supremologia: o STF nas encruzilhadas da Política & do Direito no Brasil*[15], o enfrentamento dos dilemas gerenciais e processuais da Jurisdição Constitucional Aplicada envolve prévia compreensão dos aprendizados institucionais e normativos no experimento da Repercussão Geral (RG) no Recurso Extraordinário (RE) e no Recurso Extraordinário com Agravo (ARE).

Realizadas essas ressalvas, passa-se à apresentação resumida dos achados estatísticos e dos engenhos institucionais associados às modificações regimentais ocorridas no âmbito do RI/STF desde a implementação inicial do instituto da repercussão geral a partir da EC 45/2004.

Com relação ao experimento das modificações regimentais ocorridas quanto à evolução da dinâmica de julgamentos do Tribunal, tradicionalmente, nos termos do Regimento Interno do Supremo (RI/STF, desde a sua versão originária de 1980), a forma de julgamento, por excelência, é a da manifestação colegiada de seus membros por meio de seus órgãos: o Plenário; as suas duas Turmas (com competências idênticas); e o Presidente. Eis a disciplina original do RI/STF (em redação que jamais sofreu emendas):

> Art. 2º O Tribunal compõe-se de onze Ministros, tem sede na Capital da República e jurisdição em todo território nacional.
>
> *Parágrafo único.* O Presidente e Vice-Presidente são eleitos pelo Tribunal, dentre os Ministros.
>
> Art. 3º São órgãos do Tribunal o Plenário, as Turmas e o Presidente.
>
> Art. 4º As Turmas são constituídas de cinco Ministros.

A primeira consideração que é digna de nota quanto a essa configuração básica é a de que, a rigor, é possível agrupar esses 4 (quatro) órgãos em 2 (duas) categorias: a) órgãos colegiados propriamente ditos (sendo o Plenário o colegiado que agrupa a totalidade dos membros da Corte; e a Primeira Turma e a Segunda Turma, os órgãos colegiados fracionários –

[15] Vila-Nova Gomes (2021), Daniel Augusto. Para acessar a Sessão Pública de Defesa perante o Departamento de Ciência Política da Universidade Federal Fluminense (DCP/UFF) vide, na íntegra, o seguinte endereço, link do YouTube, do Canal Oficial do ICHF: https://www.youtube.com/watch?v=yngeCUmf6FM&t=2s.

isto é, que abarcam parcelas dos integrantes da Corte, excluída a função da Presidência do STF); e b) órgão individual representativo do Colegiado (a Presidência do Tribunal).

Na configuração inicial do RI/STF (1980), a dinâmica decisória era desempenhada, em regra, de modo presencial (inclusive com expressa ordenação da forma de ocupação dos assentos disponíveis), por seus órgãos colegiados, por meio das respectivas sessões de julgamento[16]. Excepcionalmente, na redação regimental originária, a Presidência estaria autorizada para desempenhar, em nome do Colegiado, atos decisórios para 2 (dois) casos principais apenas, ambas contidas nos seguintes incisos do art. 13 do RI/STF: a) "VII – *decidir questões de ordem, ou submetê-las ao Tribunal, quando entender necessário*"; e "VIII – *decidir, nos períodos de recesso ou de férias, pedido de medida cautelar*".

A competência presidencial para a decisão sobre questões de ordem, prevista pelo Inciso VII (acima transcrito), jamais sofreu modificações regimentais diz respeito à estabilização da tramitação processual, assim como o planejamento e transparência quanto à ordenação dos julgamentos. Tal competência é relevante porque está diretamente associada com o tempo e o modo pelo qual as decisões são encaminhadas no âmbito do Tribunal. Deve-se destacar que o poder de não-decidir também envolve uma dimensão decisória relevante.

A outra competência presidencial, a partir de 22 de outubro de 2008, com a edição da Emenda Regimental nº 26 (gestão do então Presidente Ministro Gilmar Mendes), passou a conferir ao presidente, por ato próprio, o poder de decisão de questões urgentes (não apenas medidas cautelares) nos períodos de férias e de recesso do Tribunal. Chamamos a atenção de que a justificativa operacional para o desempenho dessa competência

[16] Vale a transcrição dos seguintes dispositivos regimentais (RI/STF, art. 143 e 144, todos os dispositivos em sua redação originária):
"Art. 143. O Plenário, que se reúne com a presença mínima de seis Ministros, é dirigido pelo Presidente do Tribunal.
Parágrafo único. O quórum para votação de matéria constitucional e para a eleição do Presidente e do Vice-Presidente, dos membros do Conselho Nacional da Magistratura e do Tribunal Superior Eleitoral é de oito Ministros.
Art. 144. Nas sessões do Plenário, o Presidente tem assento à mesa, na parte central, ficando o Procurador-Geral à sua direita. Os demais Ministros sentar-se-ão, pela ordem decrescente de antiguidade, alternadamente, nos lugares laterais, a começar pela direita."

devia-se à necessidade de continuidade da jurisdição nos períodos em que, coletivamente, a Corte não pudesse se reunir.

Essa engenharia institucional inicial, contudo, foi radicalmente modificada em razão da ocorrência quase que paralela entre dois processos: a) a ampliação dos poderes monocráticos dos demais ministros (alteração significativa das atribuições contidas no art. 21 do RI/STF, com acréscimos de novas atribuições, maiores poderes de pauta; e, inclusive, hipóteses de delegação aos juízos instrutores, nos termos dos arts. 21-A e 21-B, a partir da ER nº 36/2009); e b) a implementação de formas colegiadas alternativas para o julgamento (com a criação das modalidades de julgamento por videoconferência e pelo formato "virtual").

Quanto aos poderes monocráticos (item "a", acima), a modificação da atribuição contida no Inciso II do art. 21 do Regimento é exemplificativa desse processo. Na redação originária desse dispositivo, competia ao Relator "determinar às autoridades judiciárias e administrativas providências relativas ao andamento e à instrução do processo, bem como à execução de seus despachos, exceto se forem da competência do Plenário, da Turma ou de seus Presidentes;". Destacamos, no ponto, que, além da reserva de colegiado (ressalva das competências do Plenário, da Turma e de seus Presidentes), as atribuições da relatoria se limitavam a aspectos meramente formais e/ou administrativos. A própria explicitação da atribuição de execução de "despachos" (atos não dotados de conteúdo decisório propriamente dito) é icônica quanto ao espectro limitado dos poderes do Relator no início dos anos 1980.

A edição da Emenda Regimental nº 41, de 16 de setembro de 2010 (uma modificação ocorrida durante a gestão do então Ministro Presidente Cezar Peluso), encarna tal ampliação:

> II – executar e fazer cumprir os seus despachos, suas decisões monocráticas, suas ordens e seus acórdãos transitados em julgado, bem como determinar às autoridades judiciárias e administrativas providências relativas ao andamento e à instrução dos processos de sua competência, facultada a delegação de atribuições para a prática de atos processuais não decisórios a outros Tribunais e a juízos de primeiro grau de jurisdição;

É possível, sim, observar que o maior empoderamento do papel dos Relatores e das Relatoras pode ser descrito pelo incremento das seguintes atribuições: a) o desempenho de poderes monocráticos de modo direto (isto é, sem a intermediação pelos órgãos colegiados); e b) a possibilidade de cumprimento de tais decisões pelos demais órgãos do sistema judicial. Tais modificações geram, como uma consequência operacional, uma redução dos poderes dos órgãos colegiados (Plenário e Turmas), os quais passam a ser provocados somente mediante a interposição de recurso; e, ainda assim, em consonância com a conveniência e a oportunidade de encaminhamento do julgamento da questão pela respectiva relatoria.

Com referência à implementação de formas colegiadas alternativas para o julgamento (item "b" acima), é oportuna uma contextualização a respeito das recentes modificações ocorridas.

Primeiramente, deve-se destacar que o julgamento por videoconferência, não corresponde ao julgamento virtual. Explicamos: as sessões telepresenciais, ou por videoconferência, ocorrem em tempo real, mediante a utilização de tecnologia da informação que permitem a simulação da realização das sessões presenciais, por meio de acesso remoto, a partir das residências dos julgadores e a todos os demais serviços auxiliares e essenciais à prestação jurisdicional, tais como: Ministério Público, Defensoria Pública, Advogados e demais colaboradores.

A modalidade telepresencial foi regulamentada pela Resolução nº 672, de 26 de março de 2020. Assim, no contexto de decretação da situação de emergência sanitária (Covid-19), o Tribunal passou a admitir a possibilidade de que as sessões de julgamento do Plenário e de ambas as Turmas passassem a ser integralmente realizadas integralmente por videoconferência. A implementação dessa medida permitiu, por exemplo, o enfrentamento do quadro de paralisia decisória dos órgãos colegiados tendo em vista a necessidade premente de adoção de práticas que favoreçam o isolamento e o distanciamento social, em especial com as medidas de limitação ao deslocamento das pessoas e a restrição do atendimento presencial nos órgãos judiciários (o qual deve se ater aos serviços essenciais e urgentes). Trata-se, portanto, de ferramenta institucional que permitiu o equacionamento de uma solução para a continuidade da prestação jurisdicional.

A prática dos julgamentos virtuais, por sua vez, se tornou possível com a Emenda Regimental nº 21, de 30 de abril de 2007 (medida adotada durante a gestão da então Ministra Presidenta Ellen Gracie). Essa experiência específica – que já conta com quase 14 (quatorze) anos de duração – iniciou-se exclusivamente para a análise da questão processual preliminar referente ao reconhecimento, ou não, da repercussão geral do recurso extraordinário, tal como estipulada pelo § 3º do art. 102 do texto constitucional ("No recurso extraordinário, o recorrente deverá demonstrar a repercussão geral das questões constitucionais discutidas no caso, nos termos da lei, a fim de que o Tribunal examine a admissão do recurso, somente podendo recusá-lo pela manifestação de dois terços de seus membros").

Em seguida, por meio de atos normativos e internos sucessivos, o Supremo promoveu a ampliação gradual da abrangência do dinâmica do julgamento virtual: a) a Emenda Regimental nº 51, de 22 de junho de 2016, estendeu o uso da ferramenta também para o agravo interno e os embargos de declaração (recursos internos do tribunal); b) a Resolução nº 642, de 14 de junho de 2019, por sua vez, expandiu a modalidade virtual, também, para o julgamento de mérito dos recursos extraordinários e de outras classes processuais (inclusive originárias), que já contassem com assuntos consolidados pela jurisprudência dominante do Tribunal; e c) por fim, no contexto de emergência da pandemia, a Emenda Regimental nº 53, de 18 de março de 2020 e a Resolução nº 669, de 19 de março de 2020, possibilitaram o julgamento do mérito de quaisquer e recursos e processos originários independente do requisito jurisprudencial, desde que assim encaminhado pelo relator, ou, conforme o caso, pelo Ministro Vistor (ou revisor), com a anuência do relator originário, nos termos do atual art. 21-B do RI/STF (todos os dispositivos na redação conferida pela ER nº53/2020):

> Art. 21-B. Todos os processos de competência do Tribunal poderão, a critério do relator ou do ministro vistor com a concordância do relator, ser submetidos a julgamento em listas de processos em ambiente presencial ou eletrônico, observadas as respectivas competências das Turmas ou do Plenário.
>
> § 1º Serão julgados preferencialmente em ambiente eletrônico os seguintes processos:
>
> I. Agravos internos, agravos regimentais e embargos de declaração;
>
> II. Medidas cautelares em ações de controle concentrado;
>
> III. Referendo de medidas cautelares e de tutela provisórias;
>
> IV. Demais classes processuais, inclusive recursos com repercussão geral reconhecida cuja matéria discutida tenha jurisprudência dominante no âmbito do STF.
>
> § 2º Nas hipóteses de cabimento de sustentação oral previstas neste regimento interno, fica facultado à Procuradoria-Geral da República, à Advocacia-Geral da União, à Defensoria Pública da União, aos advogados e demais habilitados nos autos encaminhar as respectivas sustentações por meio ele-

trônico após a publicação da pauta e até 48 horas antes de iniciado o julgamento em ambiente virtual.

§ 3º No caso de pedido de destaque feito por qualquer ministro, o relator encaminhará o processo ao órgão colegiado competente para julgamento presencial, com publicação de nova pauta.

§ 4º Em caso de excepcional urgência, o Presidente do Supremo Tribunal Federal e os Presidentes das Turmas poderão convocar sessão virtual extraordinária, com prazos fixados no respectivo ato convocatório.

§ 5º Ato do Presidente do Tribunal regulamentará os procedimentos das sessões virtuais."

A partir da leitura atenta desse atual dispositivo, é possível identificar (e reforçar) a tendência institucional de maior protagonismo dos Ministros (relator e vistor) para fins de inclusão de processos em pauta no ambiente virtual, do Plenário e de ambas as turmas. A perda de centralidade da figura do Ministro Presidente ocorre, por outro lado, quanto à seletividade de temas que passam, ou não, a ser encaminhados aos respectivos colegiados.

Na sistemática anterior, por exemplo, a inclusão de um processo em pauta e a viabilização da inserção desse feito no calendário de julgamentos era resultado de uma combinação de vontades entre o Relator e o Ministro Presidente. Ainda assim, é de se registrar a permanência de um poder de agenda do Presidente do Supremo, tanto para a convocação de sessões virtuais extraordinárias (§4º), como para a regulamentação do próprio procedimento de tais sessões (§5º), sem a necessidade de prévia consulta ao colegiado.

Outra tendência é a de que há o estabelecimento de um regime de "preferência" pelas sessões virtuais para as classes processuais indicadas o § 1º do art. 21-B. Tal dinâmica não estabelece, portanto, exclusividade quanto a esses processos. Assim, ao menos em tese, o que se percebe é que, independentemente dos desdobramentos da pandemia da Covid-19, a engenharia institucional "presencial" se torna cada vez mais "virtual".

Assim, com base nos dados estatísticos oferecidos pelo próprio Tribunal, é possível detectar que, de 2010 a 2018 (mesmo após a ER nº 51/2016), o uso do ambiente virtual: a) concentrou-se nos casos da repercussão geral; e b) teve uma utilização inicial bastante comedida, sendo, no ano de 2018 (o primeiro em que os Colegiados passaram a colocar a ampliação em prática), até mais frequente no Plenário (89 julgamentos além dos relacionados ao reconhecimento da repercussão geral) do que em ambas as Turmas (44 julgamentos combinados).

Diagrama – Julgamentos colegiados em ambiente virtual (2010-2018)

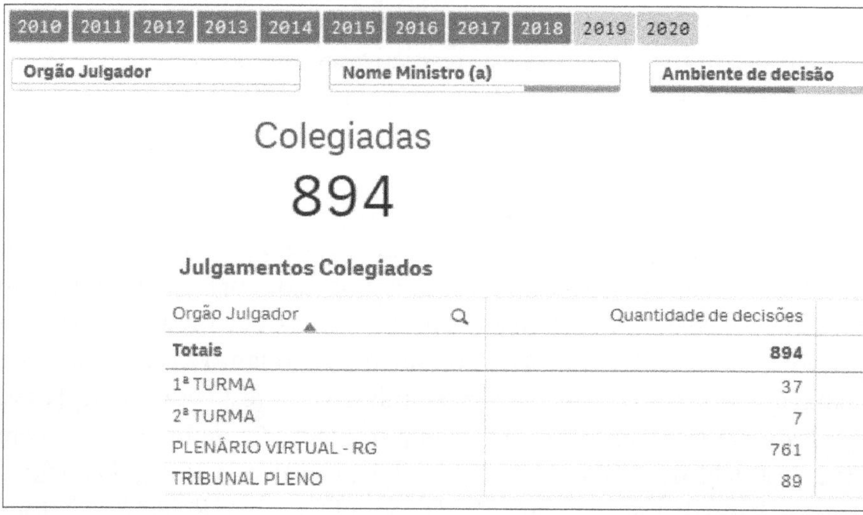

Fonte: STF (Estatísticas)

A partir do ano de 2019, contudo, a ampliação das matérias passíveis de serem julgadas pelos Colegiados virtuais (em especial com a Resolução nº 642/2019) promoveu um considerável incremento nesses julgamentos – o qual foi correspondente a quase oito vezes e meia (+742%) o total de julgamentos ocorridos nos 8 (oito) anos anteriores dessa série (2010-2018). Esse montante (7.578) representou 42,78% do total de julgamentos colegiados ocorridos no ano de 2019, como ilustram os diagramas abaixo:

Diagrama – Julgamentos colegiados em ambiente virtual (2019)

Fonte: STF (Estatísticas)

Diagrama – Total de Julgamentos colegiados (2019)

Fonte: STF (Estatísticas)

Diante singularidades do ano de 2020 e das respectivas regulamentações para a situação de emergência sanitária (ER nº 53/2020; e Resolução 669/2020), no ano de 2020, a ampliação dessa nova dinâmica de julgamentos consagrou uma situação inédita. Pela primeira vez na história do Tribunal, o número total de julgamentos virtuais correspondeu à principal modalidade de julgamento (84,47%), com 16.292 (dezesseis mil duzentas e noventa e dois) julgados e outros 1.916 (mil novecentos e dezesseis, ou 10,52%), proferidos no ambiente presencial, de um total de 18.208 (dezoito mil duzentas e oito) decisões colegiadas – a maior marca registrada desde o ano de 2010.

Tabela – Evolução dos Julgamentos Colegiados do Supremo (2010-2020)

Ano	Presencial	Virtual	Total
2010	11.230	112	11.342
2011	12.948	147	13.095
2012	11.980	111	12.091
2013	14.033	70	14.103
2014	16.983	91	17.074
2015	17.633	82	17.715
2016	14.478	55	14.533
2017	12.844	50	12.894
2018	14.354	176	14.530
2019	10.133	7.578	17.711
2020	1.916	16.292	18.208
Total	138.532	24.764	163.296
Média	12.593,8	2.251,3	14.845,1

Do ponto de vista da performance, os indicadores de produção dos órgãos colegiados, no ambiente virtual, sinalizam para um singelo aumento do número total de julgamentos. Em termos absolutos, a diferença foi de 493 (quatrocentos e noventa e três) julgamentos a mais, em relação ao ano de 2015 (o que registra a segunda melhor marca nesta série, com 17.715 julgados colegiados). E, mais, mesmo se considerado o ano de 2019 (o terceiro, com 17.711 julgados) – e, frise-se, cujo ano judiciário foi isento de intercorrências sanitárias –, a produção foi praticamente a mesma do ano de 2015 (o qual contou com apenas 82 julgamentos em ambiente virtual, todos associados à preliminar de reconhecimento da repercussão geral). Em termos proporcionais, o crescimento da produção do Tribunal no singular ano de 2020 foi da ordem de 2,8% (dois inteiros e oito décimos percentuais), quanto aos anos de 2015 e 2019. De maneira isolada, a produção dos colegiados presenciais nos anos de 2014 (16.983) e de 2015 (17.633) foi superior à dos colegiados virtuais em 2020 (16.292).

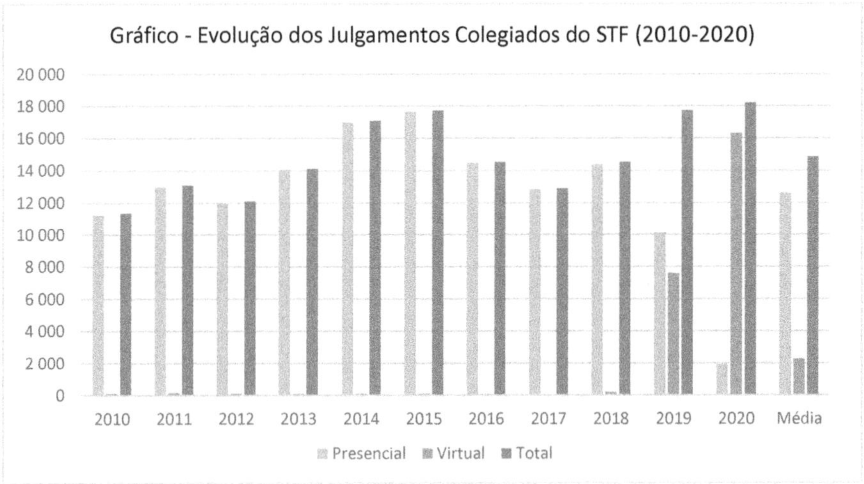

Embora os efeitos aparentes sejam ainda recentes, o Gráfico acima, ilustra o comportamento geral, ainda não é possível afirmar, em condições normais, que o modelo digital, por si só, proporcione maior eficiência decisória ao Colegiado. Desde o início dos anos 2010, por exemplo, a Corte sempre ficou abaixo da marca dos 20 mil julgados colegiados anuais. O que se percebe, de uma maneira geral, é que houve um deslizamento da produção, a qual compartilha praticamente os mesmos recursos materiais e humanos, e da carga decisória, de um ambiente para o outro.

Ademais, conforme pôde pontuar em artigo datado de 27 de março de 2020, Miguel Gualano de Godoy e Eduardo Borges Espínola de Araújo, em publicação jurídica sob o título "*Coronavírus e a ampliação do Plenário Virtual*", alertam para o risco de que a "crise sanitária" tenha servido de mero pretexto para a adoção de mecanismos decisórios automatizantes e de pouca reflexividade quanto ao conteúdo decisório. Segundo os autores: "A pandemia do coronavírus parece ter sido apenas o álibi que faltava para o STF expandir de vez o Plenário Virtual, mas sem considerar modos de utilizá-lo que sejam mais adequados do que as operações binárias que têm caracterizado essas decisões. E que em nada se parecem com o julgamento deliberativo e colegiado que deveria prevalecer no Supremo, ainda que em ambiente virtual".

Embora concordemos com a preocupação quanto à adoção de ferramentas que, além de reforçarem (em vez de enfraquecerem) a engenharia institucional típica de órgãos colegiados, permitam maior visibilidade e ampla reflexividade quanto à produção de julgados e à construção da jurisprudência, não endossamos, de plano, a hipótese de que tenha havido alguma inclinação "premeditada" da Corte para a assunção de um formato decisório mais autoritário. Ao revés, ainda que a premissa ainda careça de maior reflexão, há de se verificar se o risco decorrente dessa reforma institucional corresponde, ou não, a um elemento de uso criativo de imaginação institucional.

Mesmo assim, seguem válidas as preocupações de Godoy (2020) e de Espínola Araújo no ponto específico em que alertam para a necessidade de maior multiplicidade de arranjos "virtuais" e "colegiados" que promovam, de modo efetivo, maior deliberação e um engajamento mais qualificado dos diferentes componentes dos respectivos órgãos colegiados. Em um outro nível adicional, poderíamos agregar, é fundamental observar e analisar a própria forma pela qual os recursos humanos e o denominado "capital humano" do Tribunal (além dos Ministros e das Ministras, os servidores, os juízes auxiliares e os demais colaboradores) estão alocados quanto à percepção dos fluxos comunicativos e decisórios pelos quais se desdobram as dinâmicas deliberativas desses colegiados.

Considerações Finais: alternativas constitucionais e engenhos institucionais para a reforma do processo constitucional brasileiro

Não faz muito tempo, chegou-se a cogitar um intensivo processo de "monocratização" dos tribunais em geral. Partindo-se da perspectiva da "Supremocracia", a qual, inclusive, foi relativizada por Oscar Vilhena Vieira cerca de uma década depois, Diego Arguelhes e Leandro Ribeiro aventam a instigante hipótese da "Ministrocracia".

Seria essa uma nova realidade decisória da chamada "virada institucional" a respeito dos colegiados judiciais no Brasil? Ou há espaço para outras interpretações?

A partir dos dois experimentos detalhados neste artigo (o da arguição e o da repercussão), sustentamos que se deve levar a sério a "Arquitetura Constitucional" de que, no âmbito da Jurisdição Constitucional Aplicada (JCA), o Supremo é um tribunal (ou seja, um órgão colegiado) que desempenha relevantes protagonismos tanto no âmbito da fiscalização abstrata de normas, quanto na difusa. Tal proposta reflexiva se impõe, primeiramente, porque ela promove uma espécie de metonímia institucional (tomam-se as "partes", os juízos monocráticos, pelo todo, a complexidade deliberativa e decisória desses Órgãos Coletivos). Em segundo lugar, porque, conforme pretendemos suscitar adiante, as recentes inovações regimentais em ambos os órgãos promoveram modificações naquilo que, recentemente, nomeou-se de "Engenharia Institucional" do Tribunal.[17] Em terceiro lugar, ao compreender esse papel do Supremo, em especial, no âmbito do controle difuso, percebe-se que a sua atuação ocorre em paralelo com os demais órgãos singulares e colegiados do Poder Judiciário – hoje, mais de 18.000 juízes e, além disso, outros 90 (noventa) Tribunais que ostentam a função de aplicação das leis e da Constituição aos casos concretos.

Essa realidade institucional emergente vai, portanto, em sentido oposto à suposição da "ministrocracia". Embora ainda se percebam, aqui e acolá, os efeitos e as assimetrias da ausência de supervisão institucional e/ou colegiada de julgados monocráticos (seja no controle concentrado, seja no difuso), a sugestão de que o centro de gravidade decisória da Corte teria se invertido, de maneira irreversível, nos parece problemática. Nesse particular, frisamos, para casos que recebem maior destaque e atenção da opinião pública e especializada, seja por sua urgência (a premissa desses colegiados virtuais extraordinários), seja por sua relevância na esfera pública.

Em junho de 2021, por exemplo, nos pareceu emblemático o uso pelo Supremo do engenho do *plenário virtual extraordinário* para apreciar o mérito da realização, ou não, da Copa América de Futebol no Brasil, de 11 de junho a 10 de julho. Na Arguição de Descumprimento Fundamental (ADPF) 756,

[17] Tal perspectiva também pode ser estendida ao Conselho Nacional de Justiça que, igualmente, regulamentou a adoção de engenhos institucionais para a virtualização de suas sessões de julgamento. Para uma análise dessa questão em termos comparativos (STF e CNJ), veja-se o artigo do presente autor (DANIEL AUGUSTO VILA-NOVA GOMES) e de ADERRUAN TAVARES, publicado sob o título: "*Entre o Virtual, o Real e o Óbvio: Desafios do Plenário Virtual Extraordinário*", publicado, em 15 de junho de 2021, no Portal Consultor Jurídico, https://www.conjur.com.br/2021-jun-15/opiniao-desafios-plenario-virtual-extraordinario.

de relatoria do Ministro Ricardo Lewandowski; assim como na ADPF 849 e no Mandado de Segurança 37.933, ambos da relatoria da Ministra Carmen Lúcia, postulou-se ao STF a imposição de restrições ao Governo Federal, quanto à realização do mencionado evento esportivo em razão da pandemia.

Independente do mérito constitucional do debate e do fato que o Brasil segue como um dos 3 principais vetores de disseminação da doença, com cerca de meio milhão de perdas humanas, essa tentativa de judicialização da política é ponto de partida – um sintoma; e não um diagnóstico da nossa análise.

A institucionalização do plenário virtual extraordinário, especificamente para lidar com causas que envolvam conflitos sensíveis ligados à pandemia, corresponde a iniciativa institucional e tecnológica que permite a apreciação colegiada, célere e hábil de questões urgentes e relevantes. A medida parece louvável, para fins de uma reflexão a respeito da "Reforma do Processo Constitucional" porque, sem abrir mão de uma maior eficiência decisória das Cortes, assegura e reforça o caráter colegiado – em oposição às tendências e aos incentivos à monocratização.

A excepcionalidade da conjuntura pandêmica, contudo, não deve ser a única referência para que essa inovação institucional siga a ser implementada. A sinalização de uma mensagem definitiva desses e de outros colegiados judiciais no Brasil não só pode, como é útil que deva ser transmitida à sociedade e aos poderes constituídos.

E mais: esperamos que novos arranjos e engenhos institucionais e deliberativos sejam desenvolvidos para a ampliação dos níveis de reflexividade e de diálogo, nos colegiados, para a produção mais abrangente de precedentes. O desafio é imenso, mas com a atenção dos coletivos da pesquisa e da comunidade jurídica, pode se tornar um pouco mais tangível enquanto uma prática institucional que restitua, aos Colegiados, os potenciais de suas missões constitucionais e administrativas.

É certo que a sistemática do plenário virtual, em qualquer de suas modalidades, é passível de aperfeiçoamento, e assim deve ser procedido como demanda não só institucional, mas também social. Mas não nos esqueçamos que tal ferramenta, aliada à virtualização dos processos e à realização de audiências por videoconferência (apenas para citar alguns exemplos), foi o que permitiu que o Poder Judiciário continuasse a minimamente prestar sua jurisdição e evitou a total paralização dos serviços judiciários, durante o período da pandemia.

Mesmo depois do período da pandemia, pensamos que a experiência do plenário virtual é válida e deve seguir sendo mais uma alternativa de resolução de causas que podem ser resolvidas de forma mais célere, mas, sobretudo, de modo coletivo (e não necessariamente individual). Ademais, é um importante engenho institucional para desestimular o uso de decisões monocráticas para os casos mais urgentes e relevantes. Mais do que mera petição de princípio, o fomento à colegialidade nos parece como iniciativa que suscita, ao menos em tese, maior reflexividade e possibilidade de controle sobre a forma de manifestação da aludida "carga decisória" das cortes, em geral.

Esse *leitmotiv*, nos parece, talvez, a principal contribuição que se possa fazer a título de elaboração de uma proposta de Reforma do Processo Constitucional, a saber: o "desenho" de conceitos arquitetônicos (constitucional-processuais) e de engenhos institucionais que favoreçam a maior reflexividade e a materialização da colegialidade na Corte, não como exercício assembleísta de deliberação, mas, sobretudo, enquanto elemento de qualificação das divergências centrais nos debates constitucionais submetidos ao Poder Judiciário e, também, em especial Tribunal a que se confere a Guarda da Constituição.

Referências

Arguelhes, Diego Werneck; e Ribeiro, Leandro Molhano. *Criatura e/ou Criatura: Transformações do Supremo sob a Constituição de 1988. Revista Direito GV*, v.12, n.2, maio/agosto 2016.

______. *O Supremo Individual: Mecanismos de atuação direta dos ministros sobre o processo político. Direito, Estado e Sociedade*, n. 46, 2015. pp. 121-155.

______. *Ministrocracia: O Supremo Tribunal individual e o processo democrático brasileiro.* Novos estudos CEBRAP; 37(1); pp. 13-32; 2018-04.

Conselho Nacional de Justiça. *Relatórios Justiça em Números* (2004-2021). Disponível em: https://www.cnj.jus.br/pesquisas-judiciarias/justica-em-numeros/.

Godoy, Miguel Gualano de; e Espínola Araújo, Eduardo Borges. *Coronavírus e a ampliação do Plenário Virtual do STF.* Jota: Supra. Publicado em 27 de março de 2020. Disponível em: https://www.jota.info/stf/supra/coronavirus-e-a-ampliacao-do-plenario-virtual-do-stf-27032020.

Fernández Segado, Francisco. *La obsolescencia de la bipolaridad tradicional (modelo americano – modelo europeo-kelseniano) de los sistemas de Justicia Constitucional.* Direito Público. Porto Alegre, ano 1, n. 2, p. 55-82, out./ dez. 2003.

Supremo Tribunal Federal (www.stf.jus.br/estatística).

Vieira, Oscar Vilhena. *Supremocracia.* Revista de Direito GV São Paulo 4 (2). jul./ dez. 2008. pp. 441-464 (*Link*: http://bibliotecadigital.fgv.br/dspace/bitstream/

handle/10438/9674/Oscar%20Vilhena%20Vieira.pdf?sequence=1&isAllowed=y) – último acesso em 19.11.2017.

______. *A batalha dos poderes: Da transição democrática ao mal-estar constitucional.* 1ª Edição. São Paulo: Companhia das Letras, 2018. 233 pp.

Vila-Nova Gomes, Daniel Augusto; e Arabi, Abhner Youssif Mota. *Intermitências da Arguição e Jurisdição Constitucional.* Portal Jota: publicado em 02 de dezembro de 2016. Disponível em: https://www.jota.info/especiais/intermitencias-da-arguicao-e-jurisdicao-constitucional-02122016.

Vila-Nova Gomes, Daniel Augusto; e Tavares, Aderruan. "*Entre o Virtual, o Real e o Óbvio: Desafios do Plenário Virtual Extraordinário*". Portal Consultor Jurídico: publicado, em 15 de junho de 2021. Disponível em: https://www.conjur.com.br/2021-jun-15/opiniao-desafios-plenario-virtual-extraordinario.

Vila-Nova Gomes, Daniel Augusto. *Supremologia: o STF nas encruzilhadas da Política & do Direito no Brasil.* Programa de Pós-Graduação em Ciência Política do Departamento de Ciência Política do Instituto de Ciências Humanas e Filosofia da Universidade Federal Fluminense (PPGCP/DCP/ICHF/UFF). Tese de Doutorado defendida e aprovada em 24 de fevereiro de 2021, sob orientação do Professor Doutor Carlos Sávio Gomes Teixeira.

4
UNIFICAÇÃO DAS AÇÕES DE CONTROLE CONCENTRADO: A IRRACIONALIDADE NA MULTIPLICIDADE DE AÇÕES DIRETAS

Jorge Octávio Lavocat Galvão
Luiz Felipe Gallotti Rodrigues

Introdução

Decorridos mais de trinta anos desde a promulgação da Constituição da República de 1988, o sistema brasileiro de controle concentrado de constitucionalidade passou por uma série de mudanças em relação ao arranjo originalmente idealizado pelo constituinte. Em um primeiro instante, a jurisprudência defensiva do Supremo Tribunal Federal (STF) restringiu consideravelmente o alcance da jurisdição constitucional abstrata. No entanto, com o passar dos anos, o legislador e os próprios membros da Corte supriram lacunas deixadas por esta orientação jurisprudencial restritiva e tornaram a maior parte dos atos do poder público impugnáveis por esta via.

Ocorre que a falta de coordenação entre a inicial jurisprudência restritiva da Suprema Corte e o ímpeto do legislador em expandir o alcance da jurisdição constitucional abstrata resultaram em um sistema de controle concentrado de constitucionalidade dotado de quatro ações diretas visando o mesmo objetivo – a tutela da ordem constitucional objetiva –, mas com uma série de particularidades no tocante ao seu cabimento, parâmetro e procedimento.

Nesse contexto, o presente artigo propõe-se a analisar as consequências da multiplicidade de ações de controle concentrado no ordenamento jurídico pátrio, bem como a viabilidade e as vantagens da unificação destes instrumentos em uma única via direta de acesso à jurisdição constitucional abstrata.

1. Sistema brasileiro de controle concentrado

Em paralelo ao sistema de controle de constitucionalidade pela via incidental, que permite a qualquer juiz do país aferir de modo difuso a compatibilidade entre norma infraconstitucional e o texto constitucional, o ordenamento jurídico pátrio dispõe de instrumentos que permitem deflagrar o processo de jurisdição constitucional abstrata e pela via principal.

Com efeito, diante de problemas intrínsecos ao controle difuso de constitucionalidade[1] – em especial, a insegurança jurídica provocada pela falta de uniformidade entre os juízos de constitucionalidade exercidos pelos magistrados do país e o baixo grau de vinculatividade dessas decisões – a Constituição Federal de 1988 foi marcada pela expansão do rol de agentes aptos a iniciar o processo de controle abstrato da constitucionalidade de atos normativos infraconstitucionais e, consequentemente, pelo alargamento da jurisdição constitucional pela via principal.

Atualmente, o texto constitucional prevê a existência de quatro espécies de ações diretas[2] intrinsecamente ligadas à tutela da ordem constitucional objetiva e dissociadas da defesa de interesses subjetivos: (i) ação

[1] Eis comentário de Hans Kelsen quanto às desvantagens intrínsecas ao controle difuso de constitucionalidade: "A desvantagem dessa solução consiste no fato de que os diferentes órgãos aplicadores da lei podem ter opiniões diferentes com respeito à constitucionalidade de uma lei e que, portanto, um órgão pode aplicar a lei por considerá-la constitucional, enquanto outro lhe negará aplicação com base na sua alegada inconstitucionalidade. A ausência de uma decisão uniforme sobre a questão da constitucionalidade de uma lei, ou seja, sobre a Constituição estar sendo violada ou não, é uma grande ameaça à autoridade da própria Constituição." (KELSEN, Hans. *Jurisdição Constitucional.* São Paulo: Martins Fontes, 2003, p. 303.)

[2] Exclui-se da presente análise a ação direta interventiva em razão de sua natureza diversa em relação às demais vias diretas de acesso à jurisdição constitucional. Conforme explica Luís Roberto Barroso: "embora seja formulado um juízo de certa forma abstrato acerca da constitucionalidade do ato normativo estadual – nas hipóteses em que o ato impugnado tenha essa natureza –, não se trata de um processo objetivo, sem partes ou sem um caso concreto subjacente. Cuida-se, sim, de um litígio constitucional, de uma relação processual contraditória, contrapondo União e Estado-membro, cujo desfecho pode resultar em intervenção federal". (BARROSO, Luís Roberto. O controle de constitucionalidade no direito brasileiro: exposição sistemática da doutrina e análise crítica da jurisprudência. 7. ed. rev. e atual. – São Paulo: Saraiva, 2016, p. 219)

direta de inconstitucionalidade (ADI); (ii) ação declaratória de constitucionalidade (ADC); (iii) ação direta de inconstitucionalidade por omissão (ADO); e (iv) arguição de descumprimento de preceito fundamental (ADPF). Salienta-se que os contornos dos instrumentos citados foram definidos mediante alterações normativas e evolução jurisprudencial, que conferiram a cada ação uma série de particularidades no tocante ao seu objeto, parâmetro e procedimento.

Nessa linha, diante da já mencionada expansão do elenco de entes dotados de legitimidade ativa para deflagrar o processo de controle abstrato de normas, o Supremo Tribunal Federal protagonizou uma série de decisões que firmaram a jurisprudência defensiva da Corte no tocante ao cabimento das ações diretas e, em um primeiro instante, excluíram, por exemplo, as leis municipais[3], as normas pré-constitucionais[4] e os atos normativos

[3] "Ação direta de inconstitucionalidade de lei municipal proposta, perante este Supremo Tribunal Federal, por Mesa de Câmara Municipal. – Dois são os óbices para o conhecimento da presente ação direta de inconstitucionalidade: o de que a Mesa de Câmara Municipal não tem legitimidade ativa para propor ação dessa natureza por não estar arrolada no "caput" do artigo 103 da Constituição Federal, e o de que há impossibilidade jurídica do pedido, uma vez que, em face do disposto no artigo 102, I, "a", da Carta Magna, **só cabe ação direta de inconstitucionalidade perante esta Corte quando se tratar de lei ou ato normativo federal ou estadual, e não de lei ou ato normativo municipal**. Ação direta de inconstitucionalidade não conhecida." (ADI 1803, rel. Moreira Alves, Tribunal Pleno, julgado em 19.3.1998, DJ 24.4.1998) (grifo nosso)

[4] AÇÃO DIRETA DE INCONSTITUCIONALIDADE – IMPUGNAÇÃO DE LEI PRE-CONSTITUCIONAL E DE ATO REGULAMENTAR EDITADO SOB A EGIDE DA NOVA CONSTITUIÇÃO – INIDONEIDADE DO REGULAMENTO DE EXECUÇÃO PARA EFEITO DE CONTROLE NORMATIVO ABSTRATO – **INCONSTITUCIONALIDADE SUPERVENIENTE DA LEI – INOCORRENCIA – HIPÓTESE DE REVOGAÇÃO DO ATO HIERARQUICAMENTE INFERIOR POR AUSÊNCIA DE RECEPÇÃO – IMPOSSIBILIDADE DE INSTAURAÇÃO DO CONTROLE CONCENTRADO DE CONSTITUCIONALIDADE – AÇÃO DIRETA NÃO CONHECIDA**. – (...) A regulamentação de lei pré-constitucional por ato estatal editado sob a égide de novo ordenamento constitucional não basta para autorizar, em sede de ação direta, o confronto da espécie legislativa com a Constituição superveniente. – A ação direta de inconstitucionalidade não se revela instrumento juridicamente idôneo ao exame da legitimidade constitucional de atos normativos do Poder Público que tenham sido editados em momento anterior ao da vigência da Constituição sob cuja égide foi instaurado o controle normativo abstrato. A fiscalização concentrada de constitucionalidade supõe a necessária existência de uma relação de contemporaneidade entre o ato estatal impugnado e a Carta Política sob cujo domínio normativo veio ele a ser editado. **O entendimento de que leis pré-constitucionais não se predispõem, vigente uma nova Constituição, a tutela jurisdicional de constitucionalidade "in abstracto" – orientação**

revogados[5] e secundários[6] da apreciação das Cortes via ação de controle concentrado.

Possivelmente, o mais ilustrativo exemplo da jurisprudência defensiva da Suprema Corte quanto ao cabimento das ações diretas é o entendimento firmado no sentido de que a análise da compatibilidade entre ato normativo e Constituição promulgada posteriormente à sua edição configura juízo de recepção ou revogação e não de constitucionalidade – de modo que não haveria inconstitucionalidade superveniente no direito pátrio[7] e, por conseguinte, normas pré-constitucionais estariam excluídas do escopo da ação direta de inconstitucionalidade.[8]

jurisprudencial já consagrada no regime anterior (RTJ 95/980 – 95/993 – 99/544) – foi reafirmado por esta Corte, em recentes pronunciamentos, na perspectiva da Carta Federal de 1988. – (...) (ADI 129, rel. Min. Francisco Rezek, rel. p/ Acórdão: Min. Celso de Mello, Tribunal Pleno, julgado em 7.2.1992, DJ 28.8.1992) (grifo nosso)

5 AÇÃO DIRETA DE INCONSTITUCIONALIDADE. (...) HÁ, PORÉM, NO CASO, IMPOSSIBILIDADE JURÍDICA DO PEDIDO, PORQUANTO ESTA CORTE JA FIRMOU JURISPRUDÊNCIA NO SENTIDO DE QUE A AÇÃO DIRETA DE INCONSTITUCIONALIDADE NÃO E CABIVEL QUANDO A ARGÜIÇÃO SE FAZ EM FACE DE CONSTITUIÇÃO JA REVOGADA, **NEM QUANDO O ATO NORMATIVO IMPUGNADO FOI REVOGADO ANTES DA PROPOSITURA DELA.** AÇÃO DIRETA DE INCONSTITUCIONALIDADE NÃO CONHECIDA. (ADI 3, rel. Min. Moreira Alves, Tribunal Pleno, julgado em 7.2.1992, DJ 18.9.1992) (grifo nosso)

6 "CONSTITUCIONAL. AÇÃO DIRETA DE INCONSTITUCIONALIDADE. REGULAMENTO: NÃO ESTÁ, DE REGRA, SUJEITO AO CONTROLE EM ABSTRATO. I. – **O regulamento, ato normativo secundário, não está, de regra, sujeito ao controle de constitucionalidade. É que, quando o regulamento vai além do conteúdo da lei, não prática inconstitucionalidade, mas ilegalidade.** II. – Precedentes do STF. III. – Ação direta de inconstitucionalidade não conhecida." (ADI 940, rel. Min Carlos Velloso, Tribunal Pleno, julgado em 30.6.1994, DJ 23.9.1994) (grifo nosso)

7 Ressalva-se dessa afirmação a hipótese de reconhecimento de mutação constitucional, fenômeno que o professor Gilmar Mendes explica nos seguintes termos: "por vezes, em virtude de uma evolução na situação de fato sobre a qual incide a norma, ou ainda por força de uma nova visão jurídica que passa a predominar na sociedade, a Constituição muda, sem que as suas palavras hajam sofrido modificação alguma. O texto é o mesmo, mas o sentido que lhe é atribuído é outro. Como a norma não se confunde com o texto, repara-se, aí, uma mudança da norma, mantido o texto. Quando isso ocorre no âmbito constitucional, fala-se em mutação constitucional". (MENDES, Gilmar Ferreira; BRANCO, Paulo Gustavo Gonet. Curso de Direito Constitucional. 13. ed. rev. e atual. São Paulo: Saraiva, 2018. pp. 195 e 196)

8 CONSTITUIÇÃO. LEI ANTERIOR QUE A CONTRARIE. REVOGAÇÃO. INCONSTITUCIONALIDADE SUPERVENIENTE. IMPOSSIBILIDADE. 1. A lei ou é constitucional ou não é lei. Lei inconstitucional é uma contradição em si. A lei é constitucional quando fiel à Constituição; inconstitucional na medida em que a desrespeita, dispondo sobre o que lhe

Nesse contexto, o legislador conformou – tanto por meio de legislação infraconstitucional quanto constitucional – as demais ações diretas visando a suprir lacunas criadas pela jurisprudência defensiva do STF e a expandir o alcance da jurisdição constitucional abstrata.

Inicialmente, aprovou-se a Emenda Constitucional n. 3, de 1993, que introduziu a já mencionada ação declaratória de constitucionalidade ao ordenamento jurídico nacional, que posteriormente teve, por meio da Emenda Constitucional n. 45, de 2004, seu rol de legitimados equiparado ao da ADI.

Esse instrumento visa a suprir a lacuna referente à existência de meio idôneo para sustentar a constitucionalidade de norma e pleitear a fixação de orientação jurisprudencial homogênea e capaz de afastar a incerteza quanto à constitucionalidade de norma cuja conformidade com o texto constitucional é controvertida – o que se torna especialmente importante em um sistema no qual todos os juízes do país têm competência para declarar a inconstitucionalidade de um ato normativo pela via incidental.

Ressalta-se que, apesar da improcedência da pretensão declaratória de inconstitucionalidade em sede de ADI ser equivalente à declaração de constitucionalidade de norma em sede de ADC, aquele instrumento tem como finalidade originária a arguição da inconstitucionalidade da norma impugnada, ao passo que este permite ao demandante pleitear em suas petições o que realmente deseja – a fixação de orientação jurisprudencial no sentido de que o objeto da ação direta encontra fundamento de validade no texto constitucional e, portanto, é plenamente válido e não deve ter sua aplicação afastada. Em suma, pode-se afirmar que a ADC é a ADI com o sinal trocado.

Em seguida, o legislador infraconstitucional, por meio da Lei 9.882/1999, regulamentou a arguição de descumprimento de preceito fundamental,

era vedado. O vício da Inconstitucionalidade é congênito à lei e há de ser apurado em face da Constituição vigente ao tempo de sua elaboração. Lei anterior não pode ser inconstitucional em relação à Constituição superveniente; nem o legislador poderia infringir Constituição futura. A Constituição sobrevinda não torna inconstitucionais leis anteriores com ela conflitantes: revoga-as. Pelo fato de ser superior, a Constituição não deixa de produzir efeitos revogatórios. Seria ilógico que a lei fundamental, por ser suprema, não revogasse, ao ser promulgada, leis ordinárias. A lei maior valeria menos que a lei ordinária. 2. Reafirmação da antiga jurisprudência do STF, mais que cinquentenária. 3. Ação direta de que se não conhece por impossibilidade jurídica do pedido. (ADI 2, rel. Min. Paulo Brossard, Tribunal Pleno, julgado em 6.2.1992, DJ 21.11.1997) ação introduzida no texto constitucional pelo próprio constituinte originário, mas cujos contornos não eram considerados bem delimitados tanto para a doutrina quanto para a jurisprudência – tanto que o primeiro julgamento de mérito em sede de ADPF aconteceu apenas em dezembro de 2005[9] –, razão pela qual o então Ministro do Supremo Tribunal Federal, Sepúlveda Pertence, chegou a atribuir-lhe o rótulo de "esfinge" do direito brasileiro[10].

Pode-se dizer que a ADPF foi responsável por expandir jurisdição constitucional abstrata, haja vista que estendeu seu alcance a uma série de atos do poder público que só poderiam ser impugnados via controle difuso de constitucionalidade, dentre os quais, como mencionado anteriormente, destacam-se as normas anteriores à promulgação da Carta de 1988, as leis municipais em face da Constituição Federal, a declaração de constitucionalidade de leis locais e, por vezes, até questões que fogem ao escopo idealizado para a jurisdição constitucional, como ocorreu com a cautelar concedida pelo Ministro Alexandre de Moraes em 2018, em sede do julgamento da ADPF 519[11], por meio da qual o magistrado autorizou a adoção de medidas necessárias para resguardar a ordem durante a desobstrução das rodovias nacionais em razão da greve dos caminhoneiros.

Por fim, a ação direta de inconstitucionalidade por omissão – remédio constitucional idealizado para sanar omissões inconstitucionais pela via principal e abstrata – não tem previsão expressa no texto constitucional, mas é decorrente da interpretação sistemática dos arts. 102 e 103, § 2º, da Constituição da República, no qual se admite a hipótese de inconstitucionalidade por omissão. Com efeito, o legislador infraconstitucional conferiu previsão e regulamentação expressa à ADO por meio da promulgação da Lei 12.063/2009, que alterou a Lei 9.868/1999, ato normativo que regulamentava a ADI e a ADC.

[9] Sobre esse tema, veja-se: https://www.conjur.com.br/2005-dez-07/supremo_julga_primeira_adpf_define_contorno_acao

[10] "a Lei 9.882, de dezembro último, veio dar eficácia ao art. 102, § 1º, da Constituição, que previu na competência do Supremo Tribunal, o julgamento do instituto – ainda, para mim, **com todo o mistério de uma esfinge** – da chamada 'arguição de descumprimento de preceito fundamental'". (grifo nosso)
(Voto do Ministro Pertence no julgamento da ADPF 1 QO, rel. Min. Néri da Silveira, Tribunal Pleno, julgado em 3.2.2000, DJ 7.11.2003)

[11] Veja-se, a respeito deste julgamento: "Ministro Moraes autoriza tomada de medidas contra greve de caminheiros". In: https://www.migalhas.com.br/quentes/280843/ministro-moraes-autoriza-tomada-de-medidas-contra-greve-de-caminhoneiros

2. Consequências da multiplicidade de ações diretas

Das considerações até aqui apresentadas, depreende-se que o sistema de controle de constitucionalidade brasileiro dispõe de quatro ações com a mesma finalidade – a tutela da ordem constitucional objetiva -, mas que são disciplinadas por dois diplomas legais diferentes e dotadas de uma série de incongruências e incompatibilidades entre si – dentre as quais, destacam-se diferenças entre objeto, parâmetro e procedimento.

Nesse contexto, frequentemente há dúvidas sobre qual é a via correta de acesso à jurisdição constitucional abstrata e concentrada. Isto porque há zona de penumbra entre os objetos das ações de controle concentrado de constitucionalidade, especialmente tendo em vista a natureza dúplice entre ADI e ADC, bem como o caráter subsidiário da arguição de descumprimento de preceito fundamental – cuja propositura é condicionada ao expressivo ônus argumentativo de demonstrar que não há nenhum outro meio idôneo a sanar lesão a preceito fundamental causada por ato do poder público.

Cite-se, como exemplo, a impugnação de decreto em sede de controle concentrado de constitucionalidade. Sabe-se que o Supremo Tribunal Federal só admite a ADI como via adequada para arguição de inconstitucionalidade desta espécie de ato normativo caso se trate de decreto autônomo, isto é, aquele que não se limita a regulamentar legislação infraconstitucional, caso contrário o meio adequado é a ADPF. Ocorre que a caracterização do decreto como meramente regulamentar ou autônomo depende do juízo exercido pelo magistrado competente, de sorte que se torna impossível saber com certeza qual é a via adequada para impugnar esta espécie de ato normativo. Nessa linha, vale mencionar o julgamento da ADPF 72, no qual a Exma. Ministra Ellen Gracie assentou o não cabimento da via eleita em seu voto, sob o seguinte fundamento:

> "Verifico que o cabimento da via eleita, a ADPF, encontra obstáculo instransponível, relativo ao requisito de admissibilidade exigido pelo disposto no art. 4º, § 1º, da Lei 9.882/99
>
> (...)
>
> É que não obstante tenha o arguente afirmado, em sua inicial, ser incabível, no caso, ação direta de inconstitucionalidade, dada a natureza infralegal do ato contestado, a ensejar, quando muito, a ofensa oblíqua ao texto constitucional, **esse entendimento possui temperamentos, sendo imprescindível a análise individualizada da norma que se pretende contestar.**

Não foi por outra razão que esta Casa já conheceu uma série de ações diretas de inconstitucionalidade que tiveram como objeto espécies normativas outras (decretos, resoluções, provimentos, portarias e etc) que não lei em sentido estrito, circunstâncias nas quais se detectou o confronto direto, sem intermediários, entre o ato normativo atacado e a Constituição Federal.

No presente caso, o objeto do pedido principal revela-se, indisfarçavelmente, como sendo a declaração de inconstitucionalidade de preceito autônomo por ofensa aos dispositivos constitucionais acima apontados"[12] (grifo nosso)

Da mesma sorte, há uma série de pontos de contato entre a ADI e a ADO, principalmente diante da noção de omissão parcial inconstitucional – quando há inconstitucionalidade não por completa conduta omissiva, mas sim por insuficiência ou deficiência no cumprimento do mandamento constitucional, conforme explica, em sede doutrinária, o Ministro Gilmar Mendes:

> "Dado que no caso de uma omissão parcial existe uma conduta positiva, não há como deixar de reconhecer a admissibilidade, em princípio, da aferição da legitimidade do ato defeituoso ou incompleto no processo de controle de normas, ainda que abstrato. **Tem-se, pois, aqui, uma relativa, mas inequívoca fungibilidade entre a ação direta de inconstitucionalidade (da lei ou ato normativo) e o processo de controle abstrato da omissão, uma vez que os dois processos – o de controle de normas e o de controle da omissão – acabam por ter – formal e substancialmente – o mesmo objeto, isto é, a inconstitucionalidade da norma em razão de sua incompletude.**"[13] (grifo nosso)

Com efeito, frequentemente confunde-se se determinado ato padece de inconstitucionalidade por ação ou por omissão parcial, de sorte que não se sabe com certeza qual deveria ser a via eleita – a ação direta de inconstitucionalidade genérica ou a ação direta de inconstitucionalidade por omissão.

[12] ADPF 72 QO, rel. Min. Ellen Gracie, Tribunal Pleno, julgado em 1.6.2005, DJ 2.12.2005

[13] MENDES, Gilmar Ferreira; BRANCO, Paulo Gustavo Gonet. Curso de Direito Constitucional. 13. ed. rev. e atual. São Paulo: Saraiva, 2018. p. 2030.

Merece destaque, quanto a este assunto, o julgamento conjunto das ADIs 875, 1.987, 2.727 e 3.243[14], cujo tema era a constitucionalidade da Lei Complementar 62/1989, que estabelecia normas sobre o cálculo, a entrega e o controle das liberações dos recursos de Fundos de Participação dos Estados. Apesar de as quatro ações alegarem violação ao mesmo parâmetro constitucional, as três primeiras arguiam inconstitucionalidade por omissão parcial – em razão da ausência de critérios constitucionalmente adequados para a partição tributária em questão –, ao passo que a última sustentava a inconstitucionalidade total da lei questionada, com base na mesma causa de pedir.[15]

Diante da sobreposição entre alegações de inconstitucionalidade total e por omissão parcial – as quais, reitera-se, estavam lastreadas nos mesmos fundamentos – o Supremo Tribunal Federal alterou sua jurisprudência[16] e reconheceu a fungibilidade entre as ações de inconstitucionalidade por ação e por omissão.

[14] "Ações Diretas de Inconstitucionalidade (ADI nº 875/DF, ADI nº 1.987/DF, ADI nº 2.727/DF e ADI nº 3.243/DF). Fungibilidade entre as ações diretas de inconstitucionalidade por ação e por omissão. Fundo de Participação dos Estados – FPE (art. 161, inciso II, da Constituição). Lei Complementar nº 62/1989. Omissão inconstitucional de caráter parcial. Descumprimento do mandamento constitucional constante do art. 161, II, da Constituição, segundo o qual lei complementar deve estabelecer os critérios de rateio do Fundo de Participação dos Estados, com a finalidade de promover o equilíbrio socioeconômico entre os entes federativos. Ações julgadas procedentes para declarar a inconstitucionalidade, sem a pronúncia da nulidade, do art. 2º, incisos I e II, §§ 1º, 2º e 3º, e do Anexo Único, da Lei Complementar nº 62/1989, assegurada a sua aplicação até 31 de dezembro de 2012." (ADI 875, rel. Min. Gilmar Mendes, Tribunal Pleno, julgado em 24/02/2010, DJe 30.4.2010)

[15] Em sede doutrinária, a respeito deste paradigmático julgamento: Mendes, Gilmar Ferreira; Branco, Paulo Gustavo Gonet. *Curso de Direito Constitucional.* 13. ed. rev. e atual. São Paulo: Saraiva, 2018. pp. 1847 e 1848; e Barroso, Luís Roberto. *O controle de constitucionalidade no direito brasileiro*: exposição sistemática da doutrina e análise crítica da jurisprudência. 7. ed. rev. e atual. – São Paulo: Saraiva, 2016, p. 177.

[16] Até então, a jurisprudência da Suprema Corte era firme neste sentido: "AÇÃO DIRETA DE INCONSTITUCIONALIDADE. (...) SEGUNDO A INICIAL, ESTARIA CONFIGURADA HIPÓTESE DE INCONSTITUCIONALIDADE POR OMISSAO DE PORTARIA PARA TORNAR EFETIVA A NORMA CONSTITUCIONAL MENCIONADA. INVIABILIDADE DE CONVERSAO DA AÇÃO DIRETA DE INCONSTITUCIONALIDADE EM AÇÃO DE INCONSTITUCIONALIDADE POR OMISSAO, A QUE SE REFERE O PARAGRAFO 2. DO ART. 103 DA LEI MAIOR DE DE 1988. AÇÃO DIRETA DE INCONSTITUCIONALIDADE NÃO CONHECIDA, PREJUDICADA A MATÉRIA RELATIVA AO REFERENDO DO DESPACHO." (ADI 986 MC, rel. Min. Neri da Silveira, Tribunal Pleno, julgado em 10.2.1994, DJ 8.4.1994)

Apesar da inclinação da jurisprudência da Suprema Corte no sentido de aceitar a fungibilidade entre as ações de controle concentrado, salienta--se que há julgados deste Tribunal inadmitindo a conversão por conta de "erro grosseiro" na via escolhida.[17]

Ademais, ressalta-se que a fungibilidade entre um instrumento e outro está condicionada ao preenchimento dos elementos intrínsecos à via apropriada – legitimidade ativa, objeto, fundamentação e pedido -, o que frequentemente causa problemas aos requerentes, uma vez que, reitere-se, cada uma das quatro ações de controle concentrado possui particularidades e especificidades próprias.

Assim, a multiplicidade de ações visando a tutela da ordem constitucional objetiva não apenas gera dúvida e incerteza em relação à via adequada de acesso à jurisdição constitucional abstrata como também impõe aos requerentes o ônus argumentativo de demonstrar o preenchimento dos requisitos tanto do instrumento que, *a priori*, se entende cabível quanto das demais ações que, porventura, podem ser consideradas mais apropriadas pelos julgadores, sob pena de não conhecimento do pleito.

3. Unificação dos instrumentos de controle abstrato

Observa-se, conforme explanado ao longo do texto, que a multiplicidade de ações de controle concentrado não foi idealizada pelo constituinte originário, tendo surgido em razão do descompasso entre a jurisprudência pós 1988 do Supremo Tribunal Federal quanto ao cabimento de ações diretas, que restringiu o alcance da jurisdição constitucional abstrata, e a intenção do legislador de sanar lacunas deixadas por esta jurisprudência defensiva.

Ocorre que esta descoordenação não provocou apenas incerteza e insegurança jurídica no modelo de controle concentrado de constitucionalidade pátrio, mas também deixou este sistema carente de coerência, organicidade e sistematização normativa. Isto porque a existência de quatro ações com a mesma finalidade e regulamentadas por dois diplomas legais distintos – Lei 9.868/1999 (ADI, ADC e ADO) e Lei 9.882/1999

[17] "ARGUIÇÃO DE DESCUMPRIMENTO DE PRECEITO FUNDAMENTAL – IMPROPRIEDADE – 'ERRO GROSSEIRO' – ADMISSÃO COMO AÇÃO DIRETA DE INCONSTITUCIONALIDADE – IMPOSSIBILIDADE. Inadmitida a arguição de descumprimento de preceito fundamental ante "erro grosseiro" na escolha do instrumento, considerado o artigo 4º, § 1º, da Lei nº 9.882/99, descabe recebê-la como ação direta de inconstitucionalidade." (ADPF 314 AgR, rel. Min. Marco Aurélio, Tribunal Pleno, julgado em 11.12.2014, DJe 19.2.2015)

(ADPF) – resulta certas incongruências e desconformidades entre os ritos processuais disciplinados para cada instrumento, que aparentemente não encontram justificativa.

Nessa linha, a título de exemplo, a Lei 9.868/1999 condiciona a concessão de medida cautelar em sede de ADI ao voto favorável da maioria absoluta dos magistrados do Supremo Tribunal Federal, salvo no período de recesso, quando se permite ao Ministro Relator concedê-la monocraticamente (art. 10). Não se encontra previsão legal semelhante no tocante à concessão de cautelar em sede de ADC[18]. Já em relação à ADO, há outro procedimento previsto para decisão cautelar, que só será concedida mediante prévia oitiva dos entes responsáveis pela alegada omissão inconstitucional e voto favorável da maioria absoluta dos Ministros da Corte.

Com efeito, diante da expansão da jurisdição constitucional abstrata aos mais diversos atos do poder público, sustenta-se que a divisão do sistema de controle concentrado de constitucionalidade em quatro ações diretas não mais se justifica.

Nesse sentido, seria perfeitamente possível condensar os objetos das demais ações diretas no escopo da ADI, ação direta por excelência idealizada pelo constituinte originário. Não haveria grande obstáculo em relação à unificação da ADI, da ADC e da ADO, visto que, reitera-se, há grande zona de penumbra entre a omissão parcial inconstitucional e a inconstitucionalidade por ação e o desprovimento de ação direta de inconstitucionalidade é equivalente ao provimento de ação declaratória de constitucionalidade. Assim, seria necessário basicamente alterar os contornos da ADI no tocante à possibilidade de manifestação do requerente em favor da constitucionalidade do ato normativo sob análise e expandir o alcance deste instrumento à arguição de inconstitucionalidade por omissão.

Salienta-se que no julgamento da ADI 5.316[19] o Supremo Tribunal Federal, em sede de cautelar, reconheceu a possibilidade de cumulação

[18] Apesar da ausência de previsão legal acerca da concessão de cautelar monocraticamente em sede de ADC, destaca-se a cautelar concedida pelo Ministro Marco Aurélio, no julgamento da ADC 54, por meio da qual se de determinou, poucas horas antes do recesso forense, a suspensão da execução provisória da pena a partir da condenação em segunda instância e determinou a soltura de todos aqueles que se encontravam cumprindo a pena provisoriamente no país.

[19] "MEDIDA CAUTELAR NA AÇÃO DIRETA DE INCONSTITUCIONALIDADE. EMENDA CONSTITUCIONAL Nº 88/2015. CUMULAÇÃO DE AÇÕES EM PROCESSO OBJE-

de pedidos distintos típicos de ação direta de inconstitucionalidade e ação declaratória de constitucionalidade em uma única ação de controle concentrado[20], sob os seguintes fundamentos:

> "Em primeiro lugar, a cumulação de ações é não só compatível como também adequada à promoção dos fins a que se destina o processo objetivo de fiscalização abstrata de constitucionalidade, vocacionado que é "à defesa, em tese, da harmonia do sistema constitucional" (ADI-MC nº 1.434, rel. Min. Celso de Mello, Tribunal Pleno, julgado em 29/08/1996, DJ de 22-11- 1996).
>
> (...)
>
> Não há nada na noção de "processo objetivo" que seja inconciliável com a cumulação objetiva de demandas de fiscalização abstrata, em particular ADI e ADC. Pelo contrário, a tutela da higidez da ordem constitucional é fortalecida com a possibilidade de conhecimento e julgamento conjunto de ADIs e ADCs relacionadas entre si.
>
> Em segundo lugar, destaco que a cumulação objetiva de demandas consubstancia categoria própria à teoria geral do processo; qualquer processo que seja, independente de adjetivação. Enquanto instrumento, o processo existe para viabilizar finalidades materiais que lhes são externas. Ora, a cumulação objetiva apenas fortalece tal aptidão na medida em que permite o enfrentamento judicial coerente, célere e eficiente de questões minimamente relacionadas entre si. Não seria legítimo que o processo de controle abstrato fosse diferente."

Não merece reparo a tese presente no voto do Ministro Luiz Fux, acompanhada por outros nove Ministros da Corte, no sentido da viabilidade da cumulação de pedidos típicos de ADI e ADC em uma única demanda, uma vez que a rejeição dessa possibilidade resultaria tão somente na propositura de nova ação com pedido e causa de pedir semelhantes, o que careceria de racionalidade.

TIVO. POSSIBILIDADE. (...) 6. A cumulação simples de pedidos típicos de ADI e de ADC é processualmente cabível em uma única demanda de controle concentrado de constitucionalidade, desde que satisfeitos os requisitos previstos na legislação processual civil (CPC, art. 292). 7. Pedido cautelar deferido." (ADI 5316 MC, rel. Min Luiz Fux, Tribunal Pleno, julgado em 21.5.2015, DJe 6.8.2015)

[20] Veja-se, a respeito deste julgamento: "STF aceita reunir pedidos de ADI e ADC em ação de controle concentrado". In: https://www.conjur.com.br/2015-jun-03/stf-aceita-reunir-pedidos-adi-adc-acao-controle-concentrado

Da mesma sorte, não haveria óbice ao alargamento do objeto da ação direta de inconstitucionalidade para abarcar questões que atualmente só podem ser levadas pela via direta e abstrata ao Supremo Tribunal Federal por meio de ADPF, tais quais, atos normativo secundários, leis municipais e direito pré-constitucional. Far-se-ia necessário basicamente unificar os parâmetros de controle de constitucionalidade destes dois instrumentos, uma vez que naquela se avalia a conformidade do ato impugnado com o bloco de constitucionalidade como um todo, ao passo que nesta, com os preceitos fundamentais, que, por sinal, não têm definição e delimitação objetiva na doutrina e na jurisprudência.

Nessa perspectiva, a unificação das ações de controle concentrado seria capaz não apenas de sanar a problemática exposta no tópico anterior, acerca da incerteza quanto à via correta de acesso da jurisdição constitucional pela via principal e abstrata, mas também de unificar os procedimentos estabelecidos para cada um dos instrumentos supramencionados e conferir organicidade e coerência ao sistema normativo de controle concentrado de constitucionalidade.

Acrescenta-se a esta proposta, ainda, a inserção de um filtro nesta ação unificada, análogo à exigência de demonstração de controvérsia constitucional relevante para cabimento de ação declaratória de constitucionalidade e de repercussão geral para admissão de recurso extraordinário, para que sejam alcançadas pela jurisdição constitucional abstrata apenas questões com significativas repercussões jurídicas, políticas, econômicas ou sociais.

Conclusões

Diante das considerações apresentadas ao longo do presente artigo, conclui-se que o atual arranjo do sistema de controle concentrado de constitucionalidade brasileiro, dotado de quatro vias diretas de acesso à jurisdição constitucional abstrata, carece de racionalidade e não mais se justifica.

É que a multiplicidade de ações de controle concentrado provoca incerteza e insegurança jurídica no modelo de controle de constitucionalidade pátrio – uma vez que gera dúvidas quanto ao instrumento, de fato, cabível; impõe ao requente o ônus de formular pedido subsidiário demonstrando o cabimento de outro instrumento que pode vir a ser considerado adequado pelos magistrados; e, por vezes, implica o não conhecimento de ação direta por inadequação da via eleita. Ademais, deixa o sistema carente de coerência, organicidade e sistematização normativa.

Com efeito, entende-se que a unificação das ações de controle concentrado não seria apenas viável, como também, apta a sanar a incerteza quanto à via correta de acesso à jurisdição constitucional abstrata e conferir sistematicidade e organicidade ao atual arranjo do controle concentrado de constitucionalidade pátrio.

Referências

ABBOUD, GEORGES. *Processo Constitucional Brasileiro*. 3. ed. São Paulo: Revista dos Tribunais/Thomson Reuters, 2019. v. 1. 1502p.

BARROSO, Luís Roberto. *O controle de constitucionalidade no direito brasileiro:* exposição sistemática da doutrina e análise crítica da jurisprudência. 7. ed. rev. e atual. – São Paulo: Saraiva, 2016.

CANOTILHO, J.J. Gomes; MENDES, Gilmar F.; SARLET, Ingo W.; STRECK Lenio L. (Coords.). *Comentários à Constituição do Brasil*. 2º Ed. São Paulo: Saraiva: Almedina, 2018.

KELSEN, Hans. Jurisdição Constitucional. São Paulo: Martins Fontes, 2003.

MENDES, Gilmar Ferreira; BRANCO, Paulo Gustavo Gonet. Curso de Direito Constitucional. 13. ed. rev. e atual. São Paulo: Saraiva, 2018.

5
UNIFICAÇÃO DAS AÇÕES DE CONTROLE CONCENTRADO DE CONSTITUCIONALIDADE

João Trindade Cavalcante Filho

Introdução

No princípio era a ADI, e a ADI era o controle concentrado.

Depois, vieram a ADC, a regulamentação da ADPF, da ADO...

E então, no sétimo dia, o legislador descansou. O Supremo, não.

Da "sopa de letrinhas" que se tornou o controle concentrado de constitucionalidade no Brasil pós-1988, o que se espera? Qual a razão atual de existirem quatro ações julgadas pelo mesmo tribunal, ajuizadas pelos mesmos legitimados e com ritos extremamente semelhantes? Valeria a pena unificá-las, mediante a criação de uma única ação de controle concentrado de constitucionalidade? Essas são algumas das perguntas que este artigo busca responder.

1. No princípio, era a ADI: a origem da multiplicidade das ações de controle concentrado

1965. Como se sabe, a origem próxima da atual ação direta de inconstitucionalidade (ADI) foi a representação de inconstitucionalidade, criada pela Emenda Constitucional nº 16, de 1965, institucionalizando de uma vez por todas o controle concentrado de constitucionalidade no Brasil[1].

[1] Para uma conceituação precisa sobre os conceitos de controle concentrado e de controle difuso, inclusive questionando a corriqueira ideia de que o Brasil adota(ria) um controle "misto", na esfera jurisdicional, cf. Ramos, Elival da Silva. **O controle de constitucionalidade no Brasil**. São Paulo: Saraiva, 2010.

De autoria exclusiva do Procurador-Geral da República (então um cargo de livre nomeação e exoneração pelo Presidente da República), servia para impugnar a validade de leis diretamente no âmbito do Supremo Tribunal Federal (embora a doutrina registre já uma utilização desse mecanismo processual com a finalidade de obter da Corte um pronunciamento pela constitucionalidade da norma, prenúncio talvez do caráter dúplice das ações que a substituiriam[2]).

1988. Com a promulgação da Constituição de 1988, a representação de inconstitucionalidade foi sucedida pela ADI – com ampliação substancial do rol de legitimados ativos e mesmo do alcance da ação. Porém, a própria Constituição trouxe para o sistema um novo instrumento, ao prever a criação (por lei, já que prevista em norma constitucional de eficácia limitada[3]) da arguição de descumprimento de preceito fundamental (ADPF). Mesmo com as divergências e especulações sobre qual o perfil que a nova ação teria[4], tratava-se inequivocamente de um instrumento do controle concentrado de constitucionalidade. Também se inovou ao prever a ação de inconstitucionalidade por omissão – não obstante essa ação fosse prevista em norma de aplicabilidade imediata, e tenha sido tratada até 2009 como uma espécie de ADI.

1993. Antes mesmo da regulamentação em nível legal da ADPF, a Emenda Constitucional nº 3, de 1993, inovou ao criar a ação declaratória de constitucionalidade (ADC), ação de natureza dúplice (ou, melhor dizendo, de resultado processual dúplice, assim como a ADI) instituída com a finalidade de reafirmar a constitucionalidade de leis federais que fossem objeto de questionamento no âmbito do controle incidental de constitucionalidade. Uma peculiaridade digna de nota era a restrição de objeto (já que cabível apenas em relação a leis federais, ao passo que a

1999. São aprovadas duas leis decisivas para a fisionomia atual do controle concentrado de constitucionalidade: a Lei nº 9.868, que regulamenta o processo e julgamento da ADI e da ADC – com novidades interessantes,

[2] Cf. MENDES, Gilmar Ferreira. **A evolução do direito constitucional brasileiro e o controle de constitucionalidade da lei.** *In*: Revista de informação legislativa, v. 32, n. 126, p. 87-102, abr./jun. 1995.

[3] SILVA, José Afonso da. **Curso de Direito Constitucional Positivo.** São Paulo: Malheiros, 2006, p. 563.

[4] TAVARES, André Ramos. **Tratado da Arguição de Preceito Fundamental.** São Paulo: Saraiva, 2001, pp. 11 e seguintes.

tais como a possibilidade de modulação temporal dos efeitos das decisões do STF (art. 27); e a Lei nº 9.882, que regulamenta a ADPF, acabando (?) com o "mistério" sobre qual seria o perfil assumido pela ação[5]. Previu-se a legitimidade ativa dos mesmos autorizados ao ajuizamento de ADI (a legitimidade ativa universal foi vetada pelo Presidente da República), assim como o cabimento da ADPF contra "ato do poder público", mas submetida a uma cláusula de subsidiariedade (art. 4º, § 1º), para reclamação de parcela da doutrina[6]. Declaradamente, a Lei da ADPF tem a finalidade de "colmatar lacunas do controle concentrado"[7].

2004. Com a Emenda Constitucional nº 45, de 2004 (Reforma do Judiciário), ADI e ADC aproximam-se ainda mais, já que desparecem as distinções entre legitimados ativos. Explicita-se a identidade de alcance das decisões em sede de ambas as ações, com o estabelecimento expresso do efeito vinculante da ADI.

2009. Aprova-se a alteração na Lei nº 9.868, de 1999, para inserir capítulo destinado exclusivamente à regulamentação da ADO (arts. 12-A a 12-H). O STF passa, em virtude disso, a tabular a ADO como uma espécie nova de ação, e não como uma ADI com pedido diferenciado, como fizera até então.

Uma linha do tempo pode resumir essa gradual complexificação do controle concentrado de constitucionalidade no Brasil:

[5] Antes da promulgação da Lei nº 9.882, de 1999, as leituras sobre o possível delineamento da ADPF eram múltiplas e às vezes destoantes. José Afonso da Silva a defendia como algo próximo da queixa constitucional alemã (*verfassungsbeschwerden*) ou do *juicio de amparo* mexicano (isto é, um mecanismo de jurisdição constitucional das liberdades). Por outro lado, o projeto de lei que deu origem à Lei, de autoria da então Deputada Sandra Starling, previa a ADPF como forma de judicializar o controle de respeito aos regimentos internos das Casas Legislativas, o que foi completamente alterado, por influência dos professores Gilmar Mendes e Ives Gandra da Silva Martins, para, por meio do Substitutivo Prisco Vianna, dar à ADPF sua feição atual. Trata-se, hoje, de uma ação de controle concentrado (competência originária do STF) e abstrato ou concreto (uma vez que serve para questionar leis e atos normativos, mas também atos de efeitos concretos, como decisões judiciais). É certo, no entanto, que a ADPF, até mesmo por seu cabimento subsidiário (art. 4º, § 1º, da Lei nº 9.882, de 1999), passou a ser manejada, muitas vezes, como "remédio universal" para levar ao STF qualquer tipo de controvérsia, muitas vezes desapegada do objeto original de tutela de preceitos fundamentais da CF.

[6] Tavares, André Ramos. **Op. Cit.**, pp. 263 e seguintes.

[7] Mendes, Gilmar Ferreira. Arguição de Descumprimento de Preceito Fundamental. *In*: Direito Público, nº 20 – Mar-Abr/2008, pp. 8 e seguintes.

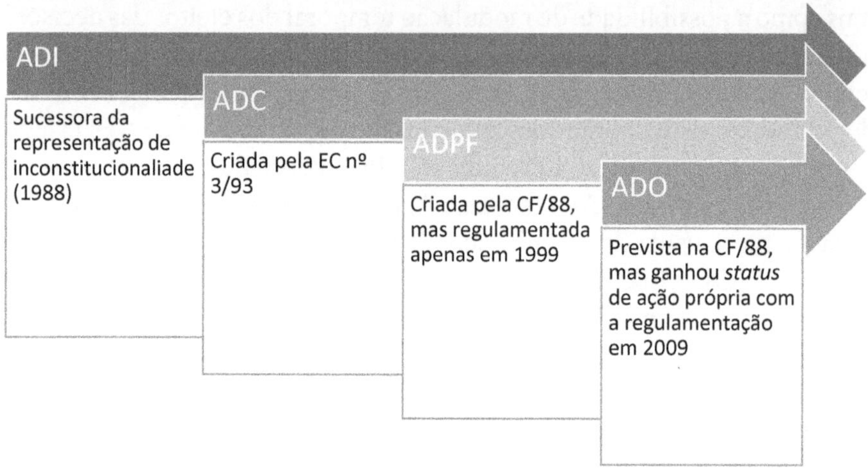

Essa "linha do tempo" ajuda a entender o estado atual do controle concentrado de constitucionalidade, uma vez que não foi de uma hora para a outra que surgiram quatro instrumentos semelhantes. Na verdade, foi havendo a "descoberta" gradual de necessidades do controle concentrado, acompanhada de mudanças legislativas para resolver tais entraves práticos, mas, ao fim e ao cabo, terminou-se por criar instrumentos que muito bem poderiam ser transformados – sem perda de funcionalidade – em um só.

Em resumo do estado atual das quatro ações de controle concentrado, pode-se elaborar a seguinte tabela:

	ADI	ADC	ADPF	ADO
Legitimados	Art. 103 da CF	Idem	Idem	Idem
Competência	STF	Idem	Idem	Idem
Procedimento	Procedimento padrão das ações de controle concentrado	Mesmo da ADI, com algumas particularidades (não intervenção obrigatória da AGU, necessidade de demonstração de controvérsia judicial relevante)	Praticamente o mesmo da ADI	Similar ao da ADI, com algumas adaptações (informações dos órgãos omissos, etc.)

Objeto	Leis ou atos normativos federais ou estaduais	Leis ou atos normativos federais	Atos do poder público (mas com caráter subsidiário)	Falta (total ou parcial) de medida para tornar efetiva norma constitucional
Finalidade	Impugnar atos normativos	Reafirmar a constitucionalidade de atos normativos	Impugnar atos (normativos ou não) e eventualmente reafirmar a constitucionalidade de atos	Combater a inconstitucionalidade por omissão (total ou parcial)
Previsão legal	Lei nº 9.868/99	Lei nº 9.868/99	Lei nº 9.882/99	Lei nº 9.868/99

Ou, em termos de comparação do objeto normativo tratado por meio de cada uma delas, temos:

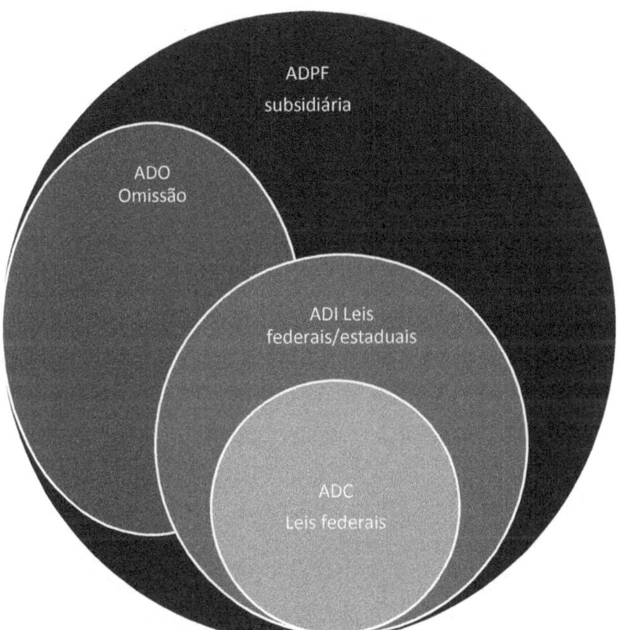

A partir de agora, passaremos a apresentar as desvantagens da existência de tantos instrumentos para o controle concentrado, bem como as vantagens que poderiam decorrer da unificação.

2. Desvantagens da multiplicidade de ações de controle concentrado

Na Biologia, especificamente nos estudos sobre ecologia, costuma-se dizer que as espécies sobrevivem enquanto apresentarem alguma vantagem evolutiva de adaptação ao meio: as diferenças que não tragam uma vantagem tendem a naturalmente desaparecer. É uma das belezas do processo de diferenciação e desdiferenciação que marca a especificação. No Direito, obviamente, não podemos esperar milhares de anos para que essa lenta evolução darwiniana produza efeitos – até mesmo porque, sendo uma criação humana, o rol de ações de controle concentrado pode (e deve) ser reformulado por ato de vontade legislativa. É hora, por assim dizer, de unificar os bicos das aves que moram na mesma ilha e consomem a mesma comida.

Isso porque a especificação de ações de controle concentrado não se deu por eficiência, ou por um processo de decisão lógica do legislador. Não ocorreu porque os idealizadores do nosso sistema de controle concentrado verificassem a vantagem de que se criassem vários caminhos. Ao contrário: as ações foram sendo criadas gradativamente ao longo do tempo, a fim de resolver problemas práticos do sistema de processo constitucional brasileiro, de um gradual preenchimento do quadro de possibilidades processuais para suscitar uma decisão do STF sobre tema constitucional. A multiplicidade de ações é mais resultado do acaso do que de uma leitura de que tal configuração seria melhor ou mais eficiente. Em outras palavras: a existência de quatro ações de controle concentrado não é uma necessidade, mas uma contingência, para usar a linguagem de Luhmann[8]: é assim, mas bem que poderia ser diferente. E há fortes indícios de que diferente seria (hoje) melhor.

Comecemos pelos problemas da multiplicidade de ações, ou pelos indicadores de que elas tendem a "naturalmente" aproximar-se umas das outras, à luz da prática processual.

Primeiramente, tem-se o fato de que a ADPF – originalmente pensada com outras feições – terminou por se tornar mesmo uma espécie de ADI subsidiária. Muitos e muitos casos de ADPF são voltados a discussões de natureza normativa, abstrata; mesmo em relação às ADIs, aliás, o STF já de mais de uma década passou a aceitar seu ajuizamento contra leis de efeitos

[8] Luhmann, Niklas. **Sociologia do direito, vol. II.** Trad. Gustavo Bayer. Rio de Janeiro: Tempo Brasileiro, 1985, p. 29.

concretos[9]. Mesmo resguardando-se a hipótese de se ajuizada ADPF contra atos do Poder Público com efeitos concretos (inclusive decisões judiciais, sob determinados pressupostos), parece difícil de refutar que tal ação se tornou, na prática, uma "ADI subsidiária", sendo manejada principalmente quando se trata de discutir em tese a compatibilidade constitucional de leis municipais, de leis pré-constitucionais ou mesmo de outros tipos de atos normativos[10]. Essa nítida aproximação entre ADPF e ADI – que têm os mesmos legitimados, a mesma competência, os mesmos efeitos e praticamente o mesmo procedimento – torna bastante árduo explicar qual a vantagem, em termos sistêmicos, da existência de duas ações distintas[11]...

Mesmo na relação entre ADI e ADC, as fronteiras de há muito já não são tão claras. Veja-se como se tornou mais frequente o fenômeno do julgamento conjunto de ações que impugnam ou que defendem o mesmo ato normativo – o que não é exatamente de estranhar, dado o caráter dúplice de ambas. Quando o STF passa a admitir, inclusive, a propositura de ADI (ação direta de **inconstitucionalidade**) para que seja declarada a **constitucionalidade** (mediante interpretação conforme, etc.), isso já parece ser um sintoma de que as fronteiras entre ADI e ADC estão menos nítidas do que pode parecer. Também frequentes têm sido os casos de julgamento conjunto de ADI (com pedido de declaração de inconstitucionalidade parcial sem redução do texto) e ADO, notadamente nos casos de inconstitucionalidade por omissão parcial: mesmo as ações que questionam a constitucionalidade por ação e por omissão parecem apresentar uma tendência incrível a se aproximarem umas das outras...

Outro fator que deve ser levado em conta diz respeito à eterna celeuma sobre a fungibilidade entre as ações de controle concentrado. Muitas vezes, o STF considera cabível a admissão de ADPF como se ADI fosse, por exemplo, embora o caminho inverso seja em tese menos óbvio. Na prática, o

[9] O *leading case* foi a medida cautelar na ADI nº 4048/DF, Relator Ministro Gilmar Mendes.

[10] Recentemente, o STF admitiu – equivocadamente, a nosso ver – o ajuizamento de ADPF contra súmulas: STF, Pleno, Agravo Regimental na ADPF nº 501, redator para o acórdão Ministro Ricardo Lewandowski.

[11] Relembre-se que, apesar de em tese a ADOF ter *causa petendi* mais restritiva que a ADI (violação a preceito fundamental x violação a qualquer norma constitucional, respectivamente), na prática isso não tem sido um fator decisivo, seja porque o STF se resguardou a prerrogativa de analisa caso a caso o que são preceitos fundamentais, seja porque qualquer advogado mais atento pode reconduzir discussões sobre dispositivos constitucionais quaisquer a uma análise sobre possível violação a princípios como separação de poderes, isonomia, federação, etc.

que ocorre é que a Corte às vezes admite a fungibilidade, às vezes não, gerando bastante insegurança jurídica – pois, se ninguém tem direito a que lhe seja corrigido o erro, também é verdade que devem ser estabelecidos critérios básicos para a distinção entre os campos temáticos de cada instrumento processual.

Há ainda o caso interessante dos "dribles" processuais para se ajuizar uma ação "em lugar da outra". Veja-se o caso, por exemplo, da ADC e da ADPF: a primeira não é cabível em relação a leis estaduais; nada impede, contudo, que um Governador, interessado em ver confirmada a constitucionalidade de uma lei daquela esfera declarada inconstitucional por um juiz, ajuíze ADPF contra a decisão declaratória de inconstitucionalidade – e a favor, portanto, da declaração de constitucionalidade da lei. Por vias transversas, consegue-se uma ADPF substitutiva de ADC de lei estadual, e essa possibilidade parece ser mais um motivo para se advogar ser pouco eficiente a existência de tantas ações com tantos meandros, já que se pode superar, com alguma argúcia, essas distinções...

3. Vantagens da criação de uma só "ação de controle concentrado"

Conforme registrado, a pluralidade de ações de controle concentrado acarreta perda de sistematicidade do ordenamento, ineficiência jurisdicional e insegurança jurídica, exigindo imediata reforma, pela via legislativa.

Há perda de sistematicidade do ordenamento, porque se engendram – sem motivo razoavelmente justificável – diversos mecanismos, com titularidade, competência e procedimento semelhantes, para atacar aquilo que, em suma, constitui um só fenômeno: o descumprimento de um dispositivo da Constituição.

Afinal, qual o motivo que racionalmente justifica não se admitir o ajuizamento de ADI contra lei municipal, mas se aceitar o questionamento via ADPF – ação com os mesmos legitimados, os mesmos efeitos, julgada pelo mesmo Tribunal e com praticamente o mesmo procedimento que a primeira?

Essa situação acarreta, também, ineficiência no exercício da jurisdição. Muitas vezes o STF se vê envolvido em longas discussões entre seus Ministros acerca de questões processuais de admissibilidade desta ou daquela ação de controle concentrado. Gasta-se expressivo tempo debatendo-se a admissibilidade, quando se poderia passar, desde logo, ao exame do mérito do questionamento, o que causa demora no julgamento dos processos.

A pluralidade de ações gera, ainda, insegurança jurídica, porque o Tribunal nem sempre admite a conversão de um mecanismo em outro, chegando, algumas vezes, a extinguir a ação, sem resolução do mérito, por entender que seria o caso de ingressar com outro instrumento do controle concentrado. Fica-se, aliás, muitas vezes sujeito à discricionariedade da Corte, que já chegou a fundamentar a fungibilidade entre as ações com base na "relevância da situação trazida aos autos".

Todos esses motivos justificam, a nosso ver, a unificação das ações de controle concentrado de constitucionalidade, criando-se, tal como ora propomos, uma só ação direta de controle de constitucionalidade.

Resta saber as vantagens potenciais desse novo modelo.

Em primeiro lugar, pode-se apontar a superação ou mitigação dos problemas identificados no modelo atual: ganho de segurança jurídica, de simplificação procedimental e de previsibilidade. Logicamente, esses ganhos são acompanhados de "efeitos colaterais", como a perda de especificidade do objeto da ação. Hoje, quando se ajuíza uma ADC, já se sabe qual o objetivo do autor; mas, se as quatro ações forem substituídas por uma só, será preciso analisar o pedido de cada uma. Parece-nos, no entanto, que as já essa primeira vantagem (correção dos problemas, mediante incremento da segurança jurídica e redução da complexidade) supera, em muito, uma possível desvantagem de perda de especificidade.

Pode ser apontado ainda um relevante ganho de eficiência: com efeito, em tese deixam de ser cabíveis discussões sobre ser esta ou aquela a ação correta para determinada situação: em outras palavras, passa-se a privilegiar a discussão sobre o mérito, e não sobre o instrumento processual. Logicamente, tendem a não desaparecer análises sobre a possibilidade de controle concentrado em relação a determinada situação, mas tais controvérsias tendem a ser um debate sobre os limites do controle em si, e não da adequação deste ou daquele instrumento processual.

Consideramos, em verdade, ser hora de tornar menos complexo – e, por conseguinte, mais previsível – o sistema de controle concentrado de constitucionalidade no Brasil (ainda mais se levarmos em conta que complexidade não é exatamente o que falta ao nosso sistema, já povoado por instrumentos de controle incidental...). Nesse sentido, a substituição de quatro ações tão parecidas por uma só tem o condão de gerar ganhos de eficiência e de resolver problemas de imprevisibilidade do modelo atual, sem perda significativa para a tutela jurisdicional.

4. Desenho de uma futura ação de controle concentrado unificada

De acordo com o regramento novo que estamos a sugerir, substituem-se as atuais quatro ações por uma só, mas que admite variados pedidos. Em suma: a ação passa ser uma, os pedidos é que podem variar.

Os legitimados serão os listados no art. 103 da CF. A ação será processada e julgada pelo STF, além de contar com a participação do Procurador-Geral da República (que atualmente já é ouvido em todas as ações de controle concentrado).

Também propomos a alteração da participação do AGU, que hoje não se manifesta na ADC. É preciso levar em conta que as atuais técnicas de controle de constitucionalidade albergam, entre a *inconstitucionalidade pura e simples* e a *constitucionalidade pura e simples*, várias decisões intermediárias, tais como a *declaração de constitucionalidade com apelo ao legislador* e a *declaração de constitucionalidade mediante interpretação conforme.*

Diante desse quadro, é conveniente estabelecer a oitiva do AGU na *ação direta de controle de constitucionalidade* em qualquer de suas modalidades, para que a advocacia pública se manifeste sobre a ação, defendendo a lei ou ato impugnado.

O objeto da ação passa a ser qualquer ato normativo primário, inclusive os anteriores à CF e os atos municipais (hoje questionáveis via ADPF), além de atos concretos do poder público que acarretem descumprimento de preceito fundamental da CF (também atualmente passíveis de impugnação via ADPF), e a própria omissão inconstitucional, total ou parcial (hoje atacável via ADO ou ADI, conforme o caso).

O pedido, esse sim, pode variar, desde a *declaração de constitucionalidade*, até a *declaração de inconstitucionalidade*, e a *declaração da omissão inconstitucional*, passando também pela *adoção de medida para evitar ou reparar a lesão a preceito constitucional fundamental, decorrente de ato do poder público.*

Quanto aos efeitos, propomos manter os mesmos atualmente previstos, tanto para a declaração de constitucionalidade, quanto de inconstitucionalidade, quanto para a declaração de mora em virtude da omissão inconstitucional.

Como forma de contribuir para o debate – inclusive, se for o caso, em nível legislativo – apresentamos a minuta a seguir, que transpõe para texto normativo as sugestões ora apresentadas:

MINUTA

PROPOSTA DE EMENDA À CONSTITUIÇÃO Nº , DE 2021

Altera os arts. 102, 103, 103-A e 129 da Constituição Federal, para criar a ação direta de controle de constitucionalidade.

As Mesas da Câmara dos Deputados e do Senado Federal, nos termos do § 3º do art. 60 da Constituição Federal, promulgam a seguinte Emenda ao texto constitucional:

Art. 1º Os arts. 102, 103, 103-A e 129 da Constituição Federal passam a vigorar com a seguinte redação:

"**Art. 102.** ....

I – processar e julgar, originariamente:

a) a ação direta de controle de constitucionalidade;

....

p) o pedido de medida cautelar das ações diretas de controle de constitucionalidade;

....

§ 1º (Revogado)

§ 2º As decisões definitivas de mérito proferidas pelo Supremo Tribunal Federal nas ações diretas de controle de constitucionalidade produzem eficácia contra todos e efeito vinculante, relativamente aos demais órgãos do Poder Judiciário e à administração pública direta e indireta, nas esferas federal, estadual e municipal.

....

§ 4º A ação direta de controle de constitucionalidade tem por objeto:

I – declarar a inconstitucionalidade de leis ou atos normativos do poder público federal, estadual, distrital ou municipal, incluídos os anteriores à Constituição;

II – evitar ou reparar lesão a preceito fundamental desta Constituição, resultante de ato do Poder Público;

III – declarar a constitucionalidade de lei ou ato normativo federal;

IV – declarar a inconstitucionalidade por omissão de medida para tornar efetiva norma constitucional." (NR)

"**Art. 103.** Podem propor ação direta de controle de constitucionalidade:

....

§ 1º O Procurador-Geral da República deve ser previamente ouvido nas ações de controle de constitucionalidade e em todos os processos de competência do Supremo Tribunal Federal.

....

§ 3º Na ação direta de controle de constitucionalidade, o Advogado-Geral da União deve ser previamente citado para defender o ato ou texto impugnado.

...." (NR)

"**Art. 103-A.** ....

....

§ 2º Sem prejuízo do que vier a ser estabelecido em lei, a aprovação, revisão ou cancelamento de súmula pode ser provocada por aqueles que podem propor a ação direta de controle de constitucionalidade.

...." (NR)

"**Art. 129.** ....:

....

IV – promover a ação direta de controle de constitucionalidade e a representação para fins de intervenção da União e dos Estados, nos casos previstos nesta Constituição;

...."(NR)

Art. 2º Aplica-se o disposto nesta Emenda Constitucional às ações diretas de inconstitucionalidade, diretas de inconstitucionalidade por omissão e declaratórias de constitucionalidade, bem como às arguições de descumprimento de preceito fundamental ajuizadas até a data de sua publicação, se pendentes de decisão de mérito.

Art. 3º Esta Emenda Constitucional entra em vigor na data de sua publicação.

Art. 4º Fica revogado o § 1º do art. 102 da Constituição Federal.

6
A ARGUIÇÃO DE DESCUMPRIMENTO DE PRECEITO FUNDAMENTAL E O MANDADO DE INJUNÇÃO: CONDIÇÕES DE FIXAÇÃO DE TÉCNICAS ESTRUTURANTES PARA O EXERCÍCIO DE DIREITOS ASSEGURADOS CONSTITUCIONALMENTE[1]

Ingo Wolfgang Sarlet
Marco Félix Jobim

Introdução

Ainda hoje, duas Décadas transcorridas da entrada em vigor das Leis 9882 e 9686, ambas de 1999, o Supremo Tribunal Federal vem sendo provocado a decidir em questões das mais complexas em ações de controle concentrado de constitucionalidade, veiculadas por meio de ADPF (Arguição de Descumprimento de Preceito Fundamental) e de ADI (Ação Direta de Inconstitucionalidade)[2], encontrando dificuldades dos mais variados níveis, desde a forma de decidir a como, eventualmente, assegurar a auto-

[1] O artigo não é inédito, embora tenham sido acrescidas algumas referências para o livro a ser publicado, sendo originalmente publicado na obra: Cléve, Clèmerson Merlin; Schier, Paulo Ricardo; Lorenzetto, Bruno Meneses (coords.). **Jurisdição constitucional em perspectiva**: estudos em comemoração aos 20 anos da Lei 9.868/1999. São Paulo: Revista dos Tribunais, 2020. Posteriormente, também modificado, foi remetido para publicação na obra que dá vida escrita ao Congresso Internacional de Direito Constitucional Processual, ocorrido entre os dias 7 de junho a 2 de julho de 2021.

[2] Inicialmente, a lei dispunha sobre a Ação Direta de Inconstitucionalidade e a Ação Declaratória de Constitucionalidade para, posteriormente, ter incorporada a Ação Direta de Inconstitucionalidade por Omissão pela Lei n. 12.063/2009.

ridade de sua decisão[3]. Não é demais fazer a ressalva que na Lei 9.868/99 também estão sistematizadas a Ação Direta de Inconstitucionalidade por Omissão e a Ação Declaratória de Constitucionalidade que, de igual forma como a ADI e ADPF, recebem assuntos de significativa complexidade a serem julgados pelo STF.

Para adiantarmos algumas questões, que podem ser tidas como preliminares, calha formular três observações: (i) há algum tempo, parte da doutrina tem trabalhado com a teorização da possibilidade de objetivação do controle difuso de constitucionalidade; (ii) existem já no Brasil muitos estudos concluídos e em andamento sobre processos, decisões ou medidas estruturantes; (iii) ambas as modalidades de controle – *difuso* e *concentrado*(por ação e mesmo omissão!) prevêm (expressa ou implicitamente) a possibilidade de adoção das assim denominadas medidas ou técnicas estruturantes.

Sobre a primeira afirmação – objetivação do controle difuso –, desde a Emenda Constitucional n. 45/2004[4], há uma redefinição das atribuições das funções dos Tribunais Superiores e do Supremo Tribunal Federal[5]. Uma das novidades da Emenda foi a positivivação de um filtro denominado de repercussão geral[6], inserido no artigo 102, § 3º[7], o qual possibilita que a interpo-

[3] Na literatura, tem se destacado o surgimento de abordagens de natureza mais crítica sobre o funcionamento e papel do STF, além de uma perspectiva diferenciada de enfrentamento da matéria, como são, contam, entre outras, as contribuições de FALCÃO, Joaquim. O Supremo: compreenda o poder, as razões e as consequências das decisões da mais alta Corte do Judiciário do País. Rio de Janeiro: Edições de Janeiro, Fundação Getúlio Vargas, 2015; RECONDO, Filipe; WEBER, Luiz. Os onze: O STF, seus bastidores e suas crises. São Paulo: Companhia das Letras, 2019.

[4] Para maior conhecimento da EC n. 45/2004, ver: TAVARES, André Ramos. **Reforma do Poder Judiciário no Brasil pós-88**: (des)estruturando a justiça: comentários completos à Emenda Constitucional n. 45/04. São Paulo: Saraiva, 2005.

[5] Note-se que é a própria Constituição que anuncia que tanto o Supremo Tribunal Federal quanto os Tribunais Superiores têm sede em Brasília, demonstrando que se trata de Tribunal cujas funções são diferentes daquelas exercidas por Tribunais Superiores. É a redação do art. 92: "São órgãos do Poder Judiciário: § 1º O Supremo Tribunal Federal, o Conselho Nacional de Justiça e os Tribunais Superiores têm sede na Capital Federal".

[6] PINHO, Humberto Dalla Bernardina de. **Direito processual civil contemporâneo**: teoria geral do processo. 4. ed. São Paulo: Saraiva, 2012. V. 2. p. 1211. Nas palavras do autor, trata-se de mais um requisito de admissibilidade do Recurso Extraordinário, assim expondo: "O recorrente, na fase de admissibilidade, além de demonstrar a presença dos requisitos objetivos e subjetivos comuns a qualquer recurso e, ainda, o prequestionamento, deverá demonstrar, através da abertura de um capítulo preliminar em seu recurso, a existência de uma questão

sição desse meio recursal transcenda a subjetividade do recorrente e, com isto, obtenha contornos de objetivação do controle pelo modelo difuso. Tal freio, até então pensado para o STF[8], não deixou descansar a ideia de que os demais Tribunais de Brasília pudessem ter outros filtros semelhantes, o que acabou ocorrendo para o Superior Tribunal de Justiça com os Recursos Repetitivos e ao Tribunal Superior do Trabalho com a reformulação do conceito do Recurso de Revista e a transcendência da matéria.

A partir da repercussão geral no Recurso Extraordinário, a aproximação entre os sistemas difuso e concentrado acabou por encontrar, em parte da doutrina, alguma simpatia, especialmente em autores como Luiz Guilherme Marinoni[9], Fredie Didier Jr.[10], Gláucia Mara Coelho[11], Dalton

relevante do ponto de vista econômico, político, social ou jurídico que ultrapasse os interesses subjetivos da causa".

[7] O § 3º restou com a seguinte redação: "No recurso extraordinário o recorrente deverá demonstrar a repercussão geral das questões constitucionais discutidas no caso, nos termos da lei, a fim de que o Tribunal examine a admissão do recurso, somente podendo recusá-lo pela manifestação de dois terços de seus membros".

[8] Existe discussão parlamentar para alocação do filtro nos Recursos Especiais, ver: PEDRON, Flavio Quinaud; FARIA, Guilherme Henrique Lage. Repercussão geral em recursos especiais é aposta em mecanismo fracassado. Revista Consultor Jurídico, 3 jun. 2018, 16h30. Disponível em: https://www.conjur.com.br/2018-jun-03/opiniao-repercussao-geral-resp-aposta-mecanismo-fracassado. Acesso em: em: 25 out. 2019.

[9] MARINONI, Luiz Guilherme. **Teoria geral do processo**. 4. ed. São Paulo: Revista dos Tribunais, 2010. p. 58-59. Relata o processualista: "Mas, quando a causa chega ao Supremo Tribunal Federal em razão de recuso extraordinário, o controle da constitucionalidade continua sendo incidental ao julgamento da causa. Porém, a ideia de que a decisão proferida em razão de recurso extraordinário atinge apenas as partes tem sido mitigada na prática jurisprudencial do Supremo Tribunal Federal. Isso ocorreu, inicialmente, após a fixação do entendimento de que, após o Supremo ter declarado, na via incidental, a inconstitucionalidade de uma lei, os demais tribunais estão dispensados de observar o art. 97 da Constituição Federal (reserva de plenário), podendo a inconstitucionalidade da lei, nesse caso, ser reconhecida pelos órgãos fracionários de qualquer tribunal. E, recentemente, surgiu no Supremo Tribunal Federal orientação que nega expressamente a equivalência entre controle incidental e eficácia da decisão restrita às partes do processo. Essa tese sustenta que, mesmo decisões tomadas em sede de recurso extraordinário – ou seja, em controle incidental -, quando objeto de manifestação do Plenário do Supremo Tribunal Federal, gozam de efeito vinculante em relação aos órgãos da Administração e aos demais órgãos do Poder Judiciário". Mais recentemente: MARINONI, Luiz Guilherme; MITIDIERO, Daniel. **Recurso extraordinário e recurso especial**: do jus litigatoris ao jus constitutionis. São Paulo: Revista dos Tribunais, 2019.

[10] DIDIER JR., Fredie. O recurso extraordinário e a transformação do controle difuso de constitucionalidade no direito brasileiro. *In:* CAMARGO, Marcelo Novelino (Org.). **Leituras**

Santos Morais[12], Bruno Taufner Zanotti[13] e André Ramos Tavares[14], ou seja, a de existir uma conexão entre controles após a reforma do Poder Judiciário, o que encontra também olhar semelhante em trabalhos mais recentes sobre o tema como o de Daniel Moura Nogueira[15].

No que diz com a referida quantidade e qualidade da produção já existente no Brasil sobre o tema dos processos estruturais, são diversos os títulos de qualidade já publicados. Mesmo o entendimento – a operar como espécie de fio condutor da presente abordagem – de que, na decisão da arguição de descumprimento de preceito fundamental, o STF pode determinar a realização de medidas estruturantes, objeto da tese doutoral do autor Marco Félix Jobim.[16]Além disso, ainda na literatura nacional, vale

complementares de constitucional: controle de constitucionalidade. Salvador: JusPODIVM, 2007. p. 99. Refere o processualista baiano: "O objetivo deste ensaio é o de demonstrar a transformação do controle difuso de constitucionalidade no direito brasileiro, notadamente quando realizado por meio do recurso extraordinário", e finaliza: "A idéia é a seguinte: o controle, embora difuso, quando feito pelo STF (Pleno), tem força para vincar os demais órgãos do Poder Judiciário, assemelhando-se, nesta eficácia, ao controle concentrado de constitucionalidade".

[11] COELHO, Gláucia Mara. **Repercussão geral**: da questão constitucional no processo civil brasileiro. São Paulo: Atlas, 2009. p. 136. Expõe a autora: "Por fim, pode-se afirmar que a adoção da repercussão geral nesses moldes (permitindo-se que uma única decisão do pleno possa ser utilizada como precedente para as ciências ordinárias), assim como da súmula com efeitos vinculantes, caracteriza um inequívoco movimento de aproximação entre os modelos de controle de constitucionalidade 'difuso-concreto' e 'abstrato-concentrado', já que as características de um e de outro modelo acabam se tornando, ao final, muito semelhantes, com o fortalecimento deste último".

[12] MORAIS, Dalton Santos. **Controle de constitucionalidade**: exposições críticas à luz da jurisprudência do Supremo Tribunal Federal. Salvador: Juspodivm, 2010. págs.99 e ss.

[13] ZANOTTI, Bruno Taufner. Controle de constitucionalidade: leis comentadas. Salvador: Juspodivm, 2011. págs. 74 e ss.

[14] TAVARES, André Ramos. **Manual do Poder Judiciário brasileiro**. São Paulo: Saraiva, 2012. p. 145. Refere o autor: "A partir da Reforma do Judiciário, contudo, mudanças significativas passaram a ser incorporadas ao controle de constitucionalidade. A combinação da súmula vinculante com o instituto da repercussão geral cria uma nítida conexão entre o modelo difuso-concentrado [...]".

[15] NOGUEIRA, Daniel Moura. O recurso extraordinário como função de controle difuso de constitucionalidade. *In:* MARINONI, Luiz Guilherme; SARLET, Ingo Wolfgang (Coord.); PESSOA, Paula; CREMONESE, Cleverton (Org.). **Processo constitucional**. São Paulo: Revista dos Tribunais, 2019. p. 754.

[16] JOBIM, Marco Félix. **Medidas estruturantes**: da Suprema Corte Estadunidense ao Supremo Tribunal Federal. Porto Alegre: Livraria do Advogado, 2013. A tese ganhou, recentemente,

conferir as contribuições de Jordão Violin[17], Edilson Vitorelli[18], dentre tantas outras[19], inclusive obras coletivas contendo participações de autores de renome nacional e internacional[20], assim como curso[21] próprio. Todo esse arcabouço doutrinário, que também inclui manifestações de conteúdo mais crítico, mas vem para aperfeiçoar o modelo[22], está à disposição

uma segunda edição: JOBIM, Marco Félix. **Medidas estruturantes na jurisdição constitucional:** da Suprema Corte Estadunidense ao Supremo Tribunal Federal. 2. ed. Porto Alegre: Livraria do Advogado, 2021.

17 VIOLIN, Jordão. **Protagonismo judiciário e processo coletivo estrutural**: o controle jurisdicional de decisões políticas. Salvador Juspodivm, 2013.

18 VITORELLI, Edilson. **O devido processo legal coletivo**: dos direitos aos litígios coletivos. São Paulo: Revista dos Tribunais, 2016.

19 MEDEIROS JÚNIOR, Leonardo. **Processo estrutural consequencialista**: a intervenção judicial em políticas públicas. Rio de Janeiro: Lumen Juris, 2018; PINTO, Henrique Alves. **O enquadramento das decisões estruturais no Código de Processo Civil de 2015**. Rio de Janeiro: Lumen Juris, 2018; DANTAS, Eduardo Souza. **Ações estruturais e estado de coisas inconstitucional**: a tutela de direitos fundamentais em casos de graves violações do Poder Público. Curitiba: Juruá, 2018; MORAIS, Poliana Correa. **Medidas estruturantes no Supremo Tribunal Federal**. Florianópolis: Emais, 2018; GISMONI, Rodrigo. **Processo civil de interesse público & medidas estruturantes**. Curitiba: Juruá, 2017; PORFIRO, Camila Almeida. **Litígios estruturais**: legitimidade democrática, procedimento e efetividade. Rio de Janeiro: Lumen Juris, 2018; COTA, Samuel Paiva. **Do pedido e da participação**: proposições para o desenvolvimento de uma teoria acerca dos processos estruturais. Belo Horizonte: D'Plácido, 2019; LIRA, Adriana Costa. **O processo coletivo estrutural**: mecanismo de combate ao estado de coisas inconstitucional. Belo Horizonte: D'Plácido, 2019; ARENHART, Sérgio Cruz; OSNA, Gustavo; JOBIM, Marco Félix. **Curso de processo estrutural**. São Paulo: Revista dos Tribunais, 2021; GALDINO, Matheus Souza. **Processos estruturais**: identificação, funcionamento e finalidade. Salvador: JusPodivm, 2020; MARÇAL, Felipe Barreto. **Processos estruturantes**. Salvador: JusPodvim, 2021; BROOCKE, Bianca M. Schneider Van Der. *Litígios estruturais, estado de coisas inconstitucional e gestão democrática do processo*: um papel transformador para o controle judicial de políticas públicas. Londrina, PR: Thoth, 2021; DUARTE, Verônica Rangel. **Processo estrutural no conflito ambiental**: ferramentas para a implementação da tutela específica. Rio de Janeiro: Lumen Juris, 2021.

20 Como são os casos das obras: ARENHART, Sérgio Cruz; JOBIM, Marco Félix. **Processos estruturais**. 2. Ed. Salvador: Juspodivm, 2019; GRINOVER, Ada Pelegrini; WATANABE, Kazuo; COSTA, Susana Henriques da. **O processo para solução de litígios de interesse público**. Salvador: Juspodivm, 2017.

21 ARENHART, Sérgio Cruz; OSNA, Gustavo; JOBIM, Marco Félix. **Curso de processo estrutural.** São Paulo: Revista dos Tribunais, 2021.

22 Como na leitura de: SARLET, Ingo Wolfgang. Direitos fundamentais sociais e o mínimo existencial. *In:* ARENHART, Sérgio Cruz; JOBIM, Marco Félix (Coord.). **Processos estruturais**. 2. ed. Salvador: Juspodivm, 2019, p. 498-499, escreve: "De todo o modo, longe de esgotar aqui as possibilidades e, manifestando a nossa simpatia por um recurso cauteloso

para consulta dos mais variados temas ligados ao processo estrutural e demonstra, à sociedade, a afirmação de que já se está em nível bastante avançado de pesquisa, razão pela qual sobre a segunda afirmativa não se fará aqui maior digressão.

Diante disso, o texto que, nesse momento, se submete ao leitor se debruçará sobre a terceira afirmativa, qual seja, de que existe previsão expressa no ordenamento jurídico brasileiro em relação às medidas ou técnicas estruturantes, vinculadas ao processo estrutural, e que se fazem presentes em ambas as modalidades de controle de constitucionalidade – *difuso e concentrado*–, inclusive e em especial, mediante a devida compreensão e interpretação do art. 10 da Lei n. 9.882/99. Mas a possibilidade de se manejar decisões do tipo estruturante também ocorre em sede do processo do Mandado de Injunção, como dá conta o disposto no art. 8º, inciso II, da Lei n. 12.300/2016 que, por tal razão e como já anunciado, irá também ser objeto da presente análise. A nova Lei de Mandando de Injunção não impediu que o Supremo Tribunal Federal já se posicionasse a favor de decisões com caráter estruturante, o que aliás já se deu na esfera da evolução jurisprudencial da própria Corte, bastando aqui citar o caso da greve dos servidores públicos.

Antes de avançar, contudo, imperioso formular um agradecimento especial aos Professores André Rufino do Vale, Fábio Lima Quintas e Georges Abboud, idealizadores da obra *Processo constitucional brasileiro: propostas para a reforma*, que anuncia um novo olhar sobre o tema, a partir dos debates existentes sobre a viabilidade de uma compilação das leis que tem conteúdo processual constitucional[23].

e complementar às decisões de caráter estruturante, o que se buscou aqui foi manter um diálogo crítico e propor mais algumas questões para reflexão e discussão sobre tão delicado e mesmo complexo tema. Cientes de que ainda (e isso não é de longe 'privilégio' do Brasil) se está distante de construir um modelo sólido e operativo de efetivação dos direitos fundamentais, aqui com foco no direito ao mínimo existencial, o que se busca – ao invés de apostar em modelos de intervenção – é privilegiar fórmulas dialógicas (até mesmo recorrendo à conciliação e mediação) e que impliquem menos resistência por parte dos atores envolvidos, ao mesmo tempo assegurando, inclusive, maior legitimidade aos órgãos judiciários quanto ao modo de decidir", e finaliza: "Além disso, o manejo adequado das decisões judiciais do tipo estruturante poderá então colaborar efetivamente para inibir uma litigância errática e individualizada, ademais de contribuir para uma cultura de diálogo e – o que segue sendo uma das principais carências – de respeito institucional, ademais dos efeitos de racionalização, organização do processo e da sua efetividade".

[23] https://www.camara.leg.br/noticias/710651-camara-cria-comissao-de-juristas-para-avaliar-legislacao-sobre-processo-constitucional/.

1. O Art. 10 da Lei N. 9.882/1999

Não há uma efetiva linha doutrinária reflexiva sobre o art. 10[24] da Lei n. 9.882/1999. Nele há autorização para, no julgamento da Arguição de Descumprimento de Preceito Fundamental, o Tribunal ir além da mera eficácia declaratória típica do controle abstrato de constitucionalidade das leis, concedendo permissão para que se fixe, desde já, as condições e o modo de interpretação e aplicação do preceito fundamental que restou violado. Quando se faz referência de que o enunciado é pouco comentado pela doutrina brasileira, está-se afirmando que, embora exista profícua literatura sobre ações do controle abstrato de constitucionalidade de leis, há déficit naquilo que é produzido sobre o art. 10, como se pode ver com a leitura de Humberto Peña de Moraes[25] que se manifesta sobre ser o dispositivo apenas mais um na legislação, sem adentrar em maiores detalhes sobre sua potencialidade. A título de confirmação, basta analisar aquela que talvez seja a obra de maior envergadura sobre o tema produzida pela doutrina brasileira: o tratado escrito sobre a ADPF de André Ramos Tavares[26], no qual existem algumas poucas páginas destinadas ao tratamento do artigo em questão.

O dispositivo apresenta certa clareza: fixar as condições[27] para a interpretação e aplicação do preceito fundamental violado, o que, nas palavras

[24] Art. 10. Julgada a ação, far-se-á comunicação às autoridades ou órgãos responsáveis pela prática dos atos questionados, fixando-se as condições e o modo de interpretação e aplicação do preceito fundamental.

[25] Apenas repete a redação do artigo: MORAES, Humberto Peña. Argüição de descumprimento de preceito fundamental: lineamentos sobre o tema. *In:* QUEIROZ, Raphael Augusto Sofiati de. Acesso em: **à justiça**. Rio de Janeiro: Lumen Juris, 2002. p. 155. Da mesma forma: CHAI, Cássius Guimarães. **Descumprimento de preceito fundamental**: identidade constitucional e vetos à democracia. Belo Horizonte: Mandamentos, 2004. p. 121.

[26] TAVARES, André Ramos. **Tratado da arguição de preceito fundamental**: Lei n. 9.868/99 e Lei n. 9.882/99. São Paulo: Saraiva, 2001. Entre as páginas 385 e 387 discorre o autor sobre o tema, sendo que chega, como os outros autores citados, a quase repetir a redação neste trecho na p. 385 ao dizer: "As autoridades e órgãos referidos devem ser cientificados de todo o decisium, vale dizer, tanto da procedência ou improcedência do pedido de reconhecimento do descumprimento, com seus efeitos, bem como das condições e modo de interpretação e aplicação do preceito fundamental".

[27] A expressão a que se refere a legislação não pode ser outra que não a resolutiva. Cf. CONDIÇÃO. *In:* HOUAISS, Antônio; VILLAR, Mauro de Salles. **Dicionário Houaiss da língua portuguesa**. 1. reimpr. Rio de Janeiro: Objetiva, 2004. p. 791: "**c. resolutiva** JUR aquela que extingue a eficácia de um ato caso se realize um evento futuro e incerto. c. *sine qua non* condição absolutamente necessária, indispensável para que um certo fato se realize" [grifos do autor].

de Gilmar Ferreira Mendes[28], importa em defender que o Tribunal não apenas declara o direito, mas também passa a ter a possibilidade de ditar as condições de interpretação do preceito violado. Equivoca-se o constitucionalista quando expõe que os arts. 10 da Lei n. 9.882/1999 e 25[29] da Lei n. 9.868/1999 estabelecem o mesmo, uma vez que neste há redução de um em relação ao outro.

Na leitura de Frederico Barbosa Gomes vê-se, na mesma linha dos demais autores, apenas uma paráfrase do art. 10, sem nenhum comentário adicional que possa descortinar a real importância do seu texto e dos sentidos normativos[30] extraídos a partir de sua interpretação[31], o que pode ser, da mesma forma, confirmado com a leitura de Marco Aurélio Paganella[32], Edilson Pereira Nobre Júnior[33] e Fernando Reverendo Vidal Akaoui[34]. Em obra específica sobre as eficácias das sentenças na jurisdi-

[28] MENDES, Gilmar Ferreira. **Arguição de descumprimento de preceito fundamental**. 2. ed. São Paulo: Saraiva, 2011. p. 301. Aduz o ministro do Supremo Tribunal Federal: "O art. 10, caput, da Lei n. 9.882/99 estabelece – tal como o art. 25 da Lei n. 9.868/1999 – que, julgada a ação, deverá ser feita a comunicação às autoridades ou aos órgãos responsáveis pela prática dos atos questionados, fixando-se, se for o caso, as condições e o modo de interpretação de preceito fundamental",e finaliza: "Tem-se, pois, aqui, a possibilidade de o Tribunal não apenas declarar a eventual legitimidade ou ilegitimidade de ato do Poder Público, mas também de fixar, de maneira expressa, as condições e formas de interpretação do preceito fundamental".

[29] Dispõe o art. 25 da Lei n. 9.868/1999: "Julgada a ação, far-se-á a comunicação à autoridade ou ao órgão responsável pela expedição do ato".

[30] Sobre o tema, recomenda-se: GUASTINI, Riccardo. **Das fontes às normas**. Tradução de Edson Bini. São Paulo: QuartierLatin, 2005.

[31] Sobre o tema da interpretação, em recente publicação, vale a leitura de: ÁVILA, Humberto. **Constituição, liberdade e interpretação**. São Paulo: Malheiros, 2019. Em interessante passagem, defende: "A interpretação que – direta ou indiretamente – negue as limitações decorrentes da estrutura normativa, dos significados e das consequências estabelecidos pela Constituição– de maneira ostensiva ou oculta – uma conexão necessária e indefinida entre Direito e Moral, na verdade transformando o Direito em Moral, o julgador em legislador e o discurso jurídico em simples meio de expressão de emoções pessoais; além disso, aniquila com a liberdade individual, porquanto tolhe ao indivíduo a possibilidade de, com base no Direito, plasmar seu presente e, com autonomia e independência, sem engano ou injustificada surpresa, planejar o futuro".

[32] PAGANELLA, Marco Aurélio. **A argüição de descumprimento de preceito fundamental no contexto do controle de constitucionalidade**. São Paulo: LTr, 2004. p. 108.

[33] NOBRE JÚNIOR, Edilson Pereira. **Direitos fundamentais e argüição de descumprimento de preceito fundamental**. Porto Alegre: Sergio Antonio Fabris, 2004. p. 115.

[34] AKAOUI, Fernando Reverendo Vidal. **Jurisdição constitucional e a tutela dos direitos metaindividuais**. São Paulo: Verbatim, 2009. p. 96.

ção constitucional, de Teori Albino Zavascki[35], há na mesma linha uma pequena referência à existência do art. 10 da Lei n. 9.882/1999 quando o saudoso jurista aborda o tema da ADPF.

Há problemas criados pela doutrina, pela lei e pela jurisprudência do Supremo Tribunal Federal que enfraqueceram a utilização da ADPF durante anos, que agora parece ter trilhado seu próprio caminho. Na linha doutrinária, autores como Elival da Silva Ramos[36] e Gabriel Dias Marques da Cruz[37] praticamente exigiram sua morte, enquanto outros trabalharam para ser uma via adequada à jurisdição constitucional[38].

[35] ZAVASCKI, Teori Albino. **Eficácia das sentenças na jurisdição constitucional**. 2. ed. São Paulo: Revista dos Tribunais, 2012. p. 59. Dispõe: "Consideram-se 'atos do Poder Público' causador de lesão a preceito fundamental, não apenas os de natureza normativa, mas os de caráter individual, inclusive os de natureza jurisdicional. A decisão de mérito proferida em ADPF fixará 'as condições e o modo de interpretação e aplicação do preceito fundamental' (art. 10), 'terá eficácia contra todos e efeito vinculante relativamente aos demais órgãos do Poder Público' (art. 10, § 3º) e seu cumprimento pode ser assegurado e controlado por via de reclamação perante o próprio STF (art. 13)".

[36] RAMOS, Elival da Silva. **Controle de constitucionalidade no Brasil**: perspectivas de evolução. São Paulo: Saraiva, 2010. p. 411. O autor, no capítulo que chama de "A reconfiguração do recurso extraordinário e a eliminação da ADPF", assim expõe seu pensamento: "Diante da reconfiguração ora proposta para o recurso extraordinário, afinada com o desenho de uma jurisdição constitucional concentrada, tornar-se-ia inteiramente dispensável o instituto da arguição de descumprimento de preceito fundamental. Com efeito, o campo de aplicação da arguição, nas mais otimistas das perspectivas doutrinárias a seu respeito, estaria totalmente coberto pelo sistema jurisdicional brasileiro após a ampla reforma que se vaticina e se preconiza. Destarte, o controle de constitucionalidade dos atos legislativos assumiria amplitude máxima, pois abrangeria leis, em sentido formal ou apenas em sentido material, editadas nos três níveis da federação, mesmo se já revogadas pela própria Constituição ou por legislação ordinária subsequente, admitindo-se as duas modalidades básicas de controle (incidental e principal) e atribuindo-se às decisões declaratórias de efeitos desconstitutivos oponíveis contra todos. No tocante aos atos administrativos *lato sensu*, se de natureza normativa e diretamente reportados à Constituição Federal, seriam objeto de controle de constitucionalidade, enquanto os seus efeitos concretos, atentatórios a preceitos fundamentais, seriam passíveis de questionamentos por parte dos interessados, mediante o uso dos instrumentos processuais adequados, no âmbito da jurisdição ordinária. Por último, na hipótese de decisões judiciais ofensivas a normas fundamentais da Constituição, as situações, em tese, mais usuais e de maior significação a ensejar reparo por ADPF, são exatamente aquelas que continuariam a ser submetidas ao Supremo Tribunal Federal, agora por meio da interposição de recurso extraordinário, visto pressuporem a violação de direito ou garantia fundamental" [grifos do autor].

[37] CRUZ, Gabriel Dias Marques da. **Arguição de descumprimento de preceito fundamental**: lineamentos básicos e revisão crítica no direito constitucional brasileiro. São Paulo: Malheiros, 2011. p. 138. Na realidade, o autor foi orientado em seu mestrado por Elival da

No sentido da legalidade, outra tese que enfraqueceu a ADPF foi ela ser considerada como uma ação subalterna, subsidiária no sistema pátrio, o que hoje não mais se sustenta, apesar de a leitura do art. 4º, § 1º[39], da Lei n. 9.882/1999 aparentar tal interpretação, aliada a defesas restritivas como a de Carlos Roberto de Alckmin Dutra[40]. Contudo, há também na doutrina salvo conduto para considerá-la da mesma envergadura das demais ações, conforme defende André Ramos Tavares[41]. Uma leitura mais atenta do fenômeno da jurisdição constitucional – que abarca o controle abstrato – faz crer que a palavra subsidiariedade, anunciada na legislação, pode ter outro significado, até em razão da própria palavra ser dotada de múltiplos significados como lembra Omar Serva Maciel[42]. Convergindo com a linha

Silva Ramos, o que explica os posicionamentos convergentes. Conclui em sua obra, fruto de sua dissertação defendida na USP: "Tenho certeza, entretanto, de que, no caso da arguição de descumprimento, a morte se apresentaria como medida proveitosa, destinando um legado mais que conveniente para o necessário aperfeiçoamento do exercício da jurisdição constitucional brasileira".

[38] Mazzuoli, Valerio de Oliveira. **O controle jurisdicional da convencionalidade das leis**. São Paulo: Revista dos Tribunais, 2009, v. 4. p. 138. Isso sem que se defenda pela ótica de quanto mais meios de se atacar uma lei que afronta a Constituição, mais segurança existe para um Estado de Direito, conforme aponta o autor em sua obra.

[39] É a redação do artigo 4º, § 1º, da Lei: "A petição inicial será indeferida liminarmente, pelo relator, quando não for o caso de argüição de descumprimento de preceito fundamental, faltar algum dos requisitos prescritos nesta Lei ou for inepta. § 1º Não será admitida arguição de descumprimento de preceito fundamental quando houver qualquer outro meio eficaz de sanar a lesividade".

[40] Dutra, Carlos Roberto de Alckmin. **Controle abstrato de constitucionalidade**: análise dos princípios processuais aplicáveis. São Paulo: Saraiva, 2012. p. 175. Refere: "Portanto, entendo deva ser prestigiada a regra geral, a impor o uso apenas subsidiário da ADPF, não advindo daí nenhum prejuízo para a proteção do preceito fundamental, que poderá ser resguardado de maneira tão eficaz quanto por meio de ação direta de inconstitucionalidade ou declaratória de constitucionalidade".

[41] Tavares, André Ramos. **Curso de direito constitucional**. 8. ed. São Paulo: Saraiva, 2010. p. 314. Refere: "A arguição é medida tão primordial (ou principal) quanto à ação direta de inconstitucionalidade – ou até de relevância superior, se se quiser atentar para a 'qualificação' das normas constitucionais do instituto. No próprio art. 102 da Constituição encontra-se a regra matriz tanto da arguição como da ação direta, ambas presentes no texto original da Constituição de 1988".

[42] Maciel, Omar Serva. **Princípio de subsidiariedade e jurisdição constitucional**. Belo Horizonte: Mandamentos, 2004. p. 27. Refere o autor: "O conceito de subsidiariedade é plurissignificativo, dado o discurso interdisciplinar que pode ser travado em torno do tema. A etimologia do vocábulo deriva do latim subsidium, identificado por alguns como auxílio ou ajuda".

apresentada, Willis Santiago Guerra Filho[43] alude que, se o que se busca é uma unidade na Constituição Federal, pelo que a lei fazer referência a ser a Arguição de Descumprimento de Preceito Fundamental, uma ação subsidiária em nada inibe que o sistema de controle de constitucionalidade, quando deficientemente lacunoso, não possa abarcar a normatização exposta na lei que regula a arguição. Por isso que se deve, necessariamente, defender que o princípio da subsidiariedade fortalece a aplicação do princípio da fungibilidade entre as ações do controle abstrato de constitucionalidade, podendo, em determinados casos, uma ação direta ser recebida pelo fato de a parte ter ingressado com a Arguição de Descumprimento de Preceito Fundamental e vice-versa.

Na linha jurisprudencial, o início da ADPF realmente não foi de caminhada fácil no Supremo Tribunal Federal[44]. Em um primeiro momento, além do hiato temporal existente entre sua criação na Constituição Federal e a promulgação da lei em 1999, algumas arguições não foram conhecidas em razão do princípio da subsidiariedade, como a ADPF n. 3/CE[45],

[43] Guerra Filho, Willis Santiago. **Processo constitucional e direitos fundamentais**. 5. ed. São Paulo: RCS, 2007. p. 242. Refere: "Para concluir, então, vale o registro de que, mesmo considerando a argüição um instrumento de tutela constitucional da ordem jurídica subjetiva, não há porque ignorar o uso subsidiário que dela possa se fazer, para suprir deficiências em nosso sistema de controle de constitucionalidade, colmatando lacunas – é o caso quando se pretenda exercer tal controle, de forma concentrada e em abstrato, sobre lei ou ato normativo, seja municipal, seja por anterior à atual Constituição Federal, pois a tais hipóteses a criatividade judicial e doutrinária até hoje não logrou permitir que se estenda o controle por meio da ação direta de inconstitucionalidade perante o STF. É que o sistema de tutela de uma ordem constitucional há de ser, o quanto possível, integral, sendo válido, para atingir tão nobre finalidade, o emprego de qualquer meio juridicamente admissível, donde se admitir a fungibilidade entre os institutos de proteção dos aspectos subjetivo e objetivo dessa ordem, uma vez que, afinal de contas, devem formar uma unidade: a unidade da Constituição".

[44] Paula, Felipe Duarte Gonçalves Ventura de. A argüição de descumprimento de preceito fundamental. *In:* Vojvodic, Adriana *et al.* (Org.). **Jurisdição constitucional no Brasil**. São Paulo: Malheiros, 2012. p. 182. Refere sobre o início da arguição: "Durante 11 anos a arguição de descumprimento de preceito fundamental permaneceu inerte em nosso ordenamento jurídico. De fato, o STF reconheceu a não autoaplicabilidade do § 1º do art. 102 da CF de 1988 e, invocando a ausência de disciplina legislativa, indeferiu pedidos de arguição de descumprimentos ajuizadas antes da edição da Lei 9.882/1999".

[45] "EMENTA: – DIREITO CONSTITUCIONAL. ARGÜIÇÃO DE DESCUMPRIMENTO DE PRECEITO FUNDAMENTAL (ART. 102, § 1º, DA CONSTITUIÇÃO FEDERAL, 1º E SEGUINTES DA LEI N. 9.882, DE 3 DE DEZEMBRO DE 1999). VENCIMENTOS DE SERVIDORES PÚBLICOS ATIVOS E PROVENTOS DE INATIVOS. GRATIFICAÇÕES.

VANTAGENS. CÁLCULO DE ACRÉSCIMOS PECUNIÁRIOS. TETO DE VENCIMENTOS E PROVENTOS. IMPUGNAÇÕES DE DECISÕES MONOCRÁTICAS E COLEGIADAS DO TRIBUNAL DE JUSTIÇA DO CEARÁ, PROFERIDAS EM RECLAMAÇÕES. ALEGAÇÃO DE VIOLAÇÃO AOS ARTS. 5º, LIV E LV, 37, "CAPUT" E INCISO XIV, 100, § 2º, DA C.F. DE 1988, BEM COMO AO ART. 29 DA EMENDA CONSTITUCIONAL N. 19/98. QUESTÃO DE ORDEM. MEDIDA CAUTELAR. 1. A Constituição Federal de 5.10.1988, no parágrafo único do art. 102, estabeleceu: a argüição de descumprimento de preceito fundamental decorrente desta Constituição será apreciada pelo Supremo Tribunal Federal, na forma da lei. Esse texto foi reproduzido como § 1º do mesmo artigo, por força da Emenda Constitucional n. 3, de 17.03.1993. 2. A Lei n. 9.882, de 03.12.1999, cumprindo a norma constitucional, dispôs sobre o processo e julgamento da argüição de descumprimento de preceito fundamental. No art. 1o estatuiu: 'Art. 1o – A argüição prevista no § 1o do art. 102 da Constituição Federal será proposta perante o Supremo Tribunal Federal, e terá por objeto evitar ou reparar lesão a preceito fundamental, resultante de ato do Poder Público.' Trata-se, nesse caso, de Argüição autônoma, com caráter de verdadeira Ação, na qual se pode impugnar ato de qualquer dos Poderes Públicos, no âmbito federal, estadual ou municipal, desde que para evitar ou reparar lesão a preceito fundamental da Constituição. 3. Outra hipótese é regulada no parágrafo único do mesmo art. 1º da Lei n. 9.882/99, 'in verbis': 'Parágrafo único. Caberá também argüição de descumprimento de preceito fundamental: I – quando for relevante o fundamento da controvérsia constitucional sobre lei ou ato normativo federal, estadual ou municipal, incluídos os anteriores à Constituição.' 4. Cuida-se aí, não de uma Ação autônoma, qual a prevista no 'caput' do art. 1º da Lei, mas de uma Ação incidental, que pressupõe a existência de controvérsia constitucional relevante sobre lei ou ato normativo federal, estadual ou municipal, incluídos os anteriores à Constituição. 5. O caso presente não é de Argüição Incidental, correspondente a um incidente de constitucionalidade, pois não se alega na inicial a existência de qualquer controvérsia entre as decisões focalizadas, pois todas elas foram no mesmo sentido, deferindo medidas liminares em Reclamações, para os efeitos nelas mencionados. 6. Cogita-se, isto sim, de Argüição autônoma prevista no 'caput' do art. 1º da Lei. 7. Dispõe, contudo, o § 1º do art. 4º do diploma em questão: '§ 1o – Não será admitida argüição de descumprimento de preceito fundamental quando houver qualquer outro meio eficaz de sanar a lesividade'. 8. E ainda há meios judiciais eficazes para se sanar a alegada lesividade das decisões impugnadas. 9. Se, na Corte estadual, não conseguir o Estado do Ceará obter medidas eficazes para tal fim, poderá, em tese, renovar a Argüição de Descumprimento de Preceito Fundamental. 10. Também assiste ao Governador, em tese, a possibilidade de promover, perante o Supremo Tribunal Federal, Ação Direta de Inconstitucionalidade do art. 108, VII, 'i', da Constituição do Estado, bem como do art. 21, VI, 'j', do Regimento Interno do Tribunal de Justiça do Ceará, que instituíram a Reclamação destinada à preservação de sua competência e garantia da autoridade de suas decisões. É que, segundo entendimento desta Corte, não compete aos Tribunais legislar sobre Direito processual, senão quando expressamente autorizados pela Constituição (RTJs 112/504, 117/921, 119/1145). Assim, também, os Estados, mesmo em suas Constituições. 11. E as decisões atacadas foram proferidas em processos de Reclamação. 12. Questão de Ordem que o Supremo Tribunal Federal resolve não conhecendo da presente Argüição de Descumprimento de Preceito Fundamental, ficando, em conseqüência, prejudicado o pedido de medida liminar." Cf.BRASIL. Supremo Tribunal Federal. **Arguição de** podendo ainda serem referidas as ADPFs n. 12[46] e 13[47], ambas com decisões monocráticas do ministro Ilmar Galvão. Após esse período de carência, no qual a ADPF passou por seus piores anos de existência, o Supremo Tribunal Federal começou a modificar seu posicionamento sobre o tema e admitir a aplicação do princípio da fungibilidade, convertendo as ações equivocadamente propostas, o que pode ser exemplificado com a Ação Direta de Inconstitucionalidade n. 4.180/DF[48], de relatoria do ministro Cezar Peluso, e as Arguições de Descumprimento de Preceito Fundamental n. 178[49], de relatoria do ministro Gilmar Ferreira Mendes, e n. 72[50], de relatoria da ministra Ellen Gracie.

Descumprimento de Preceito Fundamental n. 3. Relator: Min. Sydney Sanches. Disponível em: http://www.stf.jus.br/portal/jurisprudencia/listarJurisprudencia.asp?sl=%28ADPF%24%2ESCLA%2E+E+3%2ENUME%2E%29+OU+%28ADPF%2EACMS%2E+ADJ2+3%2EACMS%2E%29&base=baseAcordaos. Acesso em: 29 out. 2019.

[46] BRASIL. Supremo Tribunal Federal. **Arguição de Descumprimento de Preceito Fundamental n. 12**. Relator: Min. Ilmar Galvão. Disponível em: http://www.stf.jus.br/portal/jurisprudencia/listarJurisprudencia.asp?sl=%28ADPF%24%2ESCLA%2E+E+12%2ENUME%2E%29&base=baseMonocraticas. Acesso em: 29 out. 2019.

[47] BRASIL. Supremo Tribunal Federal. **Arguição de Descumprimento de Preceito Fundamental n. 13**. Relator: Min. Ilmar Galvão Disponível em: http://www.stf.jus.br/portal/jurisprudencia/listarJurisprudencia.asp?sl=%28ADPF%24%2ESCLA%2E+E+13%2ENUME%2E%29&base=baseMonocraticas. Acesso em: 29 out. 2019.

[48] "EMENTAS: 1. AÇÃO DIRETA DE INCONSTITUCIONALIDADE. Impropriedade da ação. Conversão em Argüição de Descumprimento de Preceito Fundamental – ADPF. Admissibilidade. Satisfação de todos os requisitos exigidos à sua propositura. Pedido conhecido como tal. Aplicação do princípio da fungibilidade. Precedentes. É lícito conhecer de ação direta de inconstitucionalidade como argüição de descumprimento de preceito fundamental, quando coexistentes todos os requisitos de admissibilidade desta, em caso de inadmissibilidade daquela. 2. INCONSTITUCIONALIDADE. Art. 2º da Lei n. 3.189/2003, do Distrito Federal. Inclusão de evento privado no calendário de eventos oficiais do Distrito Federal. Previsão da destinação de recursos do Poder Executivo para seu patrocínio. Encargo adicional à Secretaria de Segurança Pública. Iniciativa legislativa de deputado distrital. Inadmissibilidade. Aparente violação aos arts. 61, § 1º, II, alínea "b", e 165, III, da Constituição Federal. Medida liminar deferida e referendada. Aparenta inconstitucionalidade, para efeito de liminar em ação de descumprimento de preceito fundamental, o disposto no art. 2º da Lei n. 3.189/2003. do Distrito Federal."Cf. BRASIL. Supremo Tribunal Federal. **Ação Direta de Inconstitucionalidade 4.180/DF**. Relator: Min. Cezar Peluso. Disponível em: http://www.stf.jus.br/portal/jurisprudencia/listarJurisprudencia.asp?sl=%28ADI%24%2ESCLA%2E+E+4180%2ENUME%2E%29+OU+%28ADI%2EACMS%2E+ADJ2+4180%2EACMS%2E%29&base=baseAcordaos. Acesso em: 29 out. 2019.

[49] BRASIL. Supremo Tribunal Federal. **Arguição de Descumprimento de Preceito Fundamental n. 178**. Relator: Min. Gilmar Ferreira Mender. Disponível em: http://www.stf.jus.

O princípio da fungibilidade, inicialmente criado para dar guarida à interposição de alguns recursos[51] equivocados, aborda a possibilidade de abrandamento da rigidez das regras recursais, autorizando a flexibilização do princípio da correspondência[52], ao conceder a possibilidade de um recurso ser conhecido por outro, o que é certificado por Rita de Cássia Corrêa de Vasconcelos[53] em estudo específico sobre o tema. Mas isso não significa dizer que a fungibilidade está adstrita à teoria geral dos recur-

br/portal/jurisprudencia/listarJurisprudencia.asp?sl=%28ADPF%24%2ESCLA%2E+E+178%2ENUME%2E%29&base=baseMonocraticas. Acesso em: em: 24 out. 2012.

50 "QUESTÃO DE ORDEM EM ARGÜIÇÃO DE DESCUMPRIMENTO DE PRECEITO FUNDAMENTAL. PORTARIA N. 156, DE 05.05.05, DA SECRETARIA EXECUTIVA DA FAZENDA DO ESTADO DO PARÁ. FIXAÇÃO, PARA FINS DE ARRECADAÇÃO DE ICMS, DE NOVO VALOR DE PREÇO MÍNIMO DE MERCADO INTERESTADUAL PARA O PRODUTO CARVÃO VEGETAL. ARTS. 150, I, II E V, 152 E 155, § 2º, XII, i, TODOS DA CONSTITUIÇÃO FEDERAL. 1. O ato normativo impugnado é passível de controle concentrado de constitucionalidade pela via da ação direta. Precedente: ADI 349, rel. Min. Marco Aurélio. Incidência, no caso, do disposto no art. 4º, § 1º, da Lei n. 9.882/99; 2. Questão de ordem resolvida com o aproveitamento do feito como ação direta de inconstitucionalidade, ante a perfeita satisfação dos requisitos exigidos à sua propositura (legitimidade ativa, objeto, fundamentação e pedido), bem como a relevância da situação trazida aos autos, relativa a conflito entre dois Estados da Federação."Cf. BRASIL. Supremo Tribunal Federal. **Arguição de Descumprimento de Preceito Fundamental n. 72/PA**. Relatora: Min. Ellen Gracie. Disponível em: http://www.stf.jus.br/portal/jurisprudencia/listarJurisprudencia.asp?sl=%28ADPF%24%2ESCLA%2E+E+72%2ENUME%2E%29+OU+%28ADPF%2EACMS%2E+ADJ2+72%2EACMS%2E%29&base=baseAcordaos. Acesso em: 29 out. 2019.

51 A previsão estava expressa no Decreto-lei n. 1.608, de 18 de setembro de 1939, o então Código de Processo Civil da época, em seu art. 810, com a seguinte redação: "Salvo a hipótese de má-fé ou erro grosseiro, a parte não será prejudicada pela interposição de um recurso por outro, devendo os autos ser enviados à Câmara, ou turma, a que competir o julgamento". BRASIL. **Decreto-lei n. 1.608, de 18 de setembro de 1939**. Código de Processo Civil. Disponível em: http://www.planalto.gov.br/ccivil_03/decreto-lei/1937-1946/Del1608.htm. Acesso em: 29 out. 2019.

52 Também chamado de princípio da singularidade, ou da unirrecorribilidade ou da unicidade recursal. Nunes, Dierle *et al.***Curso de direito processual civil**: fundamentação e aplicação. Belo Horizonte: Fórum, 2012. p. 272-275. Sobre conceito, nomenclatura e exceções, conferir as páginas referidas

53 Vasconcelos, Rita de Cássia Corrêa. **Princípio da fungibilidade**: hipóteses de incidência no processo civil brasileiro contemporâneo. São Paulo: Revista dos Tribunais, 2007. p. 78. Refere a autora: "O princípio da fungibilidade recursal consiste, então, numa atenuação desses princípios, num abrandamento das respectivas regras, na medida em que autoriza o recebimento de um recurso por outro, proporcionando o conhecimento de mais de uma espécie de recurso, contra uma única decisão judicial".

sos, mas, como ilustra Guilherme Freire de Barros Teixeira[54], está vinculada às medidas processuais que, erroneamente utilizadas, podem ser alvo de substituição por outra, apenas pecando ao afirmar que eventual equívoco pela parte é irrelevante, uma vez que é, sim, relevante o erro grosseiramente realizado[55]. Posteriormente, afirma o autor[56] que o princípio da fungibilidade tem expressa vinculação à melhoria da prestação jurisdicional, por meio da visão do juiz de que, diante de casos que necessitem deste reajuste processual, ele não seja um mero espectador e assuma sua função de condutor do processo na busca da finalidade do ato processual. Diante disso, o princípio da fungibilidade tem alargado seus conceitos para além do direito recursal, o que também é defendido por Sidnei Amendoeira Jr.[57], encontrando esteio, atualmente, até mesmo no controle de constitucionalidade de leis, em especial na Arguição de Descumprimento de Preceito Fundamental.

[54] TEIXEIRA, Guilherme Freire de Barros. **Teoria do princípio da fungibilidade**. São Paulo: Revista dos Tribunais, 2008. p. 290. Refere: "O princípio da fungibilidade pode ser conceituado como a possibilidade de substituição de uma medida processual por outra, admitindo-se aquela erroneamente utilizada, como se tivesse sido empregada uma outra mais adequada à situação concreta existente nos autos, sendo irrelevante eventual equívoco no manejo de medida inapropriada pela parte".

[55] PORTANOVA, Rui. **Princípios do processo civil**. 6. ed. Porto Alegre: Livraria do Advogado, 2005. p. 274. Refere: "Hoje a fungibilidade é amplamente admitida, em especial nos recursos ordinários. Persiste, é claro, a preocupação com o erro grosseiro e a má-fé. Mas não pode haver dúvida: não se identificando hipótese de erro grosseiro, fica autorizado o princípio da fungibilidade recursal, que o Código não repele, expressamente, enquanto a doutrina e a jurisprudência o aceitam".

[56] TEIXEIRA, Guilherme Freire de Barros. **Teoria do princípio da fungibilidade**. São Paulo: Revista dos Tribunais, 2008. p. 295. Aduz: "Na aplicação do princípio da fungibilidade, o órgão judicial desempenha um papel de relevo, devendo voltar sua atuação para a busca da melhoria da prestação jurisdicional, com a consciência de que deve ser extraído o máximo de resultados práticos do processo. Por isso, deve ser superada a visão do juiz neutro, ganhando destaque a concepção que preconiza o aumento dos poderes do órgão judicial na avaliação da finalidade do ato processual e na condução do processo, e que utiliza seus poderes-deveres sem ficar relegado ao papel de mero expectador da atividade das partes, devendo, ao contrário, atuar ativamente na busca da verdade e do esclarecimento dos fatos".

[57] AMENDOEIRA JR., Sidnei. **Fungibilidade de meios**. São Paulo: Atlas, 2008. p. 13. "Em nosso entendimento, tal princípio pode e deve ser aplicado de forma muito mais ampla, de modo a alcançar sua verdadeira natureza, a de servir como mecanismo eficiente e seguro para a instrumentalidade do processo e a economia processual, permitindo que, em diversas outras situações, possa ser entregue uma tutela jurisdicional efetiva, tempestiva e justa".

Com esse entendimento, o papel assumido pela ADPF passa de subsidiário para principal, o que proporciona que a normatividade dela transcenda seu campo de abrangência, podendo incidir as regras de seu procedimento em todo o controle de constitucionalidade de leis realizado pelo Supremo Tribunal Federal. A importância da ação está expressamente colocada por André Ramos Tavares[58], o qual defende que, sempre que existir ofensa a preceito fundamental que, como conceituou anteriormente, abarca a obediência a princípios e regras constitucionais, é de ser utilizada a via da Arguição quando se estiver falando das ações do controle abstrato de constitucionalidade das leis, chegando a afirmar que o objeto da ação genérica estaria absorvido pela própria Arguição[59].

Diante disso, inegável a reflexão de que as regras garantidoras de maiores direitos aos cidadãos, de maior efetividade da Constituição e de maior dotação das questões relacionadas à eficácia dos direitos fundamentais[60] sob a matriz da dignidade da pessoa humana[61] devem ser migradas de uma ação para outra, encontrando moradia o art. 10 da Lei n. 9.882/1999 em todo controle de constitucionalidade, inclusive no Recurso Extraordinário, com repercussão geral pelo contorno abstrato que hoje lhe é inerente.

Contudo, hoje já não mais há necessidade de se realizar tamanha engenharia interpretativa para se defender que a regra que garante medidas do tipo estruturante no art. 10 da ADPF possa ser uma realidade para as ações da Lei n. 9.868/1999 e, a partir da objetivação do controle difuso para essa via também pois, com o advento da Lei n. 13.300/2016 e seu art.

[58] TAVARES, André Ramos. **Curso de direito constitucional**. 8. ed. São Paulo: Saraiva, 2010. p. 312. Refere: "A hermenêutica mais engajada com o nível de abertura proposto pela Constituição e a busca por uma tutela efetiva da supremacia constitucional permitem a leitura de que sempre, *absolutamente sempre*, que houver violação de preceito constitucional fundamental, a medida de controle abstrato-concentrado deva ser a ADPF".

[59] TAVARES, André Ramos. **Curso de direito constitucional**. 8. ed. São Paulo: Saraiva, 2010. p. 313. Aduz: "Dessa forma, no que respeita aos *preceitos constitucionais fundamentais*, o objeto da ação genérica teria sido total e exclusivamente absorvido pela arguição. Em outras palavras, atos normativos (leis em especial) violadores de norma constitucional fundamental haveriam de sofrer a reprimenda cabível por meio da provocação pela ADPF, e não mais pela ADI" [grifos do autor].

[60] Aqui imperiosa a leitura de: SARLET, Ingo Wolfgang. **A eficácia dos direitos fundamentais**: uma teoria geral dos direitos fundamentais na perspectiva constitucional. 13. ed. Porto Alegre: Livraria do Advogado, 2018.

[61] Sobre o tema: SARLET, Ingo Wolfgang. **Dignidade da pessoa humana e direitos fundamentais na Constituição Federal de 1988**. 8. ed. Porto Alegre: Livraria do Advogado, 2010.

8º, inciso II, a possibilidade de medidas do tipo estruturante também passam a ser uma realidade do controle difuso de constitucionalidade, como se passa a demostrar.

2. O Art. 8º, Inciso II, da Lei N. 13.300/2016

A história do Mandado de Injunção[62] no Brasil está intimamente relacionada a sua inefetividade e desrespeito. Mesmo com sua proteção constitucional[63] e fazendo parte do rol de ações constitucionais da via do controle difuso[64]de constitucionalidade ou concreto, nomenclatura preferida por Fábio Lima Quintas[65], o *writ* padecia de uma identidade nos julgamentos proferidos pelo Supremo Tribunal Federal que, utilizando-se de um modelo mais *self restraint*, inicialmente decidia apenas sobre a mora do

[62] Sobre o conceito, recomenda-se: OLIVEIRA, Francisco Antonio de. **Mandado de injunção**: da inconstitucionalidade por omissão, enfoques trabalhistas, jurisprudência. 2. ed. São Paulo: Revista dos Tribunais, 2004. p. 26-27.

[63] "Art. 5º Todos são iguais perante a lei, sem distinção de qualquer natureza, garantindo--se aos brasileiros e aos estrangeiros residentes no País a inviolabilidade do direito à vida, à liberdade, à igualdade, à segurança e à propriedade, nos termos seguintes: [...]; LXXI – conceder-se-á mandado de injunção sempre que a falta de norma regulamentadora torne inviável o exercício dos direitos e liberdades constitucionais e das prerrogativas inerentes à nacionalidade, à soberania e à cidadania."

[64] Como refere: AGRA, Walber de Moura. **Aspectos controvertidos do controle de constitucionalidade.** Salvador: Juspodivm, 2008. p. 61. Refere: "Com relação aos outros remédios constitucionais, como o mandando de injunção, habeas corpus, habeas data, ação popular, todos eles podem ser utilizados no controle difuso de constitucionalidade, pugnando, de maneira direta, pela defesa de direitos subjetivos, sendo o pedido de declaração de inconstitucionalidade fundamento do mérito tencionado nesses writs constitucionais"; CUNHA JÚNIOR, Dirley da. **Controle de constitucionalidade**: teoria e prática. 5. ed. Salvador: Juspodivm, 2011. p. 134. Escreve: "O mandado de injunção, consoante sua clara definição constitucional, constitui ação especial de controle concreto ou incidental de constitucionalidade das omissões do Poder Público, quando a inércia estatal inviabiliza o desfrute de algum direito fundamental"; na mesma linha: FONTELES, Samuel Sales. **Remédios constitucionais.** 4. ed. Salvador: Juspodivm, 2019. p. 119.

[65] QUINTAS, Fábio Lima. **Mandado de injunção no Supremo Tribunal Federal**: de acordo com a Lei 13.300, de 23 de junho de 2016. São Paulo: Saraiva, 2016. p. 332. Escreve: "O mandado de injunção tem natureza dúplice: de ação constitucional de defesa do cidadão e de instrumento para o exercício da jurisdição constitucional do Supremo Tribunal Federal. Constitui, portanto, uma ação de controle de constitucionalidade concreto, concentrado e para defender situações subjetivas, conferindo ao cidadão legitimidade para provocar a jurisdição constitucional do Supremo Tribunal Federal em razão de omissões legislativas inconstitucionais".

legislativo frente ao comando inexistente questionado. A função, então meramente declaratória do atraso, não produzia qualquer benefício ao exercício do direito do qual padecia de regulamentação, posição essa que praticamente colocava a garantia processual em limbo existencial.

Num segundo momento, a Corte, identificando que seus julgados eram transformados em letra morta pelo Poder Legislativo, para além de decretar a mora, identificava no julgamento o prazo para a criação do texto, o que, de igual maneira, acabava sendo descumprido e, com isso, a vida das pessoas continuava a carecer de um regramento que concedesse a viabilidade da defesa de seus direitos e garantias constitucionalmente asseguradas.

Numa terceira tentativa de revolução em sua jurisprudência, o Tribunal, nos julgamentos dos Mandados de Injunção nºs. 670, 708 e 712, acabou por fazer história, adotando uma prática mais proativa no modo de decidir a partir do polêmico julgamento do caso da greve dos servidores públicos, quando alinhou o seu exercício, no que coubesse, à Lei Geral de Greve prevista pela legislação n. 7.783/1989. No caso em questão, em especial o de n.708, impetrado pelo Sindicato dos Trabalhadores em Educação do Município de João Pessoa (Sintem), em face do Congresso Nacional, contestando a ausência de lei que regulamentasse o exercício do direito de greve previsto no art. 37, inciso VII[66], da Constituição Federal, tendo sido julgado pelo Tribunal Pleno em 25.10.2007, sob a relatoria do ministro Gilmar Ferreira Mendes. Outros dois Mandados de Injunção (n. 670 e 712), também impetrados com esse fim, pelos Sindicatos dos Servidores Policiais Civis do Espírito Santo (Sindpol) e pelo Sindicato dos Trabalhadores do Poder Judiciário do Pará (Sinjep), merecem a referência.

Note-se que autores como Gregório Assagra de Almeida[67], nos anos 60, quando estava em pauta o julgamento desses mandados de injunção, o Supremo Tribunal Federal, renovando os olhares sobre a ação, já estava por atribuir duras críticas à Corte, que adotava postura demasiadamente tímida e frustrante, praticamente clamando por uma eficácia decisional

[66] "Art. 37. A administração pública direta e indireta de qualquer dos Poderes da União, dos Estados, do Distrito Federal e dos Municípios obedecerá aos princípios de legalidade, impessoalidade, moralidade, publicidade e eficiência e, também, ao seguinte: [...]; VII – o direito de greve será exercido nos termos e nos limites definidos em lei específica."

[67] ALMEIDA, Gregório Assagra de. **Manual das ações constitucionais**. Belo Horizonte: Del Rey, 2007. págs. 624-625.

além da meramente declaratória, o que aparenta ter sido ouvido, finalmente, com a mudança de orientação do Tribunal.

Com a jurisprudência do Supremo Tribunal Federal caminhando nesse sentido, e na ausência de uma lei federal que regulasse a ação constitucional que dependia de uma imersão na Lei do Mandado de Segurança para sua procedimentalização, conforme explicado por Gilmar Ferreira Mendes[68], continuando a ser lei subsidiária conforme previsão do art. 14[69], assim como o Código de Processo Civil brasileiro, já era momento de o legislativo enfrentar a questão, o que o fez com a promulgação da Lei n. 12.300/2016[70], que disciplina o processo e o julgamento dos Mandados de Injunção Individual e Coletivo e dá outras providências.

Para fins de algumas considerações que se quer realizar nesse estudo, o que importa nesse momento é a previsão contida no art. 8º da Lei que atribui ao Poder Judiciário a possibilidade de, em decretando a mora legislativa, conceder prazo razoável para editar a norma regulamentadora, prazo que pode ser desconsiderado pela previsão do parágrafo único e, caso reconhecido o atraso (mora) na produção do enunciado após o esgotamento daquele lapso de tempo determinado, poderá a Corte estabelecer as condições em que se dará o exercício do respectivo direito, liberdade ou prerrogativa que se está buscando. Nas palavras de Fábio Lima Quintas[71], uma

[68] MENDES, Gilmar Ferreira. **Jurisdição constitucional**: o controle abstrato de normas no Brasil e na Alemanha. 5. ed. São Paulo: Saraiva, 2005. p. 377. Essa construção permitiu ao Tribunal afirmar a imediata aplicação do mandado de injunção, independentemente da edição das normas processuais específicas. A natureza jurídica semelhante do mandado de injunção e do mandado de segurança, enquanto ações destinadas a abrigar os agentes públicos a empreenderem determinadas providências, autorizava, segundo o Tribunal que, na ausência de regras processuais próprias, fossem aplicadas aquelas pertinentes ao mandado de segurança.

[69] "Art. 14. Aplicam-se, subsidiariamente ao mandado de injunção, as normas do mandado de segurança, disciplinado pela Lei nº 12.016, de 7 de agosto de 2009 , e do Código de Processo Civil, instituído pela Lei nº 5.869, de 11 de janeiro de 1973 , e pela Lei nº 13.105, de 16 de março de 2015 , observado o disposto em seus arts. 1.045 e 1.046."

[70] BRASIL. **Lei nº 13.300, de 23 de junho de 2016**. Disciplina o processo e o julgamento dos mandados de injunção individual e coletivo e dá outras providências. Disponível em: http://www.planalto.gov.br/ccivil_03/_Ato2015-2018/2016/Lei/L13300.htm. Acesso em: 29 out. 2019.

[71] QUINTAS, Fábio Lima. **Mandado de injunção no Supremo Tribunal Federal**: de acordo com a Lei 13.300, de 23 de junho de 2016. São Paulo: Saraiva, 2016. P. 223. Defende: "No que concerne à natureza do provimento judicial em mandado de injunção e aos requisitos para sua concessão, a nova Lei tem o mérito de oferecer alguma sistematização, conquanto o faça

vez reconhedida a mora, o Tribunal está investido de poder de estabelecer condições para o efetivo exercício do direito omitido.

A complementar o art. 8º[72] no que toca ao alcance da decisão, pode-se citar ainda o art. 9º[73], que faz menção à produção de eficácia *inter partes*, podendo ser conferido efeitos *ultra partes* ou *erga omnes* quando isso restar indispensável ao exercício do direito, liberdade ou prerrogativa que se queira exercer a partir do *writ*, assim como o faz o art. 13[74], que trata da eficácia nos Mandados de Injunção Coletivos e sua limitação às pessoas integrantes da coletividade, do grupo, da classe ou da categoria, determinando, quando for o caso, a prerrogativa dos efeitos *ultra partes* e *erga omnes* previstos no art. 9º

Conclusões

A Arguição de Descumprimento de Preceito Fundamental faz parte do controle abstrato de constitucionalidade das leis, ao passo que o Mandado de Injunção compõe o controle difuso, sendo ambas ações previs-

de forma minimalista: i) a concessão do writ demanda não apenas omissão inconstitucional, mas o reconhecimento de mora legislativa (art. 8º); ii) o provimento se volta, em princípio, para determinar que o impetrado promova a edição da norma regulamentadora, investindo o Tribunal do poder de estabelecer as condições necessárias para o exercício dos direitos cuja fruição foi obstada pela omissão legislativa inconstitucional, caso a mora não seja purgada (art. 8º)".

[72] "Art. 8º Reconhecido o estado de mora legislativa, será deferida a injunção para: I – determinar prazo razoável para que o impetrado promova a edição da norma regulamentadora; II – estabelecer as condições em que se dará o exercício dos direitos, das liberdades ou das prerrogativas reclamados ou, se for o caso, as condições em que poderá o interessado promover ação própria visando a exercê-los, caso não seja suprida a mora legislativa no prazo determinado. Parágrafo único. Será dispensada a determinação a que se refere o inciso I do **caput** quando comprovado que o impetrado deixou de atender, em mandado de injunção anterior, ao prazo estabelecido para a edição da norma" [grifos nossos].

[73] "Art. 9º A decisão terá eficácia subjetiva limitada às partes e produzirá efeitos até o advento da norma regulamentadora. § 1º Poderá ser conferida eficácia **ultra partes** ou **erga omnes** à decisão, quando isso for inerente ou indispensável ao exercício do direito, da liberdade ou da prerrogativa objeto da impetração. § 2º Transitada em julgado a decisão, seus efeitos poderão ser estendidos aos casos análogos por decisão monocrática do relator. § 3º O indeferimento do pedido por insuficiência de prova não impede a renovação da impetração fundada em outros elementos probatórios."

[74] "Art. 13. No mandado de injunção coletivo, a sentença fará coisa julgada limitadamente às pessoas integrantes da coletividade, do grupo, da classe ou da categoria substituídos pelo impetrante, sem prejuízo do disposto nos §§ 1º e 2º do art. 9º"

tas na Constituição Federal e com legislações infraconstitucionais lhes concedendo substrato procedimental. Não se precisa, nesse momento, pensar na teoria da objetivação do controle difuso para se chegar a uma consideração bastante plausível, baseando-se somente na leitura e interpretação de ambas legislações federais, qual seja, a de que ambas as ações têm previsões bastante semelhantes no que se refere à forma das condições de exercício dos direitos conferidos normativamente por cada uma das leis.

A Lei n. 9.882/1999, que regula a Arguição de Descumprimento por Preceito Fundamental, em seu art. 10, anuncia que devem ser fixadas as condições de interpretação para o exercício dos preceitos fundamentais violados, sendo que, na Lei 13.300/2016, que regulamenta o Mandado de Injunção, a fixação das condições a partir da mora legislativa são também atribuição do Poder Judiciário para o exercício dos direitos, das liberdades ou das prerrogativas reclamados pelo *writ* impetrado.

Controle difuso e controle concentrado de constitucionalidade das leis com previsões bastante similares sobre a fixação de condições pelo Poder Judiciário de concretização de direitos assegurados pela Constituição Federal, dão conta, cada qual em seu meio de controle, de irradiar os efeitos da sua própria Lei às demais ações, quer do controle difuso, quer do controle abstrato, em sede de aplicação subsidiária e suplementar das estudadas legislações.

Diante disso, obviamente respeitando uma gama considerada de situações, é de ser aventada a possibilidade de, nessas condições a serem fixadas, estarem presentes medidas ou técnicas do tipo estruturante, a partir de decisões proferidas em processos estruturais, viabilizando, assim, que os preceitos fundamentais e o exercício legítimo de outros direitos constitucionalmente assegurados não restem prejudicados pela inércia dos demais poderes existentes.

Referências

AGRA, Walber de Moura. **Aspectos controvertidos do controle de constitucionalidade**. Salvador: Juspodivm, 2008.

ALMEIDA, Gregório Assagra de. **Manual das ações constitucionais**. Belo Horizonte: DelRey, 2007.

AMENDOEIRA JR., Sidnei. **Fungibilidade de meios**. São Paulo: Atlas, 2008.

AKAOUI, Fernando Reverendo Vidal. **Jurisdição constitucional e a tutela dos direitos metaindividuais**. São Paulo: Verbatim, 2009.

ARENHART, Sérgio Cruz; OSNA, Gustavo; JOBIM, Marco Félix. **Curso de processo estrutural**. São Paulo: Revista dos Tribunais, 2021.

ÁVILA, Humberto. **Constituição, liberdade e interpretação**. São Paulo: Malheiros, 2019.

BRASIL. **Decreto-lei n. 1.608, de 18 de setembro de 1939**. Código de Processo Civil. Disponível em: http://www.planalto.gov.br/ccivil_03/decreto-lei/1937-1946/Del1608.htm. Acesso em: 29 out. 2019.

BRASIL. **Lei n. 9.868, de 10 de novembro de 1999**.Dispõe sobre o processo e julgamento da ação direta de inconstitucionalidade e da ação declaratória de constitucionalidade perante o Supremo Tribunal Federal.Disponível em: http://www.planalto.gov.br/ccivil_03/LEIS/L9868.htm.Acesso em: 26 out. 2019.

BRASIL. **Lei n. 9.882, de 3 de dezembro de 1999**. Dispõe sobre o processo e julgamento da argüição de descumprimento de preceito fundamental, nos termos do § 1o do art. 102 da Constituição Federal.Disponível em: http://www.planalto.gov.br/ccivil_03/leis/l9882.htm.Acesso em: 26 out. 2019.

BRASIL. **Lei nº 13.300, de 23 de junho de 2016**.Disciplina o processo e o julgamento dos mandados de injunção individual e coletivo e dá outras providências. Disponível em: http://www.planalto.gov.br/ccivil_03/_Ato2015-2018/2016/Lei/L13300.htm.Acesso em: 29 out. 2019.

BRASIL. Supremo Tribunal Federal. **Ação Direta de Inconstitucionalidade 4.180/DF**.Relator:Min. Cezar Peluso. Disponível em: http://www.stf.jus.br/portal/jurisprudencia/listarJurisprudencia.asp?s1=%28ADI%24%2ESCLA%2E+E+4180%2ENUME%2E%29+OU+%28ADI%2EACMS%2E+ADJ2+4180%2EACMS%2E%29&base=baseAcordaos. Acesso em: 29 out. 2019.

BRASIL. Supremo Tribunal Federal. **Arguição de Descumprimento de Preceito Fundamental n. 3**.Relator:Min. Sydney Sanches. Disponível em: http://www.stf.jus.br/portal/jurisprudencia/listarJurisprudencia.asp?s1=%28ADPF%24%2ESCLA%2E+E+3%2ENUME%2E%29+OU+%28ADPF%2EACMS%2E+ADJ2+3%2EACMS%2E%29&base=baseAcordaos. Acesso em: 29 out. 2019.

BRASIL. Supremo Tribunal Federal. **Arguição de Descumprimento de Preceito Fundamental n. 12**. Relator:Min. Ilmar Galvão. Disponível em: http://www.stf.jus.br/portal/jurisprudencia/listarJurisprudencia.asp?s1=%28ADPF%24%2ESCLA%2E+E+12%2ENUME%2E%29&base=baseMonocraticas. Acesso em: 29 out. 2019.

BRASIL. Supremo Tribunal Federal. **Arguição de Descumprimento de Preceito Fundamental n. 72/PA**.Relatora:Min. Ellen Gracie. Disponível em: http://www.stf.jus.br/portal/jurisprudencia/listarJurisprudencia.asp?s1=%28ADPF%24%2ESCLA%2E+E+72%2ENUME%2E%29+OU+%28ADPF%2EACMS%2E+ADJ2+72%2EACMS%2E%29&base=baseAcordaos. Acesso em: 29 out. 2019.

BRASIL. Supremo Tribunal Federal. **Arguição de Descumprimento de Preceito Fundamental n. 178**.Relator:Min. Gilmar Ferreira Mendes. Disponível em: http://www.stf.jus.br/portal/jurisprudencia/listarJurisprudencia.asp?s1=%28ADPF%24%2ESCLA%2E+E+178%2ENUME%2E%29&base=baseMonocraticas. Acesso em: 29 out. 2019.

BROOCKE, Bianca M. Schneider Van Der. *Litígios estruturais, estado de coisas inconstitucional e gestão democrática do processo*: um papel transformador para o controle judicial de políticas públicas. Londrina, PR: Thoth, 2021.

CHAI, Cássius Guimarães. **Descumprimento de preceito fundamental**: identidade constitucional e vetos à democracia. Belo Horizonte: Mandamentos, 2004.

CLÉVE, Clèmerson Merlin; SCHIER, Paulo Ricardo; LORENZETTO, Bruno Meneses (coords.). **Jurisdição constitucional em perspectiva**: estudos em comemoração aos 20 anos da Lei 9.868/1999. São Paulo: Revista dos Tribunais, 2020.

COTA, Samuel Paiva. **Do pedido e da participação**: proposições para o desenvolvimento de uma teoria acerca dos processos estruturais. Belo Horizonte: D'Plácido, 2019.

COELHO, Gláucia Mara. **Repercussão geral**: da questão constitucional no processo civil brasileiro. São Paulo: Atlas, 2009.

CONDIÇÃO. *In:* HOUAISS, Antônio; VILLAR, Mauro de Salles. **Dicionário Houaiss da língua portuguesa**. 1. reimpr. Rio de Janeiro: Objetiva, 2004.

CRUZ, Gabriel Dias Marques da. **Arguição de descumprimento de preceito fundamental**: lineamentos básicos e revisão crítica no direito constitucional brasileiro. São Paulo: Malheiros, 2011.

CUNHA JÚNIOR, Dirley da. **Controle de constitucionalidade**: teoria e prática. 5. ed. Salvador: Juspodivm, 2011.

DANTAS, Eduardo Souza. **Ações estruturais e estado de coisas inconstitucional**: a tutela de direitos fundamentais em casos de graves violações do Poder Público. Curitiba: Juruá, 2018.

DIDIER JR., Fredie. O recurso extraordinário e a transformação do controle difuso de constitucionalidade no direito brasileiro. *In:* CAMARGO, Marcelo Novelino (Org.). **Leituras complementares de constitucional**: controle de constitucionalidade. Salvador: Juspodivm, 2007.

DUARTE, Verônica Rangel. **Processo estrutural no conflito ambiental**: ferramentas para a implementação da tutela específica. Rio de Janeiro: Lumen Juris, 2021.

DUTRA, Carlos Roberto de Alckmin. **Controle abstrato de constitucionalidade**: análise dos princípios processuais aplicáveis. São Paulo: Saraiva, 2012.

FALCÃO, Joaquim. **O Supremo**: compreenda o poder, as razões e as consequências das decisões da mais alta Corte do Judiciário do País. Rio de Janeiro: Edições de Janeiro, Fundação Getúlio Vargas, 2015.

FONTELES, Samuel Sales. **Remédios constitucionais**. 4. ed. Salvador: Juspodivm, 2019.

GALDINO, Matheus Souza. **Processos estruturais:** identificação, funcionamento e finalidade. Salvador: JusPodivm, 2020.

GISMONI, Rodrigo. **Processo civil de interesse público & medidas estruturantes**. Curitiba: Juruá, 2017.

GOMES, Frederico Barbosa. **Arguição de descumprimento de preceito fundamental**: uma visão crítica. Belo Horizonte: Fórum, 2008.

GUASTINI, Riccardo. **Das fontes às normas**. Tradução de Edson Bini. São Paulo: QuartierLatin, 2005

GUERRA FILHO, Willis Santiago. **Processo constitucional e direitos fundamentais**. 5. ed. São Paulo: RCS, 2007.

JOBIM, Marco Félix. **Medidas estruturantes**: da Suprema Corte Estadunidense ao Supremo Tribunal Federal. Porto Alegre: Livraria do Advogado, 2013.

JOBIM, Marco Félix. **Medidas estruturantes na jurisdição constitucional**: da Suprema Corte Estadunidense ao Supremo Tribunal Federal. 2. ed. Porto Alegre: Livraria do Advogado, 2021.

LIRA, Adriana Costa. **O processo coletivo estrutural**: mecanismo de combate ao estado de coisas inconstitucional. Belo Horizonte: D'Plácido, 2019.

MACIEL, Omar Serva. **Princípio de subsidiariedade e jurisdição constitucional**. Belo Horizonte: Mandamentos, 2004.

MARÇAL, Felipe Barreto. **Processos estruturantes**. Salvador: JusPodvim, 2021.

MARINONI, Luiz Guilherme. **Teoria geral do processo**. 4. ed. São Paulo: Revista dos Tribunais, 2010.

MARINONI, Luiz Guilherme; MITIDIERO, Daniel. **Recurso extraordinário e recurso especial**: do jus litigatoris ao jus constitutionis. São Paulo: Revista dos Tribunais, 2019.

MAZZUOLI, Valerio de Oliveira. **O controle jurisdicional da convencionalidade das leis**. São Paulo: Revista dos Tribunais, 2009, v. 4.

MEDEIROS JÚNIOR, Leonardo. **Processo estrutural consequencialista**: a intervenção judicial em políticas públicas. Rio de Janeiro: Lumen Juris, 2018.

MENDES, Gilmar Ferreira. **Arguição de descumprimento de preceito fundamental**. 2. ed. São Paulo: Saraiva, 2011.

MENDES, Gilmar Ferreira. **Jurisdição constitucional**: o controle abstrato de normas no Brasil e na Alemanha. 5. ed. São Paulo: Saraiva, 2005.

MORAES, Humberto Peña. Argüição de descumprimento de preceito fundamental. Lineamentos sobre o tema. *In:* QUEIROZ, Raphael Augusto Sofiati de. Acesso em: **à justiça**. Rio de Janeiro: Lumen Juris, 2002.

MORAIS, Dalton Santos. **Controle de constitucionalidade**: exposições críticas à luz da jurisprudência do Supremo Tribunal Federal. Salvador: Juspodivm, 2010.

MORAIS, Poliana Correa. **Medidas estruturantes no Supremo Tribunal Federal**. Florianópolis: Emais, 2018.

NOBRE JÚNIOR, Edilson Pereira. **Direitos fundamentais e argüição de descumprimento de preceito fundamental**. Porto Alegre: Sergio Antonio Fabris, 2004.

NOGUEIRA, Daniel Moura. O recurso extraordinário como função de controle difuso de constitucionalidade. *In:* MARINONI, Luiz Guilherme; SARLET, Ingo Wolfgang (Coord.); PESSOA, Paula; CREMONESE, Cleverton (Org.). **Processo constitucional**. São Paulo: Revista dos Tribunais, 2019, p. 717-754.

NUNES, Dierle *et al.***Curso de direito processual civil**: fundamentação e aplicação. Belo Horizonte: Fórum, 2012.

OLIVEIRA, Francisco Antonio de. **Mandado de injunção**: da inconstitucionalidade por omissão, enfoques trabalhistas, jurisprudência. 2. ed. São Paulo: Revista dos Tribunais, 2004.

PAGANELLA, Marco Aurélio. **A argüição de descumprimento de preceito fundamental no contexto do controle de constitucionalidade**. São Paulo: LTr, 2004.

PAULA, Felipe Duarte Gonçalves Ventura de. A argüição de descumprimento de preceito fundamental. *In:* VOJVODIC, Adriana *et al.* (Org.). **Jurisdição constitucional no Brasil**. São Paulo: Malheiros, 2012.

PEDRON, Flavio Quinaud; FARIA, Guilherme Henrique Lage. Repercussão geral em recursos especiais é aposta em mecanismo fracassado.**Revista Consultor Jurídico**, 3 jun.

2018, 16h30.Disponível em: https://www.conjur.com.br/2018-jun-03/opiniao-repercussao-geral-resp-aposta-mecanismo-fracassado. Acesso em: 25 out. 2019.

PINHO, Humberto Dalla Bernardina de. **Direito processual civil contemporâneo**: teoria geral do processo. 4. ed. São Paulo: Saraiva, 2012. V. 2.

PINTO, Henrique Alves. **O enquadramento das decisões estruturais no Código de Processo Civil de 2015**. Rio de Janeiro: Lumen Juris, 2018.

PORFIRO, Camila Almeida. **Litígios estruturais**: legitimidade democrática, procedimento e efetividade. Rio de Janeiro: Lumen Juris, 2018.

PORTANOVA, Rui. **Princípios do processo civil**. 6. ed. Porto Alegre: Livraria do Advogado, 2005.

QUINTAS, Fábio Lima. **Mandado de injunção no Supremo Tribunal Federal**: de acordo com a Lei 13.300, de 23 de junho de 2016. São Paulo: Saraiva, 2016.

RAMOS, Elival da Silva. **Controle de constitucionalidade no Brasil**: perspectivas de evolução. São Paulo: Saraiva, 2010.

RECONDO, Filipe; WEBER, Luiz. **Os onze**: O STF, seus bastidores e suas crises. São Paulo: Companhia das Letras, 2019.

SARLET, Ingo Wolfgang. **A eficácia dos direitos fundamentais**: uma teoria geral dos direitos fundamentais na perspectiva constitucional. 13. ed. Porto Alegre: Livraria do Advogado, 2018.

SARLET, Ingo Wolfgang. **Dignidade da pessoa humana e direitos fundamentais na Constituição Federal de 1988**. 8. ed. Porto Alegre: Livraria do Advogado, 2010.

SARLET, Ingo Wolfgang. Direitos fundamentais sociais e o mínimo existencial. *In:* ARENHART, Sérgio Cruz; JOBIM, Marco Félix (Coord.). **Processos estruturais**. 2. ed. Salvador: Juspodivm, 2019, p. 469-499.

TAVARES, André Ramos. **Curso de direito constitucional**. 8. ed. São Paulo: Saraiva, 2010.

TAVARES, André Ramos. **Manual do Poder Judiciário brasileiro**. São Paulo: Saraiva, 2012.

TAVARES, André Ramos. **Reforma do Poder Judiciário no Brasil pós-88**: (des)estruturando a justiça: comentários completos à Emenda Constitucional n. 45/04. São Paulo: Saraiva, 2005.

TAVARES, André Ramos. **Tratado da arguição de preceito fundamental**: Lei n. 9.868/99 e Lei n. 9.882/99. São Paulo: Saraiva, 2001.

TEIXEIRA, Guilherme Freire de Barros. **Teoria do princípio da fungibilidade**. São Paulo: Revista dos Tribunais, 2008.

VASCONCELOS, Rita de Cássia Corrêa. **Princípio da fungibilidade**: hipóteses de incidência no processo civil brasileiro contemporâneo. São Paulo: Revista dos Tribunais, 2007.

VIOLIN, Jordão. **Protagonismo judiciário e processo coletivo estrutural**: o controle jurisdicional de decisões políticas. Salvador: Juspodivm, 2013.

VITORELLI, Edilson. **O devido processo legal coletivo**: dos direitos aos litígios coletivos. São Paulo: Revista dos Tribunais, 2016.

ZAVASCKI, Teori Albino. **Eficácia das sentenças na jurisdição constitucional**. 2. ed. São Paulo: Revista dos Tribunais, 2012.

7
DA RESTRIÇÃO AO CONCRETISMO: A JURISPRUDÊNCIA DO SUPREMO TRIBUNAL FEDERAL EM MANDADOS DE INJUNÇÃO

João Paulo Bachur
Sofia de Medeiros Vergara

Introdução

O presente artigo busca sistematizar a evolução da jurisprudência do Supremo Tribunal Federal (STF) sobre o mandado de injunção, identificando o sentido geral da evolução e as tendências. Para tanto, o artigo irá discorrer sobre as principais teorias acerca dos efeitos do mandado de injunção, passando para uma análise evolutiva da jurisprudência do STF e os diferentes posicionamentos que a Corte adotou sobre o tema durante a história. A análise partirá da posição mais restrita adotada na Questão de Ordem do Mandado de Injunção nº 107, perpassando pela virada de jurisprudência que se observou em meados de 2007 e culminando nas decisões mais recentes que trouxeram novamente ao debate a importância da atuação do poder judiciário para suprir a omissão legislativa.

Pretende-se, igualmente, apurar os aspectos de direito processual e material relevantes do julgamento de mandados de injunção. Para tal, foram utilizados os dados públicos constantes da aba de estatísticas do sítio eletrônico do STF, bem como a devida complementação de informações processuais a partir da aba de consulta processual. Levando em consideração o grande número de mandados de injunção julgados na base de dados do STF, optou-se por delimitar o escopo de pesquisa ao ano de 2019, buscando ao mesmo tempo apurar dados recentes e evitar possíveis distorções causadas pela situação de pandemia de Covid-19. A partir da metodologia proposta, obteve-se uma base de dados composta por 436 (quatrocentos e trinta e seis) decisões em sede de mandados de injunção. Assim, a pesquisa foi pautada na análise empírica de jurisprudência e na interpretação de dados a partir de abordagem indutiva.

O artigo está estruturado em três seções principais: (i) a primeira apresentará a teoria geral do mandado de injunção, conceito, objeto, efeitos, bem como as discussões doutrinárias relevantes que vêm sendo travadas na área; (ii) a segunda tratará da análise dos *leading cases* julgados pelo STF, evidenciando o que mudou no posicionamento da Corte desde que esse remédio constitucional foi previsto na Constituição Federal de 1988; e (iii) por fim, será analisado o processo de julgamento dos mandados de injunção, buscando-se apontar possíveis tendências de julgamento.

1. A eficácia da decisão no mandado de injunção

O art. 5º, LXXI, da Constituição Federal, previu a concessão do mandado de injunção sempre que a falta de norma regulamentadora tornar inviável o exercício dos direitos e liberdades constitucionais e das prerrogativas inerentes à nacionalidade, à soberania e à cidadania[1]. O mandado de injunção tem, portanto, função de viabilizar o exercício de direitos, liberdades e prerrogativas diretamente outorgados pela Constituição, a fim de impedir que a inércia do legislador frustre a eficácia de situações subjetivas de vantagem reconhecidas pelo texto constitucional. Nas palavras do Ministro Marco Aurélio, trata-se de "*remédio criado para sanar um problema comum na quadra vivida: a inefetividade constitucional decorrente da inação legislativa*" (STF, 2019i).

Em contraposição ao controle constitucional abstrato da omissão que é feito por meio de Ação Direta de Inconstitucionalidade por Omissão (ADO) nos termos do art. 103, § 2º da Constituição Federal, o mandado de injunção é designado, fundamentalmente, à defesa de direitos individuais contra a omissão do ente infringente. Trata de "writ" constitucional que pode ser impetrado por qualquer pessoa, física ou jurídica, titular de um direito constitucionalmente assegurado, cujo exercício esteja inviabili-

[1] Art. 5º LXXI. Conceder-se-á mandado de injunção sempre que a falta de norma regulamentadora torne inviável o exercício dos direitos e liberdades constitucionais e das prerrogativas inerentes à nacionalidade, à soberania e à cidadania;

zado pela carência (ou insuficiência, no caso de omissão parcial) da norma regulamentadora (MENDES; BRANCO, 2019).

O objeto do mandado de injunção é controverso na doutrina. Para Manoel Gonçalves Ferreira Filho (1996, p. 276) o writ "*não alcança outros direitos, por exemplo, os inscritos entre os direitos sociais*". Já o doutrinador Lênio Streck (1991, p. 32), em sentido contrário, alega que "*nenhum direito constitucional pode ser excluído da tutela do mandado de injunção, desde que previsto no bojo da Carta, cujo exercício seja obstaculizado pela falta de norma regulamentadora*". A posição adotada do Supremo Tribunal Federal tende ao posicionamento deste último, uma vez que entende que qualquer direito constitucionalmente consagrado, ainda que não fundamental, possa ser garantido através do mandado de injunção (NOVELINO, 2016).

A regulamentação do referido remédio constitucional se deu com a edição da Lei n. 13.300, de 23 de junho de 2016. Tal diploma regulamentou tanto o mandado de injunção individual como o mandado de injunção coletivo. Diferentemente do individual, o mandado de injunção coletivo não pode ser impetrado por qualquer pessoa titular do direito constitucionalmente assegurado, posto que dispõe de um rol de legitimados mais restrito, nos termos do art. 12 da referida legislação:

> I – pelo Ministério Público, quando a tutela requerida for especialmente relevante para a defesa da ordem jurídica, do regime democrático ou dos interesses sociais ou individuais indisponíveis;
>
> II – por partido político com representação no Congresso Nacional, para assegurar o exercício de direitos, liberdades e prerrogativas de seus integrantes ou relacionados com a finalidade partidária;
>
> III – por organização sindical, entidade de classe ou associação legalmente constituída e em funcionamento há pelo menos 1 (um) ano, para assegurar o exercício de direitos, liberdades e prerrogativas em favor da totalidade ou de parte de seus membros ou associados, na forma de seus estatutos e desde que pertinentes a suas finalidades, dispensada, para tanto, autorização especial;
>
> IV – pela Defensoria Pública, quando a tutela requerida for especialmente relevante para a promoção dos direitos humanos e a defesa dos direitos individuais e coletivos dos necessitados, na forma do inciso LXXIV do art. 5º da Constituição Federal

Em relação aos efeitos da decisão de mérito no Mandado de Injunção, não há consenso na doutrina sobre o que seria o mais razoável, de forma que é possível apontar pelo menos duas grandes correntes de pensamento: os concretistas e os não concretistas.

Os não concretistas defendem a ideia de que a função única do mandado de injunção é possibilitar o reconhecimento formal da inércia do Poder Público, notificando o poder competente acerca da necessidade de edição da norma faltante (Villar Filho, 2003). Esse foi o posicionamento por muito tempo adotado pelo Supremo Tribunal Federal, que entendia ser o conteúdo da medida injuncional a integração normativa do preceito fundamental invocado pelo impetrante como prerrogativa que lhe foi outorgada, mas que, primando pela separação dos poderes e reserva legal, não poderia obrigar o legislador ou mesmo criar norma temporária para suprir o vazio regulatório. Críticas a essa corrente decorrem, como explica o Ministro Alexandre de Moraes (2021), do fato de restringir os efeitos do mandado de injunção aos mesmos da Ação Direta de Inconstitucionalidade por Omissão (ADO).

Por sua vez, a corrente concretista entende que "*presentes os requisitos constitucionais exigidos para o mandado de injunção, o Poder Judiciário através de uma decisão constitutiva, declara a existência da omissão administrativa ou legislativa, e implementa o exercício do direito, da liberdade ou da prerrogativa constitucional até que sobrevenha regulamentação do poder competente*" (Moraes, 2021, p. 242).

Essa corrente divide-se ainda em dois subgrupos em relação a eficácia da decisão: a corrente concretista geral, que sustenta que a decisão do poder judiciário deveria ter eficácia *erga omnes*, isto é, extrapolando as partes da relação processual; e a corrente concretista individual, que entende que o poder judiciário poderia sanar a omissão apenas nos casos concretos, restringindo os efeitos ao polo ativo do processo.

Outra subdivisão pode ser ainda apontada em relação a teoria concretista individual, relativa ao momento em que o judiciário poderia suprir o vazio regulatório ou legislativo com determinação própria. Para a corrente concretista individual direta o poder judiciário poderia, imediatamente ao julgar procedente o mandado de injunção, determinar a implementação da eficácia da norma constitucional ao autor. Já para a concretista individual intermediária, o judiciário apenas poderá determinar a implementação da eficácia da norma constitucional no caso de, após reconhecido o direito e determinando ao legislativo ou executivo que realizasse as medidas necessárias para o exercício de direito em prazo determinado, esse tenha novamente incorrido em mora.

Estabilizando os entendimentos quanto aos efeitos do mandado de injunção, o art. 8º da Lei 13.300/2016 estabeleceu o seguinte:

> Art. 8º: Reconhecido o estado de mora legislativa, será deferida a injunção para:
> I – determinar prazo razoável para que o impetrado promova a edição da norma regulamentadora;
> II – estabelecer as condições em que se dará o exercício dos direitos, das liberdades ou das prerrogativas reclamados ou, se for o caso, as condições em que poderá o interessado promover ação própria visando a exercê-los, caso não seja suprida a mora legislativa no prazo determinado.

Observa-se que legislador adotou a teoria concretista intermediária, possibilitando ao judiciário o estabelecimento de prazo para o cumprimento da decisão e suprimento da omissão, bem como permitindo o estabelecimento das condições em que se dará o exercício desses direitos, liberdades ou prerrogativas caso não seja suprida a mora legislativa no prazo estipulado.

Nesse sentido, a normativa estabeleceu que a "decisão terá eficácia subjetiva limitada às partes e produzirá efeitos até o advento da norma regulamentadora" (art. 9º, Lei nº 13.300/2016). Contudo, é possível que a decisão estenda seus efeitos para além das partes diretamente envolvidas na controvérsia judicial, isto é, goze de eficácia ultra partes e erga omnes. Isso poderá se dar quando for inerente ou indispensável ao exercício do direito, da liberdade ou da prerrogativa objeto da impetração (art. 9º, § 1º, Lei nº 13.300/2016) ou por decisão monocrática do relator, quando transitada em julgado a decisão (art. 9º, § 2º, Lei nº 13.300/2016).

A regulamentação dos efeitos da decisão na Lei nº 13.300/2016 traz maior segurança para aquele que busca impetrar a injunção, mas não impediu divergências no âmbito interno do Supremo Tribunal Federal em relação a sua aplicação. Estas serão mais bem analisadas no tópico a seguir:

2. Mandado de injunção e o Supremo Tribunal Federal

2.1. A virada jurisprudencial

Diversas foram as posições defendidas historicamente pelo Supremo Tribunal Federal ao longo dos anos quanto os efeitos da decisão em mandado de injunção. Como sintetizou o Ministro Néri da Silveira, existiam três correntes principais seguidas pela corte, a saber: (i) a majoritária, restringe a atuação do judiciário, uma vez reconhecida a existência de mora do Congresso nacional, à comunicação da existência da omissão para que o Poder Legislativo elabore a lei; (ii) a minoritária, que afirma, uma vez reconhecida a mora do legislativo, a possibilidade de decidir desde logo o pedido do requerente, provendo o direito constitucional previsto; e (iii) a intermediária, que embora privilegie a comunicação do Congresso Nacional acerca da omissão inconstitucional para que tome as providências necessárias, entende que caso o Congresso Nacional não faça a lei no prazo estabelecido na decisão, o Supremo Tribunal Federal poderá tomar conhecimento de reclamação da parte, quanto ao prosseguimento da omissão e dispor a respeito do direito *in concreto* (STF, 1995).

Inicialmente, o STF havia entendido que o mandado de injunção se prestava apenas a declarar a omissão do órgão, entidade ou autoridade competente para a edição da norma, de modo que o Supremo não poderia substituir o legislador ou administrador que haviam se abstido em sua função normatizadora.

Foi justamente esse o entendimento proferido pela corte, ainda no ano de 1989, ao julgar a questão de ordem no MI nº 107. No caso, o Ministro Relator Moreira Alves entendeu que o STF deveria se limitar a declarar a mora do legislador, em observância ao princípio da separação dos poderes:

> Essa solução, acolhida pela Constituição atual, é, sem dúvida alguma, a que se compatibiliza com o sistema constitucional vigente, que deu particular relevo à separação de poderes (art. 2º e 60, §4º, III), que continuou a inserir entre os direitos fundamentais o de que ninguém é obrigado a fazer ou deixar de fazer alguma coisa senão em virtude de lei (art. 5º, II), e que, também, atento ao princípio democrático, estabeleceu um processo legislativo em que o Poder Judiciário só tem iniciativa legislativa nos casos expressos na própria Constituição e com relação à matérias a ele estritamente vinculadas, sendo que as decisões políticas de que afinal resultam os textos legais se subordinam a um sistema de freios e contra-freios de que participam exclusivamente os poderes Legislativo e Executivo, eleitos diretamente pelo povo (MI 107-3 QO/DF. Relator: Min. Moreira Alves. Órgão Julgador: Tribunal Pleno. Julgamento em 23.11.1989)

Nas palavras do Ministro Gilmar Mendes: "o Tribunal entendeu, e assim firmou sua jurisprudência, no sentido de que deveria limitar-se a constatar a inconstitucionalidade da omissão e a determinar que o legislador empreendesse as providências requeridas" (Mendes; Vale; Quintas, 2013, p. 09).

Em 2007, o posicionamento da corte, todavia, sofreu alterações consideráveis a partir de *leading case*, o Mandado de Injunção nº 670/ES, no qual proferiu-se entendimento que dava mais amplitude ao instituto. No mandado, que discutia o direito de greve de servidores públicos, o Ministro Gilmar Mendes determinou que, enquanto não fosse suprida a lacuna legislativa, deveria ser aplicada analogicamente a Lei n. 7.783/89:

> [...] 1.1. No julgamento do MI no 107/DF, Rel. Min. Moreira Alves, DJ 21.9.1990, o Plenário do STF consolidou entendimento que conferiu ao mandado de injunção os seguintes elementos operacionais: i) os direitos constitucionalmente garantidos por meio de mandado de injunção apresentam-se como direitos à expedição de um ato normativo, os quais, via de regra, não poderiam ser diretamente satisfeitos por meio de provimento jurisdicional do STF; ii) a decisão judicial que declara a existência de uma omissão inconstitucional constata, igualmente, a mora do órgão ou poder legiferante, insta-o a editar a norma requerida; iii) a omissão inconstitucional tanto pode referir-se a uma omissão total do legislador quanto a uma omissão parcial; iv) a decisão proferida em sede do controle abstrato de normas acerca da existência, ou não, de omissão é dotada de eficácia erga omnes, e não apresenta diferença significativa em relação a atos decisórios proferidos no contexto de mandado de injunção; iv) o STF possui competência constitucional para, na ação de mandado de injunção, determinar a suspensão de processos administrativos ou judiciais, com o intuito de assegurar ao interessado a possibilidade de ser contemplado por norma mais benéfica, ou que lhe assegure o direito constitucional invocado; v) por fim, esse plexo de poderes institucionais legitima que o STF determine a edição de outras medidas que garantam a posição do impetrante até a oportuna expedição de normas pelo legislador.
>
> 1.2. **Apesar dos avanços proporcionados por essa construção jurisprudencial inicial, o STF flexibilizou a interpretação constitucional primeiramente fixada para conferir uma compreensão mais abrangente à garantia fundamental do mandado de injunção.** A partir de uma série de precedentes, ***o Tribunal passou a admitir soluções "normativas" para a decisão judicial como alternativa legítima de tornar a proteção judicial efetiva (CF, art. 5o, XXXV).*** Precedentes: MI no 283, Rel. Min. Sepúlveda Pertence, DJ 14.11.1991; MI no 232/RJ, Rel. Min. Moreira Alves, DJ 27.3.1992; MI nº 284, Rel. Min. Marco Aurélio, Red. para o acórdão Min. Celso de Mello, DJ 26.6.1992; MI no 543/DF, Rel. Min. Octavio Gallotti, DJ 24.5.2002; MI no 679/DF, Rel. Min. Celso de Mello, DJ 17.12.2002; e MI no 562/DF, Rel. Min. Ellen Gracie, DJ 20.6.2003 [...]

A partir desse momento, o STF parece ter abandonado a corrente não concretista, para reconhecer a possibilidade de o poder judiciário suprir a omissão normativa em caso de mora do legislativo ou da administração. A adoção de uma posição mais expansiva em relação aos poderes do tribunal frente à mora legislativa abriu espaço para que as expectativas dos constituintes quando da promulgação da constituição quase duas décadas antes pudessem tornar realidade (Ribeiro; Arguelhes, 2018).

Recentemente, o julgamento do Mandado de Injunção nº 7300, patrocinado pela Defensoria Pública da União, representou um marco para a concreção dos direitos constitucionalmente previstos através do judiciário. O mandado requeria que fosse suprida a omissão administrativa do Poder Executivo Federal em implementar a renda básica prevista no art. 1º da Lei nº 10.853/2004. Atendendo ao pedido formulado pelo impetrante, o Supremo Tribunal Federal determinou a criação do programa de renda básica de cidadania a partir de 2022. A Corte reconheceu que houve omissão na regulamentação do benefício previsto na Lei 10.835/2004. Pela primeira vez, uma decisão em sede de mandado de injunção determinava ao poder executivo a *execução prática de uma política pública de caráter coletivo*.

Os Ministros concordaram em relação ao reconhecimento da omissão, havendo divergência contudo em relação a fixação ou não do valor a ser pago à título de renda-básica até a regulamentação da norma pelo executivo. Pautando-se pela corrente do concretismo individual direto o Ministro Relator Marco Aurélio ficou vencido em relação ao voto pelo estabelecimento do benefício, prevalecendo o voto-vista do Ministro Gilmar Mendes, que adotando a corrente concretista individual intermediária, deixou para o congresso o cálculo do benefício a ser pago a partir do ano que vem (Recondo, 2021).

2.2. Análise dos julgados

A fim de verificar a aplicação prática dos conceitos aqui discutidos, cumpre perpassar por uma análise mais minuciosa dos precedentes do Supremo Tribunal Federal. Nesse sentido, utilizando-se das informações disponibilizadas no sítio eletrônico do STF, apurou-se que, no ano de 2019, o Supremo Tribunal Federal proferiu 436 (quatrocentos e trinta e seis) decisões em sede de mandados de injunção, somando-se decisões monocráticas e colegiadas.

Ante ao amplo conjunto de decisões consideradas para a presente análise, optou-se por categorizá-las em subgrupos de andamentos, a fim de facilitar a análise e evitar maiores vícios no mapeamento dos dados obtidos, de forma que serão analisados de forma individualizada: (i) o conjunto total de decisões; (ii) as decisões liminares; (iii) as decisões em sede de recurso; (iv) as decisões interlocutórias e (v) as decisões finais.

Pretende-se, a partir da categorização proposta, dissecar aspectos processuais e materiais do processo de julgamento do Mandado de Injunção. Assim, buscou-se observar o tempo de duração do processo, bem como apontar quais os principais temas tratados no âmbito do referido remédio constitucional e em quantos processos foi efetivamente reconhecido o direito pleiteado. Fixados os parâmetros de pesquisa, cumpre, então, passar à apresentação e reflexão dos resultados obtidos.

Pois bem, dentre as 436 (quatrocentos e trinta e seis) decisões em sede de mandados de injunção examinadas: (a) 180 (cento e oitenta) foram referentes a mandados de injunção protocolados em 2019; (b) 140 (cento e quarenta) protocolados em 2018; (c) 47 (quarenta e sete) protocolados em 2017; (d) 16 (dezesseis) protocolados em 2016; (e) 6 (seis) protocolados em 2015; (f) 7 (sete) protocolados em 2014; (g) 3 (três) protocolados em 2013; (h) 9 (nove) protocolados em 2012; (i) 8 (oito) protocolados em 2011; (j) 10 (dez) protocolados em 2010; (k) 8 (oito) protocolados em 2009; e (l) 2 (dois) protocolados em 2008.

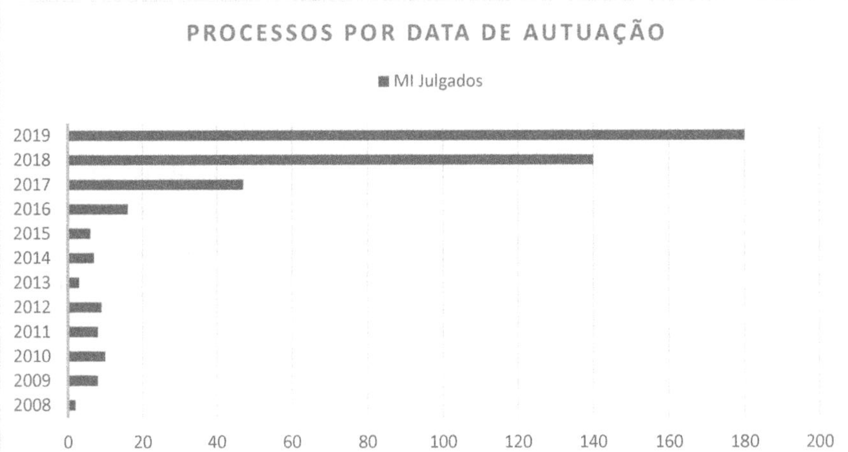

Diante desses dados e do total de 436 (quatrocentos e trinta e seis) decisões proferidas em sede de mandado de segurança, obtivemos uma média de 581 (quinhentos e oitenta e um) dias ou aproximadamente 1 (um) ano e 7 (sete) meses entre a data de autuação e a data de julgamento. Frise-se, porém, que essa não é uma regra para o julgamento de Mandados de Injunção, mas meramente uma média considerando todos os processos julgados no ano de 2019, vez que como se observa do gráfico colacionado acima, no conjunto observado também se incluem processos que permaneceram quase 12 (doze) anos sem julgamento.

Não obstante, observou-se que grande maioria dos Mandados de Injunção protocolados foram submetidos a algum tipo de julgamento nos dois primeiros anos de protocolo, apontando para uma tendência de julgamento mais agilizado em comparação ao equivalente do controle de constitucionalidade abstrato, a Ação Direta de Inconstitucionalidade por Omissão (ADO), que apresentou, para os processos julgados no ano de 2020, uma média de 5 (cinco) anos e 8 (oito) meses entre a data de autuação e a data de julgamento.

Como se demonstrará a seguir, todavia, esse período de julgamento poderá variar a depender do tipo de decisão a ser proferida pela Suprema Corte. Para tal, analisar-se-á os conjuntos de decisões finais e liminares, posto que o conjunto de decisões recursais e interlocutórias não possibilita a análise adequada do tempo que decorre entre a autuação do processo e o pronunciamento do judiciário.

Conforme os levantamentos realizados, foram proferidas 281 (duzentas e oitenta e uma) decisões finais referentes a mandados de injunção no ano de 2019. Dentre as quais: (a) 143 (cento e quarenta e três) foram referentes a mandados de injunção protocolados em 2019; (b) 80 (oitenta) protocolados em 2018; (c) 22 (vinte e dois) protocolados em 2017; (d) 7 (sete) protocolados em 2016; (e) 4 (quatro) protocolados em 2015; (f) 5 (cinco) protocolados em 2014; (g) 2 (dois) protocolados em 2013; (h) 8 (oito) protocolados em 2012; (i) 2 (dois) protocolados em 2011; (j) 6 (seis) protocolados em 2010; (k) 1 (um) protocolado em 2009; e (l) 1 (um) protocolado em 2008.

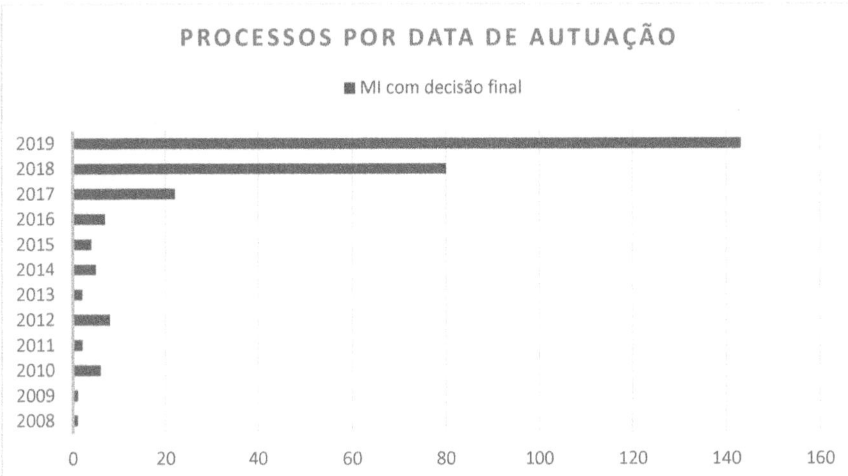

Diante desses dados, a média de julgamento dos mandados de segurança é estimada em 456 (quatrocentos e cinquenta e seis) dias ou 1 (um) ano e 3 (três) meses, a partir da data de autuação, isto é, uma duração consideravelmente reduzida quando comparado com o período de julgamento observado para o conjunto total de decisões – finais, liminares, interlocutórias e recursais.

Já para as 14 (quatorze) decisões que foram proferidas em sede de liminar em mandados de injunção, a média do julgamento foi estimada em cerca de 40 (quarenta) dias a partir da data de autuação. Apesar do curto período de apreciação liminar, é importante ressaltar dois fatores. O primeiro é relativo à escolha do conjunto de análise, vez que a amostra tomada como base para a presente análise leva em consideração apenas os processos que foram julgados no ano de 2019, isto é, exclui do cálculo todos aqueles que foram protocolados e ainda não obtiveram decisão liminar.

O segundo é relativo à taxa de sucesso, posto que para os 14 (quatorze) mandados de injunção com pedido liminar julgados em 2019, 14 (quatorze) tiveram seus pedidos liminares indeferidos, isto é, uma taxa de 100% de indeferimento. O motivo para o indeferimento foi apontado nas decisões analisadas como sendo jurisprudência consolidada da Corte, a qual entende ser incabível concessão de medida liminar em mandado de injunção. Veja-se:

> Quanto à pretensão de implemento de medida acauteladora, reiterados são os pronunciamentos do Supremo no sentido da **inviabilidade de antecipar-se, em mandado de injunção, a tutela, ainda que provisória e precária.** Precedentes: mandados de injunção nº 283, relator o ministro Sepúlveda Pertence; 542, relator o ministro Celso de Mello; 631, relator o ministro Ilmar Galvão; 636, relator o ministro Maurício Corrêa; 652, relatora a ministra Ellen Gracie; e 692, relator o ministro Carlos Ayres Britto. (MI 7025, Min. Rel. Marco Aurélio, j. 21/05/2019) (Grifou-se)

Ultrapassada a discussão acerca da liminar em sede de mandado administrativo, volta-se novamente a atenção para o conjunto de decisões finais para analisar em que proporção os processos autuados obtém êxito no reconhecimento dos direitos pleiteados. Nesse sentido, verificou-se que, dos 281 (duzentos e oitenta e um) mandados de injunção com decisão final: (a) 42 (quarenta e dois) foram julgados procedentes ou tiveram suas ordens concedidas; (b) 84 (oitenta e quatro) foram julgados procedentes em parte ou tiveram suas ordens parcialmente concedidas; (c) 2 (dois) tiveram denegadas a ordem; (d) 4 (quatro) tiveram desistências homologadas; (e) 9 (nove) foram julgados como prejudicados; (f) em 2 (dois) o STF declinou a competência; (g) 14 (quatorze) não foram conhecidos; e (h) 124 (cento e vinte e quatro) foram extintos ou tiveram seu seguimento negado.

Isso significa que a taxa de êxito, considerando apenas aquelas ações que foram julgadas inteiramente procedentes e que tiveram suas ordens totalmente concedidas, é de aproximadamente 15% (quinze por cento). Por sua vez, considerando os mandados de injunção que obtiveram êxito parcial, a taxa de sucesso seria de aproximadamente 45% (quarenta e cinco por cento).

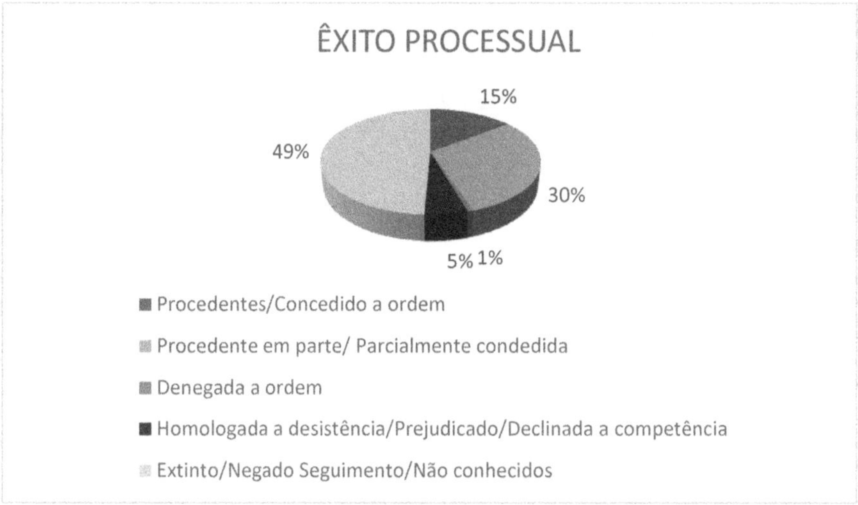

Observando novamente o tempo médio, é possível verificar uma diminuição no tempo de julgamento quando considerados apenas os mandados de injunção que obtiveram êxito (total ou parcial). O período médio de 456 (quatrocentos e cinquenta e seis) dias cai para, aproximadamente, 341 (trezentos e quarenta e um) dias, pouco menos de 1 (um) ano. Isso indica que os mandados de injunção com direitos reconhecidos pelo Supremo Tribunal Federal tendem a ser processados e julgados de maneira mais rápida.

Tal fato pode ser mais bem esclarecido ao analisar-se o teor dos pedidos de suprimento de omissão legislativa ou executiva que obtiveram êxito total ou parcial no Supremo Tribunal Federal. De modo geral, as matérias que a Corte considerou procedentes em sede dos mandados de injunção julgados em 2019 tratavam em sua grande maioria da questão da aposentadoria especial.

Observou-se que dos 126 (cento e vinte e seis) mandados de injunção que obtiveram êxito parcial ou total, 117 (cento e dezessete), isto é, aproximadamente, 93% do total, discutiam a concessão de aposentadoria especial de que trata o art. 40, § 4º da Constituição Federal, levando-se em conta as normas da LC nº 142/2013. Nas decisões, o Supremo Tribunal declarava a mora legislativa para determinar à autoridade administrativa competente que ao processar o pedido administrativo de aposentadoria do impetrante determinado analisasse o preenchimento dos requisitos à luz da disciplina conferida aos trabalhadores em geral, de modo a verificar se o servidor comprova preencher os requisitos especificados na Lei Complementar 142/2013. (STF, 2019h)

Outros pedidos que foram reconhecidos pelo Supremo Tribunal Federal diziam respeito (a) à extensão de tipificação da Lei nº 7.716/89 acerca dos crimes de racismo para crimes de discriminação por orientação sexual ou identidade de gênero; (b) ao risco da atividade do agente penitenciário, aplicando-se no que coubesse o inc. II do art. 1º da Lei Complementar nº 51/1985; e (c) ao direito de aviso prévio proporcional nos termos da Lei nº 12.506/2011, respectivamente dispostos nos trechos transcritos abaixo:

> Decisão: O Tribunal, por maioria, conheceu do mandado de injunção, vencido o Ministro Marco Aurélio, que não admitia a via mandamental. Por maioria, julgou procedente o mandado de injunção para (i) reconhecer a mora inconstitucional do Congresso Nacional e; (ii) aplicar, com efeitos prospectivos, até que o Congresso Nacional venha a legislar a respeito, a Lei nº 7.716/89 a fim de estender a tipificação prevista para os crimes resultantes de discriminação ou preconceito de raça, cor, etnia, religião ou procedência nacional à discriminação por orientação sexual ou identidade de gênero, nos termos do voto do Relator, vencidos, em menor extensão, os Ministros Ricardo Lewandowski e Dias Toffoli (Presidente) e o Ministro Marco Aurélio, que julgava inadequada a via mandamental. (STF, 2019g).
>
> "(...) reconhecida a omissão quanto à regulamentação do direito constitucionalmente assegurado do servidor público exposto a risco pela atividade de agente penitenciário, concedo parcialmente a ordem injuncional, para reconhecer o direito de o impetrante ter sua situação analisada pela autoridade administrativa competente à luz da Lei Complementar nº 51/1985." (STF, 2019f)
>
> "(...) 3. Reconsidero a decisão agravada e julgo procedente o pedido formulado para, de forma mandamental, assentar o direito dos impetrantes ao aviso prévio proporcional, cujos parâmetros a serem observados são os da Lei nº 12.506/2011." (STF, 2019e)

O fato de mais de 90% dos mandados de injunção que obtiveram êxito discutirem a questão da aposentadoria especial demonstra tratar-se de um tema já consolidado na jurisprudência do Supremo Tribunal Federal, e, portanto, de mais fácil análise.

Para alguns pesquisadores, isso pode significar igualmente que o alcance do mandado de injunção consolidada no MI 670 "não representou um efetivo renascimento do instituto, já que grande parte dos casos de MI no STF dizem respeito basicamente a processos iguais, forçando o tribunal a repetir a mesma decisão que já havia tomado sobre um conjunto mais restrito de omissões" (Ribeiro; Arguelhes, 2018, p. 103).

Em que pese a virada jurisprudencial de 2007 tenha permitido ao judiciário assumir uma postura mais incisiva em relação a mora legislativa, a observância prática de sua aplicação acabou por deixar a desejar na amplitude dos temas tratados. Ora, se o mandado de injunção era concebido como um instrumento capaz de garantir e proteger o rol de direitos ambicionados pelos constituintes, a fixação de sua utilização nos casos concretos em volta de, em sua grande maioria, um só tema acaba por prejudicar as expectativas para o remédio constitucional.

Isso não quer dizer, todavia, que avanços não possam ser alcançados no âmbito dos mandados de injunção. Embora não tenha introduzido no rol de aplicação uma variedade de direitos constitucionalmente protegidos, a virada de jurisprudência de 2007 abriu as portas para a exploração dos limites da atuação do judiciário. Embora não pareça ser a regra dos mandados de injunção, a decisão exarada no Mandado de Injunção nº 7300 é um bom exemplo do impacto que esse instrumento pode causar nos direitos fundamentais e políticas sociais, de modo que a importância desse *writ* constitucional não pode ser desconsiderada.

Notou-se, igualmente, que as ordens concedidas versam, em grande maioria, sobre casos concretos de direitos individuais ou subjetivos, como no caso da aposentadoria especial. Não foi possível verificar no conjunto analisado a aplicação do remédio constitucional aos direitos coletivos, apesar de ser possibilidade legalmente prevista na Lei n. 13.300, de 23 de junho de 2016, o que contribui para a repetitividade e restrição temática criticada pelos autores Leandro Ribeiro e Diego Arguelhes (2018).

Quando aos motivos expostos pela Corte que levaram a denegação da ordem, extinção do processo ou negação de seguimento, citam-se os seguintes: (i) a existência de norma regulamentadora, uma vez que "ausência de edição de lei específica [...] não se confunde com a falta de regulamentação do direito constitucionalmente assegurado" (STF, 2019d), de forma que "entendimento contrário importa violação do princípio da separação dos Poderes, estampado no artigo 2º da Carta Federal" (STF, 2019c); (ii) a inexistência de direito subjetivo constitucionalmente assegurado, que ocorre quando "o impetrante deixa de demonstrar a titularidade de direito constitucional ou prerrogativas inerentes à nacionalidade, à soberania ou à cidadania, cujo exercício estaria sendo inviabilizado em virtude de ausência de norma regulamentadora (STF, 2019b); (iii) a carência de interesse processual, que nos casos observados dizia respeito a aprovação de Súmula Vinculante nº 33, que esvazia o objeto da pretensão, porquanto torna insubsistente o obstáculo ao exercício pelo servidor do direito de aposentar-se nos termos do art. 57 da Lei nº 8.213/91 (STF, 2019a).

Verifica-se, portanto, que para que seja analisado o mérito o processo, é necessário que (i) não exista norma regulamentadora que verse sobre o direito pretendido; (ii) exista um dever constitucional de legislar e o reconhecimento de direito subjetivo à legislação; e (iii) o impetrante disponha de interesse processual.

Conclusões

Em relação aos dados processuais observados, verificou-se que em relação ao tempo de duração médio do processo, o mandado de injunção se coloca como um importante remédio constitucional na proteção dos direitos individuais e coletivos, tendo em vista que em comparação com a Ação Direta de Inconstitucionalidade por Omissão, o tempo observado entre a autuação e a data de julgamento é quase 5 vezes menor. Tal fato adquire extrema importância quando se trata de direitos como os impetrados no Mandado de Injunção nº 7.300 que implementou a renda básica prevista no art. 1º da Lei nº 10.835/2004, vez que processos demasiadamente alongados tem condão de perpetuar a situação de violação de direitos no tempo.

Observou-se também que a virada jurisprudencial de 2007 colocou o judiciário em uma posição de destaque em relação a proteção dos direitos e garantias individuais frente a mora do legislativo ou executivo. Essa posição, porém, não se traduziu diretamente na amplitude dos processos enfrentados pela Corte de forma geral, pois como se viu o mandado de injunção acabou se tornando primordialmente um instrumento para a o reconhecimento da aposentadoria especial.

Não obstante uma maioria massiva de processos sobre a mesma temática, é possível observar na jurisprudência do Supremo Tribunal Federal importantes avanços que foram conquistados através do mandado de injunção, como a extensão de tipificação da Lei nº 7.716/89 acerca dos crimes de racismo para crimes de discriminação por orientação sexual ou identidade de gênero e a implementação da renda mínima. Nesse contexto, cumpre evidenciar que a regulamentação do instrumento ainda é relativamente nova e que existem muitos caminhos a serem trilhados a fim de atingir as expectativas animadas pelo texto original da Constituição Federal de 1988.

Referências

FERREIRA FILHO, Manoel Gonçalves. Curso de direito constitucional. 24ª Edição. São Paulo: Saraiva, 1996.

MENDES, Gilmar Ferreira; BRANCO, Paulo Gonet. Curso de Direito Constitucional. 14. ed. rev. e atual. – São Paulo: Saraiva Educação, 2019. Versão Digital.

MENDES, Gilmar; VALE, André Rufino do; QUINTAS, Fabio Lima. Mandado de injunção: estudos sobre sua regulamentação. São Paulo: Saraiva, 2013.

MORAES, Alexandre de. Direito constitucional. 37. ed. – São Paulo: Atlas, 2021.

NOVELINO, Marcelo. Curso de Direito Constitucional. Editora Juspodium, 11º Edição, 2016.

RECONDO, Felipe. Decisão sobre renda mínima rememora caso histórico julgado há 30 anos: Em 1991 e em 2021, o ministro Marco Aurélio ficou vencido. JOTA ExCelso, publicado em 02/05/2021. Disponível em: https://www.jota.info/opiniao-e-analise/colunas/excelso/excelso-julgamento-sobre-renda-minima-lembra-caso-historico-julgado-ha-30-anos-02052021. Acesso em 30.05.2021

RIBEIRO, Leandro Molhano; ARGUELHES, Diego Werneck. Nem evolução, nem renascimento? Contingência e captura corporativa em três décadas de mandado de injunção. RIL Brasília a. 55 n. 219 jul./set. 2018 p. 103-132

STF, Supremo Tribunal Federal. Pronunciamento do Ministro Néri da Silveira. Ata da 7ª (sétima) sessão extraordinária do Supremo Tribunal Federal, realizada em 16 de março de 1995 e publicada no Diário da Justiça, 4 abr. 1995, Seção I.

______. Mandado de Injunção nº 6822, Min. Rel. Ricardo Lewandowski, j. 19.2.2019, p. 21.02.2019, Diário de Justiça Eletrônico, 2019a.

______. Mandado de Injunção nº 6661, Min Rel. Gilmar Mendes, j. 11.02.2019, Diário de Justiça Eletrônico, 2019b.

______. Mandado de Injunção nº 3499, Min. Rel. Marco Aurélio, j. 9.10.2019, Diário de Justiça Eletrônico, 2019c.

______. Mandado de Injunção nº 6744, Min Rel. Edson Fachin, j. 04.02.2019, Diário de Justiça Eletrônico, 2019d.

______. Mandado de Injunção nº 4182, Min. Rel. Marco Aurélio, j. 08.10.2019, Diário de Justiça Eletrônico, 2019e.

______. Mandado de Injunção nº 6252, Rel. Min. Rosa Weber, j. 30.04.2019, Diário de Justiça Eletrônico, 2019f.

______. Mandado de Injunção nº 4733, Plenário, Min. Rel. Edson Fachin, j. 13.06.2019, Diário de Justiça Eletrônico, 2019g.

______. Mandado de Injunção nº 6689, Min. Rel. Edson Fachin, j. 20.05.2019, Diário de Justiça Eletrônico, 2019h.

______. Mandado de Injunção nº 3499, Min. Rel. Marco Aurélio, j. 9.10.2019, Diário de Justiça Eletrônico, 2019i.

STRECK, Lênio Luiz. Mandado de injunção no direito brasileiro. Rio de Janeiro: Edições trabalhistas, 1991

VILLAR FILHO, José Eduardo de Melo. Mandado de Injunção: seus contornos e o entendimento do STF. In. Diálogo Jurídico/Ano II. n. 2 (setembro) – Fortaleza: Faculdade Farias Brito, 2003.

8
REFORMA DO PROCESSO CONSTITUCIONAL BRASILEIRO: É TEMPO DE REVISITAR A DOUTRINA BRASILEIRA DO *HABEAS CORPUS*

MATHEUS PIMENTA DE FREITAS

Introdução

A proteção dos direitos fundamentais consubstancia a função mais relevante do Supremo Tribunal Federal.[1]

Felizmente, de maneira geral, o Tribunal vem cumprindo seu papel. Afirmar o contrário seria, seguramente, incorrer em falácia.

No ano de 2018, a título de exemplificação, o STF inovou ao conceder, pela primeira vez, *habeas corpus* na modalidade coletiva em favor de todas as mulheres presas grávidas ou mães de crianças com até 12 anos de idade, para determinar a substituição da prisão preventiva das pacientes pelo regime domiciliar. Tomada no julgamento do HC 143.641/SP, a decisão da Corte inquestionavelmente soube respeitar os direitos fundamentais das mães e das crianças, elencados em nossa Carta Fundamental.

No entanto, são preocupantes outros julgamentos que vem sendo proferidos pelo Tribunal.

Mais recentemente, em agosto de 2021, o HC n. 204.581/SP, impetrado pela Defensoria Pública do Estado de São Paulo justamente em favor de mulher grávida, lactante e mãe de 03 (três) crianças menores de 12 (doze) anos de idade não foi conhecido pela Ministra Rosa Weber. O pedido vei-

[1] PETER, Christine Oliveira. *O Supremo Tribunal Federal e a concretização dos direitos fundamentais.* In: PETER, Christine Oliveira; CARNEIRO, Gustavo Ferraz Sales. *Controle de constitucionalidade e direitos fundamentais.* Rio de Janeiro: Lumen Juris, 2010 p. 66.

culado no *writ* era o de que fosse concedida prisão domiciliar e/ou aplicação de medidas diversas à prisão à paciente. No entanto, unicamente por ter sido impetrado contra decisão de ministro do STJ, a Relatora do feito no STF aplicou a Súmula 691/STF[2] e não conheceu do remédio constitucional, mantendo presa, em regime fechado, a mãe das três crianças.

É necessário que o Tribunal cumpra seu papel elementar de guardião da Constituição e dos direitos fundamentais. Desempenhar essa missão, com efeito, sobretudo quando considerado o caótico estado do sistema carcerário brasileiro, impõe a ampliação do âmbito de proteção do *habeas corpus*.

Conclusões restritivas tomadas pelo STF quanto ao cabimento do remédio heroico não parecem se coadunar nem com a missão institucional atribuída ao Tribunal Constitucional, e tampouco com a realidade do sistema prisional brasileiro.

Nesse contexto, com a notícia da instituição, pela Câmara dos Deputados, de comissão de juristas para avaliar a sistematização das normas de processo constitucional brasileiro, entende-se que o momento pode representar boa oportunidade para se reafirmar a solidez da proteção conferida aos direitos fundamentais pela Constituição de 1988. E a referida providência não poderia ser tomada sem a ampliação do campo de proteção do remédio heroico, em uma espécie de revisitação à doutrina brasileira do *habeas corpus*.

1. Os direitos fundamentais na ordem constitucional

Erigido em meados do Século XVIII, o Constitucionalismo foi um movimento político-social que teve por finalidade central a limitação do poder estatal, sobretudo a partir do reconhecimento e da salvaguarda de direitos e liberdades individuais dos cidadãos, por meio de um documento escrito, denominado constituição.[3]

O movimento europeu – que, juntamente com o estadunidense, serviu de matriz ao modelo constitucional brasileiro – preocupava-se principalmente com o ilimitado e desmesurado poder dos monarcas absolutistas que regiam o Velho Continente. Insuflada pelos ideais contratualistas de

[2] Súmula 691/STF: Não compete ao Supremo Tribunal Federal conhecer de habeas corpus impetrado contra decisão do Relator que, em habeas corpus requerido a tribunal superior, indefere a liminar.

[3] MENDES, Gilmar Ferreira; BRANCO, Paulo Gustavo Gonet. *Curso de Direito Constitucional*. 10 ed. rev. e atual. São Paulo: Saraiva, 2015 (Série IDP), p. 39.

Hobbes, Locke e Rousseau, e nascida em meio à Revolução Francesa, a Constituição da França de 1791, enquanto símbolo do Estado Constitucional Europeu, concedeu ao Parlamento os mais relevantes poderes do Estado e restringiu sobremaneira os poderes da Coroa. Vistas como iminente perigo à nova ordem, as monarquias absolutistas foram forçadas a se transformar em monarquias constitucionais, e os reis a entregar quase que por completo os seus poderes ao Legislativo.[4]

Condensando as principais alterações sociais vislumbradas na transição do Estado Monárquico-Absolutista para o Estado Constitucional Europeu, Jorge Miranda revela que as mudanças ocorridas foram marcantes:

> Em vez de tradição, o contrato social; em vez da soberania do príncipe, a soberania nacional e a lei como expressão da vontade geral; em vez do exercício do poder por um só ou seus delegados, o exercício por muitos, eleitos pela colectividade; em vez da razão do Estado, o Estado como executor de normas jurídicas; em vez de súbditos, cidadãos, e atribuição a todos os homens, apenas por serem homens, de direitos consagrados nas leis. E instrumentos técnico-jurídicos principais tornam-se, doravante, a Constituição, o princípio da legalidade, as declarações de direitos, a separação de poderes, a representação política.[5]

Enquanto produto principal do movimento constitucionalista, a constituição pode ser definida como um documento que, além de fixar os limites do poder político, declara os direitos e garantias individuais dos cidadãos. Em detalhe, J.J. Gomes Canotilho assinala que o conceito de constituição moderna pode ser desdobrado em três pontos:

> (1) ordenação jurídico-política plasmada num *documento escrito;* (2) declaração, nessa carta escrita, de um conjunto de *direitos fundamentais* e do respectivo modo de *garantia*; (3) organização do poder político segundo esquemas tendentes a torná-lo um *poder limitado e moderado.*[6]

[4] MENDES, Gilmar Ferreira; BRANCO, Paulo Gustavo Gonet. *Curso de Direito Constitucional.* 10 ed. rev. e atual. São Paulo: Saraiva, 2015 (Série IDP), pp. 44-45.

[5] MIRANDA, Jorge. *Manual de Direito Constitucional*: Preliminares, o Estado e os sistemas constitucionais, tomo I. 4 ed. rev. e actual. Coimbra: Coimbra Editora Ltda., 1990, p. 83.

[6] CANOTILHO, J.J. Gomes. Direito Constitucional e Teoria da Constituição. 7 ed. Coimbra: Edições Almedina, 2003, p. 52.

Após a sucessão de seis Cartas Constitucionais no Brasil – de naturezas absolutamente diversas entre si – foi promulgada, em 5 de outubro de 1988, a última Constituição Federal brasileira, que vige atualmente.

Como forma de reação aos penosos anos de regime militar – em que as violações a direitos individuais eram cotidianas – a Carta de 1988 trouxe como prioridade a proteção às garantias fundamentais em relação às demais matérias. [7]

Conforme ensina Paulo Bonavides, a Constituição de1988 "foi de todas as Constituições brasileiras aquela que mais procurou inovar tecnicamente em matéria de proteção aos direitos fundamentais". [8]

Como reflexo dessa preocupação, a Constituição anuncia, logo no preâmbulo, a instituição de um "Estado Democrático, destinado a assegurar o exercício dos direitos sociais e individuais, a liberdade, a segurança, o bem-estar, o desenvolvimento, a igualdade e a justiça como valores supremos de uma sociedade fraterna, pluralista e sem preconceitos".

A dignidade humana, de mais a mais, passou a ser prevista como fundamento da República Federativa do Brasil, pelo art. 1º da Carta. A construção de uma sociedade livre, justa e solidária, bem como a promoção do bem de todos sem qualquer forma de discriminação se tornaram objetivos fundamentais da República brasileira, nos termos do art. 3º da Constituição Federal.

A própria organização do texto constitucional revela as prioridades da Carta. Nesse sentido, assim doutrinam Cláudio Pereira de Souza Neto e Daniel Sarmento:

> Se as constituições brasileiras anteriores iniciavam pela estrutura do Estado e só depois passavam aos direitos fundamentais, a Constituição de 88 faz o contrário: consagra inicialmente os direitos e garantias fundamentais – no segundo título, logo depois daquele dedicado aos princípios fundamentais – só se voltando, depois disso, à disciplina da organização estatal. Essa inversão topológica não foi gratuita. Adotada em diversas constituições europeias do pós-guerra, após o exemplo da Lei Fundamental alemã de 1949,

[7] MIRANDA, Jorge. *Manual de Direito Constitucional*: Preliminares, o Estado e os sistemas constitucionais, tomo I. 4 ed. rev. e actual. Coimbra: Coimbra Editora Ltda., 1990, p. 239.

[8] BONAVIDES, Paulo. *Curso de Direito Constitucional*. 23 ed. São Paulo: Malheiros Editores, 2008, p. 547.

> ela indica o reconhecimento da prioridade dos direitos fundamentais nas sociedades democráticas.[9]

Muito embora os direitos fundamentais sejam de observância obrigatória também nas relações privadas entre indivíduos, horizontalmente[10], a imposição de que a Administração Pública respeite as garantias individuais de seus administrados, em virtude da própria essência do Constitucionalismo, é ideia que surge espontaneamente ao se refletir sobre a matéria de direitos fundamentais.

Néviton Guedes assevera, nesse âmbito, que, diante da supremacia da Constituição, a obrigação de obediência aos direitos fundamentais vincula "todos os poderes do Estado, isto é, não apenas o legislador pela lei que produz, como também o Poder Executivo e Judiciário, quando, no exercício de suas funções, precípuas, editam, respectivamente, atos administrativos ou jurisdicionais"[11]

Os remédios constitucionais, nesse contexto, despontam como ferramentas colocadas ao alcance dos indivíduos para que se protejam de eventuais intervenções ilegítimas, por parte da Administração Pública, que configurem qualquer embaraço à efetivação de seus direitos fundamentais.

Possivelmente o remédio de mais alta relevância em nossa ordem constitucional, o *habeas corpus* serve ao indivíduo que sofre ou se acha ameaçado de sofrer, segundo a literalidade da Constituição Federal de 1988, "violência ou coação em sua liberdade de locomoção, por ilegalidade ou abuso de poder".[12]

[9] Souza Neto, Cláudio Pereira de; Sarmento, Daniel. *Direito Constitucional:* teoria, história e métodos de trabalho. 2 ed., 3 reimpr. Belo Horizonte: Fórum, 2017, p. 172.

[10] Nesse sentido confira-se: Mendes, Gilmar Ferreira. Direitos fundamentais: eficácia das garantias constitucionais nas relações privadas. In: Revista de Direito do Consumidor: RDC, v. 22, n. 90, p. 13-38, nov./dez. 2013.

[11] Guedes, Néviton. *A concretização dos direitos fundamentais sociais pelo Judiciário.* In: A constituição entre o direito e a política: o futuro das instituições: estudos em homenagem a José Afonso da Silva. Coord. Marcus Vinicius Furtado Coêlho. 1 ed. Rio de Janeiro: LMJ Mundo Jurídico, 2018, p. 750.

[12] BRASIL. Constituição Brasileira de 1988. Art. 5º, LXVIII, Disponível em: <http://www.planalto.gov.br/ccivil_03/constituicao/constituicaocompilado.htm> Acesso em: 17 jun. 2018.

2. Evolução do remédio heroico no contexto brasileiro – Da ampliação das hipóteses de cabimento à sua restrição indevida: A doutrina brasileira do *habeas corpus*

O *habeas corpus* configura uma das mais relevantes proteções oferecidas aos cidadãos brasileiros. No que concerne ao papel do remédio heroico no desenvolvimento do constitucionalismo brasileiro, Gilmar Ferreira Mendes[13] ensina que o *habeas* constitui a pedra fundamental do processo constitucional de nosso país:

> Por meio da análise do desenvolvimento histórico, constitucional e processual do *habeas corpus*, resta evidente que o writ é a matriz dos atuais remédios constitucionais, bem como do controle de constitucionalidade brasileiro.
>
> Isso porque a restrição imposta pela reforma constitucional de 1926 à doutrina brasileira do *habeas corpus* inaugurou período de completo desamparo de medidas protetivas, que só teve fim com a previsão do mandado de segurança na Constituição de 1934.
>
> Inspirado pelo modelo do *habeas corpus*, o mandado de segurança acabou por influenciar o rito da representação interventiva, que é a gênese da representação de inconstitucionalidade e, posteriormente, da ação direta de inconstitucionalidade no regime constitucional de 1988. A estrutura processual do *habeas corpus* também teve reflexo nos demais remédios versados pela Constituição de 1988, como no mandado de injunção e no *habeas data*.

Desde o Período Regencial, entre os reinados de Dom Pedro I e Dom Pedro II, o remédio constitucional heroico está posto à disposição da população brasileira. Com efeito, assim previa o art. 340 do Código de Processo Criminal de 1832:

> **Código de Processo Criminal de 1832**
>
> Art. 340. Todo o cidadão que entender, que elle ou outrem soffre uma prisão ou constrangimento illegal, em sua liberdade, tem direito de pedir uma ordem de – Habeas-Corpus – em seu favor"

[13] MENDES, Gilmar Ferreira. *O habeas corpus como pedra fundamental do processo constitucional brasileiro. In:* MARINONI, Luiz Guilherme; SARLET, Ingo Wolfgang. Processo Constitucional. Revista dos Tribunais, 2019, pp. 1051 e ss.

Na ordem constitucional, o *writ* é expressamente previsto desde a primeira Constituição da República, promulgada em 1891. O art. 72, §22 daquela Carta estabeleceu que: "dar-se-á *habeas corpus* sempre que o indivíduo sofrer violência, ou coação, por ilegalidade, ou abuso de poder".

A amplitude do dispositivo fez, inclusive, com que se gerasse dúvida interpretativa quanto às hipóteses de cabimento do *habeas corpus*.

Corrente doutrinária conduzida por Rui Barbosa entendia que o remédio seria cabível quando determinado abuso de poder gerasse violação a qualquer direito individual. Outra, oposta, integrada pelo Ministro Godofredo Cunha, do STF, entendia pelo cabimento apenas nos casos específicos de violação à liberdade de locomoção de indivíduos. Já a orientação intermediária, liderada pelos Ministros Pedro Lessa e Enéas Galvão, defendia a viabilidade da impetração do *habeas corpus* sempre que houvesse violação a determinado direito, quando, de algum modo, se relacionasse à constrição do direito de ir e vir de alguém. A respeito do tema, é esclarecedora a doutrina de Ada Pellegrini, Scarance Fernandes e Gomes Filho:

> Na verdade, três posições firmaram-se com o advento da Constituição republicana: alguns, como Rui Barbosa, sustentavam que a garantia deveria ser aplicada em todos os casos em que um direito estivesse ameaçado, manietado, impossibilitado no seu exercício por abuso de poder ou ilegalidade; em sentido oposto, afirmava-se que o *habeas corpus*, por sua natureza e origem histórica, era remédio destinado exclusivamente à proteção da liberdade de locomoção; e finalmente, uma terceira corrente, vencedora no seio do Supremo Tribunal Federal, propugnava incluir na proteção do *habeas corpus* não só os casos de restrição da liberdade de locomoção, como também as situações em que a ofensa a essa liberdade fosse meio de ofender outro direito. Assim, exemplificava Pedro Lessa: quando se ofende a liberdade religiosa, obstando que alguém penetre no templo, tem cabimento o *habeas corpus*, pois foi embaraçando a liberdade de locomoção que se feriu a liberdade religiosa; quando se ofende a liberdade religiosa, porque se arrasam as igrejas, ou se destroem os objetos do culto, não é possível requerer o remédio, porque aí não está em jogo a liberdade de locomoção das pessoas.[14]

[14] GRINOVER, Ada Pellegrini; FERNANDES, Antonio Scarance; GOMES FILHO, Antonio Magalhães. *Recursos no processo penal*. 4 ed. São Paulo: Revista dos Tribunais, 2004, p. 347-348.

A esse desenvolvimento teórico foi outorgada a nomenclatura de *doutrina brasileira do habeas corpus,* conforme ensinam Gilmar Ferreira Mendes e Paulo Gustavo Gonet Branco.[15]

Em 1926, a partir da Emenda Constitucional n. 3, o art. 72, §22 da Constituição Republicana de 1891 sofreu expressiva adstrição e passou a viger com o seguinte teor: "Dar-se-ha o *habeas-corpus* sempre que alguém soffrer ou se achar em imminente perigo de soffrer violencia por meio de prisão ou constrangimento illegal em sua liberdade de locomoção."

Foi justamente essa severa restrição, a qual limitou o cabimento do remédio heroico às hipóteses de restrição da liberdade de locomoção, exclusivamente, que forçou os constituintes a conceberem os demais remédios constitucionais – a exemplo do mandado de segurança, trazido na Constituição de 1934 –, a fim de que os outros direitos individuais não ficassem desamparados.

No que diz respeito ao *habeas corpus,* a partir da Carta de 1891, todas as constituições brasileiras, sem exceção, previram expressamente a possibilidade de impetração do remédio nos casos de limitação ou risco de limitação à liberdade dos indivíduos.

A despeito da sua importância histórica no resguardo da liberdade individual dos brasileiros, o *habeas corpus* vem sofrendo delimitações injustificadas, que enfraquecem sobremaneira os seus propósitos.

Um dos limites indevidamente estabelecidos ao manejo do *habeas corpus* diz respeito ao não cabimento da impetração do remédio, perante o STF, contra decisão de ministro relator que, em *habeas corpus* requerido a tribunal superior, indefere a liminar[16]. Outra restrição aparentemente infundada é a orientação no sentido de que não caberia *habeas corpus* para o Plenário do Supremo Tribunal Federal contra decisão de turma daquele tribunal, proferida em *habeas corpus* ou no respectivo recurso.[17] Menciona-se, ainda, o limite concernente à impossibilidade de impetração de *habeas*

[15] MENDES, Gilmar Ferreira; BRANCO, Paulo Gustavo Gonet. *Curso de Direito Constitucional.* 13 ed. rev. e atual. São Paulo: Saraiva, 2018 (Série IDP), p. 443.

[16] Súmula 691/STF: Não compete ao Supremo Tribunal Federal conhecer de habeas corpus impetrado contra decisão do Relator que, em habeas corpus requerido a tribunal superior, indefere a liminar.

[17] Súmula 606/STF: Não cabe habeas corpus originário para o Tribunal Pleno de decisão de Turma, ou do Plenário, proferida em habeas corpus ou no respectivo recurso.

corpus contra decisões monocráticas proferidas pelos magistrados integrantes do STF.[18]

Todas essas restrições, por certo, não foram estipuladas pela Constituição Federal e tampouco estão previstas em qualquer diploma legal. Com efeito, o que definiu não ser cabível a impetração do *habeas corpus* nas referidas hipóteses foi a jurisprudência do próprio Supremo Tribunal Federal.

As referidas limitações são preocupantes, inclusive, ao se considerar a crise político-institucional que acomete o país. Com efeito, ataques deliberados a instituições, pronunciamentos antidemocráticos e incitação à violência parecem querer assombrar o Estado de Direito no Brasil. Nesse contexto, a limitação da proteção dos direitos individuais da população – em especial do direito à liberdade – representa risco não somente aos indivíduos, mas, também, ao próprio regime democrático, sistemicamente considerado.

Ademais, a caótica situação do sistema prisional brasileiro corresponde a outro fator que parece não se coadunar com as restrições formais ao cabimento do *habeas corpus*.

3. O caótico sistema prisional brasileiro

Além de toda a importância histórica do remédio constitucional heroico, a relevância do *habeas corpus* nos tempos atuais é ideia que surge automaticamente ao se examinar a situação do sistema carcerário brasileiro.

A esse respeito, é importante rememorar que, em setembro de 2015, ao julgar a ADPF 347, o Supremo Tribunal Federal, reconhecendo as diuturnas violações de direitos fundamentais sofridas pelos cidadãos encarcerados nos estabelecimentos prisionais brasileiros, declarou que a atual conjuntura desumana do sistema prisional do país configura um estado de coisas inconstitucional, o qual deve ser reparado com urgência.

Naquela ocasião, o Ministro Celso de Mello assim se pronunciou:

> Há, efetivamente, no Brasil, um claro e indisfarçável "estado de coisas inconstitucional" resultante – tal como denunciado pelo PSOL – da omissão do Poder Público em implementar medidas eficazes de ordem estrutural que neutralizem a situação de absurda patologia constitucional gerada, incompreensivelmente, pela inércia do Estado que descumpre a Constituição Federal,

[18] STF, HC 105.959/DF, Rel. Min. Marco Aurélio, Red. p/ Acórdão Min. Edson Fachin, DJE 15/06/2016.

> que ofende a Lei de Execução Penal e que fere o sentimento de decência dos cidadãos desta República.
>
> [...]
>
> O fato preocupante, Senhor Presidente, é que o Estado, agindo com absoluta indiferença em relação à gravidade da questão penitenciária, tem permitido, em razão de sua própria inércia, que se transgrida o direito básico do sentenciado de receber tratamento penitenciário justo e adequado, vale dizer, tratamento que não implique exposição do condenado a meios cruéis ou moralmente degradantes, fazendo-se respeitar, desse modo, um dos mais expressivos fundamentos que dão suporte ao Estado democrático de direito: a dignidade da pessoa humana (CF, art. 1º, III).

E não foi somente o julgamento da ADPF 347 que atestou a condição sub-humana do sistema carcerário brasileiro.

A partir do ano de 2008, o Conselho Nacional de Justiça, sob a Presidência do Ministro Gilmar Mendes e a Corregedoria do Ministro Gilson Dipp, passou a organizar e a executar os mutirões carcerários, que objetivavam a aproximação dos órgãos do Poder Judiciário com a realidade concreta do sistema prisional brasileiro.

Nas inspeções realizadas, foram encontradas situações verdadeiramente assustadoras. Registrando algumas delas em artigo acadêmico, Gilmar Mendes assim relata:

> Os mutirões carcerários revelaram problemas de toda ordem, como a descoberta de pessoas com penas já integralmente cumpridas, mas que ainda permaneciam encaradas, bem como a constatação de inúmeros benefícios, como livramento condicional e progressão de regime com significativo excesso de prazo em sua concessão. Ficou bem clara, nesses casos, a deficiência do próprio Judiciário ao retardar a apreciação de pedidos de detentos que já poderiam estar em liberdade há anos, como constatado em alguns presídios.
>
> [...]
>
> Na cidade de Abaetetuba, no Estado do Pará, uma jovem de 16 anos foi mantida presa por mais de 30 dias em uma cela com 20 homens. Acusada de furto, a adolescente afirmou ter sido violentada pelos demais apenados no período em que esteve encarcerada. Segundo a Polícia Civil, não há, no Município, carceragem feminina, motivo pelo qual a jovem foi indevidamente colocada junto com presidiários do sexo masculino.

> No Paraná, foi encontrada situação que se repete em diversas outras regiões do país: a inexistência de locais específicos a sentenciados dependentes químicos (usuários de drogas). Normalmente, em muitas localidades, são confinados em complexos penais destinados a apenados com doenças mentais.
>
> Em inspeção ao presídio central de Porto Alegre, iniciada no mês de março de 2011, foi constatado que, dos 4.800 detentos que cumpriam pena em regime fechado, cerca de 300 já tinham a progressão para o semiaberto autorizada pela Justiça, mas ainda não gozavam do benefício por falta de vagas em unidades prisionais de semiliberdade.
>
> Agregue-se a isso que a progressão de regime no cumprimento de penas no Brasil, concebida como modelo de reintegração do preso à sociedade, não passa de pura ilusão. Em razão da absoluta escassez de estabelecimentos prisionais apropriados para os regimes aberto e semiaberto, as penas acabam sendo cumpridas, na prática, em regime fechado, não raro em estabelecimentos sob o comando dos próprios presos, ou em prisão domiciliar sem nenhum tipo de fiscalização, como se constatou em recente audiência pública no Supremo Tribunal Federal.
>
> Por outro lado, evidencia-se o problema da morosidade da justiça. No Estado do Maranhão, um detento condenado a 17 anos de prisão ficou preso um ano e três meses a mais do que deveria. Pelo procedimento previsto na Lei de Execução Penal, teria direito à liberdade condicional quando cumprisse 10 anos de sua pena, mas acabou ficando preso 11 anos e três meses, graças ao atraso na apreciação de seu caso, que só veio a ser resolvido por ocasião do Mutirão carcerário.[19]

Nota-se, portanto, que não foi desmoderada a equiparação feita pelo então Ministro da Justiça, José Eduardo Cardozo, entre os presídios do Brasil e as masmorras medievais.[20]

Assim, considerado, também, o manifesto colapso do sistema prisional brasileiro, entende-se que o âmbito de proteção do *habeas corpus* deveria ser ampliado e não restringido.

[19] Mendes, Gilmar Ferreira. *Conselho Nacional de Justiça e parcerias institucionais* – temas prioritários. In: Mendes, Gilmar Ferreira; Silveira, Fabiano Augusto Martins; Marrafon, Marco Aurélio. *Conselho Nacional de Justiça* – fundamentos, processo e gestão. São Paulo: Saraiva, 2016 (Série IDP), pp. 26/27

[20] Nesse sentido, confira-se: <https://brasil.estadao.com.br/noticias/geral,presidios-brasileiros-sao-masmorras-medievais--diz-ministro-da-justica,10000001226> Acesso em 20.07.2021.

4. Restringir o cabimento do *habeas corpus* significa prestigiar a forma em detrimento da dignidade humana das centenas de milhares de brasileiros encarcerados

Com efeito, as variadas limitações impostas ao manejo do *writ* têm por finalidade diminuir a quantidade de impetrações do remédio constitucional aos tribunais brasileiros, especialmente ao Supremo Tribunal Federal e ao Superior Tribunal de Justiça.

Veja-se, aliás, que a maior parte das restrições de cabimento do *habeas* são estabelecidas pela jurisprudência dos próprios tribunais, e não pela Constituição ou tampouco pela legislação infraconstitucional, em claras hipóteses daquilo que se denomina jurisprudência defensiva.

Mencionam-se, a título de exemplificação: a) a Súmula 691/STF, que afirma o não cabimento do remédio em face de decisão de ministro relator que, em *habeas corpus* requerido a tribunal superior, indefere o pedido liminar; b) a Súmula 606/STF, que prevê o não cabimento do *writ* para o Plenário do Supremo Tribunal Federal contra decisão de turma daquele tribunal, proferida em *habeas corpus* ou no respectivo recurso; e c) a orientação no sentido de que seria inviável a impetração de *habeas corpus* contra decisões monocráticas proferidas pelos magistrados integrantes do STF, aplicada no julgamento do HC 105.959/DF. [21]

As referidas hipóteses de restrição do *habeas* encontram guarida tão somente em justificativa de ordem procedimental. O voto proferido pelo Ministro Roberto Barroso, no julgamento do HC n. 105.959/DF, por exemplo, atesta o fato com clareza. Naquela oportunidade, assim se pronunciou o magistrado:

> Portanto, nós não estamos propriamente inovando; nós estamos mantendo uma posição tradicional que, a meu ver, preserva o Tribunal, embora não seja insuscetível de críticas ou de gerar problemas que, por vezes, poderiam ser solucionados dessa forma. Mas, fazendo uma análise de custo-benefício, uma ponderação em sentido estrito, eu acho que o que se perderia com o cabimento de *habeas corpus*, nesta situação, sobrepuja o que se ganharia.

Entende-se que empreender uma análise de custo-benefício, como fez o Supremo Tribunal Federal no julgamento do HC n. 105.959/DF, e decidir

[21] STF, HC 105.959/DF, Rel. Min. Marco Aurélio, Red. p/ Acórdão Min. Edson Fachin, DJE 15/06/2016.

por prestigiar a forma em detrimento da dignidade humana das centenas de milhares de brasileiros encarcerados não condiz, sob qualquer ângulo, com o Estado de Direito.

A conclusão a que chegou a Corte Suprema naquele julgado parece fechar os olhos ao estado de calamidade em que se encontra o sistema prisional do Brasil. Com efeito, ao assim decidir, o STF tornou ainda mais fechadas as portas para um julgamento mais justo e compromissado com a dignidade humana, sobretudo para os desassistidos.

Não merece prosperar, ainda, a ideia de que não chegam ao Supremo Tribunal Federal casos absurdos de violações de direitos fundamentais. A título de exemplo do contrário, menciona-se o HC n. 141.201/MG, impetrado perante o STF, em que se narrava que determinado indivíduo havia sido condenado à pena de reclusão – e tido a sua condenação mantida em segunda instância e pelo STJ, frise-se – em razão do furto de uma correntinha avaliada em R$ 15,00 (quinze reais). Pode-se aludir, ademais, o HC n. 141.410/SP, hipótese na qual o paciente era condenado, também à pena de reclusão, pela tentativa de furto de uma barra de chocolate. Outro caso que causa espanto é o HC n. 139.248/SP, em que o paciente se encontrava preso preventivamente por ter furtado dezoito tijolos e os revendido pela valor total de R$ 7,00 (sete reais).

Outra dessas assombrosas situações veio à tona em 2020. Após atravessar a primeira instância do Judiciário de Minas Gerais, a segunda instância mineira e também o Superior Tribunal de Justiça, chegou ao Supremo o HC 181.389, cujo paciente tratava-se de cidadão que havia furtado R$ 4,15 (quatro reais e quinze centavos) em moedas, uma latinha de Coca-Cola, duas garrafas de cerveja e uma garrafa de pinga, tudo avaliado em R$ 29,15 (vinte e nove reais e quinze centavos).

Todos esses casos assombrosamente chegaram ao Supremo Tribunal Federal. Distribuídos ao Ministro Gilmar Mendes, todos tiveram a ordem concedida.

Como se vê, casos esdrúxulos também chegam à Suprema Corte Brasileira. Não fosse a decisão tomada no HC n. 139.248/SP, por exemplo, o paciente poderia ter sido mantido nas *masmorras* por ter furtado 18 tijolos, que custavam, ao todo, R$ 7,00.

Nesse contexto, entende-se que a atual situação dos presídios brasileiros não comporta as limitações que o Supremo Tribunal Federal vem impondo ao instituto do *habeas corpus*.

Com efeito, implementar embaraços a que eventual desacerto de um magistrado tenha a possibilidade de ser corrigido por outro não parece se coadunar com os princípios elementares insculpidos na Constituição Federal de proteção dos direitos fundamentais.

5. Conclusão – A reforma do processo constitucional brasileiro constitui momento oportuno para se revisitar a doutrina brasileira do *habeas corpus*

Posto à disposição da população brasileira antes mesmo do reinado de Dom Pedro II, o *habeas corpus* constitui a pedra fundamental do processo constitucional brasileiro[22].

Do Império à República do Brasil, tanto nos períodos de normalidade institucional, quanto nos de crise, o remédio vem servindo como importante mecanismo de salvaguarda dos direitos individuais dos brasileiros.

Após interpretações amplas e restritas quanto às hipóteses de cabimento do *habeas corpus,* os tribunais brasileiros vêm impondo, por meio de sua própria jurisprudência, cada vez mais entraves ao manejo do *writ,* de modo a prestigiar a forma em detrimento da liberdade e da dignidade de centenas de milhares de cidadãos.

A toda evidência, as referidas restrições parecem não dialogar com o caótico sistema prisional brasileiro, palco de desumanas e diuturnas violações de direitos fundamentais.

Considerado o cruel cenário dos presídios brasileiros, a severa crise institucional que acomete a República e tendo em vista a importância histórica do *habeas corpus* na proteção dos direitos individuais, entende-se que o âmbito de proteção do remédio constitucional heroico não deve ser restrito.

Nesse contexto, acredita-se que a reforma das normas atinentes ao processo constitucional brasileiro constitui momento oportuno para se revisitar a doutrina brasileira do *habeas corpus,* a fim de que, pela via legislativa, as hipóteses de cabimento do remédio heroico sejam expandidas.

É preciso que se permita que eventual desacerto de um magistrado – sobretudo na tão sensível seara criminal – possa vir a ser revisto e corrigido por outro.

[22] MENDES, Gilmar Ferreira. *O habeas corpus como pedra fundamental do processo constitucional brasileiro. In:* MARINONI, Luiz Guilherme; SARLET, Ingo Wolfgang. Processo Constitucional. Revista dos Tribunais, 2019, pp. 1051 e ss.

Com efeito, restringir o *habeas corpus*, significa ignorar o caos prisional brasileiro e não condiz, sob qualquer aspecto, com o Estado Democrático de Direito.

Referências

BONAVIDES, Paulo. *Curso de Direito Constitucional*. 23 ed. São Paulo: Malheiros Editores, 2008.

CANOTILHO, J.J. Gomes. *Direito Constitucional e Teoria da Constituição*. 7 ed. Coimbra: Edições Almedina, 2003.

GRINOVER, Ada Pellegrini; FERNANDES, Antonio Scarance; GOMES FILHO, Antonio Magalhães. *Recursos no processo penal*. 4 ed. São Paulo: Revista dos Tribunais, 2004.

GUEDES, Néviton. *A concretização dos direitos fundamentais sociais pelo Judiciário*. In: A constituição entre o direito e a política: o futuro das instituições: estudos em homenagem a José Afonso da Silva. Coord. Marcus Vinicius Furtado Coêlho. 1 ed. Rio de Janeiro: LMJ Mundo Jurídico, 2018.

MENDES, Gilmar Ferreira. *Conselho Nacional de Justiça e parcerias institucionais* – temas prioritários. In: MENDES, Gilmar Ferreira; SILVEIRA, Fabiano Augusto Martins; MARRAFON, Marco Aurélio. Conselho Nacional de Justiça – fundamentos, processo e gestão. São Paulo: Saraiva, 2016 (Série IDP).

MENDES, Gilmar Ferreira. *Direitos fundamentais*: eficácia das garantias constitucionais nas relações privadas. In: Revista de Direito do Consumidor: RDC, v. 22, n. 90, p. 13-38, nov./dez. 2013.

MENDES, Gilmar Ferreira. *O habeas corpus como pedra fundamental do processo constitucional brasileiro. In:* MARINONI, Luiz Guilherme; SARLET, Ingo Wolfgang. Processo Constitucional. Revista dos Tribunais, 2019, pp. 1051 e ss.

MENDES, Gilmar Ferreira; BRANCO, Paulo Gustavo Gonet. *Curso de Direito Constitucional*. 10 ed. rev. e atual. São Paulo: Saraiva, 2015 (Série IDP).

MIRANDA, Jorge. *Manual de Direito Constitucional*: Preliminares, o Estado e os sistemas constitucionais, tomo I. 4 ed. rev. e actual. Coimbra: Coimbra Editora Ltda., 1990.

PETER, Christine Oliveira. *O Supremo Tribunal Federal e a concretização dos direitos fundamentais*. In: PETER, Christine Oliveira; CARNEIRO, Gustavo Ferraz Sales. Controle de constitucionalidade e direitos fundamentais. Rio de Janeiro: Lumen Juris, 2010.

SOUZA NETO, Cláudio Pereira de; SARMENTO, Daniel. *Direito Constitucional*: teoria, história e métodos de trabalho. 2 ed., 3 reimpr. Belo Horizonte: Fórum, 2017.

9
CONTROLE DE CONSTITUCIONALIDADE *CONCENTRADO* ESTADUAL

Ariel Uarian

Introdução

A ordem jurídica é um complexo de normas que estabelecem relações de fundamentação ou derivação. Em razão do Poder Constituinte Derivado Decorrente, os Estados-membros organizam-se e regem-se pelas Constituições Estaduais, que deverão observar os princípios da própria CF 1988. Desse modo, as normas jurídicas emanadas pelos Estados-membros possuem 2 (duas) normas que fundamentam sua existência, uma imediata (a Constituição Estadual) e uma mediata (a CF 1988).

Pode-se dizer, portanto, que existem dois tipos de Controle de Constitucionalidade, um Federal, cuja norma de parâmetro é a própria Constituição Federal, e um Estadual, cujas normas de parâmetro são as Constituições Estaduais.

Anna Cândida da Cunha Ferraz (1979, p. 186) assevera que a criação de um ordenamento jurídico próprio assegura aos Estados-membros a capacidade de criar mecanismos de controle que garantem a supremacia da Constituição Estadual no seu próprio plano territorial, dentre os quais se encontra o controle de constitucionalidade estadual e a própria jurisdição constitucional estadual.

A ideia de um controle de constitucionalidade pressupõe um conceito de hierarquia das normas jurídicas, na qual a Constituição encontra-se no ápice, sendo a base de todas as normas jurídicas de um sistema. Essa noção está presente nos escritos de Hans Kelsen (2009, p. 388) e Raul Machado

Horta (2010, p. 41). Assim, o Controle de Constitucionalidade Estadual é a análise, por parte do Poder Judiciário dos Estados-membros, das normas editadas pelo próprio Estado-membro e pelos Municípios em cotejo com a Constituição Estadual, que vem a ser a norma básica que rege o próprio ordenamento jurídico estadual. Esse conceito está implícito na autonomia dos Estados e de seu poder de auto-organização.

No Brasil, em razão do o §2º, do art. 125, da Constituição Federal de 1988, o sistema de controle concentrado de constitucionalidade estadual a análise tanto de leis estaduais e municipais contestadas em face da Constituição Estadual.

O objetivo do presente trabalho é traçar um retrato do atual cenário do controle concentrado de constitucionalidade estadual e com uma lei federal que regule a matéria pode contribuir para a melhoria e efetivação desse instituto.

1. O controle de constitucionalidade concentrado nos estados-membros pós Constituição Federal de 1988

A redação do §2º, do art. 125, da Constituição Federal possui a seguinte redação:

> Art. 125 [...] § 2º Cabe aos Estados a instituição de representação de inconstitucionalidade de leis ou atos normativos estaduais ou municipais em face da Constituição Estadual, vedada a atribuição da legitimação para agir a um único órgão.

Em razão do dispositivo acima, todos os Estados-membros contêm normas relacionadas ao controle de constitucionalidade estadual em face de normas estaduais e municipais. Entretanto, há uma diversidade de modelos de controle de constitucionalidade estadual, basicamente cada Estado-membro. Contudo, por mais que isso pareça contraditório, os Estados-membros instituem modelos distantes daquele previsto na esfera federal.

Em outras palavras, os mecanismos de controle de constitucionalidade estadual são baseados no modelo instituído no âmbito federal e têm certas especificidades, ocasionadas pelas diferenças de texto existentes nas Constituições Estaduais.

Partindo para uma análise mais específica, exceção feita ao Rio de Janeiro, em todas as constituições dos Estados-membros há menção expressa ao termo Ação Direta de Inconstitucionalidade no texto. Os Estados de Alagoas e Mato Grosso do Sul possibilitam a propositura de Ação por Descumprimento de Preceito Fundamental Estadual. Todas as constituições estaduais, com exceção feita ao Estado do Tocantins, possuem um rol de legitimados habilitados a exercer o controle concentrado de constitucionalidade e apenas a Constituição do Estado de Goiás possui a necessidade de existir relação de pertinência entre o objeto da ADI e as atividades desenvolvidas por entidade sindical estadual legitimada.

A fim de uma visualização geral da situação atual do controle concentrado de constitucionalidade nos estados segue planilha que compila os modelos estaduais.

Controle de constitucionalidade nos Estados-membros

Estados	ADI	ADC	ADO	ADPF	Representação de Inconstitucionalidade	Rol de legitimados	Relação de Pertinência	PGE dever de defender o ato impugnado
AC	X	-	X	-	-	X	-	-
AL	X	-	-	X	-	X	-	-
AP	X	X	-	-	-	X	-	-
AM	X		-	-	-	X	-	-
BA	X	-	-	-	X	X	-	-
CE	X	X	-	-	-	X	-	-
DF	X	X	-	-	-	X	-	-
ES	X	-	-	-	-	X	-	-
GO	X	X	-	-	-	X	X	X
MA	X	-	-	-	-	X	-	X
MT	X	-	-	-	X	X	-	X
MS	X	-	-	X	X	X	-	-
MG	X	X	-	-	-	X	-	X
PA	X	-	-	-	-	X	-	X
PB	X	-	X	-	X	X	-	-
PR	X	X	X	-	-	X	-	X
PE	X	-	-	-	-	X	-	
PI	X	X	-	-	-	X	-	X
RJ	-	-	-	-	X	X	-	-
RN	X	-	X	-	-	X	-	X
RS	X	-	X	-	-	X	-	X
RO	X	-	X	-	-	X	-	X

RR	X	-	X	-	-	X	-	X
SC	X	-	X	-	-	X	-	X
SP	X	-	X	-	X	X	-	X
SE	X	-	X	-	-	X	-	X
TO	X	-	-	-	-	-	-	-

Fonte: Autoria própria.

Para entender como se dá essa diversidade de modelo, é importante entender a amplitude interpretativa decorrente do §2º, do art. 125, da CF 88.

2. A extensão do termo representação de inconstitucionalidade

2.1. Âmbito da Constituição Federal

O §2º do art. 125 da CF 88 apresenta a redação *representação de inconstitucionalidade*. Essa nomenclatura é um resquício evolutivo do texto constitucional durante a Assembleia Constituinte e decorre de um equívoco originado durante a vigência da Constituição Federal (CF) de 1946.

O art. 8º da CF 1946 dispunha a hipótese de intervenção a ser proposta pelo Procurador-Geral da República em face de ato que ferisse os princípios contidos no inciso VII do art. 7º

A Lei 2.271/1954, que regulava o procedimento previsto no art. 8º da CF 1946, nominava o procedimento de *arguição de inconstitucionalidade*. Entretanto, na lei, o termo utilizado era *representação de inconstitucionalidade*.

A adoção do nome *representação interventiva* gerou diversas críticas dos doutrinadores da época, pois o termo *representação* era voltado para manifestações de terceiro dentro de determinado processo e, no caso, estava-se diante de uma ação direta. Parte, aqui representada por Pontes de Miranda (1947, p. 488), defendia a nomenclatura argumentando que o Procurador-Geral atuaria nesses processos em interesse de terceiro. O outro lado, representado por Afredo Buzaid (1958, p. 105), criticava a nomenclatura, dado que o Procurador-Geral não era mero representante e realizava um juízo de procedência ou não do pleito, sendo que ele podia atuar sem a representação de terceiro, mas a partir de um juízo próprio.

Themístocles Cavalcanti (1966, p. 112), que foi Procurador-Geral entre 1946 e 1947, justifica a utilização do nome *representação de inconstitucionalidade* por uma razão meramente prática: a Procuradoria Geral da República tinha dúvidas quanto à natureza do mecanismo contido no art. 8º da CF 1946, buscando efetivar o instrumento foi realizada procura dentro dos verbetes dos procedimentos que seriam julgados pelo STF. Dois se apresentaram como possíveis: *reclamação* ou *representação*. Analisando cada um dos procedimentos, a PGR escolheu representação. Por esse motivo, a primeira representação de inconstitucionalidade tem o número de 93.

Foi durante a vigência da CF 1946 foi a promulgação da Emenda Constitucional (EC) 16/1965, que, ao alterar a alínea "k", do inciso I, do art. 101, criou a representação genérica de controle de constitucionalidade de leis federais e estaduais, a ser promovida pelo Procurador-Geral da República.

Note-se que o uso da nomenclatura *representação de inconstitucionalidade* recaiu no mesmo equívoco da *representação interventiva*, cuja razão do nome já foi discutida anteriormente.

A *representação de inconstitucionalidade* era utilizada tanto para questionar a inconstitucionalidade de uma norma, quanto para se buscar a constitucionalidade de uma norma a partir de um pedido de inconstitucionalidade, um expediente que se assemelha, por vias tortas, ao que hoje é a ADC. Diversos são os casos em que o Procurador Geral da República apresentava a representação de inconstitucionalidade e posteriormente pugnava pela sua improcedência[1], ou ainda se manifestava pela improcedência parcial[2]. Isso configura a característica de ações irmãs[3] da ADI e da ADC, cuja diferença se dá no pedido formulado.

Com o passar do tempo houve uma alteração semântica no sentido do termo *arguição de inconstitucionalidade*, que passou a significar o procedimento na modalidade difusa do controle de constitucionalidade. Isso é perceptível pela utilização do verbo *arguir* no art. 480 do Código de Processo Civil de 1973 e nos arts. 948 do Código de Processo Civil de 201.

Em contrapartida, o termo *representação de inconstitucionalidade* passando representar o procedimento de controle concentrado de constitucionalidade.

As inovações trazidas pela CF 88, além de refinar o controle concentrado de constitucionalidade diante da complexidade da realidade e da

[1] Rp 732, Relator(a): Min. VICTOR NUNES, Tribunal Pleno, julgado em 25/09/1968, DJ 04-11-1968 PP-04555 EMENT VOL-00745-01 PP-00017 eRp 897, Relator(a): Min. RODRIGUES ALCKMIN, Tribunal Pleno, julgado em 27/11/1975, DJ 08-07-1976 PP-05109 EMENT VOL-01027-01 PP-00084 RTJ VOL-00078-02 PP-00330

[2] Rp 919, Relator(a): Min. BILAC PINTO, Tribunal Pleno, julgado em 01/06/1977, DJ 01-07-1977 PP-04459 EMENT VOL-01063-01 PP-00123 RTJ VOL-00081-03 PP-00688

[3] ADI 3.324, voto do rel. min. **Marco Aurélio**, julgamento em 16-12-2004, Plenário, *DJ* de 5-8-2005.

prática da jurisdição constitucional, resultaram em uma mutação do termo *representação de inconstitucionalidade*, tornando-o gênero do qual fazem todos os procedimentos inerentes ao controle concentrado de constitucionalidade, visto que ela é a matriarca que geriu o que futuramente seriam os procedimentos contidos na CF 1988.

Isso posto, quando o §2º, do art. 125 possibilita que os Estados-membros instituam *representação de inconstitucionalidade* não diz respeito apenas à ADC e ADI, mas a todos os mecanismos inerentes ao controle concentrado de constitucionalidade, aqui inclusas a ADPF e Reclamação Constitucional.

Por fim, percebe-se que, se do ponto de vista da técnica legislativa e da sistemática constitucional a escolha do termo *representação de inconstitucionalidade* é equivocada, do ponto de vista do modelo institucional essa escolha se mostrou muito feliz.

Ao escolher um termo de uma ordem constitucional anterior, que não possui relação direta com os mecanismos do modelo do controle de constitucionalidade federal construído na CF 1988, a ANC criou uma abertura interpretativa que permitiu aos Estados-membros uma liberdade para estabelecer diferentes formas de controle concentrado de constitucionalidade estadual, mas sem que se afastasse do modelo federal. Em outras palavras, o termo *representação de inconstitucionalidade* passou a ser gênero do qual os procedimentos do controle de constitucionalidade são espécie.

Sidraque Anacleto (2014 p. 108) defende, contudo, que no âmbito das Constituições Estaduais, a *representação de inconstitucionalidade* é considerada como sinônimo de *ação direta de inconstitucionalidade*. Entretanto, essa posição não possui guarida com a realidade e com a diversidade de modelos existentes no âmbito da jurisdição constitucional dos Estados-membros.

Vejamos o exemplo do Estado do Rio de Janeiro que estabelece como único mecanismo de controle concentrado de constitucionalidade a representação de inconstitucionalidade (art. 161, IV, *a*, da Constituição Estadual do Rio de Janeiro), cujo rol de legitimados (art. 162) guarda simetria com o previsto no art. 103 da CF 1988.

Em sentido diverso, caminha a Constituição do Estado da Bahia, que determina que é competência originária do Tribunal de Justiça julgar e processar as representações de inconstitucionalidade (alínea "d", do inciso I, do art. 123, da Constituição Estadual da Bahia). Por outro lado, estabelece os legitimados para propor ação direta de inconstitucionalidade em face de lei ou ato normativo estadual ou municipal contrário à Constituição Estadual (art. 134).

Os Estado-membros de Mato Grosso (art. 96 e 124) e de São Paulo (art. 74 e art. 90) também adotam essa mesma sistemática em suas Constituições Estaduais, nas quais consta nas competências dos Tribunais de Justiça a expressão *representação de inconstitucionalidade* e no rol de legitimados consta a expressão *ação direta de inconstitucionalidade.*

Contradizendo essa posição, o Estado-membro de Mato Grossos do Sul além da previsão da *ação direta de inconstitucionalidade,* possibilita a proposição de *arguição por descumprimento de preceito fundamental* (§3º, do art. 123). Em mesma esteira, o Estado-membro da Paraíba apresenta uma construção diferente, em que a ADPF consta de uma interpretação do seu texto (alínea "e", do inciso I, do art. 105).

Pode-se perceber que, tal qual no modelo federal, o termo *representação de inconstitucionalidade* configura-se como gênero do qual fazem parte outros procedimentos previstos no controle de constitucionalidade federal, mas os Estados-membros podem estipular apenas como mecanismo de controle concentrado de constitucionalidade apenas a *ação direta de inconstitucionalidade.*

3. Os Tribunais de Justiça e o controle concentrado de constitucionalidade estadual

3.1. Função do tribunal constitucional estadual

Segundo André Rufino do Vale (2019, p. 52), os tribunais constitucionais permitem a transformação dos conflitos políticos em diálogos constitucionais, sem que para isso seja necessário quebrar a normalidade institucional. De modo a dar racionalidade e justificação a essa situação, o autor resgata a teoria da representação discursiva ou argumentativa dos tribunais constitucionais para sustentar que as Cortes Constitucionais representam os discursos que são produzidos dentro da sociedade.

A tarefa primordial das cortes constitucionais seria, portanto, "produzir discursos que sejam representativos daqueles que ecoam na comunidade, tomando decisões baseadas em argumentos que sejam reconhecidos como razoáveis ou plausíveis e que, dessa forma, sejam amplamente aceitos como legitimamente capazes de justificar essas decisões". (VALE, 2019, p. 79)

Esse raciocínio percebe o fenômeno jurídico sob a ótica da teoria da argumentação, segundo a qual toda argumentação ou discurso é voltado para algum auditório. Sendo a decisão um todo tribunal um resultado argumentativo e discursivo, pode-se dizer que ela também é voltada para um determinado auditório específico. No caso do STF o auditório é toda a sociedade do país, já no caso dos Tribunais Estaduais, quando na função de corte de constitucional estadual, o auditório é a comunidade do Estado-membro.

Nessa perspectiva, os Tribunais Constitucionais são, ao mesmo tempo, câmaras de ressonância dos discursos que pairam na sociedade e "instâncias de deliberação pública, que são chamadas a decidir sobre questões de interesse público altamente controvertidas nas sociedades contemporâneas". (VALE, 2019, p. 127)

Esse ponto de vista ganha força nos Tribunais Constitucionais Estaduais, visto que elas têm a capacidade de representar, com maior precisão, os discursos existentes na sociedade. Isso se dá em razão da proporção continental do Brasil e as diferentes realidades existentes nos diversos Estados-membros.

Diante dessas aspirações, os Tribunais Constitucionais Estaduais são capazes de pacificar conflitos políticos estaduais, seja por meio de diálogos constitucionais com os demais poderes estaduais, seja por meio de decisões jurídicas que concretizem normas constitucionais estaduais, sem tremor na normalidade institucional estadual. Tal qual o STF faz no plano nacional.

3.2. Órgão competente para julgar as demandas em sede de controle concentrado de constitucionalidade estadual

Os Tribunais de Justiça Estaduais são competentes para julgar as ações envolvendo o controle concentrado de constitucionalidade estadual, sendo que o Plenário deles é o órgão competente para efetuar o julgamento deste tipo de demanda.

Nos termos do art. 93, XI, da CF 88, o Plenário dos tribunais com mais de 25 (vinte e cinco) desembargadores, pode constituir Órgão especial, cuja competência para julgar os casos de controle de constitucionalidade pode ser delegada a eles.

A propósito do julgamento do MS 26411[4], de relatoria do Ministro Dias Toffoli, o STF definiu que o próprio tribunal pleno tem o poder de criar órgão especial do tribunal e definir as atribuições deste.

[4] MS 26.411 AgR rel. min. Dias Toffoli, j. 4-6-2018, 2ª T, *DJE* de 14-6-2018.

No momento atual, dos 27 (vinte e sete) Tribunais de Justiça existentes em 16 (dezesseis)[5] deles o Plenário[6] é responsável por analisar as demandas decorrentes do controle concentrado de constitucionalidade, nos outros 11 (onze)[7] essa atividade é delegada a um órgão especial[8] do tribunal.

4. Efeitos da decisão tomada pelos Tribunais de Justiça em sede de controle concentrado de constitucionalidade estadual

4.1. Aspectos gerais

De acordo com Carlos Dutra (2005, p. 102-106), as decisões proferidas em sede de controle concentrado de constitucionalidade estadual possuem efeitos *erga omnes* e vinculante em relação aos demais órgãos judiciais e da administração pública estadual.

Lenio Streck (2014, p. 846) lembra que esses efeitos se restringem ao território do Estado-membro em que se deu a decisão, não se estendendo para fora de seus limites.

4.2. Modulação dos efeitos temporais

O art. 27 da Lei 9.868/99 possibilita ao STF a modulação dos efeitos de decisões que declaram inconstitucionalidade de lei ou ato normativo. Entretanto, antes mesmo da edição dessa norma o STF já se valia desse mecanismo vide os julgamentos firmados no RE 78.209/SP, RE 78533/SP, RE 105.789-1, RE 122.202. (Mendes; Martins, 2009, p. 558)

George Abboud (2018, p. 629) corrobora esse entendimento, entretanto parte de premissa diferente. Para o autor, a modulação é possível, pois a sentença é que realizará os efeitos da inconstitucionalidade. Tendo em vista que a sentença deverá ser fundamentada, a modulação deverá ter fundamento no texto constitucional e limitará a ação do tribunal.

[5] Acre, Alagoas, Amapá, Amazonas, Bahia, Espírito Santo, Maranhão, Mato Grosso, Pará, Paraíba, Piauí, Rio Grande do Norte, Rondônia, Roraima, Sergipe, Tocantins.

[6] Os tribunais usam, por vezes, nomenclaturas diferentes para definir o órgão em assembleia que reúne todos os membros do tribunal.

[7] Ceará, Distrito Federal, Goiás, Mato Grosso do Sul, Minas Gerais, Paraná, Pernambuco, Rio de janeiro, Rio Grande do Sul, Santa Catarina, São Paulo.

[8] Cada tribunal dá nome diferente para designar um órgão especial, que possui a competência delegada de analisar o controle concentrado de constitucionalidade estadual. O TJDFT, por exemplo, usa o nome Conselho Especial. Contudo, mesmo com nomes diferentes se trata de um órgão especial.

Independentemente do fundamento que a sustenta, o que se percebe é que a modulação dos efeitos temporais advém diretamente da CF 88, como uma forma de privilegiar o princípio da segurança jurídica. O que a Lei 9.868/99 faz é regular instrumento que já existia no intuito de dar clareza e determinação jurídica a essa prática. Aliás, essa posição é corroborada pelo próprio STF a propósito do julgamento da ADI 4425[9] e da ADI 875[10].

Em se tratando dos Estados-membros, as Constituições Estaduais salvaguardam o princípio da segurança jurídica, o que pode se dar de forma expressa ou implícita. Desse modo, os Tribunais de Justiça, atuando no plano do controle concentrado de constitucionalidade estadual, possuem poder para modular os efeitos temporais da declaração de inconstitucionalidade.

[9] "A modulação temporal das decisões em controle judicial de constitucionalidade decorre diretamente da Carta de 1988 ao consubstanciar instrumento voltado à acomodação otimizada entre o princípio da nulidade das leis inconstitucionais e outros valores constitucionais relevantes, notadamente a segurança jurídica e a proteção da confiança legítima, além de encontrar lastro também no plano infraconstitucional (Lei nº 9.868/99, art. 27)." (ADI 4.425-QO, rel. min. LUIZ FUX, julgamento em 25-3-2015, Plenário, **DJE** de 4-8-2015.)

[10] "[...] fica evidente que a norma contida no art. 27 da Lei nº 9.868/99 tem caráter fundamentalmente interpretativo, desde que se entenda que os conceitos jurídicos indeterminados utilizados -- segurança jurídica e excepcional interesse social - revestem-se de base constitucional. (...) o princípio da nulidade continua a ser a regra também no direito brasileiro. O afastamento de sua incidência dependerá de um severo juízo de ponderação que, tendo em vista análise fundada no princípio da proporcionalidade, faça prevalecer a ideia de segurança jurídica ou outro princípio constitucional manifestado sob a forma de interesse social relevante. Assim, aqui, como no direito português, a não aplicação do princípio da nulidade não se há de basear em consideração de política judiciária, mas em fundamento constitucional próprio. Entre nós, cuidou o legislador de conceber um modelo restritivo também no aspecto procedimental, consagrando a necessidade de um *quorum* especial (dois terços dos votos) para a declaração de inconstitucionalidade com efeitos limitados. Terá significado especial o princípio da proporcionalidade, especialmente em sentido estrito, como instrumento de aferição da justeza da declaração de inconstitucionalidade (com efeito da nulidade), em virtude do confronto entre os interesses afetados pela lei inconstitucional e aqueles que seriam eventualmente sacrificados em consequência da declaração de inconstitucionalidade. No presente caso, o Tribunal tem a oportunidade de aplicar o art. 27 da Lei nº 9.868/99 em sua versão mais ampla." (ADI 875; ADI 1.987; ADI 2.727, voto do rel. min. **Gilmar Mendes**, julgamento em 24-2-2010, Plenário, *DJE* de 30-4-2010.)

5. Lei Estadual que regulamenta o controle concentrado dos estados-membros e as Leis 9.868/99 e 9.882/99 como normas gerais

Outra pergunta que se faze é: os Estados-membros poderiam legislar sobre os mecanismos de exercício da jurisdição constitucional estadual concentrada previsto em suas Constituições Estaduais? O Legislador Estadual teria liberdade plena ou teriam de seguir as diretrizes gerais prevista nas Leis 9.868/99 e 9.882/99 que regulam o processo de julgamento das ADIs, ADCs e ADPFs perante o STF?

A CF 88 buscou garantir ao Constituinte Decorrente a liberdade na confecção dos seus mecanismos de controle concentrado de constitucionalidade estadual. Todavia, essa liberdade não é total, é necessário que ele tenha certa simetria do modelo previsto no plano Federal.

Assim, as Leis 9.868/99 e 9.882/99 constituiriam normas gerais, cabendo aos Estados-membros exercer a competência legislativa para atender a suas peculiaridades, desde que não contrariassem de forma expressa disposições das referidas leis. O que cria 3 (três) tipos de situação:

a) Estados-membros que estabelecem leis estaduais regulando o tema da jurisdição constitucional estadual. Um exemplo é Santa Catarina que, buscando traçar um norte para a processualística da ADI Estadual, editou a Lei Estadual nº 12.069/2001, que dispõe sobre o procedimento e julgamento da ação direta de inconstitucionalidade perante o Tribunal de Justiça do Estado de Santa Catarina.
b) Tribunais de Justiça que inserem em seus regimentos internos determinação para que os procedimentos inerentes ao controle concentrado de constitucionalidade dar-se-ão conforme disposto nas Leis 9.868/99 e 9.882/99, um exemplo é o do Tribunal de Justiça do Estado de São Paulo;
c) Tribunais de Justiça que na ausência de legislação estadual vêm usando os dispositivos das Leis 9868/99 e 9882/99 de forma analógica e supletiva. Vide os julgamentos da ADI 70003026564 pelo TJRS[11] e o dos Embargos Declaratórios na ADI 421241-

[11] Ementa: Ação direta de Inconstitucionalidade. Município de Capão da Canoa. Lei 1458/2000 que estabelece normas sobre edificações nos loteamentos e altera o plano diretor da sede do município de Cação da Canoa. Inconstitucional Formal. Ausência de participação das entidades comunitárias legalmente constituídas na definição do plano diretor e das diretrizes gerais de ocupação do território, bem como na elaboração e implementação dos

51.2014.8.09.0000 pelo TJGO[12], nos quais foram utilizados dispositivos das leis federais para modular os efeitos temporais da declaração de inconstitucionalidade.

Ademais, em caso de uma nova lei que regule o processo constitucional, esta deve se aplicar aos Estados-membros como norma geral.

6. Recursos para o julgamento dos feitos no contexto do controle de constitucionalidade

6.1. Aspectos gerais

Os julgamentos feitos por ocasião do controle concentrado de constitucionalidade estadual podem ser objeto de Recurso Extraordinário destinado ao STF, que passará a ter uma natureza híbrida, visto que a apreciação pelo STF dar-se-á pelo controle concentrado de constitucionalidade e não pelo controle difuso. (Anacleto, 2014, p. 180; DUTRA, 2007, p. 100)

Esse entendimento foi firmado durante o julgamento da Reclamação (Rcl) 383[13], de relatoria do Min. Moreira Alves, que admitiu a proposi-

planos, programas e projetos que lhe sejam concernentes. Violação ao §5º do art. 177 da Carta Estadual. Precedentes do TJRS. Eficácia da declaração excepcionalmente fixada, a teor do art. 27 da Lei nº 9868/99. Ação Procedente (Ação Direta de Inconstitucionalidade Nº 70003026564, Tribunal Pleno, Tribunal de Justiça do RS, Relator: Clarindo Favretto, Julgado em 16/09/2002)

[12] EMBARGOS DE DECLARAÇÃO. AÇÃO DIRETA DE INCONSTITUCIONALIDADE. MODULAÇÃO DE EFEITOS. EXCEPCIONAL INTERESSE SOCIAL. VERBA ALIMENTAR E PRESUNÇÃO DE BOA-FÉ. 1. Na hipótese, tenho como evidenciadas as razões de segurança jurídica ou de excepcional interesse social a justificar a restrição dos efeitos da inconstitucionalidade declarada, sendo a atribuição de eficácia prospectiva no presente caso necessária, haja vista a natureza alimentar da gratificação e a presunção de boa-fé dos servidores que a perceberam. 2.Assim, viável o acolhimento destes aclaratórios para que seja feita a modulação dos efeitos da declaração de inconstitucionalidade de forma prospectiva (ex nunc), resguardando os pagamentos feitos aos agentes políticos até a data da publicação da ata deste julgamento. EMBARGOS ACOLHIDOS. (TJGO, ACAO DIRETA DE INCONSTITUCIONALIDADE 421241-51.2014.8.09.0000, Rel. DES. JEOVA SARDINHA DE MORAES, CORTE ESPECIAL, julgado em 09/11/2016, DJe 2159 de 30/11/2016)

[13] EMENTA: Reclamação com fundamento na preservação da competência do Supremo Tribunal Federal. Ação direta de inconstitucionalidade proposta perante Tribunal de Justiça na qual se impugna Lei municipal sob a alegação de ofensa a dispositivos constitucionais estaduais que reproduzem dispositivos constitucionais federais de observância obrigatória pelos Estados. Eficácia jurídica desses dispositivos constitucionais estaduais. Jurisdição constitucional dos Estados-membros. – Admissão da propositura da ação direta de inconstitucio-

tura da ação direta de inconstitucionalidade perante o Tribunal de Justiça local, com possibilidade de recurso extraordinário nos casos em que a interpretação da norma constitucional estadual, que reproduz a norma constitucional federal de observância obrigatória pelos Estados-membros, contrariar o sentido e o alcance desta.

Segundo essa interpretação, o fato de a matéria ter ingresso no STF por meio de recurso extraordinário não desnatura o processo ocorrido no âmbito do Estado-membro, logo, o controle continua concentrado. Desse modo, a eficácia da decisão nesses casos seria *erga omnes.*

Essa posição foi reforçada em diversos julgados pelo STF, das quais destacamos o julgamento da Questão de Ordem (QO) no RE 187142-RJ, de Relatoria do Min. Ilmar Galvão, levantada pelo Min. Moreira Alves[14] que tinha por objetivo decidir se haveria a necessidade de comunicação ao Senado Federal da decisão proferida no recurso extraordinário em questão, ou, por se estar diante de ação direta de inconstitucionalidade em que há repercussão âmbito federal, a decisão do STF, embora em recurso extra-

nalidade perante o Tribunal de Justiça local, com possibilidade de recurso extraordinário se a interpretação da norma constitucional estadual, que reproduz a norma constitucional federal de observância obrigatória pelos Estados, contrariar o sentido e o alcance desta. Reclamação conhecida, mas julgada improcedente. (Rcl 383, Relator(a): Min. MOREIRA ALVES, Tribunal Pleno, julgado em 11/06/1992, DJ 21-05-1993 PP-09765 EMENT VOL-01704-01 PP-00001 RTJ VOL-00147-02 PP-00404)

[14] EMENTA: ESTADO DO RIO DE JANEIRO. LEI ORGÂNICA DO MUNICÍPIO DA CAPITAL, DE 05.04.90, ARTS. 25 E 27. Dispositivos que se mostram incompatíveis com a Constituição Federal. No primeiro caso, por haverem legitimado acumulações não contempladas nos §§ 1º e 2º do art. 17 do texto transitório; e, no segundo, por ofensa ao art. 37, II, do texto permanente da Carta da República. Recurso extraordinário provido, com declaração da inconstitucionalidade dos dispositivos impugnados. ACÓRDÃO. Vistos, relatados e discutidos estes autos, acordam os Ministros do Supremo Tribunal Federal, por seu Tribunal Pleno, na conformidade da ata do julgamento e das notas taquigráficas, por unanimidade de votos, em conhecer do recurso extraordinário e lhe dar provimento para declarar a inconstitucionalidade dos arts. 25, 27 e parágrafos, do Ato das Disposições Transitórias da Lei Orgânica do Município do Rio de Janeiro, de 05.04.90. Votou o Presidente, E, em questão de ordem levantada pelo Presidente (Ministro Moreira Alves), decidir que a decisão tomada, como a presente, em recurso extraordinário interposto em ação direta de inconstitucionalidade estadual, tem eficácia erga omnes, por se tratar de controle concentrado, eficácia essa que se estende a todo o território nacional. Ausentes, justificadamente, os Ministro Carlos Velloso e Celso de Mello, Presidente. Presidiu o julgamento o Ministro Moreira Alves. Plenário, 13.8.98.(RE 187142, Relator(a): Min. ILMAR GALVÃO, julgado em 13/08/1998, publicado em 02/10/1998, Tribunal Pleno)

ordinário, teria o eficácia *erga omnes*, não se limitando apenas ao Estado-membro em que tramitou a ação direta de inconstitucionalidade, mas a todo o país.

Sidraque Anacleto (2014, p. 181) defende, inclusive, que o caráter excepcional e incomum dos Recursos Extraordinários em face de decisão de Tribunal de Justiça Estadual que efetuou controle concentrado de constitucionalidade estadual enseja a criação de uma classe nova de processos no STF, o que facilitaria a pesquisa e a sistematização do instituto.

6.2. Repercussão geral

Um ponto que resta dúvida refere-se ao requisito da repercussão geral nos recursos extraordinários em face de decisão em sede de controle abstrato de constitucionalidade estadual.

Cabe lembrar que a repercussão geral é requisito que deve estar presente nos recursos extraordinários que ocorrem na esfera do controle difuso. Nos termos do §1º, do art. 1035 do CPC, considera-se repercussão geral a existência de questões relevantes do ponto de vista econômico, político, social ou jurídico que ultrapassem os interesses subjetivos do processo.

Entretanto, trata-se de falso problema, visto que diante de norma de repetição obrigatória a repercussão geral é inata. Isso se daria porque a ofensa ao texto constitucional estadual também seria uma ofensa ao texto da Constituição Federal.

Não se tratando de norma de repetição obrigatória, caberá ao STF definir se é uma questão com repercussão geral ou não. Dado que o caso pode se tratar de uma das poucas áreas de atuação discricionária do Constituinte Derivado.

Assimilada a procedimentalização do controle concentrado de constitucionalidade no âmbito dos Estados-membros, surge a questão central deste trabalho, que vem a ser a problemática dos bilegitimados, que se valem excessivamente da jurisdição constitucional federal em detrimento da jurisdição constitucional estadual. Essa situação gera um verdadeiro entrincheiramento do controle de constitucionalidade estadual pela jurisdição constitucional federal. Esse problema será abordado no capítulo seguinte.

7. Bilegitimados

Considera-se bilegitimado aquele que pode, ao mesmo tempo, propor ADI Estadual e ADI Federal. Dito isso, do rol apresentado pelo art. 103 da CF 88, dois entes podem ser considerados bilegitimados: os Governadores de Estado e do Distrito Federal e as Assembleias Legislativas dos Estados-membros e a Câmara Legislativa do Distrito Federal.

Ressalta-se, contudo, que o Conselho Federal da Ordem dos Advogados do Brasil não pode propor ADI Estadual, mas as Seccionais da OAB podem. Logo, não se trata do mesmo ente e, por isso, não pode ser classificado como bilegitimado.

De igual modo ocorre com o partido político com representação no Congresso Nacional e as entidades Sindicais de âmbito nacional, cujos seus correlatos estaduais (partidos políticos com representação nas Assembleias legislativas e as entidades sindicais estaduais) podem, via de regra, podem propor ADI Estadual.

O que se vem observando é uma utilização grande por parte dos Governadores da jurisdição constitucional federal para questionar atos normativos do próprio Estado-membro. A título de explicação, até novembro de 2018 foram protocoladas 5.967[15] (cinco mil novecentos e sessenta e sete) ações diretas de inconstitucionalidade no STF. Os bilegitimados foram autores em 1.230 (mil duzentos e trinta) delas, ou seja, 20,35% (vinte por cento e trinta e cinco avos) do total. Desse quantitativo 1.066 (um mil e sessenta e seis) foram propostas por governadores e tinham por objeto atos normativos do próprio Estado, ou seja, 18% (dezoito por cento) do total e 86,6% (oitenta e seis por cento e seis avos) das ações propostas pelos bilegitimados (Governadores e Assembleias Legislativas). Dessas últimas, 316 (trezentos e dezesseis) questionavam dispositivos das Constituições dos Estados-membros, 708 (setecentos e oito) impugnavam Leis estaduais, 3 (três) contestavam Atos do Executivo, 25 (vinte cinco) opunham-se contra Atos da Assembleia e Tribunais de Contas Estaduais e 14 (quatorze) discutiam Atos do Poder Judiciário.

Por mais que seja impossível afirmar se é intencional, essa situação transfere para o STF o ônus político da tomada de se contrapor a espécies normativas do próprio Estado-membro. Além disso, outra observação é que

[15] Os dados apresentados aqui foram obtidos em 27/11/2018, por meio do sistema do STF disponível ao público.

eles se valem da jurisdição constitucional federal para contornar e ignorar o Poder Judiciário Estadual, impossibilitando um diálogo institucional no âmbito do Estado-membro.

Outra consequência, segundo Leo Leoncy (2007), é a possibilidade de tramitação simultânea de ADI Estadual e ADI Federal, desde que a norma de parâmetro no âmbito estadual não seja norma de observância obrigatória. Isso se daria porque os parâmetros de controle têm autonomia entre si e, em se tratando de norma de observância obrigatória, o que definiria o exercício da jurisdição constitucional estadual ou federal seria a causa de pedir lançada na inicial da ação direta, não o objeto do controle.

A tramitação simultânea resolve parcialmente a questão da concomitância das jurisdições constitucionais federal e estadual sob a perspectiva do princípio federativo, mas encontra os seguintes entraves:

a) não há um núcleo claro e objetivo do que vem a ser normas de repetição obrigatória, isso torna difícil estabelecer quando é possível ou não a tramitação simultânea;
b) a causa de pedir aberta que reside em sede de controle concentrado de constitucionalidade, a qual permite que a corte constitucional, seja ela estadual ou federal, possam declarar a constitucionalidade ou inconstitucionalidade com sustentáculo em dispositivo constitucional diferente daquele arrolado pelo autor da ação. Desse modo, ainda que o autor da ação não baseie sua ação em uma norma de repetição obrigatória a Corte Constitucional pode usá-lo como argumento normativo. Isso pode gerar conflitos que poderiam ocorrer entre o STF e as Cortes Constitucionais Estaduais.

Permitir o exercício da jurisdição constitucional estadual e federal concomitantemente além de não resolve a questão dos bilegitimados, possibilitaria a estes o que o Herman Benjamin denominou de *duplicação de chances de vitória*[16], a qual se manifestaria na tramitação simultânea de processos em jurisdições diferentes, o que não é admitido no sistema constitucional e processual brasileiro. Isso possibilitaria ao bilegitimado ter seu objetivo atendido em duas esferas diferentes.

Leo Leoncy (2007, p. 166) sustenta que para mitigar essa situação, em se tratando de norma de imitação ou de auto-organização, o Tribunal de

[16] Voto do Min. Herman Benjamin no AgInt no MS nº 15.497-DF (2010/0127304-6).

Justiça tem competência autônoma para julgar, inclusive, antecipadamente ao STF.

Em que pese o respeito e o esforço de argumentar favoravelmente à tramitação simultânea, parece que há entraves práticas para que ela se realize de forma plena, uma vez que ainda assim o controle concentrado de constitucionalidade estadual só se efetivará se o Poder Executivo e o Poder Legislativo deixarem.

8. A necessidade de uma mudança de interpretação e uma limitação do exercício da jurisdição constitucional dos bilegitimados

Diante do quadro apresentado, em se tratando dos bilegitimados, é salutar revisitar o entendimento firmado na Rcl 425 de que se houver a tramitação paralela de ADI Federal e ADI Estadual a regra é sobrestar-se-á essa última. Entretanto, nesses casos o sobrestamento das ADI Estaduais devem ser a exceção não a regra. Assim, restariam duas possibilidades:

a) a tramitação simultânea de ADIs nos Tribunais de Justiça e no STF, independentemente do teor da norma; ou
b) exercício prévio da jurisdição constitucional estadual no âmbito dos Estados-membros antes do exercício da jurisdição constitucional federal no STF.

A tese da tramitação simultânea, independentemente do teor da norma, apresenta todos os problemas já abordados e nenhum dos benefícios. Logo, temos de analisar a tese do exercício prévio da Jurisdição Constitucional Estadual em relação à Federal.

8.1. Tese do exercício prévio da jurisdição constitucional estadual à federal pelos bilegitimados

Conforme já abordado, as normas jurídicas emanadas pelos Estados-membros possuem 2 (duas) normas que fundamentam sua existência, uma imediata (a Constituição Estadual) e uma mediata (a CF 1988).

Não faz sentido analisar a compatibilidade do ato normativo com o fundamento de validade mediato antes do imediato. Desta forma, o §2º, do art. 125, da CF 88 possibilita aos Estados-membros a instituição de mecanismo de controle de constitucionalidade, implicitamente é uma limitação à alínea “a”, do inciso II, do art. 102, CF 88, especialmente em relação aos Governadores e Mesas do Legislativo dos Estados-membros e Distrito Federal que contestam atos normativos do próprio ente federado.

Assim, caso se tenha mecanismos que possibilitem aos Governadores e Mesas do Legislativo dos Estados-membros e Distrito Federal contestar ato normativo do próprio ente federado, deve-se exercer a jurisdição constitucional estadual previamente à jurisdição constitucional federal.

Observando o direito comparado, essa é a solução adotada no direito constitucional alemão, na qual a jurisdição do Tribunal Constitucional Federal retrocede em favor da jurisdição do Tribunal Constitucional Estadual, desde que a lei estadual/provincial forneça às partes contestantes meio legal próprio para decidir a disputa constitucional específica[17].

Em outras palavras, o *Bundesverfassungsgericht* (Tribunal Constitucional Federal Alemão) só é competente para julgar diretamente atos normativos estaduais se a constituição estadual para disputas de órgãos não prever qualquer jurisdição do tribunal constitucional estadual ou se o rol de reclamantes for mais estreito que aquele previsto na Lei Fundamental. Entretanto, caso o *Bundesverfassungsgericht* decida sobre os atos normativos estaduais, sua decisão sempre prevalecerá em relação à decisão dada pelo tribunal estadual/provincial.

Cumpre ressaltar ainda que, existindo previsão de controle concentrado de constitucionalidade no âmbito das Constituições dos Estados-membros garantido pelo texto da CF 1988, incumbe ao sistema e agentes públicos darem efetividade a ele, ainda que a jurisdição constitucional federal tenha predomínio sobre essa.

Nessa esteira, sendo Assembleia Legislativa ou Câmara Legislativa ou Governador de Estado ou do Distrito Federal estão obrigados a respeitar e

[17] "A jurisdição do Tribunal Constitucional Federal de acordo com o Art. 93 (1) No. 4 GG, §§ 71 f. A BVerfGG deixa de existir assim que a lei provincial fornece às partes contestadas seu próprio recurso legal para decidir a disputa constitucional específica (ver BVerfGE 90, 43 <45>) [...] Não é necessário determinar qual é o momento relevante para a admissibilidade de pedidos em outros processos constitucionais. Porque as peculiaridades da subsidiária Landesorganstreitverfahrens ouviu que o Tribunal Constitucional Federal (*Bundesverfassungsgericht*) tem de decidir apenas na ausência de canais legais para o Tribunal Constitucional Estadual (*Landesverfassungsgericht*) sobre disputas constitucionais na matéria. Se tal processo legal for aberto após a apresentação do pedido, a cláusula de subsidiariedade irá intervir. A data da audiência como a hora relevante não pode ser desligada neste caso. Isso deve proporcionar uma audiência legal, mas não determinar a data relevante para a existência dos requisitos de admissibilidade para todos os tipos de processos.". Tradução livre.

dar concretude às disposições das Constituições dos Estados-membros, dentre as quais consta o controle concentrado de constitucionalidade estadual.

Contudo, é necessário que se dê abertura sistêmica para que o STF atue em demandas que têm repercussão federal, determinando o sobrestamento da ADI Estadual e o andamento da ADI Federal.

Convém lembrar que, na eventualidade de inconformismo em relação à decisão, remanesce aos bilegitimados a possibilidade de questionar as decisões dos Tribunais de Justiça no plano da Ação Direta de Inconstitucionalidade Estadual por meio de Recurso Extraordinário, cujo julgamento pelo STF ocorrerá no campo do controle concentrado de constitucionalidade, com efeito *erga omnes*. Desde que a decisão do Tribunal de Justiça decorra de interpretação de norma constitucional estadual que reproduz a norma constitucional federal de observância obrigatória pelos Estados.

Isso evitaria que o STF adentrasse no âmbito de liberdade legislativa dos Estados-membros, garantindo a autonomia desses, e tivesse a possibilidade de atuar em casos que tivessem reverberação nacional. Entretanto, modifica a lógica atual.

A modificação em questão permitiria uma prática mais efetiva do controle concentrado de constitucionalidade dos Estados-membros, bem como permitiria ao STF espaço para julgar casos que tem impacto e relevância nacional.

Saliente-se que ao STF sempre caberá resolver, em última instância, questões constitucionais relevantes, mas isso não ocorrerá se o tribunal estiver abarrotado por excesso de demandas.

Essas alterações na posição do tribunal poderiam diminuir o uso deletério do controle concentrado de constitucionalidade federal pelos Governadores em face de atos normativos do próprio Estado-membro.

8.2. Críticas

8.2.1. Utilização de outros legitimados

As críticas que podem ser formuladas dizem respeito aos bilegitimados, ainda que sofram restrições na utilização da jurisdição constitucional abstrata federal para questionar atos normativos do próprio Estado-membro, podem se valer de outros legitimados, especialmente os partidos políticos, para se cumprir esse desiderato.

Essa crítica, de fato, procede. Entretanto, ela manifesta não um problema da tese em si, mas das anomalias decorrentes do sistema partidário brasileiro, especialmente a profusão de partidos e a falta de uma linha clara de conduta deles.

8.2.2. Extensão da coisa julgada da decisão que não foi alvo de recurso extraordinário

Outra questão que pode ser levantada diz respeito à extensão da coisa julgada em relação à jurisdição constitucional estadual em relação às decisões que não foram alvo de Recurso Extraordinário.

De acordo com o que já foi mencionado no capítulo anterior, as decisões proferidas em sede de controle concentrado de constitucionalidade estadual possuem efeitos *erga omnes* e vinculante em relação aos demais órgãos judiciais e da administração pública estadual, sendo que esses efeitos são restritos ao território do Estado-membro em que se deu a decisão, não se estendendo para fora de seus limites.

Além disso, Lenio Streck (2014, p. 846) lembra que na hipótese trânsito em julgado de decisão do tribunal de justiça em sede de controle concentrado de constitucionalidade estadual sem a interposição de recurso extraordinário ao STF, esta decisão poderá ser alvo de interposição de Reclamação ou de Arguição de Descumprimento de Preceito Fundamental.

Conclusões

Os Estados-membros possuem normas relacionadas ao controle de constitucionalidade estadual em face de normas estaduais e municipais, cada um com sua especificidade e diferença em relação ao outro.

Mais do que isso, essas normas garantiram legitimidade às Assembleias Legislativas/Câmara Legislativa e aos Governadores do Estado/Distrito Federal de fazer uso, ao mesmo tempo, das Jurisdições Constitucionais Estadual e Federal. Sendo, portanto, bilegitimados.

O que se percebe é que os Governadores buscam transferir para o STF o ônus político da tomada de se contrapor a espécies normativas de seus próprios Estados-membros, bem como usar da jurisdição constitucional federal para contornar e ignorar o Poder Judiciário Estadual, impossibilitando um diálogo institucional no seu âmbito federativo.

Nesse sentido, quando as Assembleias Legislativas/Câmara Legislativa ou Governadores do Estado/Distrito Federal forem bilegitimados e tiverem o intuito de questionar atos do próprio Estado-membro é salutar o exercício prévio da jurisdição constitucional estadual.

Esta é uma solução que se assemelha ao que é adotado na Alemanha, em que havendo Controle de Constitucionalidade Concentrado Estadual, este deve ser exercido antes do seu correlato no âmbito Federal.

Essa medida, além de dar máxima efetividade ao §2º, do art. 125, da Constituição Federal de 1988, contribui para reduzir o acervo do STF e para um maior diálogo institucional no âmbito dos Estados-membros.

A eventualidade de uma nova lei que regule o processo constitucional pode e deve abordar o tema, visto que se trata de norma gera seguida pelos Estados-membros.

Referências

ABBOUD, Georges. *Processo Constitucional Brasileiro.* 2ª ed. São Paulo: Thomson Reuters Brasil, 2018.

ANACLETO, Sidraque David Monteiro. *Recurso Extraordinário em ADI Estadual.* São Paulo: Saraiva, 2014.

BUZAID, Alfredo. *Da Ação Direta de Declaração de Inconstitucionalidade no Direito Brasileiro.* São Paulo: Saraiva, 1958.

CAVALCANTI, Themistocles Brandão. *Do Contrôle da Constitucionalidade.* São Paulo: Companhia Editora Forense. 1ª Edição, 1966.

DUTRA, Carlos Roberto de Alckmin. *O controle estadual de constitucionalidade de leis e atos normativos.* São Paulo: Saraiva, 2005.

FERRAZ, Anna Cândida da Cunha. *Poder Constituinte dos Estados-membros.* São Paulo: Ed. Revista dos Tribunais, 1979.

HORTA, Raul Machado. *Direito Constitucional.* 5ª Ed. Belo Horizonte: Del Rey, 2010.

KELSEN, Hans. *Teoria Pura do Direito.* Tradução: João Baptista Machado. 8ª Edição. São Paulo: Editora WMF Martins Fontes, 2009.

LEONCY, Leo Ferreira. *Controle de constitucionalidade estadual: as normas de observância obrigatória e a defesa abstrata da Constituição do Estado-membro.* São Paulo: Saraiva, 2007.

MENDES, Gilmar Ferreira; MARTINS, Ives Gandra da Silva. *Controle Concentrado de Constitucionalidade.* 3ª Ed. São Paulo: Saraiva, 2009.

MIRANDA, Pontes de. *Comentários à Constituição de 1946.* Vol. I. Rio: Henrique Caen Editor, 1947.

STRECK, Lenio Luiz. *Jurisdição Constitucional e Decisão Jurídica.* 4ª Ed. São Paulo: Editora Revista dos Tribunais, 2014.

VALE, André Rufino do. *Argumentação Constitucional: Um estudo sobre a deliberação nos tribunais constitucionais.* São Paulo: Almedina, 2019.

10
PLENÁRIO VIRTUAL, PODER DE AGENDA E PROCESSOS DELIBERATIVOS NO ÂMBITO DO SUPREMO TRIBUNAL FEDERAL

Ilton Norberto Filho
Sandro Marcelo Kozikoski

Introdução

O modelo de julgamento denominado como plenário *virtual* ganhou espaço e relevo no contexto do Supremo Tribunal Federal[1] e, de modo geral, também nos demais tribunais pátrios. Entretanto, apesar das inequívocas vantagens propiciadas pelo uso de plataformas tecnológicas, o emprego dessa sistemática envolta ao plenário virtual desperta inquietações.

Atente-se que a dinâmica afeta ao plenário virtual é um fenômeno que se soma com a experiência acumulada das decisões monocráticas e ainda com os padrões de votação "em lista", sendo que a confluência destas diferentes técnicas parece restringir a esfera deliberativa da Corte e o nível de atenção decisória dispensada aos processos constitucionais de natureza diversa. Conforme se pretende destacar, decisões tomadas em regime colegial não induzem, propriamente, padrões deliberativos com cotejo de opiniões e enfrentamento argumentativo por parte dos integrantes da Corte Suprema.

[1] "Recentemente, com a chegada da pandemia da COVID-19 ao Brasil, o STF adotou diversas medidas de ampliação do escopo do plenário virtual, como forma de atender às medidas de isolamento social sem interromper as atividades do tribunal. Contudo, para além da conjuntura, essas medidas refletem uma tendência que já era visível no funcionamento do tribunal, e no discurso oficial da instituição para lidar com o volume de processos" (Pereira; Arguelhes; Almeida, 2020. p. 139-140).

De outro lado, a confluência de decisões monocráticas que incluem processos no plenário virtual, a forma com que são incluídos em pauta, a solicitação de vistas, a forma de levantamento de questões de ordem por parte dos advogados, a ausência de limites quantitativos para as deliberações em plenário virtual, a ordem de coleta e exteriorização de votos são fatores que, devidamente sopesados, induzem uma reflexão sobre a agenda e a atuação da Corte Suprema. O presente ensaio não tem o propósito de exaurir tais questões, mas apontar temas para o aprofundamento do debate.

Dessa forma, a seção II do artigo versará sobre o poder de agenda, apresentando premissas teóricas sobre esse fenômeno. O item III enfrentará as modificações no Regimento Interno do Supremo Tribunal Federal (RISTF), indicando a alteração da estrutura das normas do poder de agenda. A seção IV apresentará como o plenário virtual modifica o enquadramento dos temas trazidos ao Supremo Tribunal Federal. Por fim, as conclusões se encontram no item V.

1. Poder de agenda: questões preliminares

O tema do poder de agenda é essencial nas democracias constitucionais, pois "o processo político envolve escolhas coletivas por meio do voto, do convencimento e do exercício da influência em larga escala" (Santos; Borges, 2018, p. 7). A literatura especializada possui duas visões sobre o poder de agenda, as quais não são excludentes, e sim complementares. Dessa forma, o poder de agenda é definido como a estrutura de normas formais e informais que condicionam a tomada de decisões coletivas (primeira definição como estrutura de normas), assim como a razão e o motivo de que determinados assuntos, questões e temas são enfrentados pelas instituições e pelas autoridades (segunda definição como enquadramento).

Nesse sentido, com precisão apontam Santos e Borges (2018, p. 15-16):

> Vimos que o poder de agenda enquanto estrutura de regras se ocupa em definir as condições nas quais a coordenação entre diferentes atores se torna possível a fim de superarem os dilemas da ação coletiva em processos de tomadas de decisões. O poder de agendamento como enquadramento, porém, se ocupa de outra questão: por que determinados problemas, e não outros, são alçados em determinado momento e não outro, à condição de problema público a merecer tratamento político?
>
> A agenda de investigação incide não mais sobre como as questões são tratadas e se tornam estáveis como política de governo, mas antes sobre como

as questões se tornaram itens na agenda do governo e como as alternativas a merecerem atenção para tratar do problema são formuladas.

O poder de agenda foi estudado especialmente nas relações entre Poderes Executivo e Legislativo, observando o processo de tomada de decisões com participação de autoridades e órgãos desses dois poderes e as razões e os motivos de que certos assuntos e propostas são enfrentados e discutidos. De outro lado, com a ampliação do papel do controle judicial de constitucionalidade e das demandas judiciais apresentadas ao Poder Judiciário, o poder de agenda passou a ser objeto de análise e de preocupação dos cientistas políticos, dos juristas e dos cidadãos.

Neste artigo, o tema foca na atuação do Supremo Tribunal Federal, o qual possui extensa competência judicial originária (artigo 102, I, Constituição Federal - CF/88), assim como relevante competência judicial recursal (artigo 102, II e III - CF/88). No exercício dessas duas competências, o tribunal labora no processo de interpretação e de aplicação da Constituição Federal, tanto no âmbito do controle difuso como no do abstrato, impondo em diversas situações a última palavra sobre assuntos constitucionais[2]. Ocorre que os grandes temas sociais, políticos e jurídicos são questões constitucionais por excelência, as quais justificam a análise do poder de agenda do Supremo Tribunal Federal.

A decisão de o tribunal enfrentar ou não temas constitucionais, políticos e sociais, como e quando fazer, confere os contornos do poder de agenda. Além disso, o seu balizamento está relacionado de forma direta com as normas formais (constitucionais, legais e regimentais do Supremo Tribunal Federal) e com as normas informais (procedimentos e hábitos que podem ser adotados pelos Ministros e órgãos judiciais no exercício das suas competências), as quais consistem no poder de agenda como estrutura das normas.

Sobre o poder de agenda do Supremo Tribunal Federal, há que se fixar a premissa acerca da sua inércia ("poder inerte"), o qual precisa ser provocado pelos interessados e pelos legitimados, com exceção do controverso artigo 43 do Regimento Interno do STF[3]. Após a provocação, o tribunal

[2] Acerca dessa questão e para uma análise crítica, conferir Mendes 2011.

[3] "Art. 43. Ocorrendo infração à lei penal na sede ou dependência do Tribunal, o Presidente instaurará inquérito, se envolver autoridade ou pessoa sujeita à sua jurisdição, ou delegará esta atribuição a outro Ministro. § 1º Nos demais casos, o Presidente poderá proceder na

pode a) julgar ou não o mérito da controvérsia constitucional (não conhecer da ação ou do recurso ou extinguir o processo sem resolução do mérito), b) deferir ou indeferir as tutelas de urgência e as medidas cautelares e c) julgar procedente ou dar provimento integral ou parcial ou julgar improcedente ou negar provimento. Em qualquer das decisões dos itens a), b) e c), o fator tempo é elemento determinante, porque o momento em que o julgamento ocorre produz uma série de consequências.

Por exemplo, obviamente, julgar as regras de condução do processo de impeachment pelo Congresso Nacional, na ausência de acalorada discussão jurídica e social sobre o tema, é radicalmente diverso de o Supremo Tribunal Federal enfrentar a questão, quando existe processo instaurado pelo Presidente da Câmara dos Deputados. Suspender a eficácia de lei sobre responsabilidade fiscal logo após sua aprovação pelo Congresso Nacional e sanção presidencial é situação diferente de suspender seus efeitos depois de muitos anos da sua vigência.

Também, a extensão do julgamento do Supremo Tribunal Federal, após a provocação, influencia no poder de agenda como enquadramento de questões a serem decididas, existindo julgamentos maximalistas ou minimalistas. A decisão tomada, com a adoção de argumentos jurídicos e constitucionais mínimos para sustentar a conclusão, é completamente diferente de um julgamento que analisa com verticalidade todos os possíveis enfoques e visões. Declarar uma lei inconstitucional por violação somente à competência legislativa constitucional dos entes federativos produz efeitos jurídicos e sociais diversos de, além dessa fundamentação, asseverar ainda a ocorrência de inúmeras outras violações constitucionais como, por exemplo, a desconsideração dos direitos fundamentais e da ordem econômica. A aferição da repercussão geral da questão constitucional também pode sofrer os influxos atinentes ao grau de amadurecimento e de discussão da matéria em outras instâncias jurisdicionais.

No Supremo Tribunal Federal, também altera o processo decisional e o poder de agenda, visto que o julgamento monocrático cautelar ou de mérito pode privilegiar a visão individual do Ministro, a qual pode não representar o entendimento majoritário do órgão colegiado competente[4].

forma deste artigo ou requisitar a instauração de inquérito à autoridade competente. § 2º O Ministro incumbido do inquérito designará escrivão dentre os servidores do Tribunal".

[4] Sobre o poder de agenda no STF, cf. Lima; Gomes Neto, 2016, Silva, 2015.

Nesse contexto, a adoção e a ampliação do plenário virtual pelo tribunal impactam no poder de agenda, sendo esse o tópico da próxima sessão.

2. Plenário virtual no Supremo Tribunal Federal e modificação da estrutura de normas do poder de agenda

Acerca do poder de agenda como estrutura de normas, é oportuno salientar que o Regimento Interno do Supremo Tribunal (RISTF) goza de *status* formal de lei[5]. Pelo menos, esse é o entendimento que a Corte Suprema professa a respeito do tema[6]. Afirma-se que o Regimento Interno e as leis substanciam "normas de igual categoria"[7].

Anote-se ainda que a Emenda Constitucional nº 45/2004 implantou o filtro qualitativo da repercussão geral das questões constitucionais que, num primeiro momento, foi regulamentada no plano infraconstitucional pela Lei 11.418, de dezembro de 2006. Depois disso, a matéria foi incorporada ao cotidiano da Corte Suprema pela adequação de seu Regimento Interno.

Assim, as Emendas Regimentais nº 21/2007, nº 31/2009, nº 42/2010 e nº 54/2020 disciplinaram os demais aspectos para a operacionalidade do exame da repercussão geral. Atualmente, a proposição para exame da questão constitucional objeto da repercussão geral é feita por meios eletrônicos, com o emprego do plenário virtual. De acordo com a normatização regi-

[5] Ao que parece, isso decorre da permissibilidade existente sob a égide da Constituição de 1969, em que o STF dispunha de "competência normativa primária para dispor sobre direito processual. Com o advento da CF/88, as disposições regimentais que não conflitavam com a nova ordem constitucional foram recepcionadas e passaram a vigorar com força de lei" (BASTOS, 2021).

[6] STF – 1ª Turma – AI 102.431 AgR – Relator Ministro Sydney Sanches – j. 23.04.1985 – publicação 17.05.1985.

[7] "(...) A Constituição subtraiu ao legislador a competência para dispor sobre a economia dos tribunais e a estes a imputou, em caráter exclusivo. Em relação à economia interna dos tribunais a lei é o seu regimento. O regimento interno dos tribunais é lei material. Na taxinomia das normas jurídicas o regimento interno dos tribunais se equipara à lei. A prevalência de uma ou de outro depende de matéria regulada, pois são normas de igual categoria. Em matéria processual prevalece a lei, no que tange ao funcionamento dos tribunais o regimento interno prepondera. Constituição, art. 5º, LIV e LV, e 96, I, a. Relevância jurídica da questão: precedente do STF e resolução do Senado Federal. Razoabilidade da suspensão cautelar de norma que alterou a ordem dos julgamentos, que é deferida até o julgamento da ação direta" (STF – Pleno – ADI 1.105 MC – Relator Ministro Paulo Brossard – j. 03.08.1994 – publicação 27.04.2001).

mental (RISTF, art. 327), a Presidência do Tribunal recusará recursos que não apresentem *preliminar* formal e fundamentada de repercussão geral.

Com o advento da Emenda nº. 31/2009 ao RISTF, a votação virtual passou a envolver a resposta a duas perguntas: (i) há repercussão geral no caso concreto? e (ii) existe "questão constitucional" para fins de se viabilizar o conhecimento do recurso extraordinário? Por meio da Emenda nº. 42/2010 ao RISTF, os julgamentos virtuais passaram a ser utilizados ainda para fins de reafirmação da jurisprudência da Corte, envolvendo ainda uma terceira questão nesse sentido.

Com a Emenda nº 54/2020 ao RISTF, o processo deliberativo, via "plenário virtual", passou por adequações relevantes. Antes da Emenda 54/2020, os ministros dispunham do prazo de 20 (vinte) dias para se manifestarem acerca da repercussão geral. O § 1º do art. 324 do RISTF assinalava que, "decorrido o prazo sem manifestações suficientes para recusa do recurso, reputar-se-á existente a repercussão geral". Ou seja, a *omissão* era computada em favor da presunção da existência de repercussão geral. Porém, o § 3º do art. 324 do RISTF alterou o cômputo do voto por omissão, prevendo que o ministro que não se manifeste no prazo de 20 (vinte) dias não terá sua participação registrada na ata de julgamento, enquanto que o § 4º do art. 324 RISTF preconiza que "não alcançado o quórum necessário para o reconhecimento da natureza infraconstitucional da questão ou da existência, ou não, de repercussão geral, o julgamento será suspenso e automaticamente retomado na sessão em meio eletrônico imediatamente seguinte, com a coleta das manifestações dos ministros ausentes".

É de se notar ainda que o § 1º do art. 326 do RISTF dispõe que "poderá o relator negar repercussão geral com eficácia apenas para o caso concreto". Essa técnica pode se revelar útil quando a tese constitucional em abstrato está imbuída de certa relevância, mas o tema ainda não se mostra amadurecido para julgamento[8]. Permite-se, assim, que a matéria seja retomada e revisitada no futuro, com possibilidade de uma decisão passível de universalização.

Entretanto, o § 1º do art. 326 do RISTF desperta preocupações sob a perspectiva de esvaziamento do plenário virtual. Isto porque, conforme

[8] "A alteração das circunstâncias pode tornar relevante determinada controvérsia que antes não despertava interesse, e vice-versa. A consideração de aspectos relativos ao momento em que surge um problema, ou no qual se deve dedicar atenção a ele, é aceita em diversos países que utilizam filtros de relevância" (Rego, 2017, p. 13).

advertência de Marinoni e Fortes (2021), "nos termos dos novos dispositivos, a discussão sobre a repercussão geral não mais seria travada originalmente no Plenário da Preliminar de RG, mas sim por meio de decisões monocráticas que poderiam ser proferidas por quaisquer de seus ministros, com possível agravo interno para o Plenário Virtual comum da Corte"[9]. A preocupação é salutar, ao se constatar a dificuldade de acompanhamento do número de decisões monocráticas atualmente em voga na Corte Suprema.

Faz-se necessário observar o nível de atenção decisória dispensada ao exame da questão constitucional, notadamente pela projeção imposta pelas disposições regimentais em comento. Por isso, é fundamental um novo olhar para a repercussão geral, de modo a conjugar as vantagens e restrições do modelo de plenário virtual, vistos sob a ótica da teoria do contemporânea dos precedentes e do papel confiado ao Supremo Tribunal Federal no cenário da jurisdição constitucional.

Como é de se observar, a resolução nº 642, de 14 de junho de 2019, com as alterações promovidas pelas resoluções nº 669, de19 de março de 2020 e nº 675, de abril de 2020, do Supremo Tribunal Federal ampliou substancialmente a utilização do plenário virtual, permitindo que todos "os processos de competência do Tribunal poderão, a critério do relator ou do ministro vistor com a concordância do relator, ser submetidos a julgamento em listas de processos em ambiente presencial ou eletrônico, observadas as respectivas competências das Turmas ou do Plenário", segundo o artigo 1º Apesar de que, a juízo do relator, qualquer processo possa ser incluído no plenário virtual, o julgamento nessa modalidade ocorrerá preferencialmente nos processos "I – agravos internos, agravos regimentais e embargos de declaração; (NR) II – medidas cautelares em ações de controle concentrado; (NR) III – referendo de medidas cautelares e de tutelas provisórias; (NR) IV – demais classes processuais, inclusive recursos com repercussão geral reconhecida, cuja matéria discutida tenha jurisprudência dominante no âmbito do STF", de acordo com o § 1º, artigo 1º, Resolução nº 642, de 14 de junho de 2019.

Por sua vez, as sustentações orais poderão ser postadas em arquivo eletrônico até 48 (quarenta e oito) horas antes do início do plenário virtual, nos processos que permitem a realização desses atos. Ainda, o relator

[9] Marinoni; Fortes, 2021.

poderá retirar o processo do plenário virtual antes de iniciado o julgamento. De outro lado, após o começo do julgamento no plenário virtual, os esclarecimentos de fato serão realizados por meio de peticionamento eletrônico, sendo a peça automaticamente disponibilizada aos Ministros, conforme o artigo 5º, § 6º, Resolução nº 642, de 14 de junho de 2019 com a modificação da Resolução nº 675, de 22 abril de 2020. O relatório e os votos lançados pelos ministros, durante o julgamento, ficarão disponíveis no endereço eletrônico do Supremo Tribunal Federal, nos termos do § 2º, artigo 1º, Resolução nº 642, de 14 de junho de 2019. Os votos não serão computados com observância da antiguidade dos ministros, e sim na ordem cronológica das manifestações.

Os ministros, durante o julgamento, poderão requerer vista, segundo o artigo 5º, Resolução nº 642, de 14 de junho de 2019, com a alteração da Resolução nº 669, de19 de março de 2020, ou retirar o processo do plenário virtual para posterior julgamento no plenário presencial (síncrono, videoconferência) por meio do pedido de destaque, segundo o artigo 4º, I, Resolução nº 642, de 14 de junho de 2019, com a modificação da Resolução nº 669, de19 de março de 2020. No caso de pedido de vista, o ministro vistor com a concordância do Relator do feito poderá prosseguir no ambiente virtual ou ser julgado no órgão colegiado presencialmente. O inciso II, do artigo 4º, Resolução nº 642, de 14 de junho de 2019, com a alteração da Resolução nº 669, de19 de março de 2020, prevê que as partes requeiram pedido de destaque, porém o pleito precisa ser deferido pelo ministro Relator, conforme entendimento da jurisprudência do Supremo Tribunal Federal.

Ordinariamente, entre a data da inclusão em pauta no plenário virtual e o início do julgamento, deve ser respeitado o intervalo mínimo de 5 (cinco) dias úteis. Ainda, as sessões do plenário virtual são realizadas semanalmente, tendo início sexta-feira com duração de 5 (cinco) dias úteis, de acordo com o artigo 2º, *caput* e § 1º, Resolução nº 642, de 14 de junho de 2019. De outra banda e em caso de excepcional urgência, "o Presidente do Supremo Tribunal Federal e os Presidentes das Turmas poderão convocar sessão virtual extraordinária, com prazos fixados no respectivo ato convocatório", segundo o artigo 5-B, caput, Resolução nº 642, de 14 de junho de 2019, com a modificação da Resolução nº 669, de 19 de março de 2020. Nessa sessão virtual extraordinária, os prazos entre a convocação e o início da sessão, assim como o tempo de duração da sessão que são fixados no artigo 2º, *caput* e § 1º, Resolução nº 642, de 14 de junho de 2019 não se aplicam, fixando o ato convocatório da extraordinária o início e o término da sessão.

3. Da estrutura das normas ao enquadramento no poder de agenda do Supremo Tribunal Federal

Apesar de as mudanças regimentais que resultaram na implantação do plenário virtual serem procedimentalmente válidas[10], isso traz uma série de consequências absolutamente relevantes no tocante aos temas constitucionais submetidos cotidianamente à análise da Suprema Corte brasileira, assim como na forma de estruturação das normas para julgamento dessas questões.

Em primeiro plano, parece aceitável cogitar de uma *ressignificação* do princípio da publicidade, eis que o inciso LX do art. 5º da Constituição da República prescreve que "todos os julgamentos dos órgãos do Poder Judiciário serão públicos, e fundamentadas todas as decisões, sob pena de nulidade, podendo a lei limitar a presença, em determinados atos, às próprias partes e a seus advogados, ou somente a estes, em casos nos quais a preservação do direito à intimidade do interessado no sigilo não prejudique o interesse público à informação". Até recentemente, as preocupações dos operadores estavam afetas à influência dos holofotes da TV Justiça, sendo o tema do impacto da cobertura jornalística sobre o processo também objeto de reflexão na doutrina italiana. A publicidade por meio da televisão e da internet concretiza um controle social difuso e promove o direito à informação, contudo o processo judicial, sem as devidas cautelas na exposição pode ser desvirtuado na sociedade do espetáculo, com impactos negativos ao devido processo legal, aos direitos fundamentais das partes e grupos socialmente envolvidos e à imparcialidade dos magistrados[11].

Atualmente, a opacidade do plenário virtual pode despertar um retrocesso em termos de participação popular[12], já que "a participação é impres-

[10] Existe importante discussão na literatura especializada sobre a autonomia processual dos tribunais constitucionais, sendo questão bastante tormentosa quando a corte cria e inova no ordenamento jurídico processual para além da legislação processual. Sobre o tema, cf. Cruz, 2017, p. 35-86.

[11] Cf. Caferra, 2015, p. 37-44.

[12] "A ausência do debate ou de divulgação prévia da pauta de julgamento tem como consequência direta a ausência da publicidade. Fora do plenário físico e longe dos holofotes

cindível (...) também no processo judicial" (Marinoni, 2013, p. 127). O regramento atual não impõe limites quantitativos para inclusão de processos na pauta do plenário virtual[13], dificultando assim uma análise acurada pelos ministros no colegiado virtual, assim como o acompanhamento e a participação das partes e dos grupos sociais sobre os julgamentos realizados nessa modalidade.

Além disso e em segundo lugar, esse modelo de coleta de votos pode diminuir sobremaneira a *atenção decisória*[14], fenômeno apontado por certos setores da doutrina[15]. Ou seja, há que se discutir se as decisões operadas em plenário virtual são marcadas por uma interação mais fluída e menos intensa entre os ministros. Observa-se com frequência o reconhecimento pelos ministros e ministras do Supremo Tribunal Federal da relevância do diálogo nas sessões de julgamento dos órgãos colegiados do Supremo Tribunal Federal, o qual pode ocorrer efetivamente no plenário presencial e, durante o período de pandemia do COVID-19, na sessão por videoconferência.

Nos termos do artigo 6º, § 1º, Resolução nº 642, de 14 de junho de 2019, "As opções de voto serão as seguintes: a – acompanho o Relator; b – acompanho o Relator com ressalva de entendimento; c – divirjo do Relator; ou d – acompanho a divergência", sendo possível lançar votos pelo ministro vogal nas situações b) e c). Essa forma de interação no plenário virtual não promove um efetivo diálogo entre os julgadores e, ao menos em tese, pode diminuir a atenção decisória e especialmente a qualidade da deliberação.

da mídia, não temos nenhuma garantia acerca da publicidade do julgamento, dos votos, dos debates suscitados por advogados, ou por terceiros intervenientes, enfim, do processo decisório do Supremo. Sob esse aspecto, o plenário virtual representa um grande retrocesso" (Seifert, 2021).

[13] "Oportuno, então, estabelecer um limite razoável de processos nas sessões do plenário virtual, a fim de lhe conferir maior racionalidade, transparência e publicidade" (Bastos, 2021).

[14] "A atenção decisória expressa o grau de engajamento dos seus ministros na solução de um caso. É possível haver processos que, embora formalmente colegiados, contaram com uma atenção decisória relativamente baixa de outros ministros além do relator; no limite, seriam processos colegiados em um sentido puramente formal, mas não em um sentido substantivo" (Pereira; Arguelhes; Almeida, 2020, p. 18).

[15] "A discussão da *repercussão geral* da *questão constitucional*, por sua própria natureza, não interessa somente às partes recorrentes e recorrida. Para além disso, tal como desenhado o modelo, a sociedade só toma conhecimento do debate quando *já iniciado* o próprio julgamento da *preliminar* no colegiado virtual. Inexiste publicação prévia ou ampla divulgação anterior ao início do julgamento" (Marinoni; Fortes, 2021).

Em terceiro lugar, o emprego do plenário virtual acarreta uma superação da distinção formal entre decisões *monocráticas* e *colegiadas*[16]. Aliás, não é de hoje que se discute o processo deliberativo na Corte Suprema, em que o alinhamento de votos é marcado apenas pelo prognóstico final de votação, sem que necessariamente esteja presente a convergência de fundamentos. O fenômeno se torna ainda mais complexo quando se apregoa que as cortes de vértice são guindadas ao papel de firmarem precedentes de observância obrigatória[17]. Assim se torna dificultoso extrair a *ratio decidendi* de certos julgamentos marcados pela justaposição de votos que convergem no tocante ao prognóstico final, mas que não estão alinhados necessariamente em torno dos mesmos fundamentos decisórios. E, por outro lado, o aspecto mais rarefeito da interação argumentativa no plenário virtual sugere cautela na identificação desses pronunciamentos com as chamadas decisões colegiais proferidas de forma presencial. Em outras palavras, a ausência de um processo deliberativo robusto no plenário virtual produz, em muitos julgamentos, a adoção sem maior discussão de do voto do ministro Relator, gerando na prática uma decisão que é *formalmente* colegiada, contudo *materialmente* monocrática.

Em quarto lugar, o regramento atual não impõe limites quantitativos para inclusão de processos na pauta do plenário virtual[18], dificultando assim uma análise acurada pelos Ministros no colegiado virtual. O tempo é um dos recursos mais escassos na sociedade contemporânea, representando discussão relevantíssima no processo constitucional. Nesse sentido, Bickel (1962) aponta, por exemplo, a importância de a Suprema Corte decidir no momento socialmente adequado determinadas demandas. Ainda, o poder dos juízes e dos tribunais, em virtude da existência do controle judicial de constitucionalidade, não significa necessariamente o exercício

[16] "O STF toma decisões em contextos institucionais variados, ainda que todos estejam ligados a uma única instituição do ponto de vista jurídico e formal. Nos últimos anos, a divisão entre contextos decisórios que podemos chamar de colegiados e individuais se tornou uma das principais ferramentas de análise e crítica dessas variadas formas de decisão. Uma nova agenda de pesquisa foi aberta, na última década, com a constatação de que apenas uma pequena parcela das decisões que chegam ao tribunal é objeto de uma decisão pelo plenário ou pelas turmas" (Pereira; Arguelhes; Almeida, 2020, p. 14).

[17] No que se refere aos precedentes no direito brasileiro, cf. Pugliese, 2016; Mitidiero, 2016; Barboza, 2014; Mello, 2008.

[18] "Oportuno, então, estabelecer um limite razoável de processos nas sessões do plenário virtual, a fim de lhe conferir maior racionalidade, transparência e publicidade" (Bastos, 2021).

constante deste poder, e sim que a anulação de atos normativos e estatais é possível por meio da aplicação da constituição. O plenário virtual causou a diminuição do acervo do Supremo Tribunal Federal em razão da adoção de método célere de discussão, porém se abre a possibilidade de um exercício turbinado do controle judicial de constitucionalidade com impactos na interação entre as instituições e com o tratamento de temas sociais sensíveis, envolvendo desacordos morais, de forma ultrarrápido.

Em quinto lugar, o plenário virtual se dissocia da tradicional ordem de coleta de votos, a qual promove e respeita os critérios de investidura por antiguidade na Corte. A existência, no plenário presencial, de uma ordem pré-estabelecida de votação concede segurança jurídica ao processo de deliberação. De outro lado, há a possibilidade de os ministros e as ministras lançarem seus votos em qualquer momento da duração do plenário virtual, assim como podendo, independente da ordem de antiguidade, pedir vista ou retirar o processo da votação virtual, por meio do destaque. Essa modificação, na forma de construção da decisão, introduz maior complexidade e incerteza na maneira a deliberação ocorrer.

Em sexto lugar, mudam a forma de gestão do tempo e o controle da pauta pelo Presidente do Supremo Tribunal Federal. Os relatores dos processos realizam a inclusão no plenário virtual, retirando o poder de agenda na escolha dos assuntos a serem analisados pelo Presidente do Supremo Tribunal Federal para ações de competência do Plenário e pelos Presidentes das Turmas para os feitos atribuídos a esses órgãos fracionados. A possibilidade de inclusão de processos pelos relatores atribui ainda mais poder de agenda como enquadramento ao relator, além de facultar a adoção de tempo bastante curto para análise tanto das medidas cautelares como dos julgamentos de mérito.

Em sétimo lugar, a existência do plenário virtual auxiliou no esvaziamento do julgamento presencial na 1ª e na 2ª Turmas do Supremo Tribunal Federal[19]. A modificação no Regimento Interno do Supremo Tribunal Federal, com a retomada da competência do Plenário para julgamento de assuntos penais das Turmas, causou diminuição dos feitos atribuídos aos órgãos fracionários. Ainda os relatores e as relatoras têm optado por inse-

[19] A informação sobre essa questão encontra-se em: Brígido, Carolina. **STF tende a abolir turmas e centrar julgamentos no sistema virtual.** Disponível em:https://noticias.uol.com.br/colunas/carolina-brigido/2021/09/22/stf-abolir-turmas-centrar-julgamentos-sistema-virtual.htm. Acesso em: 24.09.2021.

rir os processos no plenário virtual das Turmas, tornando menos robusta a deliberação. A julgar pela confluência de todos esses fatores, não causará estranheza o advento de eventual alteração na estruturação da Corte Suprema, com a própria abolição das Turmas atualmente existentes.

Conclusões

O Supremo Tribunal Federal é ator jurídico e social destacado em diversas questões sociais, impondo-se a análise sobre seu poder de agenda. O plenário virtual alterou a estrutura das normas que informa a construção de decisões coletivas, modificando assim o poder de agenda como estrutura das normas no Supremo Tribunal Federal. De outra banda, essas alterações impactam diretamente nos temas que são ou não apreciados na Suprema Corte brasileira, tornando ainda mais complexo o exercício das suas competências. Este ensaio aponta problemas sem qualquer propósito de exauri-los, buscando contribuir com a discussão sobre o tema.

Referências

BASTOS, Ana Carolina Andrada Arrais Caputo. STF: sugestões para o aperfeiçoamento do plenário virtual. **JOTA**, publicado em 06.08.2021. Disponível em: https://www.jota.info/opiniao-e-analise/colunas/elas-no-jota/stf-sugestoes-para-o-aperfeicoamento-do-plenario-virtual-06082021, Acesso em24.09.2021.

BARBOZA, Estefânia Maria de Queiroz. **Precedentes judiciais e segurança jurídica**: fundamentos e possibilidades para a jurisdição constitucional brasileira. São Paulo: Saraiva, 2014.

BICKEL, Alexander M. **The least dangerous branch:** the Supreme Court at the Bar of Politics. Indianapolis: Bobbs-Merril, 1962.

BRASIL – STF – 1ª Turma – **AI 102.431 AgR** – Relator Ministro Sydney Sanches – j. 23.04.1985 – publicação 17.05.1985.

BRASIL – STF – Pleno – **ADI 1.105 MC** – Relator Ministro Paulo Brossard – j. 03.08.1994 – publicação 27.04.2001.

BRÍGIDO, Carolina. **STF tende a abolir turmas e centrar julgamentos no sistema virtual.** Disponível em:https://noticias.uol.com.br/colunas/carolina-brigido/2021/09/22/stf-abolir-turmas-centrar-julgamentos-sistema-virtual.htm. Acesso em: 24.09.2021

CAFERRA, Vito Marino. **Il processo al processo**: la responsabilità dei magistrati. Bari: Cacucci Editore, 2015.

CERDEIRA, Pablo de Camargo; FALCÃO, Joaquim; ARGUELHES, Diego Werneck. **I Relatório Supremo em números: o múltiplo Supremo**. Rio de Janeiro: Escola de Direito do Rio de Janeiro da Fundação Getúlio Vargas, 2011.

CRUZ, Gerardo Eto. Uma problemática no resuelta en la jurisdicción constitucional en Latinoamérica ¿Tienen autonomía procesal los tribunal constitucionales? MACÍAS,

José de Jesús Naveja. **Derecho procesal constitucional realidades y perspectivas.** Ciudad de México: Flores Editor, 2017, p. 35-86.

Rego, Frederico Montedonio. O filtro oculto da repercussão geral: como o obscurecimento dos juízos de relevância contribui para a crise do STF. **Revista de Direito Brasileira**, São Paulo/SP, v. 18, n. 7, p. 6-29, Set/Dez. 2017.

Kozikoski, Sandro Marcelo. **Sistema recursal**: CPC 2015. Salvador: Juspodivm, 2016.

Lima, Flavia Danielle Santiago Lima; Gomes Neto, Jose Mario Wanderley Gomes. Poder de agenda e estratégia no STF: uma análise a partir da decisão liminar nos mandados de segurança nº 34.070 e nº 34.071. In: Martins, Argemiro Cardoso Moreira; Nascimento, Grasiele Augusta Ferreira; Ramos, Paulo Roberto Barbosa (org.). **Constituição e democracia II**. Florianópolis: CONPEDI, 2016, p. 1-22.

Marinoni, Luiz Guilherme; e, FORTES, Luiz Henrique Krassuski. Decisões mais importantes do STF em 2020 das quais você não ouviu falar. **JOTA**, publicado em 02.02.2021. Disponível em: https://www.jota.info/opiniao-e-analise/artigos/decisoes-mais-importantes-do-stf-em-2020-das-quais-voce-nao-ouviu-falar-02022021. Acesso em: 24.9.2021.

Medina, José Miguel Garcia. **Prequestionamento, repercussão geral da questão constitucional, relevância da questão federal**. 7ª ed., São Paulo: Editora Revista dos Tribunais, 2017.

Mello, Patrícia Perrone Campos. **Precedentes:** o desenvolvimento judicial do direito no constitucionalismo contemporâneo. Rio de Janeiro: Renovar, 2008.

Mendes, Conrado Hübner. **Direitos fundamentais, separação de poderes e deliberação.** São Paulo: Saraiva, 2011.

Mitidiero, Daniel. **Precedentes**: da Persuasão à Vinculação. São Paulo: RT, 2016.

Pugliese, William. **Precedentes e a *civil law* brasileira**: interpretação e aplicação do novo código de processo civil. São Paulo: RT, 2016.

Santos, Fabiano; Borges, Mariana. **Poder de agenda.** Brasília: Enap, 2018.

Silva, Virgílio Afonso da. "Um voto qualquer"? O papel do Ministro relator na deliberação no Supremo Tribunal Federal. **Revista Estudos Institucionais,** Vol. 1, 1, p. 180-200, 2015.

Seifert, Priscila. O STF é pop, mas o plenário virtual não. **JOTA,** publicado em 16.06.2021. Disponível em: https://www.jota.info/opiniao-e-analise/artigos/stf-plenario-virtual-16062021. Acesso: 24.09.2021.

Pereira, Thomaz; Arguelhes, Diego Werneck; Almeida, Guilherme da Franca Couto (org.). **VIII Relatório Supremo em números.** Quem decide no Supremo? Tipos de decisão colegiada no tribunal. Rio de Janeiro: FGV Direito Rio, 2020.

II
REFORMULAÇÃO DAS TÉCNICAS E DOS EFEITOS DAS DECISÕES NO PROCESSO CONSTITUCIONAL

11
PRECEDENTES SÃO TESES OU TESES SÃO PRECEDENTES?[1]

Lenio Luiz Streck

Prelúdio

Escrevi bastante sobre o assunto "precedentes". O livro *Precedentes Judiciais e Hermenêutica* trata só disso. Também meu *Dicionário de Hermenêutica* trata do assunto. Falei em tantos artigos, em periódicos, que já perdi a conta. O assunto é recorrente. Novamente falarei sobre o tema para tentar colaborar, para termos maior clareza na temática e em seus desdobramentos. Afinal, a academia e a doutrina devem servir para alguma coisa. Não deixo para o final o esclarecimento, já explico de pronto.

O que é um *pre*cedente? *Pre-cedente*; precede. Pode ser uma platitude, porém é preciso dizer que precedente advém de uma decisão pretérita que é reconhecida, contingencialmente, como vinculante, na tradição autêntica do *common law*.

O que nós temos no Brasil? Teses, que não passam de enunciados ou enunciações. Aliás, as matérias mais lidas nos sites jurídicos são quando são publicadas novas teses dos tribunais. Teses – *que não são precedentes* – de tribunais superiores, levem o nome que for, que já "nascem" com esse viés prospectivo. E esse é o equívoco.

[1] Este texto foi escrito com base em alguns artigos previamente publicados no Conjur e meus livros que tratam sobre o tema. Todos eles estão devidamente referenciados no final deste texto. Os artigos, ainda que adaptados para a presente publicação, que com grande apreço recebi o convite, podem ser encontrados facilmente na internet.

O que se tem são teses gerais e abstratas que são criadas já visando uma posterior aplicação. Com isso, o tribunal *acaba por imitar o legislador*. E tudo começa de novo. Talvez seja por isso que juízes e tribunais não obedeçam a algo que não seja, mesmo, precedente.

No Brasil, com já disse anteriormente, precedente tem sido visto como "precedente sem caso". "Precedente pro futuro". "Precedente com força de (nova) lei". Como se o "precedente" fosse uma lei. Um mero conceito. De tempos em tempos, o *STJ lança tantas teses sobre o assunto tal*. São apenas enunciados, mas, enunciados sobre o quê? Precedentes que acabam como "conceitos sem coisas", uma espécie de metafísica jurídica.

Pretendo, nesse texto, falar sobre "precedentes" – mas a partir da coerência e da integridade. Para que não mais nos queixemos de que "ninguém está obedecendo nossos precedentes".

O Direito é sempre uma questão de *facticidade*. O fenômeno só se dá em seu tempo, em suas circunstâncias. Essas teses – do modo como são feitas hoje nos tribunais superiores – nada mais são do que insistir num paradigma oitocentista. Isso não quer dizer que não existam milhares de casos semelhantes. Todavia, há que se ter coerência na sua interpretação.

Estamos em um sistema de *civil law*. Estamos em um país sob uma Constituição que, além de ter inaugurado, legitimado e institucionalizado toda uma tradição autêntica, tem força normativa.

Por seus fundamentos, aqui, já adianto, vinculante não é o precedente; vinculante será sempre *a lei que fundamenta o precedente*. Afinal, o Judiciário não faz lei. Temos uma Constituição. Temos leis. Coerência e integridade são uma exigência lógica, uma exigência de princípio, condição de possibilidade paro Direito e, além disso tudo, é algo que está *positivado no direito brasileiro*.

1. Exposição: a origem dos precedentes e sua importação

No *common law*, o precedente não se sobrepõe à legislação. De acordo com Hart, "*no nosso sistema, o costume e o precedente estão subordinados à legislação, dado que as regras consuetudinárias e de* common law *podem ser privadas do seu estatuto jurídico por uma lei parlamentar [statute]*"[2].

[2] Hart, Herbert. **O conceito de direito,** 5ª ed., Lisboa: Fundação Calouste Gulbenkian, 2007, p. 112.

O mecanismo de decisão por precedentes é natural e funcionalmente de caráter hermenêutico em razão de dois aspectos principais. O primeiro é porque a decisão por precedentes não se articula com textos pré-definidos, vale salientar: o precedente, e mais especificamente a *ratio decidendi*, não pode ser capturado e limitado por um texto, súmula etc, sob risco de deixar de ser *ratio decidendi*. O segundo aspecto é a necessária individualização do caso a ser decidida por um precedente que não abarca previamente uma questão fática, o que torna necessária a demonstração da singularidade de cada caso, para que se evidencie a possibilidade ou não de submetê-lo à solução por precedentes. Ou isso ou paremos de dizer "o direito é uma questão de caso".

Portanto, não há aplicação mecânica ou subsuntiva na solução dos casos mediante a utilização do precedente judicial. O precedente genuíno no *common law* nunca nasce desde-sempre precedente. E nem é feito em workshop ou jornadas (caso dos enunciados). Se ele tiver coerência, integridade e racionalidade suficientes para torná-lo ponto de partida para discussão de teses jurídicas propostas pelas partes, e, ao mesmo tempo, ele se tornar padrão decisório para os tribunais e demais instâncias do Judiciário, *então é que ele poderá com o tempo vir a se tornar precedente.*

Ou seja, no *common law*, o que confere essa dimensão de precedente à decisão do tribunal superior é sua aceitação primeiro pelas partes e, em seguida, pelas instâncias inferiores do Judiciário. Daí ele ser dotado de uma aura democrática. A tese dos *commonlistas* brasileiros, por outro lado, é velha e vem lá do século XIX: uma mistura de positivismo clássico (a parte francesa da proibição de interpretar e também a parte alemã, porque os aludidos precedentes-tipo-teses-gerais brasileiros têm cheiro de neopandectismo), de realismo (empirismo jurídico=Direito é o que o judiciário diz que é) e uma forte pitada de jurisprudência analítica (seguir cegamente os precedentes).

Pretendem uma transição tardia: ao mesmo tempo em que se abandona o juiz boca da lei (o que, cá para nós, isso é muito velho; já tinha sido superado por Kelsen, Hart e todos os positivistas pós-exegéticos, sem falar nos pós-positivistas e não positivistas que lhes sucederam), quer-se, aqui, a institucionalização de um realismo de segundo nível ou grau: Cortes que produzam teses que serão aplicadas pelo, agora, juiz (e desembargadores) boca-dos-precedentes (ou teses).Ou seja, o boca da lei troca de nome e função.

De onde emana o poder das Cortes de Vértice propostas pelos nossos precedentalistas? Resposta: não emana. Saibamos, todos, o que é o legicentrismo (art. 5ºII, da CF). Agora entramos em outro problema teórico da "tese" dos "precedentes obrigatórios". Afinal, de onde emana a autoridade do procedente? Por que somente os "Tribunais Superiores" criam precedentes? E os juízes e Tribunais do baixo escalão não teriam a mesma responsabilidade política de manter a coerência e a integridade do Direito? A obrigatoriedade do precedente decorre do seu pedigree?

Começo por dizer que existe ainda uma outra questão a ser considerada, para que o debate seja produtivo: de que modo a distinção entre o convencionalismo (uma forma interpretativa do positivismo, como observa Stephen Guest, lendo Dworkin) e o Direito como integridade opera num país cujas coordenadas constitucionais apontam para o legicentrismo (art. 5º, II, da CF)? Este ponto é extremamente relevante e parece que não foi compreendido pelos precedentalistas.

O convencionalismo, grosso modo, propõe que a melhor interpretação da prática jurídica leva a concebê-la como um modo de preservar, respeitar e aplicar convenções jurídicas (leis, precedentes etc.). Com isso se protegeriam e estabilizariam expectativas (este é o seu valor). Mas e nos casos difíceis, em que a convenção não contempla uma solução prima facie? Aí, os positivistas se dividem. Alguns sugerem que uma instância legislativa se encarregasse da solução; outros, indicam que o juiz deve legislar.

Mas o dever judicial, a responsabilidade política de cada juiz é, no frigir dos ovos, uma só. Indelegável. Deve ele interpretar. Convenções (sejam estes precedentes da "Corte de Vértice", sejam súmulas vinculantes, sejam dispositivos constitucionais) não resolvem o problema. Não desoneram o juiz do dever – e, fundamentalmente, do direito – de interpretar. Porque todo o juiz é um romancista na cadeia, é um coautor de uma obra coletiva, o Direito, cujo propósito maior é o de fazer com que o uso da força coletiva esteja justificado em princípios.

O Brasil adotou um modelo radical de controle de constitucionalidade. Não é um exagero dizer que toda a jurisdição no Brasil é, antes e sobretudo, jurisdição constitucional. Não há uma diferença entre o que faz o Juiz de uma comarca do Interior e os Ministros do Supremo Tribunal Federal quando diante de um caso em que se questiona, incidentalmente, a constitucionalidade de alguma lei ou ato normativo. E mais: antes disso, há um "sentido" de Constituição pré-compreendido em toda a atividade jurídica. Parece que falta, na análise feita pelos precedentalistas, uma dose de *wirkungsgeschichtliches Bewußtsein* (consciência da história efeitual).

Não se pode desprezar ou deflacionar a responsabilidade histórica que é reconhecer que "existir é interpretar". Do contrário, corremos o risco de reproduzir o que há de pior nas tradições que ainda constituem internamente a sociedade. Daí a diferença entre pré-compreensões autênticas, enquanto condições de possibilidade de avanço na construção histórica de sentido, e meros pré-conceitos arraigados, inautênticos, que obstaculizam, não apenas o conhecer, mas o pensar, obstruindo o aprendizado histórico de construção do sentido da verdade, mas também do justo, do correto e mesmo do belo em sociedade. Não problematizar ou se apropriar reflexivamente de nossas próprias pré-compreensões a respeito de que seja o papel do Judiciário pode levar à reprodução, contra legem, de preconceitos arraigados e inautênticos à luz das novas e exigências legais. Direito é história.

O que importa, aqui – e esse é o busílis – não é o conteúdo do precedente para que ele seja "obrigatório", mas, unicamente, a figura de autoridade que põe o precedente. Eis o lema dos precedentalistas: *Auctoritas non veritas facit precedent* (só que, para eles, *auctoritas* é *potestas*). Permito-me repetir, parafraseando Hobbes: *auctoritas non veritas facit precedent*. Atenção: aqui há uma sutiliza em Hobbes, quando ele dizia que *Auctoritas non veritas facit jus*. Ele está falando de *Auctoritas* e não de *Potestas*. Pois em Hobbes a autoridade somente é autoridade porque foi autorizada pelo pacto fundamental que a autoriza por delegação a exercer a autoridade.

A *auctoritas* da tese dos precedentalistas, por outro lado, virou "*potestas*". Essa pode ser a divisão de águas na tese de quem defende que a autoridade dos precedentes supera o seu conteúdo. De novo, uma questão de teoria do direito. Ora, se somente os juízes do andar de cima fazem precedentes, os juízes do andar de baixo estão sujeitos à interpretação dos textos que já ocorreram antes dos casos. Estão sujeitos, pois, às normas criadas pela figura de autoridade (potestas) a Corte de Precedentes! O mais grave disso tudo é que, como os precedentes são, sob a ótica da doutrina brasileira do precedente, "razões generalizáveis extraídas da justificação de decisões" (que se transformam em "teses" lançadas nos sites dos Tribunais Superiores), os critérios de fundamentação dos precedentes são escamoteados a partir de um processo de depuração/generalização, sendo vedado colocá-los em xeque.

Inexiste teóricos no *common law* que digam que os precedentes são formados "enquanto teses generalizantes" para vincular os juízes no futuro. De novo: os precedentes do *common law* não são respostas antes das perguntas. E nem sequer tornam-se teses depois que o caso é resolvido! Tanto é assim que, no *common law*, quando se invoca um precedente se faz menção a um caso, e não a uma tese.

Um bom exemplo de como um precedente não é uma tese é o caso Fischer v. Bell, mencionado por Waluchow[3]. A lei sobre restrição de armas de ataque inglesa havia convertido em delito "colocar à venda" navalhas, o Tribunal teve que decidir se um comerciante que havia colocado "navajas de muelle" na vitrine de sua loja havia violado essa lei. Pelo significado óbvio de "colocar à venda", a lei teria sido violada, porém o Tribunal, diante do caso, entendeu que somente haveria um "convite para negociar", um convite para realizar uma oferta de compra, e não uma oferta de venda. Poderíamos extrair do caso uma tese no sentido de que "expor armas na vitrine não constitui oferta de venda"?

Como esse enunciado vincularia em casos futuros? Ora, a resposta é bastante óbvia: somente diante de novos casos é que será possível estabelecer, contingencialmente, em que medida, o caso passado será um precedente e, portanto, vinculará. Vinculará – além de que é o novo caso que dirá o que do caso anterior é só "obiter dictum" e o que é "ratio decidendi" e, inclusive, o que este último significa para a solução atual do caso. Não é possível dar a resposta antes das perguntas! O histórico do *common law* depõe contra a qualquer pretensão "abrasileirada" do instituto.

Seguindo a linha de pensamento de Jeremy Waldron[4] e ensinamentos da teoria da autoridade de Joseph Raz[5], Bruno Torrano[6] bem enfatiza que a existência de grandes assembleias político-deliberativas não constitui uma mera obra do acaso, e sim a essência mesma de uma desejável configuração jurídico-democrática comprometida com a "internalização institucional" do infindável pluralismo de ideias existente no seio da

[3] Waluchow, Wilfrid J. Positivismo jurídico incluyente. Traducción de Marcela S. Gil y Romina Tesone. Madrid, Barcelona: Marcial Pons, 2007, pp. 281-282.

[4] Waldron, Jeremy. Law and disagreement. New York: Oxford University Press, 1999; Waldron, Jeremy. A dignidade da legislação. São Paulo: Martins Fontes, 2003.

[5] Raz, Joseph. The morality of freedom. Oxford: Clarendon Press, 1988.

[6] Torrano, Bruno. Democracia e respeito à lei: entre positivismo e pós-positivismo. Rio de Janeiro: Lumen Juris, 2015.

comunidade. Eventuais deficiências do Legislativo devem ser pensadas e estrategicamente atacadas, mas não autorizam, de nenhuma forma, o deslocamento automático do eixo das escolhas públicas do Parlamento para cúpulas extremamente centralizadas de magistrados não-eleitos, com a preguiçosa aposta em coisas como ativismo judicial, realismo jurídico ou reverência cega a teses gerais fixadas em precedentes.

Mesmo Michele Taruffo, autor que vem servindo para sustentar a tese brasileira dos precedentes e grande defensor da transformação dos Tribunais Superiores em Cortes de Precedentes, sustenta que "é, portanto, o juiz do caso posterior que determina se há ou não o precedente e, então, – por assim dizer – 'cria' o precedente".

Apesar de discordar de vários pontos da teoria de Taruffo – que também sustenta uma transformação dos Tribunais Superiores em Cortes de Precedentes – é importante referir que ele, ao contrário do que vem fazendo parte da doutrina brasileira, não chega a sustentar uma espécie de "competência exclusiva" desses Tribunais para criar precedentes e, muito menos, uma eficácia "obrigatória" do precedente.

Nesse sentido, refere que: (...) não é apropriado dizer que o precedente da common law é vinculante, no sentido de que derive uma verdadeira e própria obrigação do segundo juiz de acompanhar o precedente. É notório que, mesmo no sistema inglês, que parece ser aquele em que o precedente é dotado de maior eficácia, os juízes usam numerosas e sofisticadas técnicas argumentativas entre as quais o distinguishing e o overruling, a fim de não se considerarem vinculados ao precedente que não pretendem seguir. Permanece, portanto, verdadeiro que naquele ordenamento o precedente é dotado de uma força considerável, vez que se espera que, em linha de princípio, o juiz sucessivo o siga – como de fato geralmente acontece –, mas esta força é sempre reversível, revogável, anulável, defeasible, porque o segundo juiz pode desatender o precedente, quando considerar oportuno fazê-lo, a fim de formular uma solução mais justa para o caso que deve decidir[7].

Há coisas muito simples. Um precedente – ou seja o nome que se dê a um enunciado com pretensão generalizante – não nasce para vincular. Ele obriga contingencialmente (dimensão da integridade); afirmar isso é

[7] TARUFFO, Michele. Precedente e jurisprudência. Trad. Chiara de Teffé. Civilistica.com. Rio de Janeiro, a. 3, n. 2, jul.-dez./2014. Disponível em: . Acesso em 19/09/2016.

defender o Estado Democrático de Direito, a jurisdição constitucional. É uma defesa das prerrogativas de juízes e tribunais da República. É também das carreiras jurídicas, que ficarão reféns de teses (abstratas e gerais ou o nome que tenham) para os quais não contribuíram e nem puderam influenciar. É uma defesa da sociedade aberta dos intérpretes da Constituição e do Direito.

2. Desenvolvimento: a genealogia dos mecanismos vinculantes no Brasil

Como se percebe, existem diferenças abissais entre os mecanismos vinculantes no Brasil e os precedentes do *common* law. Porque, no final das contas, o tão festejado "sistema de precedentes" não passa de uma tentativa de reviver os velhos assentos luso-brasileiros – conferindo-se às decisões dos Tribunais Superiores eficácia de lei sem nenhuma modificação de ordem constitucional.

Com efeito, o que a doutrina brasileira vem chamando de "precedentes" não passa de uma série de mecanismos vinculantes. Assim como antes, os mecanismos vinculantes atendem a uma teoria política, que se utiliza do direito como instrumento de centralização do poder. Não por acaso, o discurso em favor da força vinculante dos precedentes – que parte da premissa de uma vinculação meramente formal, dependente, exclusivamente, da autoridade da "Corte de precedentes".

Vejamos. A experiência lusitana corresponde ao início da centralização do poder político, com a substituição do direito costumeiro e foraleiro por um direito nacional legislado, no século XVI. A "interpretação autêntica", estaria nesse cenário atrelada ao poder exercido de modo exclusivo pelo rei. Como ao rei era impossível exercer de modo pessoal esse poder, gradualmente veio a delegá-lo para a sua Corte, o que, num segundo momento, fez com que a prática dos assentos se proliferasse para além da Casa da Suplicação. Esse quadro, no entanto, ia de encontro ao elemento fulcral dos assentos, qual seja, a centralização do poder político, razão pela qual, com a reforma pombalina, ocorrida sob a égide do despotismo ilustrado de D. José I, restringiu-se a competência para emitir assentos – fruto do poder de "interpretação autêntica" – à Casa da Suplicação[8].

[8] Streck, Lenio; Santos, Igor; Morbach, Gilberto. Da genealogia dos mecanismos vinculantes brasileiros: dos assentos portugueses às teses dos tribunais superiores. In: **Revista eletrônica do curso de direito da Universidade de Santa Maria.** Santa Maria, v. 14, n.1, 2009.

No Brasil, o Tribunal da Relação do Rio de Janeiro foi elevado à dignidade da Casa da Suplicação para o Brasil pelo Alvará de 10 de maio de 1808. Desse modo, passou a gozar da mesma competência da Casa da Suplicação de Lisboa em matéria de interpretação autêntica por meio de assentos[9], assim agindo até a sua transformação em Supremo Tribunal de Justiça ocorrida após a independência[10].

Com o Decreto Imperial de nº 2.684. de 23 de outubro de 1875, não somente foi reconhecida a força de lei dos assentos da Casa de Suplicação de Lisboa, desse período imperial até a república, como, também, foi conferida competência ao Supremo Tribunal de Justiça para tomar novos assentos "para a inteligência das leis civis, comerciais e criminais, quando na execução delas ocorrerem dúvida manifestadas por julgamentos divergentes havidos no mesmo Tribunal, Relações e Juízos de primeira instância"[11].

O anteprojeto do Código Buzaid, inclusive, tentou reestabelecer os assentos no direito brasileiro, conferindo a eles força de lei – o que colocaria o Poder Judiciário em interferência com o Poder Legislativo[12]. Desse modo, o capítulo relativo à uniformização da jurisprudência prescrevia a possibilidade de que qualquer ministro, ao dar o voto na causa, solicitar o pronunciamento prévio do Supremo Tribunal Federal acerca da interpretação de preceito da Constituição federal ou de lei federal, (i) quando se verificasse que a seu respeito ocorre ou pode ocorrer divergência ou (ii) quando na decisão recorrida a interpretação do preceito da Constituição Federal ou da lei federal for diversa daquela que lhe haja dado qualquer dos outros tribunais. Nesses casos, o tribunal, reconhecendo a divergência, daria "interpretação à norma jurídica" e "o presidente do tribunal, em obediência ao que ficou decidido" baixaria um assento, o qual, quarenta e cinco dias depois de oficialmente publicado, teria "força de lei em todo o território nacional" (art. 519, do anteprojeto do Código de Processo Civil de 1973).

[9] DA CRUZ, Guilherme Braga. **Obras esparsas**, volume II: estudos de história do Direito. Direito moderno. 2ª Parte. Coimbra: Biblioteca Geral da Universidade de Coimbra, 1981, p. 399. CORRÊA TELLES, José Homem. Comentário crítico à lei da boa razão: em data de 18 de agosto de 1769. Lisboa: Typographia de Maria da Madre de Deus, 1865, p. 28.

[10] AZEVEDO, Luiz Carlos de. O reinado de D. Manuel e as Ordenações Manuelinas. **Revista da Faculdade de Direito – USP**. v. 95. São Paulo: Universidade de São Paulo, 2000, p. 29.

[11] AZEVEDO, Álvaro Villaça. Os assentos no direito processual civil. **Justicia**. Ano XXXIII. 3º Trimestre de 1971. V. 74. São Paulo: Ministério Público de São Paulo, 1971, p. 121.

[12] AZEVEDO, Álvaro Villaça. Os assentos no direito processual civil. **Justicia**. Ano XXXIII. 3º Trimestre de 1971. V. 74. São Paulo: Ministério Público de São Paulo, 1971, p. 136

Sucede que tais disposições não foram adotadas integralmente na versão final do Código, na qual o julgamento do incidente de uniformização da jurisprudência passou ser objeto de súmula, constituindo precedente na uniformização da jurisprudência. Ademais, suprimiu-se a previsão que concedia força de lei aos assentos, não se aplicando o mesmo para as súmulas.

A passagem do anteprojeto do Código Buzaid (1964) para a sua versão definitiva (Código de Processo Civil de 1973) deixa claro a inexorável ligação entre os assentos e as súmulas. Além disso, deixa claro que os assentos foram simplesmente substituídos pela expressão súmulas, uma espécie de enunciação do precedente na uniformização da jurisprudência. Assim como os assentos, súmulas e precedentes assumiam, de modo ainda bastante tímido, uma índole prescritiva geral e abstrata para o futuro.

O resto da história é bastante conhecido por todos. Gradualmente, foram sendo inseridos novos mecanismos de vinculação na legislação brasileira, como a sistemática de julgamentos monocráticos, a súmula impeditiva de recursos, o julgamento liminar de demandas repetitivas, a repercussão geral no recurso extraordinário, dentre outros.

Com a Emenda Constitucional nº 45 de 2004, foram inseridas, na Constituição Federal, as chamadas súmulas vinculantes, mecanismo que, assim como os assentos, constituem enunciados com características de abstração e generalidade tal qual as leis lei, e que foram criadas com o objetivo de resolução de todos os casos futuros que forem possíveis se enquadrarem ao texto nelas contido.

O advento do Código de Processo Civil de 2015 não somente conservou boa parte dos mecanismos vinculantes já existentes, mas também introduziu novos mecanismos, os quais, inadvertidamente, foram recepcionados pela doutrina como formadores de um "sistema de precedentes". Mais do que isso, repetindo o mau vezo presente nos assentos portugueses se passou defender a possibilidade, inclusive, de que juízes e Tribunais decidissem casos tão somente com base em "precedentes", os quais, independentemente de qualquer alteração constitucional, teriam passado à condição de fonte primária do direito, adquirindo, pois, o mesmo valor normativo da legislação.

3. Recapitulação: não existem perguntas antes das respostas

Diante dessas considerações acerca dos precedentes, é impossível não relacionar este fenômeno, com aquele, também combatido por mim, que passei a chamar de *febre dos enunciados*[13]. Por duas razões, sendo uma invariavelmente relacionada à outra:

Primeiro, porque ambos têm uma relação diretíssima, uma vez que têm características similares;

Segundo, e mais importante, porque ambos

(i) correspondem à mesma (falha) tentativa de se chegar a respostas antes mesmo das perguntas e,
(ii) na mesma medida, pretendem-se elucidativos e, mais que isso, pretendem-se *soluções a problemas interpretativos*, quando, em verdade, como foi visto ao longo desta obra, essa pretensão em si mesma está atrelada a paradigmas filosóficos superados já há muito.

Vejamos: Heidegger e Gadamer – ou seja, a filosofia hermenêutica e a hermenêutica filosófica – bem diriam que uma proposição não é o lugar da verdade; ao contrário, *a verdade é o lugar da proposição*. Essa questão é igualmente muito bem trabalhada por Ernildo Stein. Isto quer dizer que, no plano dos paradigmas filosóficos, *o enunciado (do tipo preconizado pela comunidade jurídica) e o precedente não podem ser o lugar da verdade.*

Vou além: a verdade de que falo é, ainda, uma verdade *fundamentada*, para a qual se tem *critérios* através dos quais será possível dizê-la ou não. Afinal, então, como se pode fazer, ou mesmo pretender fazer, proposições "adivinhatórias", prospectivas? Como posso até mesmo buscar verdades correspondenciais se *sequer explicito o que exatamente desejo fazer corresponder?* Isso é sempre contingencial. Ora, é a faticidade. Não é difícil perceber que, desprendida do contexto em que se insere, a proposição – seja ela proposta por meio de enunciado ou precedente – é vazia. É um conceito sem coisa.

[13] Cf. STRECK, Lenio Luiz. Enunciado cancela enunciado; uma "jurisdição enunciativa"? Quo vadis? **Revista Eletrônica Consultor Jurídico.** São Paulo, 14 set 2017. Disponível em <http://www.conjur.com.br/2017-set-14/senso-incomum-enunciado-cancela-enunciado-jurisdicao-enunciativa-quo-vadis>. Acesso em: 22 set 2017; STRECK, Lenio Luiz. A febre dos enunciados e a constitucionalidade do ofurô! Onde está o furo? **Revista Eletrônica Consultor Jurídico.** São Paulo, 10 set 2015. Disponível em <http://www.conjur.com.br/2015-set-10/senso-incomum-febre-enunciados-ncpc-inconstitucionalidade-ofuro>. Acesso em: 22 set 2017; STRECK, Lenio Luiz. Os enunciados do Fonacrim, os falsos dilemas e o problema das prisões. **Revista Eletrônica Consultor Jurídico.** São Paulo, 24 ago 2017. Disponível em http://www.conjur.com.br/2017-ago-24/senso-incomum-enunciados-fonacrim-falsos-dilemas-problema-prisoes>. Acesso em: 22 set 2017.

Em relação à pretensão dos juristas de se fazer enunciados e precedentes (no modo como essa questão vem sendo posta como Cortes de Vértice ou Cortes de Precedentes, que fazem "teses" a partir de um ato de vontade), Ernildo Stein nos lembra – e bem – que não é a realidade que é contraditória; *os nossos discursos sobre a realidade é que são contraditórios*.

Por isso temos de ter cuidado para não confundir a estrutura dos nossos discursos com a estrutura da realidade. Como dizia Heráclito: o *logos* das coisas é um; o dos filósofos – intérpretes –, outro. Por isso a simetria entre os dois *logos* será sempre ideal. Ou ilusória. Veja-se o personagem Roquentin, de *La Nausée* (A Náusea), de Sartre, que espera que a realidade, para ser descrita, já deveria *possuir as próprias estruturas da própria linguagem*; isso também estava em Wittgenstein, no *Tratactus*, em que a comunidade da forma lógica seria a precondição para a adequação representacional. Ou seja, a pretensão de isomorfia é ilusória. Impossível.

Não paremos por aí. Falemos da fundamentação – ou, melhor, do problema que está na *ausência de* fundamentação. Quando a proposição se desprende do contexto, seu fundamento único (e último) é o sujeito que *põe* a proposição (o enunciado, o precedente). É ou não um verdadeiro retorno à relação sujeito-objeto?

Os juristas enuncialistas e precedentalistas – que, em termos de fundamento filosófico, comportam-se de forma semelhante – são a personificação da filosofia da consciência e seu problema da semântica. Um sujeito *pro-põe*. De que lugar? Qual é a fundamentação (no caso, do enunciado ou do precedente)? Uma outra palavra ou um conjunto de palavras. Uma analítica que se autofunda. Ou, como diz Rosemiro Leal, uma Tópica sem Tópica. Trata-se do fetichismo das palavras, que se, de um lado, cai no problema semântico, de outro, cai também no convencionalismo. Algo como "antes dos conceitos, nada existe ou, se existe, não tem a relevância suficiente para alterar o conceito que formularei".

Quando um conjunto de atores (sujeitos) propõe algo, através de um enunciado ou um precedente, propõe nada senão um conjunto de palavras que pretende abarcar o mundo – o ponto é que isso é feito sem que se saiba, contudo, *de que mundo se trata*. Pois vejamos: se este neoproposicionismo não está assentado no *cogito* cartesiano, ou no *Ich denke* kantiano, ou em algum tipo de afirmação da subjetividade, então a outra explicação é a de voltar à cartografia do mito do dado da pré-modernidade.

Sem se darem conta, os adeptos dos enunciados e "cortes de precedentes" querem uma volta às cartografias pré-explicativas do mundo. A partir de Heidegger, Gadamer e Stein, pode-se dizer que a verdade é necessariamente transcendental – e, veja, para além de um sentido kantiano. O *destranscendentalizar* do fenômeno enuncialista-precedentalista é dar um passo atrás, para que se possa dar *mais um passo atrás*: é um retorno ao sujeito *moderno* que valida uma busca por segurança nas cartografias do *pré-moderno*.

Os precedentes, no modo como são equiparados como "teses" no Brasil, e os enunciados feitos de forma pré-aplicativa, representam um retorno ao sujeito que objetifica a realidade que, por sua vez, deseja retornar ao assujeitamento das cartografias que pretendem conter a completude do mundo em si. A mixagem de paradigmas superados das metafísicas em seu sentido ontoteológico moderna e clássica opera mais uma vez.

Enunciados, precedentes vinculantes inautênticos, positivismo jurídico, solipsismo, sujeito da modernidade, metafísica clássica, relação sujeito-objeto. Tudo isso está interligado à luz da mesma insistência em fechar os olhos ao giro ontológico-linguístico. E se assim não o for, ainda assim, há que se concordar – e penso que os próprios precedentalistas e enuncialistas com isso não teriam qualquer problema – que a aplicação dos enunciados, teses, precedentes, súmulas, que isso tudo é uma questão de... *técnica*. Pois bem. E qual é o problema? O problema é o sinal de nossos tempos de técnica.

Nessa nossa era da técnica, o pensamento foi atravessado. Se a palavra é a morada onde habita o ser, a era da técnica, do modo como a vivenciamos, virou uma espécie de estação rodoviária em que ninguém mora; só se está de passagem. Porque a técnica faz com que percamos nossa capacidade de apropriação. A técnica nos domina: *Googlelizamos* o mundo. Não procuramos as respostas na reflexão, mas na instantaneidade da técnica.

Se a linguagem surge na falta, substituímos a falta. Falta já não é. Ela é imediatamente suprida. A técnica é uma espécie de *Grundmutter*, uma supermãe, que liquida a criança ao provê-la com tudo antes mesmo da criança apontar o dedo. Essa nossa era da técnica é uma era satisfeita. Só que o século satisfeito está morto por dentro.

E para além disso encerro com um alerta: em termos psicanalíticos, a compreensão do mundo é da ordem do não-todo; o Real é de impossível acesso (falo, por óbvio, da tricotomia real-imaginário-simbólico, de Lacan). E em termos gadamerianos, o esgotamento do significado (de um texto, da arte, *do mundo*), jamais chega a um fim em algum lugar; é, ao contrário, um processo infinito.

Assim, quando a caminhada rumo ao fim da interpretação dá seu primeiro passo atrás, o sucesso de se aprisionar o mundo em palavras, porque impossível, se afasta dois passos; dá-se mais dois, e o propósito de um sentido último afasta-se quatro. E por aí vai, e, antes que percebamos, estaremos regredindo em constância. Se, como o célebre Eduardo Galeano disse certa vez, a utopia que se afasta no horizonte é o que faz com que caminhemos, a eternamente infrutífera tentativa de se aprisionar o mundo em proposições é o que nos fará retroceder *ad infinitum.*

Eis a fundamentalidade da filtragem hermenêutica. Se a reforma legislativa do processo constitucional é necessária, que seja levado em consideração o que dizem os ouriços (no sentido de que fala Dworkin).

Não se nega que necessitamos de mecanismos que nos deem previsibilidade. Súmulas, por exemplo, são importantes mecanismos de aposição de "selo de garantia" da autonomia do Direito. O cerne do Estado Democrático de Direito é a exigência (e garantia) de que a jurisprudência seja coerente, integra e estável. Isso é condição de possibilidade para um processo democrático. Exigir – e necessitar – mecanismos vinculante não pode significar delegar às Cortes Superiores o papel de "legislador", como se pudessem editar esses mecanismos (com os diversos nomes que têm) por meio de atos de vontade. Sabemos muito que o significa "ato de vontade". Vontade é a vontade de poder (Wille zur Macht). Kelsen, como um notório pessimista moral, nunca se preocupou com a decisão jurídica. Nunca se preocupou com respostas corretas. Para ele, mesmo decisões fora da moldura (Bild) são admissíveis. Afinal, juiz produz norma. Por isso ele diz: juiz (tribunal) produz decisão por meio de ato de vontade. Sobre o qual não há controle.

Por tudo isso é que, quando falamos de precedentes (ou teses, que é o termo que se disseminou, a ponto de não se saber a diferença entre esses dois vocábulos), não podemos admitir que esses mecanismos sejam elaborados para o futuro. Essa é uma tarefa do legislador.

Numa palavra final, antes dos efeitos das decisões, que inegavelmente são importantíssimos, precisamos falar sobre como elas se formam. Bem por isso, e como admirador da música clássica, trouxe a figura da fuga, uma obra polifônica, em que o princípio ordenador rígido é tido como a representação de uma harmonia universal superior. No direito brasileiro precisamos aprender que decidir por princípio é a única maneira de dar o melhor sentido as coisas.

Referências

AZEVEDO, Álvaro Villaça. Os assentos no direito processual civil. **Justicia**. Ano XXXIII. 3º Trimestre de 1971. V. 74. São Paulo: Ministério Público de São Paulo, 1971.

AZEVEDO, Luiz Carlos de. O reinado de D. Manuel e as Ordenações Manuelinas. **Revista da Faculdade de Direito – USP**. v. 95. São Paulo: Universidade de São Paulo, 2000.

CORRÊA TELLES, José Homem. **Comentário crítico à lei da boa razão**: em data de 18 de agosto de 1769. Lisboa: Typographia de Maria da Madre de Deus, 1865

DA CRUZ, Guilherme Braga. **Obras esparsas**, volume II: estudos de história do Direito. Direito moderno. 2ª Parte. Coimbra: Biblioteca Geral da Universidade de Coimbra, 1981.

GUEST, Stephen. **Ronald Dworkin**. Rio de Janeiro: Elsevier, 2010.

HART, Herbert. **O conceito de direito**, 5ª ed., Lisboa: Fundação Calouste Gulbenkian, 2007, p. 112.

RAZ, Joseph. **The morality of freedom**. Oxford: Clarendon Press, 1988.

STRECK, Lenio Luiz. Crítica às teses que defendem o sistema de precedentes – Parte II In: *Revista Eletrônica* ***Consultor Jurídico,*** São Paulo, 29 set 2016. Disponível em: https://www.conjur.com.br/2016-set-29/senso-incomum-critica-teses-defendem-sistema-precedentes-parte-ii

STRECK, Lenio Luiz. O solilóquio epistêmico do ministro Roberto Barroso sobre precedentes In: *Revista Eletrônica* ***Consultor Jurídico,*** São Paulo 3 nov de 2016. Disponível em https://www.conjur.com.br/2016-nov-03/senso-incomum-soliloquio-epistemico-ministro-barroso-precedentes

STRECK, Lenio Luiz. Por que commonlistas brasileiros querem proibir juízes de interpretar?. In: *Revista Eletrônica* ***Consultor Jurídico,*** São Paulo, 22 set 2016. Disponível em: https://www.conjur.com.br/2016-set-22/senso-incomum-commonlistas-brasileiros-proibir-juizes-interpretar

STRECK, Lenio Luiz. Uma tese política à procura de uma teoria do Dirieto: precedentes III. In: *Revista Eletrônica* ***Consultor Jurídico,*** São Paulo 6 out de 2016. Disponível em https://www.conjur.com.br/2016-out-06/senso-incomum-tese-politica-procura-teoria-direito-precedentes-iii

STRECK, Lenio Luiz; ABBOUD, Georges. O que é isto – o sistema (sic) de precedentes no CPC? In: *Revista Eletrônica* ***Consultor Jurídico,*** São Paulo, 18 ago de 2016. Disponível em https://www.conjur.com.br/2016-nov-03/senso-incomum-soliloquio-epistemico-ministro-barroso-precedentes

STRECK, Lenio Luiz; TORRANO, Bruno. Precedente não é critério máximo pra justificar raciocínio judicial. In: *Revista Eletrônica* ***Consultor Jurídico,*** São Paulo, 26 set 2016. Disponível em: https://www.conjur.com.br/2016-set-26/precedente-nao-criterio-maximo-justificar-raciocinio-judicial

STRECK, Lenio Luiz. Precedentes IV: final. Por que interpretar não é um ato de vontade. In: *Revista Eletrônica* ***Consultor Jurídico,*** São Paulo 13 out de 2016. Disponível em https://www.conjur.com.br/2016-out-13/senso-incomum-precedentes-iv-final-interpretar-nao-ato-vontade

STRECK, Lenio; SANTOS, Igor; MORBACH, Gilberto. Da genealogia dos mecanismos vinculantes brasileiros: dos assentos portugueses às teses dos tribunais superiores.

In: **Revista eletrônica do curso de direito da Universidade de Santa Maria.** Santa Maria, v. 14, n.1, 2009.

STRECK, Lenio. **Precedentes judiciais e hermenêutica**: o sentido da vinculação no CPC 2015. Salvador: Juspodivm, 2021.

STRECK, Lenio; ABBOUD, Georges. **O que é isto – o precedente judicial e as sumulas vinculantes?**. Porto Alegre: Livraria do Advogado, 2015.

TARUFFO, Michele. Las funciones de las cortes supremas. In. TARUFFO, M. et al. **La mision de los tribunales supremos.** Madrid: Marcial Pons, 2016.

TARUFFO, Michele. Precedente e jurisprudência. Trad. Chiara de Teffé. In: **Civilistica.** com. Rio de Janeiro, a. 3, n. 2, jul.-dez./2014. Disponível em: https://civilistica.emnuvens.com.br/redc/article/view/189.

TORRANO, Bruno. **Democracia e respeito à lei**: entre positivismo e pós-positivismo. Rio de Janeiro: Lumen Juris, 2015.

WALDRON, Jeremy. **Law and disagreement**. New York: Oxford University Press, 1999; WALDRON, Jeremy. A dignidade da legislação. São Paulo: Martins Fontes, 2003.

WALUCHOW, Wilfrid J. **Positivismo jurídico incluyente**. Traducción de Marcela S. Gil y Romina Tesone. Madrid, Barcelona: Marcial Pons, 2007.

12
PROPOSTAS DE SISTEMATIZAÇÃO DAS REGRAS DE MODULAÇÃO DE EFEITOS A PARTIR DOS JULGAMENTOS EM MATÉRIA TRIBUTÁRIA

Nina Pencak
Pedro Júlio Sales D'Araújo
Raquel de Andrade Vieira Alves

Introdução

Com efeito, assumir a Constituição como norma maior de um ordenamento jurídico atrai a necessidade de que todos os outros atos normativos desse sistema guardem com ela uma relação de compatibilidade. Em breves e simples palavras, essa é a ideia central da existência do controle de constitucionalidade com amparo na teoria da supremacia da Constituição.

Apesar de a atividade de aferir a (in)constitucionalidade dos atos normativos não ser matéria originalmente judicial, comumente se aponta o caso Marbury vs. Madison, julgado pela Suprema Corte dos Estados Unidos em 1803[1] como a origem do *judicial review*. Mais recentemente, aponta-se também o embate teórico Kelsen vs. Schmitt como importante fase de

[1] Trata-se do precedente judicial no qual a Suprema Corte Norte-americana, pela primeira vez, reconheceu sua competência para declarar inválidos atos legislativos contrários à Constituição. O voto representativo da decisão foi proferido pelo *Chief Justice* Marshall: "*Se, então, os tribunais devem observar a Constituição, e a Constituição é superior a qualquer ato ordinário emanado do Legislativo, então é a Constituição, e não o ato ordinário, que deve reger o caso ao qual ambos se aplicam.*" Disponível em: https://caselaw.findlaw.com/us-supreme-court/5/137.html

consolidação da realização do controle de constitucionalidade por órgãos judiciais e, em especial, por Cortes Constitucionais[2].

Como decorrência da difusão da teoria kelseniana da supremacia da Constituição, conjugada com a teoria da nulidade do direito norte-americano[3], no Brasil, quando se julga uma lei inconstitucional, declara-se a sua nulidade. Como decisão declaratória, não se trata de um estado de inconstitucionalidade constituído pelo pronunciamento judicial, mas que remonta ao momento de sua origem. Sob essa perspectiva, proceder de modo diverso representaria conferir validade e eficácia, ainda que de forma temporária, a normas que violam a lei-matriz de um ordenamento constitucional. Por isso é que, em regra, as decisões de inconstitucionalidade são dotadas de efeitos *ex tunc*, produzindo a nulificação do ato assim declarado desde sua origem.[4]

No entanto, conforme observaremos ao longo do presente artigo, a teoria da nulidade não é absoluta e comporta exceções em diversos modelos na jurisdição constitucional comparada, em prestígio de princípios e valores tutelados pela própria Constituição, como a isonomia e a segurança jurídica. Nos arriscamos a afirmar, inclusive, que atualmente as hipóteses de flexibilização da teoria da nulidade tem abandonado o caráter excepcional que já lhe foi nota característica na jurisdição constitucional brasileira, a indicar a necessidade de, para além da sistematização das normas de regência, revisão da própria teoria no Brasil.

Por ora, estamos preocupados apenas com a sistematização das regras relativas à limitação dos efeitos da decisão de (in) constitucionalidade.

O primeiro aspecto que merece a nossa atenção em relação à limitação de efeitos das decisões de (in) constitucionalidade na jurisdição constitu-

[2] Kelsen e Schmitt tiveram alguns embates teóricos acerca de quem deveria ser o Guardião da Constituição. De um lado, Kelsen aludia que o Guardião deveria ser um Tribunal Constitucional e, de outro, Schmitt apontava que quem deveria ser o Guardião era o Presidente do *Reich*. Sobre o tema ver: HERRERA, Carlos Miguel. *La polémica schmitt-kelsen sobre el guardian de la constitución*. **Revista de Estudios Políticos (Nueva Época).** N. 86. Octubre-Diciembre 1994. Disponível em: https://dialnet.unirioja.es/descarga/articulo/27301.pdf

[3] "*The inconstitucional statute is not law at all*". MENDES, Gilmar Ferreira; COELHO, Inocêncio Mártires; BRANCO, Paulo Gustavo Gonet. **Curso de Direito Constitucional**. São Paulo: Saraiva, 2012. p. 1419.

[4] Embora existam outras teorias que expliquem a relação de incompatibilidade dos atos normativos com o texto constitucional, essa foi a teoria adotada pela jurisdição constitucional brasileira, com base na doutrina de importantes constitucionalistas, como Rui Barbosa, Francisco Campos e Alfredo Buzaid. (Ibid. p. 1419.)

cional brasileira advém da própria dificuldade inerente à fórmula adotada no Brasil de conjugação de dois modelos de controle distintos: o difuso e o concentrado. Algumas incongruências entre as duas espécies de controle se tornaram mais aparentes por ocasião da sua aproximação ao longo do tempo, em especial a partir do advento do instituto da repercussão geral. Nesse contexto, o intento do Código de Processo Civil de 2015 (CPC/2015) de consolidar um sistema de precedentes no país, ante a falta de uma disciplina uniformizadora, exacerbou essa situação.

É exatamente o que se observa em relação ao quórum qualificado, previsto pelas Leis nº 9.868/1999 e nº 9.882/1999, para restrição dos efeitos da decisão de inconstitucionalidade de lei ou ato normativo em sede de controle concentrado, não reproduzido pelo art. 927, §3º, do CPC/2015 quando disciplinou expressamente a limitação de efeitos da decisão em caso de alteração jurisprudencial.

A ausência de tratamento uniforme para situações que, na prática, terminam por manipular os próprios efeitos da decisão de mérito acerca da (in) constitucionalidade de lei[5], tem sido fonte de controvérsias no âmbito do STF, cujo enfrentamento vem sendo evitado pela Corte. Longe de se tratar de questão meramente procedimental, porém, o quórum de deliberação diz respeito ao próprio resultado da limitação de efeitos da decisão, a demandar especial atenção pela proposta de sistematização do processo constitucional, a fim de evitar tratamentos distintos e injustificáveis entre as deliberações em sede de controle difuso e concentrado.

Em virtude disso, em um debate de *lege ferenda*, como o proposto pela Comissão de Juristas criada pela Câmara dos Deputados, em 24/11/2020, para sistematização das normas de processo constitucional[6], acreditamos

[5] Nesse sentido: "*Do ponto de vista analítico, embora não seja incorreto falar em "modulação dos efeitos da decisão de inconstitucionalidade", uma vez que essa decisão, normalmente, implica o desfazimento ex tunc dos atos praticados com base na norma inconstitucional, essa expressão pode dificultar a compreensão da verdadeira natureza do fenômeno. Ao se determinar que uma decisão judicial que reconhece a inconstitucionalidade de uma norma ou ato jurídico não apagará todos seus efeitos ex tunc, na verdade, há a modulação dos efeitos dessa norma inconstitucional ou dos atos inconstitucionais. O ponto central do presente argumento é esse: modular os efeitos da declaração de inconstitucionalidade significa modular os efeitos da norma inconstitucional juntamente com os efeitos dos fatos jurídicos por ela juridicizados ou os efeitos de ato que viole diretamente a Constituição sem norma que supostamente lhe fundamente a validade.*" (PINHEIRO, Victor Marcel. *Uma proposta de compreensão da modulação de efeitos das decisões da jurisdição constitucional*. **Revista Publicum**, v. 4, n. 2, Rio de Janeiro, 2018. p. 166-167)

[6] Vide https://www.conjur.com.br/dl/maia-institui-comissao-juristas.pdf Acesso em 31/05/21.

que o primeiro ponto a merecer revisão para fins de harmonização é o quórum de deliberação acerca da restrição dos efeitos da decisão.

Na sequência, ainda no tocante ao aperfeiçoamento e sistematização da modulação dos efeitos das decisões judiciais, é indispensável uma abordagem relativa às ressalvas à própria limitação da retroatividade. Verifica-se que as ressalvas têm sido feitas de forma cada vez mais frequente e complexa, de acordo com proposta do relator ou de outro membro do colegiado, excluindo ou incluindo diversas situações fático-jurídicas sem que seja possibilitada a participação das partes nesse processo decisório. Em relação à frequência, nos últimos cinco anos, a Corte modulou com ressalvas em, ao menos, doze vezes em matéria tributária,[7] que ilustram bem a necessidade de justificação expressa das ressalvas, sob pena de manutenção de um sistema que, além de disfuncional, goza de pouca transparência e dá azo a situações anti-isonômicas.

Por fim, quanto ao momento da deliberação sobre a própria modulação de efeitos ou atribuição de efeitos prospectivos, traremos uma proposta de instauração de um incidente, como forma de garantir a tutela do contraditório e da ampla defesa às partes e aos *amici curiae*, ou mesmo a terceiros alcançados pela decisão, possibilitando, ademais, a instrução do julgamento a fim de proporcionar aos julgadores o livre convencimento baseado em informações de cunho técnico e econômico, conforme o caso.

Acreditamos que essas singelas propostas poderão contribuir para o aperfeiçoamento da jurisdição constitucional brasileira, tendo como base as principais controvérsias relativas à modulação temporal de efeitos das decisões que têm surgido a partir de julgamentos em matéria tributária. Não por acaso, é nos julgamentos de assuntos tributários que a eficácia prospectiva da decisão final se mostra mais sensível, dadas as evidentes consequências econômicas dos julgamentos de mérito. Sem falar na cons-

[7] Resultados obtidos por pesquisa de jurisprudência no site do STF, considerando o período entre setembro/2016 e maio/2021: RE 593.849 (Rel. Min. Edson Fachin, DJe 02.04.2017); RE 643.247 Eds (Rel. Min. Marco Aurélio, DJe 28.06.2019); ADI 4712 (Rel. Min. Dias Toffoli, DJe 23.07.2020); ADI 4596 (Rel. Min. Dias Toffoli, DJe 23.07.2020). ADI 5481 (Rel. Min. Dias Toffoli, DJe 04.05.2021); RE 669.196 Eds (Rel. Min. Dias Toffoli, DJe 07.05.2021); RE 1287019 (Rel. Min. Marco Aurélio; Red. p/ acórdão Min. Dias Toffoli, DJe 24.05.2021); ADI 5469 (Rel. Min. Dias Toffoli, DJe 24.05.2021); ADI 5659 (Rel. Min. Dias Toffoli, DJe 20.05.2021); ADI 1945 (Rel. Min. Cármen Lúcia, Red. p/acórdão Min. Dias Toffoli, DJe 20.05.2021; RE 851.108 (Rel. Min. Dias Toffoli, DJe 19.04.2021); RE 574.706 Eds (Rel. Min. Cármen Lúcia, j. 13.05.2021).

tante alteração de entendimento por parte da Suprema Corte, sem que haja modificação na sua composição, como tem ocorrido reiteradamente em temas tributários. Assim, o Direito Tributário tem se mostrado um campo fértil para a aplicação da técnica da eficácia prospectiva da decisão, nos fornecendo inúmeros exemplos.

1. Necessidade de sistematização legal dos quóruns de deliberação para harmonização entre o controle concentrado e o controle difuso

1.1. Quórum qualificado previsto pelos arts. 27 da Lei nº 9.868/99 e 11 da Lei nº 9.882/1999 e a jurisprudência do STF

A aplicação absoluta da teoria da nulidade, na prática, pode gerar situações injustas, especialmente quando envolvidos outros valores constitucionais. É dizer: sem a possibilidade de mitigação dessa regra, correr-se-ia o risco de, a pretexto de resguardar a força normativa da Constituição, produzir efeitos que se contrapõem a certos valores igualmente caros ao texto constitucional.

A partir dessa ideia é que se desenvolveu a possibilidade *de limitação ou modulação dos efeitos da decisão de inconstitucionalidade*, com base em critérios idealmente restritos, para a solução de casos em que a eficácia retroativa da decisão declaratória não se revela suficiente ao caso julgado. Sob essa técnica de decisão, permite-se ao intérprete maior liberdade para fixar o termo inicial dos efeitos da declaração de inconstitucionalidade, seja a partir de seu julgamento (*ex nunc*), seja em momento futuro determinado (efeitos prospectivos ou *pro futuro*).

Alguns casos emblemáticos representaram bem essa ideia no seio da jurisprudência do STF. É o caso do RE 197.917[8], em que se questionava dispositivo da Lei Orgânica do Município de Mira Estrela-SP, que previa o número de 11 (onze) vereadores a serem eleitos para a Câmara Municipal.

Apreciando o mérito da questão, entendeu o STF que tal quantitativo era desproporcional para aquele Município, bem como violava o art. 29, IV, da Constituição Federal. Por essa razão, foi declarada a sua inconstitucionalidade, levando a Corte Suprema a ponderar sobre os efeitos da sua decisão.[9]

[8] BRASIL. STF. Pleno, Rel. Min. Maurício Corrêa, julgado em 06/06/02, DJ de 07/05/04.

[9] "8. Efeitos. Princípio da segurança jurídica. Situação excepcional em que a declaração de nulidade, com seus normais efeitos ex tunc, resultaria grave ameaça a todo o sistema legislativo

O segundo caso é o da ADI 2240[10], em que se questionava a validade da lei do Estado da Bahia que criou o Município de Luís Eduardo Magalhães. Indagava-se se um Município poderia ser criado enquanto ausente a lei regulamentadora prevista no art. 18, §4º da Constituição Federal. Na ocasião, a Corte entendeu não ser possível a criação de Municípios, ante a ausência de procedimento previsto em lei complementar, reputando, assim, inconstitucional a criação do Município de Luís Eduardo Magalhães pela norma estadual. Contudo, considerando os efeitos danosos da aplicação retroativa da declaração de inconstitucionalidade (nulidade da criação de um Município existente há quase sete anos, à época), o STF houve por bem declarar a inconstitucionalidade da lei *sem a pronúncia de sua nulidade* por 24 (vinte e quatro) meses, para que se regularizasse a situação legislativa, vencido apenas o Ministro Marco Aurélio.

Nas palavras do Ministro Gilmar Mendes, proferidas em voto-vista: "*Essa necessidade de ponderação entre o princípio da nulidade da lei inconstitucional e o princípio da segurança jurídica constitui o leitmotiv para o desenvolvimento de técnicas alternativas de decisão no controle de constitucionalidade.*"

E citando a doutrina de García de Enterría acerca da declaração prospectiva da ineficácia das leis inconstitucionais, bem como a experiência do direito comparado, já com amparo na edição da Lei nº 9.868/99, o Ministro reconheceu estar-se diante de um caso em que a nulidade da lei inconstitucional poderia causar verdadeira catástrofe:

> [...] Essas questões parecem suficientes para demonstrar que, sem abandonar a doutrina tradicional da nulidade da lei inconstitucional, é possível e, muitas vezes, inevitável, com base no princípio da segurança jurídica, afastar a incidência do princípio da nulidade em determinadas situações.
>
> Vê-se, nesse passo, que o art. 27 da lei nº 9.868/99 limita-se a explicitar orientação que decorre do próprio sistema de controle de constitucionalidade.

O interessante é que o Relator, Ministro Eros Grau, inicialmente, embora reconhecendo a inconstitucionalidade da norma estadual, julgou a ação improcedente. E isso para preservar as situações consolidadas.

vigente. Prevalência do interesse público para assegurar, em caráter de exceção, efeitos pro futuro à declaração incidental de inconstitucionalidade. Recurso extraordinário conhecido e em parte provido."

[10] BRASIL. STF. Pleno, Rel. Min. Eros Grau, julgado em 09/05/07, DJ de 03/08/07.

Entretanto, após o voto-vista do Ministro Gilmar Mendes, o Relator alterou sua posição inicial para acompanhá-lo, conduzindo-o à observação de que *a falta de um instituto que permita estabelecer limites aos efeitos da declaração de inconstitucionalidade acaba por obrigar os Tribunais, muitas vezes, a se abster de emitir um juízo de censura, declarando a constitucionalidade de leis manifestamente inconstitucionais.*

Essa posição do Ministro Eros Grau reflete, aliás, a conduta do STF em alguns casos, especialmente antes – e mesmo depois – da existência de disciplina expressa na lei acerca da possibilidade de restrição dos efeitos da decisão de inconstitucionalidade: para não gerar efeitos ainda mais graves para o ordenamento jurídico do que a existência de uma norma incompatível com a Constituição, assentava-se a sua constitucionalidade, como se isso representasse uma ofensa menor à Carta, quando, na verdade, a restrição dos efeitos da decisão de inconstitucionalidade resolveria a questão.

Nesse contexto é que as Leis nº 9.868/1999 e nº 9.882/1999 foram editadas, trazendo dispositivo específico – art. 27 e art. 11, respectivamente – acerca da possibilidade de modulação dos efeitos da decisão de inconstitucionalidade em sede de ação direta de controle de constitucionalidade e de arguição de descumprimento de preceito fundamental. Como bem reconheceu a Exposição de Motivos da Lei nº 9.868/99, diversas jurisdições constitucionais, mesmo que atreladas à teoria da nulidade, dispõem de mecanismos que permitem a sua flexibilização em ponderação com outros valores constitucionais.[11]

[11] *É interessante notar que, nós próprios Estados Unidos da América, onde a doutrina acentuara tão enfaticamente a idéia de que a expressão "lei inconstitucional" configurava uma contradictio in terminis, uma vez que "the inconstitutional statute is not law at all" (cf, W. W. Willoughby, The Constitutional Limitations, 1878, p. 227), passou-se a admitir, após a Grande Depressão, a necessidade de se estabelecerem limites à declaração de inconstitucionalidade (cf. Laurence Tribe, The American Constitutional Law, p. 27).*

A suprema Corte americana vem considerando o problema proposto pela eficácia retroativa de juízos de inconstitucionalidade a propósito de decisões em processos criminais. Se as leis ou atos inconstitucionais nunca existiram enquanto tais, eventuais condenações nelas baseadas quedam ilegítimas e, portanto, o juízo de inconstitucionalidade implicaria a possibilidade de impugnação imediata de todas as condenações efetuadas sob a vigência da norma inconstitucional. Por outro lado, se a declaração de inconstitucionalidade afeta tão-somente a demanda em que foi levada a efeito, não há que se, cogitar de alteração de julgados anteriores.

[...]

Assim, com nítida inspiração em outros modelos ao redor do mundo e com particular influência do item 4, do art. 282, da Constituição portuguesa[12], foi concebida a redação do art. 27 da Lei nº 9.868/1999[13] (e do art. 11 da Lei nº 9.882/1999). Além do quórum qualificado, o dispositivo trouxe duas hipóteses ensejadoras da possibilidade de limitação dos efeitos da decisão de inconstitucionalidade: *segurança jurídica* e *excepcional interesse social*. De se notar, porém, que tanto a Lei nº 9.868/1999 quanto a Lei nº 9.882/1999 disciplinam o processo de *controle concentrado* e a redação dos dois artigos que embasam a modulação de efeitos fazem referência expressa à declaração de *inconstitucionalidade* de lei. A partir daí, emergem duas questões: é possível a modulação de efeitos da decisão também no controle difuso? O art. 27 da Lei nº 9.868/1999 (e art. 11 da Lei nº 9.882/1999) pode ser aplicado por analogia a outras hipóteses para além da declaração de *inconstitucionalidade* de ato normativo em controle abstrato?

Também, a Corte Constitucional alemã passou a adotar, já no inicio de sua judiciatura, em 1954, a chamada decisão de apelo (Appelientscheidung), que lhe outorgava a possibilidade de afirmar que a lei se encontrava em processo de inconstitucionalização, recomendando ao legislador, por isso que procedesse de imediato ás correções reclamadas. Segundo a fórmula adotada pelo Tribunal, a lei questionada seria, ainda constitucional (es ist noch verfassungsgenãaa), o que impediria a declaração imediata de sua inconstitucionalidade. O legislador deveria atuar, porém, para evitar a conversão desse estado imperfeito ou de uma situação ainda constitucional em um estado de inconstitucionalidade (cf. sobre o assunto, entre nós, Gilmar Ferreira Mendes. O apela ao Legislador – Appellentscheidung – na Práxis da Corte Constitucional Alemã, in RDP nº 99, p. 32 s.). (...).”

12 *“Artigo 282º*

Efeitos da declaração de inconstitucionalidade ou de ilegalidade

1. A declaração de inconstitucionalidade ou de ilegalidade com força obrigatória geral produz efeitos desde a entrada em vigor da norma declarada inconstitucional ou ilegal e determina a repristinação das normas que ela, eventualmente, haja revogado.

2. Tratando-se, porém, de inconstitucionalidade ou de ilegalidade por infração de norma constitucional ou legal posterior, a declaração só produz efeitos desde a entrada em vigor desta última.

3. Ficam ressalvados os casos julgados, salvo decisão em contrário do Tribunal Constitucional quando a norma respeitar a matéria penal, disciplinar ou de ilícito de mera ordenação social e for de conteúdo menos favorável ao arguido.

4. Quando a segurança jurídica, razões de equidade ou interesse público de excecional relevo, que deverá ser fundamentado, o exigirem, poderá o Tribunal Constitucional fixar os efeitos da inconstitucionalidade ou da ilegalidade com alcance mais restrito do que o previsto nos nºs 1 e 2.”

13 Art. 27. Ao declarar a *inconstitucionalidade* de lei ou ato normativo, e tendo em vista razões de *segurança jurídica* ou de *excepcional interesse social*, poderá o Supremo Tribunal Federal, *por maioria de dois terços de seus membros*, restringir os efeitos daquela declaração ou decidir que ela só tenha eficácia a partir de seu trânsito em julgado ou de outro momento que venha a ser fixado.

Em relação ao primeiro questionamento, a aplicação da regra foi estendida pela jurisprudência do STF, no julgamento do RE 586.453[14], ao controle de constitucionalidade difuso, *aplicando-se o mesmo quórum deliberativo para a modulação de efeitos da decisão de invalidade da norma quando esta ocorre em processo subjetivo com repercussão geral*. Esse julgamento, no entanto, foi concluído por um quórum de cinco votos a quatro a favor da aplicação analógica do quórum qualificado aos processos de controle difuso e a riqueza dos debates merece atenção pelo auxílio que confere à compreensão da origem e alcance da regra de deliberação qualificada para flexibilização da teoria da nulidade, introduzida pela Lei nº 9.868/1999.[15]

[14] BRASIL. STF. Pleno, RE nº 586.453. Rel. Min. Ellen Gracie, Redator p/ acórdão Min Dias Toffoli, julgado em 20/02/13. DJ de 06/06/13.

[15] Confira-se os elementos suscitados pelos votos divergentes:
[...]
O SENHOR MINISTRO DIAS TOFFOLI:
Mas, eu vou ficar só na questão do quórum e vou desenvolver um argumento, como vinha fazendo, Senhor Presidente, distinguindo este caso, que é de repercussão geral e cuja modulação de efeitos só vincula o Poder Judiciário, da súmula vinculante e das ações diretas, para as quais se exigem os 2/3. Nas hipóteses de súmula vinculante e de ação direta, vincula-se a Administração Pública. Vincula-se um outro poder da República às nossas decisões. Daí, o legislador – tanto o constituinte derivado, ao fazer a Emenda nº 45, introduzindo a súmula vinculante com quórum de 2/3, como o legislador ordinário, ao regulamentar as ações diretas estabelecendo o quórum de 2/3 para a modulação, no art. nº 27 da legislação infraconstitucional – ter exigido, para essas espécies, o quórum de 2/3, porque nós estamos a vincular não só o Poder Judiciário, mas outras instituições, outros Poderes e toda a sociedade. Mas, neste caso, nós estamos a vincular somente o Poder Judiciário.
[...]
O SENHOR MINISTRO GILMAR MENDES – Presidente, eu já me manifestei no debate no sentido da possibilidade nestes casos. Eu entendo que a regra que se estabeleceu, e falo com autoridade de quem trabalhou; na verdade, um dos autores do anteprojeto de lei.
Por que se fez aquela ressalva em relação à temática? Por quê? Porque o dogma da nulidade estava muito consolidado entre nós. E, então, dizia-se que era necessário um caráter procedimental, um modelo, portanto, dificultado, vamos chamar assim, para a decisão; para diferençar um e outro. Tanto é que as cortes constitucionais no mundo acabam por fazer a modulação de efeito sem que haja quórum especial, nem solenidade especial.
O SENHOR MINISTRO DIAS TOFFOLI:
É um processo de mudança de cultura.
O SENHOR MINISTRO GILMAR MENDES – Sim. Mas era esse processo.
Agora, em matéria de interpretação constitucional, que é o caso, veja, e, neste caso, nós estamos falando aqui em homenagem à segurança jurídica e para evitar traumas que serão inevitáveis; tanto é que a Ministra Cármen já tinha, no seu voto, antecipado a adesão à posição

De fato, a restrição de efeitos da decisão é perfeitamente compatível com o modelo de controle difuso de constitucionalidade, já que tem como fundamento maior a própria segurança jurídica, independentemente do que dispõe a redação literal dos arts. 27 da Lei nº 9.868/1999 e 11 da Lei nº 9.882/1999. Assim, os mesmos princípios que autorizam a flexibilização da teoria da nulidade em sede de controle concentrado, justificam a restrição de efeitos da decisão em controle difuso, dado o caráter de observância obrigatória dos precedentes proferidos pelos Tribunais Superiores, perante os demais integrantes do Poder Judiciário.[16]

Não obstante, uma vez fixada a compatibilidade da restrição de efeitos da decisão com o controle difuso de constitucionalidade, restava ao STF analisar se o quórum de dois terços, previsto nas Leis nº 9.868/1999 e nº 9.882/1999 para o controle abstrato, seria igualmente aplicável à limitação em controle concreto, o que o fez no julgamento do RE 586.453, já mencionado. Na ocasião, porém, quatro Ministros trouxeram fundamentos relevantes para rechaçar a aplicação analógica do quórum qualificado quando não se estivesse diante de flexibilização da teoria da nulidade, mas sim, de restrição de efeitos da decisão judicial de inconstitucionalidade em recurso extraordinário com repercussão geral, com base em outros valores constitucionais e fundamento direto na segurança jurídica. Apesar disso, essa não foi a posição que prevaleceu.

da Ministra Ellen. Por quê? Porque a outra alternativa é a anulação de todos os julgados proferidos pela Justiça do Trabalho. É o problema da questão no caso concreto. [...]
Então, por um ou por outro fundamento, entenderia aqui inaplicável o art. 27. Portanto, bastaria a maioria absoluta para a definição do tema que se coloca. E, no caso concreto, parece-me que, se há um caso de escola, se há um caso que reclama, até mesmo pela demora – a demora aqui mostra exatamente que é necessário que não permitamos que essa confusão se projete ainda mais no tempo –, se há um caso que reclama modulação é este. [...]"

[16] "A declaração de inconstitucionalidade in concreto também se mostra passível de limitação de efeitos. A base constitucional dessa limitação–necessidade de um outro princípio que justifique a não-aplicação do princípio da nulidade –parece sugerir que, se aplicável, a declaração de inconstitucionalidade restrita revela-se abrangente do modelo de controle de constitucionalidade como um todo. É que, nesses casos, tal como já argumentado, o afastamento do princípio da nulidade da lei assenta-se em fundamentos constitucionais e não em razões de conveniência. Se o sistema constitucional legitima a declaração de inconstitucionalidade restrita no controle abstrato, essa decisão poderá afetar, igualmente, os processos do modelo concreto ou incidental de normas." (Mendes, Gilmar Ferreira; Coelho, Inocêncio Mártires; Branco, Paulo Gustavo Gonet. **Curso de Direito Constitucional**. São Paulo: Saraiva, 2012 . p. 1.147)

No caso, tratava-se de modulação dos efeitos da decisão em controle difuso a partir da declaração de *inconstitucionalidade* de ato normativo. Desse modo, declarada a invalidade da norma, em sede abstrata ou concreta, conforme decidido pela Corte, aplicar-se-ia a ambas as situações o quórum previsto pelo art. 27 da Lei nº 9.868/1999. Permanecia em aberto, contudo, a questão relativa à possibilidade de modulação *quando confirmada a validade da norma*, eis que em regra as leis possuem, desde sua origem, presunção de constitucionalidade, e os dispositivos legais que tratam da limitação de efeitos da decisão fazem referência específica à declaração de inconstitucionalidade.

Como consequência, configurada a possibilidade de modulação de efeitos da decisão mesmo nos casos em que o resultado é a *afirmação da constitucionalidade norma*, como decorrência direta da segurança jurídica e não da regra dos arts. 27 da Lei nº 9.868/1999 e 11 da Lei nº 9.882/1999, teria o STF de decidir, mais uma vez, se o caso atrairia necessariamente a aplicação por analogia do quórum qualificado previsto pelos referidos dispositivos. O primeiro debate mais aprofundado pela Corte ocorreu no julgamento dos embargos de declaração nos REs 381.964 e 377.457[17], opostos em face da decisão que assentou a constitucionalidade da revogação pelo art. 56 da Lei nº 9.430/1996 da isenção de COFINS concedida às sociedades civis de profissão pelo art. 6º, II, da LC nº 70/1991.[18]

O caso citado é um paradigma em relação à modulação no STF, porque a matéria de fundo foi objeto de ampla controvérsia por anos a fio dentro do próprio Judiciário. Com efeito, havia diversas decisões dos Tribunais do país que se alternavam: parte, afirmava que o art. 56 da Lei nº 9.430/1996 havia revogado a isenção de COFINS das sociedades profissionais, e outra parte, entendia que a referida isenção, por ter sido concedida mediante lei complementar (LC nº 70/1991), só poderia ser revogada por outra lei complementar. Havia, inclusive, uma súmula sobre a matéria no STJ.[19]

[17] BRASIL. STF, Pleno, RE's 381.964 e 377.457, Rel. Min. Rosa Weber, Redator p/ acórdão Min. Teori Zavascki, julgados em 19/10/16, DJ de 20/06/17.

[18] A jurisprudência do STF à época do julgamento do mérito dos recursos, era oscilante quanto à própria possibilidade de restrição de efeitos da decisão quando afirmada a constitucionalidade da norma, porquanto essa posição feriria a sua presunção de constitucionalidade.

[19] "Súmula nº 276: As sociedades civis de prestação de serviços profissionais são isentas da Cofins, irrelevante o regime tributário adotado."

Até que, em 17/09/2008, o STF, após ter negado o caráter constitucional da controvérsia por diversas vezes, decidiu julgar os referidos recursos, assentando a inexistência de hierarquia entre lei ordinária e lei complementar e reconhecendo a revogação da referida isenção de COFINS. Nesse caso, chegou-se a iniciar a votação em relação à modulação de efeitos da decisão, na mesma sessão de julgamento em que decidido o mérito da discussão. Entretanto, a partir do voto de apenas dez Ministros, sendo cinco a favor da modulação, e cinco contra, foi encerrado o julgamento, *considerando-se que o empate significaria a rejeição do pedido de não aplicação retroativa da decisão, por ausência de atingimento do quórum de dois terços, previsto pelo art. 27 da Lei nº 9.868/99.* Em sede de embargos de declaração, foi requerida a tomada do voto da Min. Rosa Weber, que sucedeu a Min. Ellen Gracie (ausente justificadamente da sessão de julgamento em que houve a votação), a fim de desempatar a discussão, reconhecendo-se, por conseguinte, a inaplicabilidade do art. 27 da Lei nº 9.868/1999 ao caso concreto.

Entretanto, em 19/10/2016, o STF, por maioria, decidiu rejeitar o recurso, entendendo não estarem presentes as hipóteses autorizadoras do cabimento de embargos de declaração. Desse modo, eles sequer foram conhecidos. Com isso, absteve-se a Corte de efetuar qualquer pronunciamento acerca do mérito da discussão, tendo se manifestado quanto ao ponto apenas a Min. Rosa Weber, que proferiu longo voto no sentido de conhecer os embargos e dar-lhes provimento.[20]

Para além da modulação de efeitos das decisões no controle de (in) constitucionalidade das normas, discussões quanto a novos usos da ferramenta começaram a surgir, no contexto de maior importância e valorização dos precedentes judiciais, trazido pelo Código de Processo Civil de 2015, em especial diante da redação do art. 927, §3º: *Na hipótese de alteração de jurisprudência dominante do Supremo Tribunal Federal e dos tribunais superiores ou daquela oriunda de julgamento de casos repetitivos, pode haver modulação dos efeitos da alteração no interesse social e no da segurança jurídica.*

Esse introito é necessário para que se possa distinguir o tratamento conferido pelo legislador às situações de modulação de efeitos nas deci-

[20] Trecho do voto da relatora: *A fim de assentar a inaplicabilidade do quórum qualificado do art. 27 da Lei nº 9.868/99, já que no caso a concessão de efeitos prospectivos decorreria diretamente da segurança jurídica e a decisão final não apresentaria conteúdo declaratório de inconstitucionalidade de lei ou ato normativo a justificar a impossibilidade de aplicação analógica do quórum qualificado excepcional.*

sões que *declaram a inconstitucionalidade das normas*, em controle concentrado, do chamado "*prospective overrulling*", o qual analisaremos a seguir.

1.2 Alteração jurisprudencial, *prospective overruling* e o art. 927, §3º, do CPC/2015

Tanto a modulação de efeitos da decisão de *inconstitucionalidade*, com fundamento no art. 27 da Lei nº 9.868/1999, via de regra em controle abstrato e por extensão jurisprudencial aplicado ao difuso, quanto o *prospective overruling* se conectam com a segurança jurídica, como densificação desse princípio aplicado às decisões judiciais, porém sob óticas diversas.[21]

Para Luiz Guilherme Marinoni, o *prospective overrulling* não teria a ver com a declaração de inconstitucionalidade das normas, mas sim, *com a revogação de precedentes em caso de alteração jurisprudencial*. O bem jurídico tutelado aqui seria *a confiança legítima no precedente judicial anterior formado.*[22] Nessa linha, o Ministro Gilmar Mendes, em sede doutrinária, lembra a aplicação do instituto do *prospective overrulling* pela jurisprudência ame-

[21] Como bem destaca Luiz Guilherme Marinoni, quando se outorga efeito prospectivo à decisão de inconstitucionalidade, as situações consolidadas não são resguardadas em razão de alguma confiança em precedente. Quando a decisão de inconstitucionalidade não possui efeitos retroativos, *deseja-se preservar as situações que se consolidaram com base na lei inconstitucional*, não importando a confiança justificada em qualquer precedente judicial. É só nessa situação que entra em jogo a teoria da nulidade dos atos inconstitucionais e passa a ser possível questionar, por consequência, a relação entre os princípios da nulidade da lei inconstitucional e a segurança jurídica. (MARINONI, Luiz Guilherme. Controle de Constitucionalidade. In: Ingo Wolfgang Sarlet, Luiz Guilherme Marinoni, Daniel Mitidiero. **Curso de Direito Constitucional**. São Paulo: Editora Revista dos Tribunais, 2012. p. 1004).

[22] Como muito bem colocou a Ministra Rosa Weber, no voto proferido nos embargos de declaração nos REs 381.964 e 377.457: "Ainda que tenha sido promovida mudança na orientação jurisprudencial do Tribunal sobre determinado tema, não integra o conteúdo da decisão proferida ao julgamento do recurso extraordinário embargado a declaração de inconstitucionalidade de lei ou de ato normativo, razão pela qual não vejo como invocar, na espécie, a regência do art. 27 da Lei nº 9.868/1999.

Trata-se, na minha ótica, de hipóteses fundamentalmente distintas (i) a concessão de efeitos prospectivos a decisão judicial que traduza mudança da orientação jurisprudencial, independente da ocorrência de alteração significativa das normas objeto ou parâmetro de controle – prospective overrulling – e (ii) a concessão de efeitos prospectivos a decisão da Corte Constitucional que declara a inconstitucionalidade de lei ou de ato normativo, quer ou não se verifique a mudança de jurisprudência. O art. 27 da Lei nº 9.868/1999 rege essa segunda hipótese, mas não a primeira."

ricana, ao lado do instituto da limitação dos efeitos retroativos da decisão de inconstitucionalidade.[23]

Assim, o *prospective overrulling* seria ferramenta a ser utilizada por qualquer Tribunal que produza precedentes de reprodução e observância obrigatória, quando ocorrer a revogação desse precedente, porquanto o que motiva a concessão de efeitos prospectivos é a mudança brusca de entendimento e a confiança nas decisões judiciais e não no legislador.

Com efeito, há casos de reconhecimento da validade normativa em que a modulação de efeitos é a única forma de se garantir a segurança jurídica dos jurisdicionados. São justamente os casos de alteração jurisprudencial, em que, independentemente de restar declarada a validade da lei, a brusca alteração de entendimento demanda a tutela da confiança do jurisdicionado. Nessas hipóteses, a modulação de efeitos decorreria diretamente de princípio constitucional, passando, contudo, a ter regulamentação expressa a partir do advento do CPC/2015.

O novo *codex*, como adiantado, em seu art. 927, §3º, trouxe disciplina específica acerca da possibilidade de modulação de efeitos da decisão judicial, no interesse social e no da segurança jurídica, em caso de alteração da jurisprudência dominante pelo STF, ou por outro Tribunal no julgamento de demandas repetitivas. Assim, o modelo brasileiro passou a conviver com duas hipóteses distintas e legalmente regulamentadas de técnicas de decisão: (i) a limitação dos efeitos retroativos da decisão de inconstitucionalidade; e (ii) a concessão de efeitos prospectivos à decisão que revoga precedente anterior, alterando a jurisprudência dominante (*procpective overrulling*).

Para o primeiro caso: limitação dos efeitos retroativos da decisão de inconstitucionalidade, o regramento legal contido nas Leis nº 9.868/1999 e 9.882/1999 atribuiu quórum específico de deliberação, dois terços dos

[23] "A jurisprudência americana evoluiu para admitir, ao lado da decisão de inconstitucionalidade com efeitos retroativos amplos ou limitados *(limited retrospectivity)*, a superação prospectiva *(prospective overruling)*, que tanto pode ser limitada *(limited prospectivity)*, aplicável aos processos iniciados após a decisão, inclusive ao processo originário, como ilimitada *(pure prospectivity)*, que nem sequer se aplica ao processo que lhe deu origem. O sistema difuso ou incidental mais tradicional do mundo passou a admitir a mitigação dos efeitos da declaração de inconstitucionalidade e, em casos determinados, acolheu até mesmo a pura declaração de inconstitucionalidade com efeito exclusivamente *pro futuro*." (MENDES, Gilmar Ferreira; COELHO, Inocêncio Mártires; BRANCO, Paulo Gustavo Gonet. **Curso de Direito Constitucional**. São Paulo: Saraiva, 2012. p. 1.146.)

membros integrantes do colegiado. Já para o segundo caso: concessão de efeitos prospectivos à decisão que revoga precedente anterior, o regramento do art. 927, §3º do CPC/2015 não previu quórum qualificado para deliberação. Apesar de solucionada a primeira questão colocada anteriormente, com a positivação do *prospective overrulling* e a sua referência expressa no controle difuso pelo CPC/2015, a aplicabilidade do quórum de dois terços por analogia, ante o silêncio do código, continuou sem resposta legal.

Nesse ponto, parece necessário retomar os debates do STF quando do julgamento do RE 586.453 e a posição expressa pelos votos vencidos, ao identificar a disciplina jurídica diversa para os dois institutos: a restrição da retroatividade ou modulação de efeitos da decisão de inconstitucionalidade e o *prospective overrulling*. É de ver que quatro Ministros votaram pela impossibilidade de aplicação analógica do quórum previsto pelo art. 27 da Lei nº 9.868/99 ao controle difuso, eis que, mesmo em se tratando de declaração de inconstitucionalidade, não se estaria diante de uma flexibilização da teoria da nulidade.[24]

Ainda, na Questão de Ordem no RE 638.115, que, observe-se, não tinha como pano de fundo matéria tributária, o Plenário do STF, apreciando a QO, para fins de proclamação, assentou que: *"para a modulação dos efeitos da*

[24] Como expôs o Ministro Gilmar Mendes, ao votar na ocasião, o quórum qualificado, previsto no art. 27 da Lei nº 9.868/1999, veio no sentido de tornar mais dificultosa a flexibilização da retroação dos efeitos da decisão de inconstitucionalidade no controle abstrato, eis que a teoria da nulidade ainda estaria muito arraigada na jurisdição constitucional brasileira. Segundo o Ministro, que participou ativamente da elaboração da Lei nº 9.868/1999, o quórum de dois terços guardaria conexão direta com a teoria da nulidade.
Portanto, não estando em questão a flexibilização da teoria da nulidade, não haveria que se falar em incidência da regra do art. 27 da Lei nº 9.868/1999, ficando o quórum qualificado restrito à hipótese expressamente mencionada pelo dispositivo.
O Ministro Dias Toffoli trouxe ainda, em seu voto, um outro elemento, relativo ao beneficiário da tutela da segurança jurídica e à vinculatividade da decisão. Enquanto a decisão de inconstitucionalidade em controle concentrado vincularia os demais Poderes, tutelando os atos praticados com base no dispositivo legal questionado, a decisão de inconstitucionalidade no controle difuso vincularia apenas o Poder Judiciário, tutelando a confiança do jurisdicionado nos precedentes judiciais. Com isso, o quórum qualificado seria aplicável somente no primeiro caso, à exemplo do quórum qualificado previsto na Constituição Federal para a edição de súmulas vinculantes. Já neste último não haveria que se falar aplicação do quórum qualificado para restrição dos efeitos da revogação de um precedente em controle difuso, bastando, para tanto, o pronunciamento da maioria absoluta dos membros da Corte. Essa posição, aliás, foi a mesma externada pelo Ministro Dias Toffoli, no julgamento da questão de ordem nos segundos embargos de declaração no RE 638.115, realizado em 18/12/2019, do qual ele participou.

decisão em julgamento de recursos extraordinários repetitivos com repercussão geral, nos quais não tenha havido declaração de inconstitucionalidade de ato normativo, basta o quórum de maioria absoluta dos membros do Supremo Tribunal Federal".[25]

A proposta foi acolhida por maioria, vencido apenas o Ministro Marco Aurélio, reconhecendo-se, ainda, que no caso de haver suspeição ou impedimento, *o quórum deve observar o número de Ministros aptos a votar em relação à proposta de modulação*, não sendo o caso de controle concentrado. Com isso, o STF rechaçou expressamente a aplicação do quórum do art. 27 da Lei nº 9.868/1999 aos casos de alteração jurisprudencial em recurso extraordinário julgado com repercussão geral, em que não haja declaração de inconstitucionalidade de ato normativo. Atentando-se para o precedente já formado no RE 586.453, e diante do art. 927, §3º, do CPC/2015, reconheceu a Corte que o referido dispositivo ao tratar da modulação em caso de alteração jurisprudencial, não trouxe previsão de quórum específico.

Ao que se vê, portanto, a jurisdição constitucional brasileira convive com dois institutos diversos – restrição de efeitos da retroatividade da decisão de inconstitucionalidade e o caso de alteração jurisprudencial –, ambos utilizados em prol da segurança jurídica, mas cada qual sujeito a um regime de regulamentação legal próprio, ainda que por extensão jurisprudencial, o qual varia conforme a natureza do conteúdo do provimento jurisdicional final: *se declarada a inconstitucionalidade ou não de ato normativo.*

Para além da impropriedade da decisão tomada no RE 586.453 pelo STF, já que de fato não se tratava de questão afeta à teoria da nulidade, o que acabou gerando um regime híbrido dentro do próprio controle de constitucionalidade difuso, em um debate de *lege ferenda*, como o propiciado pela Comissão de Juristas encarregada de elaborar o anteprojeto da lei de sistematização do processo constitucional brasileiro, é necessário harmonizar os regimes jurídicos de ambos os modelos de controle, independentemente do conteúdo da decisão. É a proposta que desenvolveremos a seguir.

1.3. Os fundamentos dos quóruns deliberativos e a tutela da segurança jurídica: uma proposta

Pelo exposto, verifica-se não haver um regime jurídico harmônico na jurisdição constitucional brasileira para os institutos da restrição de efeitos da

[25] BRASIL. STF. Pleno. Re nº 638.115-ED-ED, Rel. Min. Gilmar Mendes, julgados em 18/12/19, DJ de 08/05/20.

retroatividade da decisão de inconstitucionalidade e do *prospective overruling* em caso de revogação de precedente. E isso não se atribui ao fato de os dois institutos estarem presentes na legislação brasileira e nem ao modelo misto de controle de constitucionalidade, porquanto em outros modelos comparados ambos os mecanismos convivem harmonicamente.

Na verdade, o cerne do imbróglio encontra-se no fato de a lei trazer um quórum específico e qualificado, diverso do quórum para o julgamento de mérito, para fins de deliberação sobre a modulação de efeitos da decisão de inconstitucionalidade, em sede abstrata, o que não ocorre nos outros modelos. Ao mesmo tempo, foi lacônica ao tratar do quórum em caso de alteração jurisprudencial, seja em sede de controle difuso ou concentrado. E, ao invés de solucionar, o STF adicionou mais controvérsias ao tema quando deliberadamente estendeu o quórum qualificado do art. 27 da Lei nº 9.868/1999 a situação nele não prevista.

Nesse ponto, salientamos que, seja em caso de declaração de inconstitucionalidade em controle concentrado, seja em caso de controle difuso em que se verifica alteração jurisprudencial, independentemente do conteúdo da decisão, quando o Tribunal busca limitar os seus efeitos, está-se diante, em ambas as hipóteses da ponderação entre legalidade e segurança jurídica. Seja para tutelar a confiança emanada pela lei, preservando-se os atos com base nela praticados, seja para tutelar a confiança nas decisões judiciais, garantindo-se que a mudança só será aplicada *pro futuro*, a tutela da segurança jurídica é o fiel da balança.

Por isso, não vemos razões jurídicas aptas a justificar uma diferença de tratamento no quórum de deliberação em relação aos dois institutos, já que a tutela da segurança jurídica é a mesma.

É certo que a atribuição de maiorias qualificadas pelo legislador significa, na prática, a opção pela tutela da manutenção do *status quo*, a revelar, *in casu*, uma preferência da lei pela não restrição de efeitos da decisão. É como se o legislador, de antemão, tomasse partido de determinada situação. Já a maioria absoluta, ao revés, revela certa neutralidade quanto ao tema, permitindo que a metade mais um dos membros julgadores opte pela não retroação da decisão de inconstitucionalidade ou de constitucionalidade, a depender do caso.

No debate de *lege ferenda* qualquer opção, maioria absoluta ou qualificada, se mostra juridicamente válida. O ponto que queremos ressaltar é que o mesmo quórum, seja ele de maioria absoluta ou qualificada, deve ser aplicado às hipóteses de limitação dos efeitos da decisão em controle concentrado e em controle difuso, independentemente do conteúdo da decisão; pela constitucionalidade ou inconstitucionalidade do ato normativo.

2. A questão das ressalvas à atribuição de efeitos prospectivos a uma decisão

Em linhas gerais, vimos que a modulação dos efeitos de uma decisão judicial pode ser encarada como forma de mitigar os reflexos da decisão que assenta a inconstitucionalidade de um dispositivo legal, ou mesmo que venha a confirmar sua validade, dentro de um contexto de proteção da segurança jurídica e quando presente um interesse social. A partir de um juízo de modulação, o Tribunal pode projetar os efeitos da decisão de forma a acomodar os interesses estabilizados em torno da norma jurídica objeto de controle, resguardando posições que estejam consolidadas no tempo em prol dos interesses sociais gerais ou mesmo de uma concretização da segurança jurídica[26].

Sob este ângulo, e considerada as diversas técnicas de modulação adotadas pelo Supremo Tribunal Federal[27], é de merecer atenção as ressalvas que a Corte tem feito àqueles que vieram a ingressar com medidas, sejam elas judiciais ou administrativas, na defesa de seus interesses. Para tais situações, muito embora o Supremo venha a adotar eficácia prospectiva às suas decisões, fazendo com que os resultados destas venham a ser observados a partir da prolação, ou de um momento futuro, tem-se observado nas ressalvas a suavização dos efeitos *ex nunc* da modulação, de modo que, para os casos ajuizados, há de se acompanhar o juízo de invalidade, ou validade, alcançado no processo piloto.

Assim, se temos na modulação a exceção à regra, é possível de se afirmar que ao realizar ressalvas, temos a exceção à exceção, abrindo espaço para que a Corte ajuste os efeitos prospectivos de acordo com cada particularidade.

Tal juízo revela uma preocupação maior com as situações concretas, representando, em muito, a busca pela convivência harmônica, na expe-

[26] Ávila, Humberto. **Teoria da Segurança Jurídica**. 3 ed, São Paulo: Malheiros. 2014. p. 514-515.

[27] Para uma análise do tema, recomenda-se a leitura de Andrade, Fábio Martins de. **Modulação & STF. A jurisprudência do Supremo Tribunal Federal sobre modulação**. Rio de Janeiro: Lumen Iuris. 2016. p. 181-280

riência brasileira, dos sistemas concentrado e difuso de controle de constitucionalidade, de tal modo que o Supremo, ao apreciar a validade de determinado preceito em face da Constituição com eficácia prospectiva, resguarda eventuais decisões já proferidas pelas demais instâncias do poder judiciário[28]. Protege-se o direito de acesso à justiça, evitando que os particulares que buscaram no Judiciário a tutela de determinado direito tenham as respectivas expectativas frustradas.

Essa construção institucional, todavia, não é algo único dentro das experiências constitucionais mundo a fora, deitando raízes originalmente no modelo austríaco[29], que já nos idos de 1929 desenvolveu reflexão acerca dos efeitos das decisões da Corte Constitucional acerca dos casos que motivaram a instauração do incidente de inconstitucionalidade, de modo a atribuir efeitos *ex tunc* excepcionais para o caso concreto[30]. Ou mesmo é passível de ser observado no sistema português, o qual serviu de inspiração para nosso modelo misto[31], comportando não raras vezes a modulação

[28] MENDES, Gilmar Ferreira. **Curso de Direito Constitucional.** 12 ed. rev. e atual. São Paulo: Saraiva. 2017. p. 1247

[29] MENDES, Gilmar Ferreira. **Curso de Direito Constitucional.** 12 ed. rev. e atual. São Paulo: Saraiva. 2017. p. 1.247

[30] Retratando bem o funcionamento do sistema austríaco, Ricardo Lobo Torres ensina que aquele país, como regra, "adotava o sistema *ex nunc.* Declarada a inconstitucionalidade, a lei ficará sem efeito a partir do dia da publicação da decisão da Corte Constitucional ou a partir do prazo fixado na própria decisão, não excedente de 6 meses (art. 140, § 3º da Constituição). Kelsen em trabalho antigo de comentário à Constituição, explicava que aquele sistema introduzia a anulação (Aufhebung) da lei inconstitucional, sem eficácia retroperante para os casos pendentes. Apresentava, também, a vantagem de evitar o vácuo (Valkuum) normativo, pois havia prazo para que o legislativo substituísse a lei inconstitucional. Na mesma medida que o sistema americano, de eficácia ex tunc, passou a admitir temperamentos, para resguardar certas situações eficazes sob o império da lei declarada inconstitucional, o sistema austríaco, de eficácia ex nunc, também sofreu contenções, para proteger a segurança do ordenamento jurídico contra as leis inconstitucionais. O sistema austríaco, reformado em 1929, mitigou a regulamentação de 1920, com reconhecer a possibilidade de aplicar retroativamente a decisão que declara a inconstitucionalidade ao caso concreto que a motivou em via de exceção." TORRES, Ricardo Lobo. O consequencialismo e a modulação dos efeitos das decisões do Supremo Tribunal Federal *in* **Direito Tributário e Ordem Econômica. Homenagem aos 60 anos da ABDF.** Heleno Taveira Torres (coord.) São Paulo: Quartier Latin, 2010. p. 208

[31] TORRES, Ricardo Lobo. O consequencialismo e a modulação dos efeitos das decisões do Supremo Tribunal Federal *in* **Direito Tributário e Ordem Econômica. Homenagem aos 60 anos da ABDF.** Heleno Taveira Torres (coord.) São Paulo: Quartier Latin, 2010. p. 213

das decisões proferidas em sede do controle abstrato, com as ressalvas dos casos em que pendentes impugnação[32].

Mas se de um lado temos a proteção ao acesso à justiça, a adoção excessiva de ressalvas à modulação também impõe certos problemas sistêmicos. A generalização do afastamento dos efeitos *ex nunc* em prol do controle difuso pode impor um risco de ruptura com a isonomia que se pretende alcançar com a modulação *erga omnes*. Verifica-se também o risco em estimular a litigiosidade excessiva, com o ajuizamento de ações às vésperas do início do julgamento pelo Supremo. E, por fim, como consequência do quadro, tem-se o próprio risco de esvaziamento dos efeitos que a modulação pretende realizar.

Se a modulação deve ser feita com cuidado, demandando uma ponderação quanto à justificativa para sua implementação, as ressalvas a ela devem ser objeto de uma preocupação maior, merecendo uma análise detida de como a Corte forma o juízo de aplicação.

Analisaremos, assim, nas próximas linhas, casos emblemáticos em que, ao limitar os efeitos do pronunciamento acerca da constitucionalidade de determinada norma, observou-se a adoção destas ressalvas. A intenção não é exaurir todos os casos, mas centrar a análise para a forma como se dá tal juízo e os argumentos utilizados para tanto, traçando as linhas de atuação do Supremo.

Sob este ângulo, uma primeira controvérsia que merece nossa atenção foi a apreciada no curso dos RE nº 560.626, 556.664, 559.882, de relatoria do Ministro Gilmar Mendes, e o RE 559.943, de relatoria da Ministra Cármen Lúcia, julgados em conjunto em junho de 2008. Naquela oportunidade, a Corte debateu a constitucionalidade dos artigos 45 e 46 da Lei 8.212/91, à luz do artigo 143, III, "b", da Constituição, ante a reserva de lei complementar para regular os institutos da prescrição e decadência no direito tributário.

Após assentar a inconstitucionalidade dos dispositivos em questão, a Corte se debruçou sobre a necessidade de modular os efeitos da decisão em prol da segurança jurídica e da estabilização das expectativas. Assim, reputou legítimos os recolhimentos efetuados nos prazos previstos nos citados artigos e que não tivessem sido impugnados antes da data de conclusão daquele julgamento.

[32] MENDES, Gilmar Ferreira. **Curso de Direito Constitucional**. 12 ed. rev. e atual. São Paulo: Saraiva. 2017. p. 1.248.

Importante colocação foi feita pelo então Presidente, Ministro Gilmar Mendes, que, realçando a natureza bifásica do modelo de decisão, no qual a Corte inicialmente se pronuncia sobre a questão constitucional, para após avançar sobre a o debate da modulação[33], ressaltou que a análise dos efeitos do julgado seria algo implícito ao próprio juízo de constitucionalidade realizado.

Já em 2011, quando do julgamento dos embargos de declaração no RE 500.171, de relatoria do Ministro Ricardo Lewandowski, decidiu-se por acolher o pedido de modulação formulado no que toca à inconstitucionalidade da cobrança da taxa de matrícula nas universidades públicas. Assentou a Corte que os efeitos do julgado se dariam a partir da edição da Súmula Vinculante 12, preservando assim as cobranças já realizadas, inclusive como forma de se proteger o orçamento das universidades. Entendeu-se, por outro lado, pela necessidade de ressalvar as impugnações eventualmente formuladas até referido marco temporal, destacando-se na medida a proteção daqueles que se socorreram da Justiça para valer eventual direito.

Em junho de 2019, também em embargos de declaração, o Supremo analisou o pedido de modulação dos efeitos da declaração de inconstitucionalidade da taxa de incêndio, no curso do RE 643.247. Conhecido pela sua posição contrária ao instituto da modulação,[34]o relator, Ministro Marco Aurélio, excepcionou o entendimento para reconhecer naquele caso o preenchimento dos requisitos contidos no artigo 927, § 3º, do Código de Processo Civil, ante a alteração da jurisprudência dominante que validava a cobrança de taxas para financiamento do serviço público de combate e prevenção de incêndios. Assim, a Corte proveu os declaratórios opostos pelo Município de São Paulo, para conferir eficácia prospectiva a partir da

[33] ANDRADE, Fábio Martins de. Modulação & STF. **A jurisprudência do Supremo Tribunal Federal sobre modulação.** Rio de Janeiro: Lumen Iuris. 2016. p. 122-126

[34] Na oportunidade, o Ministro consignou seu entendimento em relação ao tema, assentando que " [t]enho votado sistematicamente contra a modulação dos efeitos de decisões declaratórias de inconstitucionalidade de leis. Adotar essa providência de forma imoderada implica tornar a própria Constituição Federal flexível, não um documento rígido a ser observado por todos. Ante o princípio da supremacia da Lei Maior, a inconstitucionalidade é vício congênito, a lei inconstitucional é natimorta. A prática continuada do Supremo de diferir no tempo a eficácia dos pronunciamentos estimula a inaceitável figura da inconstitucionalidade útil: governantes e legisladores não receiam editar leis inconstitucionais, porque fiam-se na futura modulação de efeitos."

data de publicação da ata de julgamento do mérito, ressalvando as ações ajuizadas, sem muito adentrar nas razões para tal exceção.

Já em agosto de 2020, quando do julgamento do RE 628.075, de relatoria do Ministro Gilmar Mendes, chamou a atenção em que medida a ressalva à modulação buscou preservar os interesses dos Fiscos Estaduais.

Após declarar a constitucionalidade do artigo 8º, I, da Lei Complementar 24/1975, por entender que o estorno proporcional de crédito de ICMS em razão de crédito fiscal presumido concedido por outro Estado não implica violação ao princípio constitucional da não cumulatividade, o Supremo deliberou a atribuição de efeitos *ex nunc* ao pronunciamento como forma de resguardar e estabilizar os efeitos jurídicos das relações tributárias já constituídas. Ao assim decidir, a Corte explicitou que, "*caso não tenha havido ainda lançamentos tributários por parte do Estado de destino, este só poderá proceder ao lançamento em relação aos fatos geradores ocorridos a partir da presente decisão*". Em outras palavras, embora o reconhecimento da constitucionalidade da norma opera-se efeitos pró futuro, ressalvavam-se as cobranças em curso, com lançamentos já efetuados quando do julgamento.

Mais recentemente, no início de 2021, tivemos alguns julgamentos emblemáticos nos quais o Plenário, ao proferir entendimento favorável à modulação, assentou a necessidade de adotar salvaguardas quanto às situações anteriores ao julgamento.

Nesse sentido, observamos a conclusão do julgamento das Ações Diretas de Inconstitucionalidade nº 1.945 e 5.659, cuja corrente vencedora, conduzida pelo voto do Ministro Dias Toffoli, assentou a incidência de ISS sobre a comercialização de softwares. Todavia, objetivando concretizar a segurança jurídica, considerados os pronunciamentos anteriores que assentavam a incidência de ICMS sobre certas operações com softwares de prateleira, entendeu-se por bem proceder com a modulação dos efeitos da decisão, atribuindo-lhe eficácia *ex nunc*, a contar da publicação da ata de julgamento do mérito em questão para: (i) impossibilitar a repetição de indébito do ICMS incidente sobre operações com softwares em favor de quem recolheu esse imposto, até a véspera da data da publicação da ata de julgamento do mérito, vedando, nesse caso, que os municípios cobrem o ISS em relação aos mesmos fatos geradores; (ii) impedir que os estados cobrem o ICMS em relação aos fatos geradores ocorridos até a véspera da data da publicação da ata de julgamento do mérito.

Seguindo idêntica linha, outro julgado ocorrido em 2021 que merece nossa atenção diz respeito aos embargos ao Recurso Extraordinário nº 605.552, também de relatoria do Ministro Dias Toffoli. Após apreciação do mérito para solucionar o conflito de competência quanto à incidência de ISS ou ICMS sobre as operações mistas relativas às farmácias de manipulação, o Supremo apreciou o pedido de modulação formulado mediante declaratórios, apontando que a ausência de efeitos prospectivos ao julgado "*ensejaria impactos financeiros indesejados em desfavor dos contribuintes, bem como dos estados e dos municípios, entes políticos cujas finanças já estão combalidas, e resultaria em grande insegurança jurídica, indo de encontro à boa-fé dos contribuintes que recolheram um tributo acreditando ser o correto*". [35], o Supremo apreciou o pedido de modulação formulado mediante declaratórios, apontando que a ausência de efeitos prospectivos ao julgado "*ensejaria impactos financeiros indesejados em desfavor dos contribuintes, bem como dos estados e dos municípios, entes políticos cujas finanças já estão combalidas, e resultaria em grande insegurança jurídica, indo de encontro à boa-fé dos contribuintes que recolheram um tributo acreditando ser o correto*".

Tendo tal objetivo em perspectiva, a Corte assenta os efeitos *ex nunc* do julgado, convalidando eventuais recolhimentos de ICMS e de ISS realizados anteriormente à data da publicação da ata de julgamento de mérito e que estivessem em desacordo com a tese de repercussão geral fixada. Todavia, uma vez mais, opta-se por ressalvar de tais efeitos "*(i) as hipóteses de comprovada bitributação; (ii) as hipóteses em que o contribuinte não recolheu o ICMS ou o ISS devidos até a véspera da publicação da ata de julgamento do mérito; (iii) os créditos tributários atinentes à controvérsia e que foram objeto de processo administrativo, concluído ou não, até a véspera da publicação da ata de julgamento do mérito; (iv) as ações judiciais atinentes à controvérsia e pendentes de conclusão até a véspera da publicação da ata de julgamento do mérito, devendo, em todos esses casos, ser observados o entendimento desta Corte, o prazo decadencial e o prazo prescricional*".

Temos também, ainda neste ano, o julgamento da Ação Direta de Inconstitucionalidade nº 5.469, de relatoria do Ministro Dias Toffoli, e o

[35] Na oportunidade fixou-se enquanto tese sob o ângulo da repercussão geral que "[i]ncide ISS sobre as operações de venda de medicamentos preparados por farmácias de manipulação sob encomenda. Incide ICMS sobre as operações de venda de medicamentos por elas ofertados aos consumidores em prateleira"

Recurso Extraordinário nº 1.287.019, de relatoria do Ministro Marco Aurélio, em que se assentou a inconstitucionalidade da cobrança do diferencial de alíquota do ICMS, introduzida pela Emenda Constitucional nº 87/2015, enquanto não houver a edição de lei complementar que regule as normas gerais da hipótese.

Após a conclusão da análise, a Corte passou a deliberar acerca dos efeitos de referido julgado, decidindo, por maioria, projetar a modulação para o exercício financeiro de 2022, como forma de evitar eventual insegurança jurídica causada pelo afastamento das normas estaduais que hoje disciplinam tal cobrança, bem como em função do impacto orçamentário que o efeito retroativo poderia ocasionar nos cofres públicos. Todavia, uma vez mais, destacou-se a ressalva das ações judiciais em curso, sem adentrar nas razões que levaram a tal juízo.

Já no RE 851.108, de relatoria do Ministro Dias Toffoli, em que se assentou ser vedada aos estados e ao Distrito Federal a instituição do ITCMD nas hipóteses referidas no art. 155, § 1º, III, da Constituição Federal sem a edição da lei complementar exigida pelo referido dispositivo constitucional, optou-se pela ressalva dos efeitos prospectivos do julgado a partir da delimitação dos temas controvertidos que fossem objeto de ações já ajuizadas. Assim, resguardaram-se as ações judiciais pendentes de conclusão até o momento do julgamento, em que fosse discutido: (i) a qual estado o contribuinte deve efetuar o pagamento do ITCMD, considerando a ocorrência de bitributação; e (ii) a validade da cobrança desse imposto, não tendo sido pago anteriormente.

Embora a justificativa para a atribuição de efeitos *ex nunc* ao pronunciamento fosse sustentada a partir do impacto financeiro do julgado nos cofres estaduais, uma vez mais não houve uma exposição clara acerca dos motivos que levaram a adoção de referidas ressalvas, propostas a partir da intervenção do Ministro Luís Roberto Barroso.

Outro caso emblemático em direito tributário, recém apreciado pelo Supremo, e no qual se adotou a modulação com ressalvas foi o julgamento dos embargos de declaração no RE 574.706, de relatoria da Ministra Cármen Lúcia, responsável para por fim ao debate relativo à exclusão do ICMS na base de cálculo das contribuições ao PIS e a COFINS. Nos declaratórios formulados pela União, entre os vários pedidos havia a de modulação dos efeitos do julgamento realizado em 2017, que havia assentado a inconstitucionalidade da incidência em cascata de referidos tributos. Pretendia a

Fazenda Pública conferir efeito prospectivo àquele julgado, de tal modo que seus efeitos passassem a ser observados após a conclusão do julgamento dos declaratórios.

Ao apreciar o pedido, a Relatora, no que foi acompanhado pela maioria dos ministros, assentou presente os requisitos autorizadores para a conferência de efeitos *ex nunc* à decisão, ante o caráter inaugural que o citado julgamento teve quanto à matéria. Todavia, a Corte entendeu por bem modular os efeitos daquele pronunciamento não a partir da apreciação dos embargos, mas considerando a data da apreciação de mérito. Na oportunidade, ainda, uma vez mais entendeu-se pela ressalva de todas as ações ajuizadas, bem como eventuais impugnações administrativas que discutissem a questão.

É possível observar, assim, que enquanto o juízo de modulação tem passado a ser algo frequente em termos de matéria tributária[36], a adoção de ressalvas também acompanha tal tendência, com a proliferação de juízos de ponderação por parte da Corte quanto à melhor forma de se promover a segurança jurídica e concretizar a ordem constitucional. O uso recorrente de tal recurso, todavia, impõe à Corte um severo ônus de reflexão acerca da melhor forma de se realizar tais princípios jurídicos, justamente por haver expectativas conflitantes em torno da norma cuja validade está sendo objeto de pronunciamento[37].

[36] Nesse ponto, a título ilustrativo, temos na posição do Ministro Luis Roberto Barroso uma forte demonstração favorável à modulação, tendo em mais de uma vez afirmado que " em matéria tributária, sempre que se modifica um entendimento ou se tira a validade de algo que vigorou muito tempo, a regra deve ser a de atribuir efeitos prospectivos para a decisão." (ADPF 190, Relator(a): Edson Fachin, Tribunal Pleno, julgado em 29/09/2016, PROCESSO ELETRÔNICO DJe-087 DIVULG 26-04-2017 PUBLIC 27-04-2017)

[37] Bem retratando a situação, Humberto Ávila afirma que "a mesma segurança jurídica que pode ser usada para manter leis contrárias à Constituição com a finalidade de proteger a confiança de alguns que confiaram na validade de leis cuja constitucionalidade era presumida também pode ser utilizada com o fim de proteger a confiança de outros que confiaram na aplicação da consequência prevista para o descumprimento das leis contrárias à Constituição; a mesma segurança jurídica que pode ser utilizada para manter contratos inválidos com o objetivo de preservar a boa-fé das partes que atuaram acreditando na sua validade também pode ser usada com o fim de proteger a confiança das partes que confiaram na aplicação das consequências previstas para os casos de invalidade. Em suma, a manutenção de atos ou de efeitos de atos inválidos com base na segurança jurídica é ambígua: tanto a declaração de inconstitucionalidade, com a pronuncia de nulidade, quanto a declaração de incompatibilidade, sem declaração de nulidade, produzem efeitos com relação à cognoscibilidade, à confiabilidade

Do mesmo jeito que a eficácia pro futuro de uma modulação *ex nunc* pode gerar um estímulo negativo naquilo que se acostumou em apelidar de inconstitucionalidade útil, no qual o Estado se sente encorajado a editar normas sabidamente inconstitucionais com o intuito de se aproveitar de seus efeitos enquanto estas não venham a ser afastadas[38], de outro o excesso do uso de ressalvas, ao buscar proteger o caso concreto conferindo-lhes efeitos *ex tunc*, acaba por favorecer uma presunção de inconstitucionalidade da legislação, passando uma mensagem negativa ao contribuinte de estímulo à litigiosidade[39].

Na seara tributária, o quadro ganha contornos mais agudos, ante a recorrente edição de alterações legislativas que impliquem mudanças na arrecadação, associado ao fato de que medidas judiciais favoráveis podem representar uma importante vantagem concorrencial, em especial para aqueles contribuintes que contam com um assessoramento especializado. Como acima aventado, embora a ressalva das ações represente o resguardo daqueles que se socorrem ao Poder Judiciário, confiando na força normativa da Constituição, tem-se também o desprestígio ao contribuinte de boa-fé que recolheu os tributos nos termos da legislação vigente.

Verifica-se, assim, não apenas uma possível quebra na isonomia, realçando ainda mais a disparidade econômica entre contribuintes de um mesmo setor, mas uma desvirtuação do processo democrático de definição de como se dará a arrecadação tributária em um país, com o consequente debate em torno das escolhas que formatarão a respectiva matriz tributária. Ao invés de se privilegiar um processo deliberativo qualificado,

e à calculabilidade do Direito. Sendo assim, as decisões que se valem dessa técnica decisória não podem utilizar segurança jurídica sem defini-la e sem analisar todos os efeitos que lhe digam respeito. O uso da segurança jurídica como fundamento decisório sem a sua definição e sem a delimitação dos tipos e da extensão de todos os efeitos é incompatível com o princípio do Estado de Direito e, por paradoxal que isso possa parecer, com o próprio princípio da segurança jurídica" Ávila, Humberto. Teoria da Segurança Jurídica. 3 ed, São Paulo: Malheiros. 2014. P. 555

[38] Em mesma linha recomenda-se Torres, Ricardo Lobo. O consequencialismo e a modulação dos efeitos das decisões do Supremo Tribunal Federal *in* Direito Tributário e Ordem Econômica. Homenagem aos 60 anos da ABDF. Heleno Taveira Torres (coord.) São Paulo: Quartier Latin, 2010.p. 221

[39] Torres, Ricardo Lobo. O consequencialismo e a modulação dos efeitos das decisões do Supremo Tribunal Federal *in* Direito Tributário e Ordem Econômica. Homenagem aos 60 anos da ABDF. Heleno Taveira Torres (coord.) São Paulo: Quartier Latin, 2010.p. 222

como reflexo de uma atuação coletiva, os contribuintes, individualmente considerados e sabedores da possibilidade da modulação dos efeitos da declaração de inconstitucionalidade, tendem a se valer do controle difuso enquanto garante de suas posições, na expectativa de que as ações ajuizadas preteritamente venham a ser ressalvadas.

É por demandar tal importante reflexão que entendemos que o juízo de ressalvas, para além de representar a convivência do controle concentrado e difuso de inconstitucionalidade, implica um cuidadoso juízo por parte do Tribunal, com a exposição das razões que motivaram, naquele caso específico, o afastamento de eventuais efeitos pro futuro. Quadro este que, a princípio, conforme acima verificado, não tem sido a praxe quando da análise da questão.

É importante que a Corte se debruce sobre os diferentes cenários, o que impõe a necessária participação dos atores envolvidos para expor os argumentos justificadores para a medida. Muito embora a limitação da modulação guarde um pé na proteção ao princípio da confiança e na estabilização das expectativas em torno do acesso ao judiciário, a adoção da medida, assim como a modulação por si mesma, deve ter suas razões justificadas.

Trataremos sobre a necessidade de justificação e transparência desses aspectos da modulação de efeitos no próximo capítulo.

3. O momento de definição sobre os efeitos temporais da decisão e a necessidade de a instauração de um "incidente" de modulação de efeitos

No presente capítulo, serão abordados dois fenômenos que se repetem com frequência quando da modulação de efeitos em matéria tributária e que contribuem para o aprofundamento do cenário de insegurança jurídica e de descredibilidade da nossa jurisdição constitucional. São eles: (i) a finalização da resolução de mérito e a ausência da deliberação imediata acerca da modulação de efeitos dessa decisão; (ii) nossas propostas para mitigação dos efeitos danosos desses fenômenos e sobre qual seria o papel dos embargos de declaração quando da modulação de efeitos. Ressaltamos, desde já, que as nossas propostas são *de lege ferenda*, demandando atuação do Poder Legislativo.

3.1. A necessidade de manifestação sobre a modulação na ocasião da resolução de mérito

Quando da "finalização" do julgamento do RE 574.706[40] pelo Plenário do STF, em 15/03/2017, em que foi definida a inconstitucionalidade da inclusão do ICMS na base de cálculo da contribuição ao PIS e da COFINS, por seis votos a quatro, a União, por intermédio da Procuradoria da Fazenda Nacional, solicitou, oralmente, na tribuna, que houvesse modulação dos efeitos da decisão. Ocorre que a relatora, Ministra Cármen Lúcia, que, à época, ocupava a presidência da Corte, afirmou que o pedido deveria ser feito via embargos de declaração, uma vez que não estava expresso nos autos. Transcreve-se trecho do debate que ocorreu no fim do julgamento entre a Ministra Cármen Lúcia e os Ministros Dias Toffoli e Gilmar Mendes:

> "A SENHORA MINISTRA CÁRMEN LÚCIA (PRESIDENTE E RELATORA) – Foi arguido da tribuna, por um dos advogados, a questão da modulação. Nos autos nada consta sobre esta questão, até porque a parte ganhou em primeira instância, perdeu em segunda instância e agora, no recurso extraordinário, a parte se faz vendedora. **Não consta pleito nos autos de modulação de efeitos. Essa modulação foi feita apenas, aqui, da tribuna. Então, o que temos normalmente feito, quando não consta pleito no processo, é não votar a modulação de efeito.**
>
> O SENHOR MINISTRO DIAS TOFFOLI: Não, nós já decidimos que, independente...
>
> A SENHORA MINISTRA CÁRMEN LÚCIA (PRESIDENTE E RELATORA) – Se houver o pleito formulado.
>
> O SENHOR MINISTRO DIAS TOFFOLI: Exatamente.
>
> O SENHOR MINISTRO GILMAR MENDES – **Até em embargos de declaração, já admitimos.**
>
> A SENHORA MINISTRA CÁRMEN LÚCIA (PRESIDENTE E RELATORA) – **Exatamente. Embargos de declaração, sim.**
>
> O SENHOR MINISTRO DIAS TOFFOLI: **Vindo elementos para se decidir, mas não que seja vedado agora articular.**
>
> A SENHORA MINISTRA CÁRMEN LÚCIA (PRESIDENTE E RELATORA) – **Claro. O que eu disse foi: eu não colocaria em votação, agora, por não haver pleito nos autos nesse sentido.** Então, fica sendo essa a proclamação do resultado e a tese." (Negritos acrescidos)

[40] STF, RE 574.706, Tribunal Pleno, Rel. Min. Cármen Lúcia, j. 15.03.2017, DJe 02.10.2017.

Na semana seguinte, em 23/03/2017, no entanto, no julgamento da ADI 3.662,[41] caso que envolvia contratação de servidor público, a Corte deliberou sobre a modulação de efeitos logo após a resolução de mérito, sem que tivesse havido pedido expresso nos autos. A mudança de postura da Corte em tão pouco tempo não passou despercebida pelos seus componentes. Na ocasião, a Min. Rosa Weber demonstrou surpresa, uma vez que poucos dias antes, o Plenário havia determinado que a ausência de pedido de modulação formalizado nos autos acarretaria a impossibilidade de o Tribunal se posicionar acerca da questão, de modo que o pedido deveria ser feito em sede de embargos de declaração:

> "A SENHORA MINISTRA ROSA WEBER – Senhora Presidente, faço um questionamento ao Ministro Barroso. Tem lembrança, Ministro Barroso, o prazo que nós fixamos naquele caso de Goiás, quanto ao pessoal da segurança? Alguns precedentes foram citados, o pessoal contratado pela CLT, e nós ali fixamos um prazo. Eu usaria tal processo como parâmetro, Senhora Presidente, pois **me incomoda ter votado, na semana passada, naquele caso da integração do ICMS na base de cálculo do PIS/Cofins, diante de pedido de efeitos prospectivos formulado da tribuna, no sentido de que teríamos de aguardar os embargos de declaração. Aqui, estaríamos aplicando de ofício os efeitos prospectivos. Então eu usaria, como parâmetro, repito, o fato de já termos inúmeras decisões nessa linha.**
>
> **Nesses casos em que já há manifestações dessa natureza, eu não teria de compatibilizar uma compreensão diferente em julgamentos tão próximos, poderia avançar.**" (Negritos acrescidos).

A Min. Cármen Lúcia, na condição de presidente e de relatora do RE 574.706, mencionado pela Min. Rosa, respondeu:

> "A SENHORA MINISTRA CÁRMEN LÚCIA (PRESIDENTE) – **Ministra, como Relatora que fui daquele caso – e não acatei -, o argumento que foi trazido da tribuna era o de que isso acarretaria uma série de danos, e que eles poderiam provar. Então, seria nos embargos que eles poderiam nos convencer e trazer esses dados.**

[41] STF, ADI 3.662, Tribunal Pleno, Rel. Min. Marco Aurélio, Red. p/ acórdão Min. Alexandre de Moraes, j. 23.03.2017, DJe 25.04.2018.

Este caso hoje diz respeito a cargos que eventualmente estariam sendo exercidos. E o argumento é sobre a continuidade no serviço público, sendo, então, diferente daquele caso. Os elementos são esses; naquele não.

O que o Procurador-Geral da Fazenda Nacional, o Doutor Fabrício, alegou é o seguinte: haverá uma série de problemas. **Por isso, disse: 'se vão trazer, tragam até para o convencimento dos Ministros'. Porque não houve o pedido, não houve a demonstração, pois não estava em discussão. Por isso mesmo, na mesma hora, dizemos: 'isso poderá vir em embargos'. Nós não tínhamos elementos.** Aqui não.

O que aqui se propõe é que, considerando que pode ser que tenham cargos, e que eles estariam sendo ocupados. E afirmam, tanto o Ministro Alexandre, quanto o Ministro Barroso: 'durante 25 anos vigorou essa Lei, então, não vamos tirar essas pessoas ou desfazer esses contratos'. Acho que aí surge a diferença que talvez facilite a gente ver alguma divergência, sem haver contrariedade nos termos."

Das situações descritas, é possível constatar dois fatos: o primeiro deles – e mais gritante – foi a resistência manifestada pela relatora do RE 574.706, e com a qual anuiu o restante do colegiado, em analisar o pedido de modulação feito oralmente e quando da finalização da resolução de mérito do processo, o que levou à criação de um sério e grave precedente de utilização de embargos de declaração para veiculação de pedido de modulação de efeitos; o segundo é a que as partes, sobretudo em processos objetivos, geralmente não veiculam pedido subsidiário de modulação em seus recursos extraordinários ou contrarrazões, a nosso ver, devido a um temor de que esse pedido enfraqueça, de alguma forma, o pedido principal.

No presente tópico, o enfoque estará sobre a primeira constatação: os danos da criação da jurisprudência da modulação em sede de embargos de declaração. No entanto, antes de passarmos a essa análise, é necessário consignar que o pedido de modulação, ainda que seja subsidiário e/ou feito *ad argumentandum tantum*, não se relaciona com o acerto ou desacerto da tese defendida por aquela parte. Caso as partes em seus recursos extraordinários ou iniciais (no caso de ações de controle concentrado), em suas contrarrazões ou manifestações, requeressem, subsidiariamente ou alternativamente, a atribuição de efeitos *ex tunc* ou *ex nunc* à decisão do Tribunal, expondo desde já os motivos pelos quais entendem por este ou por aquele, a Corte enfrentaria menos óbices fático-jurídicos para a apreciação da modulação na primeira oportunidade. Ocorre que, por não ser possível fazer com que as partes veiculem ou deixem de veicular determinado pedido, apenas uma mudança na regulamentação processual é capaz de determinar o momento em que a modulação deverá ser analisada.

Retomando, então, à questão da utilização dos embargos de declaração como via própria para discussão da modulação, após o julgamento do RE 574.706, houve a oposição desse recurso para discussão dos efeitos da decisão da Corte em matéria tributária, em, ao menos, 12 casos[42]. É claro que o pedido de modulação em sede de embargos já ocorria antes de março/2017, entretanto, após a manifestação expressa da relatora no sentido de que, diante da ausência de elementos que possibilitassem a análise sobre a atribuição de efeitos *ex nunc*, caberiam embargos para essa discussão, verificou-se uma crescente tendência do uso dos embargos de declaração para essa finalidade.

Ocorre que essa prática, principalmente em matéria tributária, demonstrou-se extremamente prejudicial à segurança jurídica e o próprio RE 574.706 é um bom exemplo desse efeito pernicioso. A tese de julgamento foi fixada em 15/03/2017 e o acórdão foi publicado em 02/10/2017. Os embargos de declaração para modulação de efeitos foram opostos pela Procuradoria Geral da Fazenda Nacional em 30/10/2017, tendo sido liberados para julgamento pela relatora em 03/07/2019 e apreciados pelo Plenário em 13/05/2021. Ou seja, entre a fixação da tese de julgamento e a decisão sobre a partir de quando ela poderia ser aplicada decorreram mais de quatro anos.

Essa situação, que tem se repetido com frequência maior do que a desejada, decorre do fato de que se desconsidera o julgamento da modulação como parte indissociável do julgamento de mérito de um recurso extraordinário ou de uma ação de controle concentrado de constitucionalidade.

[42] RE 1.072.485 Eds (Rel. Min. Marco Aurélio, pendente de julgamento); RE 643.247 Eds (Rel. Min. Marco Aurélio, DJe 28.06.2019); RE 946.648 (Rel. Min. Marco Aurélio, Red. p/ acórdão Min. Alexandre de Moraes, DJe 18.01.2021); RE 669.196 Eds (Rel. Min. Dias Toffoli, DJe 07.05.2021; RE 603.136 Eds (Rel. Min. Gilmar Mendes, pendente de julgamento); ADI 4.480 Eds (Rel. Min. Gilmar Mendes, Red. p/ acórdão Min. Marco Aurélio, 15.04.2021); ADI 2040 Eds (Rel. Min. Marco Aurélio, Red. p/ acórdão Min. Dias Toffoli, j. 24.05.2021); ADI 4.411 Eds (Rel. Min. Marco Aurélio, pendente de julgamento); RE 718.874 Eds (Rel. Min. Alexandre de Moraes, DJe 11.09.2018); RE 594.015 e RE 601.720 (Rel. Min. Marco Aurélio, DJe 11.10.2018; RE 628.075 Eds (Rel. Min. Gilmar Mendes).

E esse é o ponto que gostaríamos de enfatizar no presente capítulo: modulação de efeitos é parte do mérito da demanda.

A apreciação ou afastamento da modulação de efeitos determinará o momento em que a decisão de inconstitucionalidade ou de constitucionalidade produzirá efeitos. Trata-se, portanto, do aspecto temporal das *rationes decidendi* do acórdão, o que não se confunde com a validade ou não do ato normativo, mas com os efeitos daquilo que foi decidido pelo Tribunal. Em outras palavras, quando um determinado dispositivo é declarado inconstitucional pelo STF, com base na separação dos planos da norma, significa que ele sempre foi inválido, desde a sua criação. A modulação, no entanto, está ligada à eficácia do reconhecimento da invalidade ou à produção temporal de efeitos da inconstitucionalidade do ato normativo.

Assim, entendemos que o mérito da demanda apenas está finalizado quando houver a manifestação do Tribunal acerca de quando o acórdão produzirá efeitos. Na prática, observa-se que a não manifestação imediata sobre a modulação de efeitos – ao menos em relação aos casos tributários – vem causando um cenário de instabilidade extrema para o Tribunais de segundo grau aplicarem as *rationes decidendi* definidas pelo STF.

Mais uma vez tomando como exemplo o RE 574.706, em março de 2021, o presidente da Corte, Min. Luiz Fux, emitiu um ofício aos presidentes e vice-presidentes dos Tribunais Regionais Federais, orientando que aguardassem o julgamento dos embargos de declaração e não remetessem mais casos ao STF sobre o tema, uma vez que, entre 2020 e 2021, ao menos 177 processos foram devolvidos aos Tribunais Regionais pelo STF. Segundo notícia veiculada pelo site do STF, *o objetivo, também, é evitar a tramitação desnecessária de processos, já que, após escolhido o recurso representativo da controvérsia com repercussão geral, a Presidência e os ministros usualmente devolvem às instâncias de origem recursos semelhantes.*[43] Adicionamos, ainda, o fato de que os processos antes sobrestados voltaram a tramitar nos TRFs logo após a publicação da ata de julgamento do RE 574.706, por interpretação do art. 1.040 do Código de Processo Civil/2015,[44] e esses Tribunais passaram a

[43] Informações disponíveis em: http://portal.stf.jus.br/noticias/verNoticiaDetalhe.asp?idConteudo=462435&ori=1.

[44] "Art. 1.040. Publicado o acórdão paradigma:

I – o presidente ou o vice-presidente do tribunal de origem negará seguimento aos recursos especiais ou extraordinários sobrestados na origem, se o acórdão recorrido coincidir com a orientação do tribunal superior;

julgá-los de imediato, uma vez que não havia indicação do concreta do STF quanto à modulação de efeitos.

Portanto, entendemos que, para se evitar a reiteração de incertezas, a modulação deve ser votada logo após a resolução de mérito e fixação das teses de julgamento. A proposta de instrumentalização dessa regra será feita a seguir.

3.3. O momento de julgamento da modulação de efeitos, a necessidade de respeito ao contraditório e ampla defesa e o papel dos embargos de declaração

Tendo sido relatado o que cabia sobre o momento de julgamento da modulação de efeitos, o problema da modulação em sede de embargos de declaração e a questão das ressalvas, cabe a apresentação de propostas *de lege ferenda* para equalizar esses pontos.

Resta clara a necessidade de análise da modulação de efeitos na ocasião da resolução do mérito, uma vez que os efeitos temporais do acórdão são parte do mérito da demanda e dele indissociável. Desse modo, entendemos que, ao fim da resolução do mérito, com a fixação do dispositivo da decisão – procedência, improcedência, desprovimento ou provimento – e logo após a fixação de tese (em repercussão geral ou outras hipóteses), o Tribunal deverá se manifestar sobre se haveria ou não motivos para a modulação de efeitos, seja em decorrência de mudança de jurisprudência, seja por *razões de segurança jurídica ou de excepcional interesse social*, momento em que se entendendo, por maioria absoluta, por motivos que ensejem a atribuição de efeitos prospectivos, será instaurado um incidente de modulação de efeitos e o julgamento da ação ou do recurso será integralmente suspenso, evitando, assim que os Tribunais *a quo* apliquem as *rationes decidendi* sem que tenham sido definidos os seus efeitos temporais, como ocorreu no RE 574.706.

As partes, os *amici curiae*, já admitidos bem como outras associações de classe e representativas de setores da economia e órgãos técnicos (públicos ou privados), terão, então, quinze dias para se manifestar sobre a modula-

II – o órgão que proferiu o acórdão recorrido, na origem, reexaminará o processo de competência originária, a remessa necessária ou o recurso anteriormente julgado, se o acórdão recorrido contrariar a orientação do tribunal superior;
III – os processos suspensos em primeiro e segundo graus de jurisdição retomarão o curso para julgamento e aplicação da tese firmada pelo tribunal superior; (...)."

ção, já adiantando as razões e fundamentos pelos quais são a ela contrários ou favoráveis, podendo apresentar dados sobre os impactos econômicos dessa decisão, estudos, pareceres e, inclusive, propostas de resolução contendo ou não ressalvas. As entidades e órgãos que se manifestarem nos autos pela primeira vez nesta fase serão admitidos ou não pelo relator na condição de *amicus curiae*, em decisão irrecorrível.

Após essa fase instrutória, o relator deverá liberar o feito para inclusão em pauta, com prioridade sobre os demais, considerando que se encontra pendente apenas a produção de efeitos temporais do julgado. Após o julgamento do incidente de modulação, poderão ser opostos embargos de declaração apenas nas hipóteses previstas no art. 1.022 do Código de Processo Civil/2015, os quais não terão efeito suspensivo.

Do mesmo modo, da decisão que, após a resolução de mérito e fixação de tese, denegar a instauração do incidente de modulação de efeitos, poderão ser opostos embargos de declaração, que também não terão efeito suspensivo, mas deverão ter prioridade para liberação e inclusão em pauta, sendo sugerido o prazo de suas sessões ordinárias para seu julgamento.

Entendemos que, além de conferir segurança jurídica e transparência, essa proposta atribui aos embargos de declaração os seus efeitos ordinários, retirando deles a função de instar a Corte a se manifestar sobre a modulação.

Conclusões

Como visto, o presente artigo versou sobre os elementos relacionados à modulação de efeitos, com base nos julgamentos de matéria tributária, que precisam ser sistematizados, a fim de conferir uma maior segurança jurídica, em relação aos precedentes vinculantes do Supremo Tribunal Federal, aos jurisdicionados e, ainda, aos Tribunais de segundo grau. Nossa preocupação é com a uniformização e padronização de regras já existentes e com a criação de regras e parâmetros legais para que as partes e *amici curiae*, bem como os demais magistrados, possam participar ativamente dos debates acerca da atribuição de efeitos prospectivos aos acórdãos proferidos pela Corte, contribuindo para soluções que legitimem os precedentes e não os enfraqueça e que estejam alinhadas aos princípios e valores constitucionais.

Assim, no primeiro capítulo do presente trabalho, destacamos a razão de ser da modulação de efeitos e porque o nosso ordenamento jurídico admite a sua coexistência com a teoria da nulidade. Além disso, demonstramos que a atribuição de efeitos *ex nunc*, apesar de já colocada em prática pelo Tribunal antes da Constituição de 1988, veio a ser expressamente prevista em lei em 1999, com as Leis nº 9.868/1999 e nº 9.882/1999, que abordavam a modulação nas hipóteses de declaração de inconstitucionalidade em ações de controle concentrado, mas impunham um quórum qualificado de aprovação por dois terços dos membros do colegiado. A Corte, porém, passou a se deparar com situações não previstas na lei: em caso de controle difuso, pode haver modulação de efeitos? Em caso positivo, qual seria o quórum a ele aplicável? E quando houvesse alteração de jurisprudência?

Tal cenário de incertezas se intensificou com a edição do Código de Processo Civil/2015, que passou a prever, em seu art. 927, §3º, a possibilidade de atribuição de efeitos prospectivos em caso de alteração de jurisprudência dominante, sem nada mencionar sobre quórum. Seria ele, portanto, qualificado ou de maioria absoluta? Essa é, então, a primeira que questão que necessita de uma resposta *de lege ferenda*.

No segundo capítulo, destacamos que, além da modulação ser frequentemente invocada em julgamentos em matéria tributária, verificou-se, nos últimos anos, uma tendência ao estabelecimento de ressalvas quando da decisão de atribuição dos efeitos *ex nunc* a declarações de inconstitucionalidade em matéria tributária. As ressalvas, resumidamente, determinam que, para as ações ajuizadas nas instâncias ordinárias até determinado momento (geralmente, utiliza-se como marco temporal a data da publicação da ata de julgamento), a decisão que se pretende modular produz seus efeitos retroativos tradicionais. Pode-se alegar que essa solução aplica a máxima de que *o direito não socorre aos que dormem*, uma vez que prestigia aqueles que recorreram ao Judiciário. Outro modo de enxergar é o de que ressalvar as ações ajuizadas estimula a litigiosidade, uma vez que a Corte passaria a mensagem de que ajuizar ações nas instâncias ordinárias é uma estratégia melhor do que aguardar o STF decidir definitivamente.

No entanto, além de frequentes, as ressalvas têm se tornado cada vez mais complexas e, ao mesmo tempo, arbitrárias, uma vez que cabe ao relator ou outro membro do colegiado formular a proposta de modulação e escolher, sem maiores justificativas, as situações às quais serão atribuídos efeitos *ex nunc* e aquelas em que se aplicarão os efeitos retroativos tradicionais. Faz-se imperioso, portanto, que se justifiquem as ressalvas à modulação de efeitos, visando à promoção da isonomia.

No último capítulo, demonstramos que, a partir do julgamento do RE 574.706, em março de 2017, foi observada uma tendência de utilização dos embargos de declaração para veiculação de pedido de modulação de efeitos. Ocorre que, como procuramos pontuar no decorrer do artigo, a modulação é indissociável do mérito, uma vez que se trata de seu aspecto temporal, ou seja, em que momento aquela decisão passará a ter eficácia. Assim, a fim de proporcionar um maior grau de estabilidade, sugeriu-se que a Corte, após a fixação da tese de julgamento, delibere sobre a instauração de um incidente de modulação de efeitos, em que será conferido às partes e *amici curiae* prazo para se manifestarem de forma contrária ou favorável, apresentando elementos para convencimento dos magistrados em uma ou outra direção. Assim, os fundamentos sobre os quais os Ministros se debruçarão serão públicos, possibilitando um maior grau de transparência quando da modulação e de suas ressalvas.

Assim, objetivamos contribuir para os debates acadêmicos e, eventualmente, legislativos acerca do aprimoramento prático da modulação de efeitos (em matéria tributária) no Supremo Tribunal Federal.

Referências

ANDRADE, Fábio Martins de. **Modulação & STF. A jurisprudência do Supremo Tribunal Federal sobre modulação.** Rio de Janeiro: Lumen Iuris. 2016.

ÁVILA, Humberto. **Teoria da Segurança Jurídica**. 3 ed, São Paulo: Malheiros. 2014.

HERRERA, Carlos Miguel. *La polémica schmitt-kelsen sobre el guardian de la constitución.* **Revista de Estudios Políticos (Nueva Época)**. N. 86. Octubre-Diciembre 1994. Disponível em: https://dialnet.unirioja.es/descarga/articulo/27301.pdf

MARINONI, Luiz Guilherme. Controle de Constitucionalidade. In: Ingo Wolfgang Sarlet, Luiz Guilherme Marinoni, Daniel Mitidiero. **Curso de Direito Constitucional**. São Paulo: Editora Revista dos Tribunais, 2012.

MENDES, Gilmar Ferreira; COELHO, Inocêncio Mártires; BRANCO, Paulo Gustavo Gonet. **Curso de Direito Constitucional**. São Paulo: Saraiva, 2012.

MENDES, Gilmar Ferreira; BRANCO, Paulo Gustavo Gonet. **Curso de Direito Constitucional**. 12 ed. rev. e atual. São Paulo: Saraiva. 2017.

PINHEIRO, Victor Marcel. *Uma proposta de compreensão da modulação de efeitos das decisões da jurisdição constitucional*. **Revista Publicum**, v. 4, n. 2, Rio de Janeiro, 2018. p. 153-180.

TORRES, Ricardo Lobo. O consequencialismo e a modulação dos efeitos das decisões do Supremo Tribunal Federal *in* **Direito Tributário e Ordem Econômica. Homenagem aos 60 anos da ABDF**. Heleno Taveira Torres (coord.) São Paulo: Quartier Latin, 2010.

13
VINCULAÇÃO DO RESULTADO DO RECURSO X VINCULAÇÃO DA FUNDAMENTAÇÃO

Gabriela Fonseca de Melo

Introdução

O Supremo Tribunal Federal (art. 92, I, da Constituição Federal) assume uma posição de destaque, por ser o órgão máximo da jurisdição constitucional. Em razão disso, guarda função de desenvolver o Direito, dentro dos limites do arcabouço normativo constitucional, e de orientar os demais órgãos judiciários, de maneira que estes devem se submeter às suas decisões de modo vinculante.

Entretanto, está havendo um descompasso do modelo vinculativo vigente na Suprema Corte com a conjuntura contemporânea brasileira em que as demandas se mostram mais complexas, envolvendo direitos fundamentais, a necessitarem de consenso quanto ao seu sentido e alcance a partir dos casos concretos. Isso porque quando se cria uma norma a partir de um caso levado a julgamento, a vinculação se limita ao seu resultado final – quem ganhou e quem perdeu o recurso, se este foi provido ou não. Essa limitação traz alguns entraves decisórios, repercutindo negativamente aos que estariam sob o espectro da norma em seu sentido mais amplo e profundo.

Ao restringir a vinculação ao caso *inter partes*, não se permite avançar para alcançar a sociedade, os órgãos judiciários e administrativos, como mesmo propõe a Constituição Federal. A função de uma corte constitucional é justamente desenvolver o Direito com a perspectiva de regulação de normas de conduta e, por isso, não se pode limitar a vinculação somente aos sujeitos processuais.

Nessa perspectiva, a proposta do presente ensaio, para fins de Reforma do Processo Constitucional Brasileiro, é apresentar um modelo de vinculação voltado para a essência dos fundamentos compartilhados e não somente ao resultado do recurso acompanhado de uma tese abstrata.

1. Vinculação do resultado do recurso X vinculação da fundamentação

Como se sabe, hoje temos, por lei[1], a vinculação da decisão constitucional. Então, para um caso que chega à nossa Corte Suprema será formulada uma decisão que se torna vinculativa, com a pretensão de alcançar, não só as partes, mas a sociedade, os órgãos judiciários e a administração pública.

Para a significativa parcela de doutrinadores – e concordo com eles – não haveria necessidade de imposição de lei para considerar a obrigatoriedade do precedente constitucional. Isso porque lhe é inerente, ou seja, a eficácia geral (vinculante) é própria da natureza de corte de precedentes que se encontra no ápice da estrutura orgânica jurídica, guarda competência de velar pela Constituição e está vocacionada a desenvolver o direito e consolidar a jurisdição constitucional, em termos institucionais. Assim, todos devem se submeter às decisões provenientes dela.

Entretanto, percebe-se que o modelo de julgamento do STF já não se compatibiliza com o contexto brasileiro atual em que as questões complexas, envolvendo desacordos morais, se fazem presentes no dia-a-dia dos cidadãos. Por consequência, urge a necessidade de a nossa Corte aderir ao modelo próprio de uma corte constitucional que é voltada para o desenvolvimento do direito como forma de regular a vida em sociedade.

[1] Em 1993, o legislador constituinte instituiu, mediante Emenda Constitucional n. 3, a ação declaratória de constitucionalidade de lei ou ato normativo federal (Art. 102, I, da Constituição Federal), cujas decisões definitivas de mérito possuem eficácia contra todos (erga omnes) e efeito vinculante e efeito vinculante, em relação aos demais órgãos do Poder Judiciário e à Administração Pública direta e indireta, nas esferas federal, estadual e municipal (art. 102, § 2º, da Constituição Federal). Em 1999, o legislador ordinário estabeleceu esses mesmos efeitos à declaração de constitucionalidade ou de inconstitucionalidade, incluindo a interpretação conforme a Constituição e a declaração parcial de inconstitucionalidade sem redução de texto (art. 28, parágrafo único da Lei n. 9.868/1999). Em 2015, o legislador ordinário enaltece a cultura de precedentes obrigatórios quando introduz no novel CPC o dever de observância horizontal e vertical (arts. 926 e 927).

Isso porque o que se vincula é o resultado do recurso. A ideia de vincular o resultado final do recurso – quem saiu vencedor e vencido, se o recurso foi provido ou improvido – é advinda de cortes de correção, cassação e apelação[2], que estão preocupadas em solucionar tão somente o conflito de interesses e entregar o bem da vida àquele que venceu a demanda e, assim, fazer coisa julgada entre elas.

Existe um *plus* à corte de precedente. Ela não se restringe ao caso *inter partes*. Ela desborda desse particular e alcança a totalidade das relações humanas e institucionais. Trata-se de corte de maior alcance. Assim, é viável aderir a um "nível mais profundo de institucionalização" (Quintas, p. 2014, p. 37), que abarque "duas práticas normativas vinculadas: uma que autoriza a elaboração de regras e outra que as faça cumprir", alertando-se que "a existência de uma instância decisória não acaba com a complexidade do direito, pois novas questões sempre surgirão da elaboração de regras explícitas voltadas a lidar com questões antigas".

Ao se realizar investigação empírica sobre as decisões do STF, perceber-se-á que os efeitos dessas decisões resultam em dissonância entre as turmas da própria Corte e entre esta e os demais órgãos judiciários e a consequência é a extrema insegurança jurídica, ausência de previsibilidade e unidade do Direito.

Na realidade, o seu *modus operandi* se limita a resolver casos concretos – "questão-problema" –, com a eficácia restritiva de coisa julgada, acompanhada de uma tese abstrata que não retrata, muitas vezes sequer o objeto de discussão. Esse *modus operandi* acabou por se universalizar para todos os ramos jurídicos. Assim, caso o estudioso do Direito deseje aventurar-se na pesquisa empírica exauriente sobre essa dimensão operacional, basta comparar, por exemplo, decisões de caso julgado provenientes da área trabalhista e da área tributária e verificará que a trilha operacional é a mesma e será tranquila a constatação de insuficiência e ausência de efetividade decisional.

A outorga de controle de constitucionalidade, pelo ordenamento jurídico, ao Supremo Tribunal Federal abriu espaço para que os magistrados atuassem, não só na fiscalização legal, mas também na construção de normas jurídicas. E na medida em que se envereda nessa dimensão, exige-se a

[2] "As Cortes Supremas, na generalidade dos sistemas de *civil law*, foram concebidas para corrigir – seja mediante cassação ou revisão – a interpretação da lei" (Marinoni, 2015, p. 17).

trilha por um regime de precedente judicial voltado essencialmente para integridade e coerência sistemática – intra e extradecisão[3].

Se não há uma norma jurídica aplicável a determinado caso concreto, ou se certa norma jurídica se encontra em desarmonia com os princípios de justiça e os direitos fundamentais, existe a possibilidade de a corte constitucional, ao apreciar o feito, criar uma norma para o caso concreto. Diante disso, há a necessidade de que a decisão internamente seja imbuída de integridade e coerência interpretativa do conjunto normativo vigorante, tanto em termos substanciais, como procedimentais.

Como já lecionou MacCormick (2006, p. 197), as normas de um sistema jurídico têm sentido se forem consideradas em conjunto. Elas devem se interligar de modo a compatibilizar "com uma norma mais geral, podendo, portanto, ser consideradas como manifestações mais específicas ou 'concretas' dessa norma".

Além disso, o magistrado de uma corte de vértice há de ter o seu pensamento voltado à ideia de universalização como parte do seu raciocínio jurídico, porque o que importa é saber como definiu a questão constitucional e como formulou os fundamentos de modo que estes realmente façam sentido a todos os que serão abarcados pelo espectro da norma criada ou *ratio decidendi*.

Assim sendo, não é mais cabível, à jurisdição brasileira, o trabalho do intérprete-juiz de corte colegiada procedido de modo individual, sem o compartilhamento efetivo de fundamentos, em que ao final apenas contam-se os votos para definir quem saiu vitorioso no processo. Esse modelo, intitulado *seriatim*, se mostra obsoleto e mesmo prejudicial, quando a sociedade, os órgãos judiciários e a administração pública precisam compreender o que se passou na essência da discussão. Vale (2015, p. 115) explana de modo didático, em sua tese de doutorado, o que significa o modelo de decisão *seriatim*:

> Em contraste com o modelo de decisão *per curiam*, que privilegia a apresentação do resultado da deliberação como 'opinião do tribunal' em texto único, o modelo de decisão *seriatim* se caracteriza pela produção de um agregado das

[3] Coerência "extradecisão" implica o respeito ao sistema de competência jurisdicional a abarcar a ideia de hierarquia, sem se confundir com independência e autonomia. Também, possui o sentido de processo dialógico coerente entre os ministros ou entre estes e outros órgãos institucionais. A doutrina de precedente judicial envolve essa perspectiva.

> posições individuais de cada membro do colegiado, cujos votos são expostos 'em série' em um texto composto – aí está o significado do termo em latim *seriatim*. Nos tribunais que adotam esse modelo, a deliberação comumente não se desenvolve com o objetivo de produzir um texto final com única *ratio decidendi* que possa representar a posição institucional da Corte (unívoca e impessoal), mas como uma proclamação sucessiva das decisões individuais dos membros do tribunal, normalmente precedidas de um discurso que cada juiz tem o direito de realizar, seja através de um texto escrito por ele preparado previamente ou por meio da improvisação oral, para apresentar publicamente sua própria argumentação e seu julgamento individual do caso. O resultado da deliberação é apresentado em texto composto pelos diversos votos e suas respectivas *ratio decidendi*, tornando bastante complicada em algumas ocasiões a tarefa de definir com precisão o fundamento determinante da decisão do tribunal, a qual normalmente pode ser realizada pela extração do 'mínimo comum' entre os distintos argumentos individuais.

Não vale de nada uma decisão em que todos titubeiam para extrair uma compreensão sobre a linha de pensar da corte, quando os ministros que a compõem atuam individualmente e, muitas vezes, fogem do objeto de discussão e sequer delineiam um raciocínio jurídico imbuído de plausibilidade. Isso ocorreu, por exemplo, com o caso emblemático (ADC n. 16[4] e RE n. 760.931[5]) envolvendo a responsabilidade subsidiária do ente público em relação de terceirização trabalhista.

Em pesquisa empírica de mestrado[6], demonstrou-se que o STF não conseguiu se desincumbir da sua tarefa de emitir uma mensagem assertiva – uma verdadeira *ratio decidendi* – sobre o *decisum*, e, por consequência,

[4] STF-ADC 16/DF, Ministro Relator Cezar Peluso, Tribunal Pleno, DJE de 9/9/2011. Disponível em: http://redir.stf.jus.br/paginadorpub/paginador.jsp?docTP=AC&docID=627165. Acesso em: 26 dez. 2019.

[5] STF-RE-760.931/DF, Ministra Relatora Rosa Weber, Redator do Acórdão: Min. Luiz Fux, Tribunal Pleno, DJE de 12/9/2017. Disponível em: http://redir.stf.jus.br/paginadorpub/paginador.jsp?docTP=TP&docID=13589144. Acesso em: 26 dez. 2019.

[6] A partir da minha pesquisa de mestrado, penso que o modelo de julgamento do STF há de ser reconfigurado em muitos aspectos que não serão tratados neste ensaio, assim, caso haja interesse em se aprofundar, é só acessar a pesquisa em: MELO, Gabriela Fonseca de. Formação e aplicação do precedente judicial: a tensão entre o STF e o TST no caso de responsabilidade subsidiária de ente público em relação de terceirização. 2020. 236 f. Dissertação (Mestrado em Direito Constitucional) – Instituto Brasileiro de Ensino, Desenvolvimento e Pesquisa,

os ministros do TST não conseguiram compreender o que quis dizer a Corte Suprema. Isso se notou em todos os julgados. Tome-se, por exemplo, o julgamento do RE n. 760.931/DF, cujo objeto de discussão seria a distribuição do ônus da prova levantado pela própria relatora do processo, a Ministra Rosa Weber.

Durante o julgamento não se abordou efetivamente e de modo compartilhado a questão primordial, e, no seu final, apenas se repetiu a tese formulada na ADC n. 16, com o acréscimo da responsabilidade solidária, não se definindo a questão sobre o ônus probatório – se do empregado ou do ente público. Atualmente, já se tem novo recurso extraordinário, (RE n. 1.298.647-SP[7] – Tema 1118) com reconhecimento de repercussão geral pelo Plenário do STF, para justamente definir essa questão. Isso demonstra o desalinho do modelo de julgamento da nossa Corte Suprema.

O Supremo Tribunal Federal (art. 92, I, da Constituição Federal) por se posicionar no topo da jurisdição constitucional, detém a função de orientar os demais juízos e tribunais de quaisquer ramos jurídicos. Daí a urgência de se buscar adotar um modelo de julgamento em que seja possível para essa Corte transmitir de modo compreensível a decisão.

Ademais, o nosso modelo de julgamento produz o problema em torno da forma matemática de votação sem a lógica exigida pelo modelo de corte de precedente de que a votação da maioria se firma com os fundamentos e não com a quantidade majoritária de ministros que votou pelo provimento ou não provimento do recurso. Isso foi constatado na aludida pesquisa de mestrado: cinco ministros apresentaram raciocínio argumentativo sobre o ônus da prova, porém como não se dá importância aos fundamentos, mas tão somente ao resultado do recurso, essa maioria não foi levada em consideração para fins de formação de *ratio decidendi*. Apenas os que não abordaram a questão – apenas dois ministros asseriram, sem fundamentar, que o ônus da prova pertence ao empregado – proveram o recurso e definiram como "precedente" a decisão do RE n. 760.931, contendo uma tese abstrata, a vincular as demais esferas judicial-administrativas e a sociedade.

Brasília, 2021. Disponível em: https://repositorio.idp.edu.br/handle/123456789/2913. Acesso em: 20 mar. 2021.

[7] STF-RE-1298647/SP, Ministro Relator Luiz Fux, Tribunal Pleno, DJE de 17/12/2020. Disponível em: http://portal.stf.jus.br/processos/detalhe.asp?incidente=6048634. Acesso em: 16 fev. 2021.

Esse aspecto detectado empiricamente, que acaba prejudicando a formação de uma verdadeira e legítima *ratio decidendi*, foi abordado por MARINONI (2015, p. 30), ao afirmar que

> a nota individualizadora dos votos individuais não se situa apenas no resultado do julgamento, ou melhor, na parte dispositiva da decisão ou na mera contagem dos votos, mas sim nas razões determinantes da solução do recurso ou do caso. Não basta contar votos ou saber quais votos são favoráveis ao provimento do recurso. É necessário decifrar, além do **fundamento que determina o alcance da solução ao problema interpretativo enfrentado pelo colegiado, o número de julgadores que a ele adere** (grifos nossos).

O mesmo jurista ainda tece que há um peso significativo no entendimento defendido por cada magistrado de corte colegiada para definir a *ratio decidendi*. Havendo "julgamento proferido por três a dois, só há *ratio* se os três votos vencedores afirmarem o mesmo fundamento" (MARINONI, 2015, p. 30-31), o que não ocorreu no caso do RE n. 760.931 trazido à exemplificação.

Esse aspecto é bastante relevante, pois só emergirá *ratio decidendi* – que deve ser vislumbrada como a posição unívoca que represente todo o colegiado –, a partir dos fundamentos que necessariamente devem ser compartilhados em sua maioria. Se, por exemplo, houver divergência de três ministros quanto aos fundamentos não é possível extrair *ratio decidendi*, porque, como dito, ela deve representar, nas palavras de MARINONI (2015, p. 30), "uma voz uníssona".

Por isso, é importante saber a fundamentação que se optou por maioria, a fim de compreender como a corte, com expressão de colegialidade, entende determinada questão constitucional e não da forma como vem ocorrendo em que se consideram, numa corte colegiada, decisões individuais nas quais não se compartilham os fundamentos, quando estes realmente nelas estão presentes.

Por outro lado, cumpre advertir que, ainda que as razões de três ministros – num colegiado de 5 ministros – sejam diferentes, mas o entendimento da questão constitucional seja a mesma, é possível a formação de maioria, contanto que, em consenso, opte-se pela linha de fundamentos mais adequada para representar o colegiado. Vale dizer: a *ratio* que orientará os demais órgãos judiciários, porque é com ela que estes irão ter cognoscibilidade compreensiva para poder replicar em outros casos semelhantes.

Se não for dessa maneira, só haverá prolação de decisões plurais numa corte preocupada em desenvolver o direito, o que é um contrassenso. Marinoni (2015, p. 39) elucida a decisão plural como sendo uma

> decisão majoritária que contém em si duas *rationes* ou fundamentos determinantes, sem com que qualquer deles esteja amparado pela maioria do colegiado. Em outras palavras, uma decisão plural é majoritária quanto ao *resultado*, mas incapaz de gerar *ratio decidendi*, na medida em que nenhum dos fundamentos que nela estão contidos são sustentados pela maioria.

Desse contexto, nota-se que o essencial, numa corte a expressar a sua colegialidade, é definir a questão constitucional[8] – e não se desviar dela ao longo do julgamento –, saber o entendimento que cada ministro tem sobre ela e os fundamentos a serem compartilhados em sua maioria.

Nesse passo, uma vez que a sentença constitucional é detentora por natureza de efeitos *erga omnes* (contra todos) e vinculantes, isso implica dizer que ela é dotada de universalização, o que faz com que cada tribunal, em novo processo, não hesite em proferir de modo igual ao que foi proferido antes. Como se verá adiante, esse caminho, em casos peculiares, se faz delicado, e, assim, há de se refletir sobre a necessidade de a corte "não decidir" ou de se "autoconter" em termos de vinculatividade. Vale dizer: decide-se o recurso, sem imprimir à sua decisão efeitos vinculantes. Mas como realizar essa tarefa, quando a vinculação está normatizada no ordenamento jurídico brasileiro com um modelo de julgamento incompatível com o de corte de vértice?

Sabe-se que o controle de constitucionalidade incidental, em termos de prática jurisdicional, já evoluiu para adotar de modo automático os efeitos *erga omnes* e vinculantes, sem necessitar utilizar o art. 97 da Constituição

[8] Neste ensaio, nos ateremos à questão meritória. Caso haja interesse no estudo concreto sobre pressuposto de admissibilidade, é possível encontrar análise detida na minha pesquisa de mestrado sobre o julgamento da ADC n. 16. MELO, Gabriela Fonseca de. Formação e aplicação do precedente judicial: a tensão entre o STF e o TST no caso de responsabilidade subsidiária de ente público em relação de terceirização. 2020. 236 f. Dissertação (Mestrado em Direito Constitucional) – Instituto Brasileiro de Ensino, Desenvolvimento e Pesquisa, Brasília, 2021. Disponível em: https://repositorio.idp.edu.br/handle/123456789/2913. Acesso em: 20 mar. 2021.

Federal, o qual prevê a formação de maioria absoluta, em plenário, para declarar a inconstitucionalidade de lei ou ato normativo do Poder Público.

Exemplo disso foi a decisão exarada pela 1ª Turma do STF no julgamento do RE n. 190.728, no qual a maioria votante (vencido o Min. Celso de Mello), não encaminhou a questão constitucional ao Plenário do Tribunal. Porém, isso acontece quando "o Supremo já se tenha pronunciado sobre a inconstitucionalidade da lei questionada" (Mendes; Branco, 2018, p. 1.277).

Com isso, retoma-se ao questionamento sobre o desejo da corte vincular decisões, até automaticamente, quando em certas circunstâncias seria mais prudente não decidir vincular. Bickel (1986, p. 127-133 e 200-202), constitucionalista norte-americano, já seguia essa linha de pensar. Sustentava que a corte suprema possui funções de controle de constitucionalidade que a legitima ou declina de decidir. E quando não está realizando esse controle e legitimação, está fazendo outra coisa. Assim, em determinados casos, seria mais prudente a corte se abster da prática de decidir, quando realiza a virtude da prudência ou virtude passiva[9].

Seguindo esse raciocínio sobre a necessidade de autocontenção decisória por parte da corte constitucional, Quintas (2013, p. 2) adverte que o STF, no exercício de sua jurisdição constitucional, poderia se esforçar para "apreender os sentidos e os conceitos desenvolvidos pela jurisdição ordinária [sobretudo os Superiores] na construção de suas decisões, até para que seja reforçada a unidade e organicidade do sistema jurídico"[10].

[9] Lecionava que "não fazer nenhum dos dois [o controle e a legitimação] é fazer outra coisa. Quando o Tribunal nega o *certiorari*, rejeita sumariamente um recurso, ou de outra forma rejeita um caso definitivo [já julgado] por falta de maturação, com certeza, ele muito bem se abstém de fazer qualquer coisa. Mesmo assim, pode estar permitindo que seus julgamentos anteriores continuem a ter certo efeito, ou pode estar permitindo que tribunais federais ou estaduais inferiores se envolvam em experimentação constitucional. Só então, de todo modo, a Corte realmente deixa que as decisões anteriores de outras instituições permaneçam intocadas". No idioma original: "For often enough, to do neither is to do something else. When the Court denies certiorari, summarily dismisses an appeal, or otherwise dismisses a case outright for lack of ripeness, to be sure, it pretty well refrains from doing anything at all. Even then it may be permitting its previous judgments to continue to have a certain effect, or it may be allowing lower federal or state courts to engage in constitutional experimentation. Only then, however, if at all, does the Court really suffer prior decisions of other institutions to stand untouched".

[10] Quintas, Fábio Lima. Observatório Constitucional: o embate entre o STF e a jurisdição ordinária. CONJUR, 2 de março de 2013. In: https://www.conjur.com.br/2013-mar-02/observatorio-constitucional-embate-entre-stf-jurisdicao-ordinaria

Há muitas implicações quando se pensa em vincular uma decisão, sem ter uma visão ampla e consequencialista da situação concreta e da realidade brasileira em que o quadro fático do caso se enquadra. Há de se pensar de modo empírico-consequencial quando se analisa um caso jurídico em que envolvem, especialmente, aspectos de cunho político-moral[11]. As consequências podem ser devastadoras quando se profere decisão que não foi pensada com essa dimensão de universalidade – que abarca também o pensamento voltado para as consequências.

A característica de universalidade[12] decisória é determinante aos cidadãos que precisarão (re)direcionar seus projetos de vida a partir do novo estado de coisas que a norma jurídica judicial propõe. Os critérios e diretrizes da norma criada judicialmente direcionarão os padrões de comportamento dos cidadãos em suas relações, em seus pactos e contratos jurídicos firmados.

Os próprios arts. 20 e 21 da Lei n. 13.655/2018,[13] regulamentados pelo Decreto n. 9830 de 10 de junho de 2019, trazem essa proposta de pensar nas "consequências práticas da decisão". É necessário que o magistrado assimile essa ideia, até porque normalmente os casos que chegam ao STF são casos complexos envolvendo direitos fundamentais que exigem valoração empírica acompanhada de interpretação lógico-argumentativa. Assim, é possível ofertar uma resposta adequada e coerente, cuja justificação guarde potencial de universalização, podendo assim ser replicada em outra espécie jurídica contendo as mesmas particularidades.

Nesse sentido, a justificativa constitui aspecto fundamental à vinculação, pois é com ela que todos poderão compreender a decisão. Desse modo,

[11] A moralidade política é aquela que reflete os valores observados por determinada comunidade, como um "código universal de conduta", numa dimensão normativa a orientá-la, mesmo porque "o poder político é um poder jurídico" e, por isso, "não pode ser negada a jurisdicionalização de questões políticas" (Quintas, 2014, p. 43-48 e 61).

[12] Pereira (2014, p. 101-114), em sua obra, aprofunda os aspectos da universalização e a sua importância à decisão de uma corte de vértice.

[13] "Art. 20. Nas esferas administrativa, controladora e judicial, não se decidirá com base em valores jurídicos abstratos sem que sejam consideradas as consequências práticas da decisão. Parágrafo único. A motivação demonstrará a necessidade e a adequação da medida imposta ou da invalidação de ato, contrato, ajuste, processo ou norma administrativa, inclusive em face das possíveis alternativas"; "Art. 21. "A decisão que, nas esferas administrativa, controladora ou judicial, decretar a invalidação de ato, contrato, ajuste, processo ou norma administrativa deverá indicar de modo expresso suas consequências jurídicas e administrativas".

ela deve ser construída a partir de "um raciocínio argumentativo dotado de racionalidade. Só a argumentação racional constitui justificativa aceitável" às opções decisórias (MARINONI, 2014, p. 68).

Quando se pensa no modelo constitucional brasileiro, faz-se um quadro mental de como a sentença constitucional se estrutura: relatório (descrição dos fatos) – quase sempre está contida no corpo do voto; os fundamentos – também no bojo do voto; e o dispositivo que se localiza na ata final de julgamento, a constituir o próprio resultado do processo. Nesse modelo, pelas demonstrações empíricas já realizadas no meio acadêmico, a vinculação se faz pelo resultado final, sem abarcar os fundamentos apresentados pelos ministros do STF[14].

Assim, além das implicações que podem repercutir negativamente à sociedade quando não se tem o pensamento voltado para as consequências decisórias, existem aquelas provenientes do comportamento recalcitrante de órgãos judiciários e legislativos quanto às decisões da Corte Suprema.

Em muitos casos, já se notou essa recalcitrância quando a vinculação alcança apenas o dispositivo, sem abarcar os fundamentos apresentados pelos ministros. Se, por exemplo, a decisão que declarou inconstitucional a norma "X" não atingirá a lei "Y" que possui o mesmo conteúdo daquele declarado inconstitucional. Então, a lei "Y" deverá ser objeto de questionamento numa nova ação. Isso significa ser possível o Poder Legislativo editar novo diploma legal para deixar de aplicar a legislação considerada inconstitucional e, assim, poderá ao seu bel-prazer manter com essa nova lei o *status* normativo eivado de vício de inconstitucionalidade, até que surja nova arguição de inconstitucionalidade. Isso é decorrência da vinculação ao dispositivo que se restringe a julgar a lei "X". De igual maneira, ocorre com o Poder Judiciário que poderá atuar de modo recalcitrante à jurisdição constitucional, quando manipulam os julgados e acabam por se desviar da orientação da corte.

Leal (2006, p. 102-111) realizou profunda pesquisa para investigar a recalcitrância do Judiciário, do Legislativo e do Executivo quando apreciam decisões advindas de cortes de precedentes e demonstrou, numa diversidade de casos, a utilização de mecanismos e expedientes reativos para superar as decisões constitucionais.

[14] Foi possível demonstrar essa questão na minha pesquisa de mestrado já mencionada anteriormente.

Nesse passo, o interessante é que se firme – num processo dialógico efetivo – regra de julgamento compreensível e isso só se dará caso se vinculem os fundamentos compartilhados, porque assim os demais órgãos judiciários poderão se posicionar de modo assertivo frente aos casos que receberão para julgar. Não faz sentido pretender vincular a decisão, dentro de uma coerência hierárquica de modo horizontal ou vertical, se não se prestigia a essência do *decisum* – sua própria coerência interna. Se não compreende a decisão internamente, como ela se desenvolveu, não será possível atingir os valores da estabilidade e segurança jurídica decisional, porque esses órgãos judiciários estarão sempre a se perguntar o que quis dizer a Corte Suprema.

Além disso, fator que favorece à vinculação dos fundamentos é o constrangimento que os ministros terão ao não desenvolverem um raciocínio jurídico imbuído de argumentação plausível. Então, haverá sempre uma preocupação de exprimir fundamentos dotados de racionalidade para que sejam aceitos pela comunidade jurídica e pela sociedade em geral.

Por outra banda, a decisão advinda de uma corte de vértice não se resume ao efeito vinculante – de modo vertical e horizontal – para se tornar precedente, como se tudo se resolvesse com ele. O efeito vinculante é o último passo para fechar o processo de desenvolvimento do precedente e que ficaria a critério da corte decidir se é benéfico, naquele determinado momento em que o caso se despontou e da própria história social, fechar esse ciclo laborativo decisório. Isso porque "a *ratio decidendi* nem sempre é imediata e facilmente extraível de um precedente e, em outras situações, pode exigir a consideração de várias decisões para poder ser precisada" (Marinoni, 2013, p. 934).

Existe uma trilha intelectual a ser percorrida pelo decisor até desaguar num verdadeiro precedente judicial e, portanto, não é o só ato de vincular que irá tornar a decisão qualitativa para que seja observada pelos demais órgãos judiciais. Muitas vezes, é inoportuna a vinculação decisória, seja porque não se conseguiu formar a maioria de fundamentos, seja porque ainda a análise do caso não está amadurecida, no sentido de que é preciso uma maior reflexão pela corte suprema ou por parte dos demais órgãos judiciários. Com uma vinculação peremptória, a segurança jurídica e a estabilidade estarão a qualquer momento ameaçadas.

Em verdade, o modelo de vinculação do STF mostra-se autoritário, quando não prestigia os fundamentos determinantes. Isso porque o jurisdicionado e a sociedade não conseguirão controlar a atuação judicial, já que estarão impedidos de discutir a sua legitimidade decisória. Já o modelo em que se vinculam os fundamentos se mostra democrático, pois permite a abertura para o debate.

Cabe, enfim, alertar para o fato de que, como visto, uma tese jurídica (proposição abstrata e geral) pode trazer problemas quando se deseja submetê-la a um mecanismo automático de vinculação[15]. Isso porque tese jurídica não equivale a precedente. Segundo os juristas, "nem toda decisão de Tribunal Superior se torna precedente" (Streck; Abboud, 2015, p. 109) e, assim, "os Tribunais Superiores, quando decidem um *leading case*, não podem impor seu julgado determinando que ele se torne um precedente" (Streck; Abboud, 2015, p. 110).

Em conclusão, faz-se importante, nessa novel Reforma de Processo Constitucional, refletir sobre a necessidade de alteração do modelo de vinculação adotado pelo Supremo Tribunal Federal, a fim de tornar um modelo democrático de vinculação, e mais flexível, em que se vinculem os fundamentos compartilhados em sua maioria, e, quando necessário for, que se abstenha de aplicar o efeito vinculante.

Conclusões

A Constituição Federal preocupa-se com a uniformidade das decisões judiciais e a estabilidade do sistema jurídico ao criar funções específicas, ao Supremo Tribunal Federal, de guardião e intérprete das normas constitucionais. É certo que ainda resta a plena efetividade do *star decisis* quando se trata de corte constitucional, pois é possível encontrar diversos problemas relativos à ausência de integridade e coerência, quanto a produzir, em consenso pelos magistrados, uma posição majoritária e firmar uma decisão que efetivamente servirá de precedente para casos futuros. Isto quer dizer: definir, em consenso, os fatos relevantes e os motivos determinantes que levam um tribunal a decidir de certa maneira.

[15] Segundo Streck; Abboud, (2015 p. 115-116), a atribuição de efeito vinculante, por meio de lei, não irá resolver a questão da almejada segurança jurídica e da celeridade, porque o que existe é um "*déficit* qualitativo na fundamentação das decisões, que não pode ser corrigido pelo simples recrudescimento do efeito vinculante". Em verdade, a ausência de segurança jurídica tem relação com a "legalidade vigente, uma vez que em seu imaginário [do Judiciário] a lei estaria à disposição do intérprete que poderia deixar de aplicá-la por razões de conveniência". Daí a razão desses juristas apoiarem a prática da coerência e da integridade na elaboração das decisões judiciais.

Nessa quadra, como se pôde perceber do presente ensaio, existe um desalinho entre a proposta da Carta Constitucional, cuja pretensão é enaltecer e preservar o Estado Democrático de Direito a partir de uma perspectiva dialógica consensual dos magistrados na feitura de suas decisões, e o modelo decisório da Suprema Corte brasileira, ainda voltado ao método clássico de solucionar a disputa jurídica e se ater ao seu resultado final – vencedor e vencido –, modelo próprio das cortes de correção e cassação.

Ao ter consciência da função precípua de uma corte constitucional – a unidade do direito –, os juízes devem aderir a essa proposta democrática em que os seus argumentos sejam apresentados e, num processo dialógico efetivo, possam ser compartilhados à formação de um padrão decisório que sirva para casos semelhantes no futuro. Essa função deve estar arraigada na mente do magistrado, ainda que ele saiba ser possível que determinado caso jurídico não formará precedente obrigatório.

Assim, quando se persegue a vinculação dos fundamentos – e não só o resultado do recurso –, facilita a concretização dessa dimensão democrática proposta constitucionalmente. Isso porque, além de possibilitar o mínimo de estabilidade e segurança jurídica, cria-se abertura para o debate promovendo a contraposição de argumentos – a discussão não finda – e serve para propiciar o controle social em relação à atuação judicial.

Portanto, para fins de Reforma do Processo Constitucional Brasileiro, é interessante trazer à baila essa discussão sobre o modelo vinculativo que este ensaio propõe e aquele adotado pela Suprema Corte brasileira que não condiz com o atual contexto social brasileiro, tampouco com uma corte que visa desenvolver o Direito.

Referências

BICKEL, Alexander M. *The least dangerous branch*: the supreme court at bar of politics. 2. ed. New Haven and London: Yale University Press, 1986.

LEAL, Roger Stiefelmann. *O efeito vinculante na jurisdição constitucional.* São Paulo: Saraiva, 2006.

MACCORMICK, Neil. *Argumentação jurídica e teoria do direito.* São Paulo: Martins Fontes, 2006.

MARINONI, Luiz Guilherme. *A ética dos precedentes*: justificativa do novo CPC. 1. ed. São Paulo: Revista dos Tribunais, 2014.

MARINONI, Luiz Guilherme. *Julgamento nas cortes supremas:* precedente e decisão do recurso do novo CPC. São Paulo: Revista dos Tribunais, 2015.

MARINONI, Luiz Guilherme. Controle de constitucionalidade. *In*: SARLET, Ingo; MARINONI, Luiz Guilherme; MITIDIERO, Daniel. *Curso de direito constitucional.* 2. ed. São Paulo: Revista dos Tribunais, 2013.

MELO, Gabriela Fonseca de. Formação e aplicação do precedente judicial: a tensão entre o STF e o TST no caso de responsabilidade subsidiária de ente público em relação de terceirização. 2020. 236 f. Dissertação (Mestrado em Direito Constitucional) – Instituto Brasileiro de Ensino, Desenvolvimento e Pesquisa, Brasília, 2021. Disponível em: https://repositorio.idp.edu.br/handle/123456789/2913. Acesso em: 20 mar. 2021.

PEREIRA, Paula Pessoa. *Legitimidade dos precedentes:* universalidade das decisões do STJ. São Paulo: Revista dos Tribunais, 2014.

QUINTAS, Fábio Lima. *Observatório Constitucional*: o embate entre o STF e a jurisdição ordinária. CONJUR, 2 de março de 2013. In: https://www.conjur.com.br/2013-mar-02/observatorio-constitucional-embate-entre-stf-jurisdicao-ordinaria. Acesso em: 22 mar. 2021.

QUINTAS, Fábio Lima. *Um ensaio sobre a função da lei no estado democrático de direito*: uma reflexão a partir da obra de Neil MacCormick. Brasília: IDP, 2014. 76p. Disponível em: https://repositorio.idp.edu.br/handle/123456789/1589. Acesso em: 10 jul. 2020.

STRECK, Lenio; ABBOUD, Georges. *O que é isto – o precedente judicial e as súmulas vinculantes?*. 3. ed. Porto Alegre: Livraria do Advogado, 2015.

VALE, André Rufino do. *Argumentação constitucional:* um estudo sobre a deliberação nos tribunais constitucionais. 2015. Tese (Doutorado em Direito) – Universidad de Alicante / Universidade de Brasília, Brasília-Alicante, 2015. Disponível em: https://rua.ua.es/dspace/bitstream/10045/50465/1/tesis_rufino_do_vale.pdf. Acesso em: 5 set. 2019.

14
MODULAÇÃO DE EFEITOS NECESSITA DE APERFEIÇOAMENTOS

Jorge Octávio Lavocat Galvão

1. Um caso paradigmático de modulação

Em 13 de maio de 2021, após duas tardes intensas de debates, o Supremo Tribunal Federal julgou os embargos de declaração da Fazenda Nacional que buscavam a modulação dos efeitos do acórdão proferido no Recurso Extraordinário nº 574.706, que excluiu o ICMS da base de cálculo para fins de incidência do PIS e da COFINS. Decidiu-se, por maioria, que somente aqueles que ingressaram com medida judicial ou administrativa até 15 de março de 2017 – data da sessão de julgamento do referido recurso – fariam jus à restituição do indébito tributário. Dito de outro modo, decidiu-se que, para todos, a partir de 2017, o PIS e o COFINS não podem incidir sobre o ICMS destacado da nota fiscal, mas somente os particulares que ingressaram em juízo até o julgamento do mérito do recurso é que podem ser ressarcidos pelo que foi pago indevidamente.

O caso é emblemático. O Recurso Extraordinário teve sua repercussão geral reconhecida ainda em abril de 2008. Os primeiros votos foram proferidos em 09 de março de 2017, mas o julgamento só se encerrou na semana seguinte, em 15 de março de 2017, dando ganho de causa aos contribuintes. Ocorre que, nos últimos quatro anos, ainda pairavam dúvidas sobre os efeitos da decisão, ante o pedido de modulação formulado. O tributo somente não seria devido de 2017 para frente? Em caso de deferimento de restituição do indébito, quem faria jus ao recebimento? Todos os contribuintes? Somente os que ajuizaram até o início/término do julgamento? Ou todos aqueles que requereram a repetição até a publicação da ata de julgamento?

O objetivo do presente artigo, contudo, não é o de discutir este caso especificamente, mas chamar atenção para uma dinâmica cada vez mais frequente nos julgados da Suprema Corte. Uma vez decidido o mérito, passa-se à discussão sobre eventual modulação dos efeitos do julgado. Ocorre que nem sempre a modulação diz respeito aos efeitos da declaração de inconstitucionalidade. No caso mencionado, por exemplo, o que se fez foi excluir parcela dos contribuintes dos benefícios decorrentes da decisão. Ou seja, o Judiciário criou um critério ad hoc para distinguir os contribuintes favorecidos e os não favorecidos. Refletir sobre a natureza desse provimento judicial sui generis é o escopo do presente trabalho.

2. Para que serve a modulação?

A modulação dos efeitos da decisão surge, inicialmente, no contexto de flexibilização do dogma da nulidade. Com efeito, desde Marbury v. Madison, célebre caso em que pela primeira vez se declarou a inconstitucionalidade de uma lei federal pela Suprema Corte norte-americana, restou estabelecido pelo Chief Justice John Marshall que uma lei inconstitucional seria nula ab initio ou ab ovo. Ou seja, o vício que atinge um ato normativo incompatível com o texto constitucional é de nulidade absoluta, e não relativa. Como consequência, (i) a decisão que reconhece a inconstitucionalidade tem natureza declaratória, (ii) a questão pode ser conhecida de ofício, (iii) não há prazo prescricional para a impugnação do ato (pode ser alegada a qualquer tempo) e (iv) o vício de inconstitucionalidade não pode ser convalidado.

Em razão do dogma da nulidade, a decisão judicial que declara a inconstitucionalidade de uma lei produz dois efeitos. Primeiro, os atos que foram praticados sob a égide de lei posteriormente declarada inconstitucional devem ser desfeitos, visto que se considera que norma nunca entrou em vigor (pois é nula ab initio). Trata-se do que a doutrina chama de efeito retroativo da decisão de inconstitucionalidade. Em segundo lugar, as normas que tenham sido revogadas por leis posteriormente declaradas inconstitucionais continuam em vigor, visto que a norma supostamente revogadora não pode produzir efeitos. Este é o chamado efeito repristinatório da decisão de inconstitucionalidade.

Em razão da forte influência norte-americana na construção do modelo de controle de constitucionalidade no Brasil, acabamos por recepcionar o dogma da nulidade. A prática, contudo, acabou por apontar a impropriedade (ou até mesmo impossibilidade) de sua aplicação em alguns casos. Atos irreversíveis praticados com esteio em leis declaradas inconstitucionais não tinham como ser desfeitos. Em outros casos, a declaração de inconstitucionalidade acabava por revigorar normas inapropriadas. Para evitar absurdos, tanto a Suprema Corte norte-americana como o Supremo Tribunal Federal passaram a mitigar, em casos excepcionais, os efeitos retroativos e repristinatórios da declaração de inconstitucionalidade.

Para legitimar essa prática, o Congresso Nacional editou o art. 27 da Lei 9.868/99, que dispõe que "ao declarar a inconstitucionalidade de lei ou ato normativo, e tendo em vista razões de segurança jurídica ou de excepcional interesse social, poderá o Supremo Tribunal Federal, por maioria de dois terços de seus membros, restringir os efeitos daquela declaração ou decidir que ela só tenha eficácia a partir de seu trânsito em julgado ou de outro momento que venha a ser fixado". O escopo de tal dispositivo era o de dar ao Supremo Tribunal Federal uma válvula de escape a fim de adequar os efeitos da inconstitucionalidade às situações da vida, autorizando a superação do dogma da nulidade em casos extraordinários, desde que atingido o quórum super-rígido previsto na norma.

3. Consequências do uso indiscriminado da modulação

Ocorre que, com o passar dos anos, houve um desvirtuamento irrefletido do instituto. Com efeito, se o escopo inicial era o de limitar os efeitos retroativos e repristinatórios da decisão de inconstitucionalidade, com o tempo, a Corte passou a modular o próprio conteúdo da decisão. Ademais, o que era para ser excepcional, ingressou na rotina de deliberações do tribunal, que passou a enxergar a modulação como uma etapa natural de decisões relevantes. Tais elementos, contudo, minam a própria normatividade do Direito, pois até o resultado do julgamento passa a depender de juízos pragmáticos de ponderação de interesses. A banalização da modulação faz com que os direitos deixem de ser encarados como trunfos (argumentos de princípios) e passem a ser tratados como mais um valor a ser sopesado na equação em prol do bem-estar social (argumentos de política), como há muito denuncia Lenio Streck . Alguns exemplos são elucidativos.

Nas ADIs 4.029 e 5.127, discutiu-se, respectivamente, se na tramitação legislativa das medidas provisórias seria impositiva a formação de comissão mista, nos moldes do § 9 do art. 62 da CF/88, e se seria vedada a inclusão de emendas parlamentares sem ligação com o tema do texto. O STF respondeu positivamente aos dois questionamentos, inquinando de inconstitucionais os objetos das referidas ADIs. Entretanto, ao modular os efeitos de sua decisão, a Corte concluiu que, por imperativo de segurança jurídica, as orientações firmadas só seriam aplicáveis às medidas provisórias futuras, e não às atacadas nas ADIs. Ou seja, a modulação acabou servindo para alterar o próprio resultado do julgado: normas que padecem de inconstitucionalidade não foram declaradas nulas. Percebe-se, assim, que a modulação não teve como escopo mitigar os efeitos repristinatórios ou retroativos da declaração de inconstitucionalidade das normas impugnadas, mas impor alteração na prática legislativa do Congresso Nacional.

Já na ADI 5469, discutia-se a inconstitucionalidade do Convênio ICMS 93/2015, que unificou os critérios de cobrança do diferencial de alíquota de ICMS (DIFAL) entre os Estados de origem e de destino nas operações interestaduais para não contribuintes do tributo, na forma como estipulado na EC 87/2015. A Corte concluiu pela inconstitucionalidade do ato impugnado, sob o fundamento de ser a matéria reservada à lei complementar, mas modulou os efeitos da decisão para janeiro de 2022, ressalvando as ações em curso que discutam a (in)constitucionalidade da cobrança do DIFAL pelos Estados de destino. Ocorre que, como consequência da declaração de inconstitucionalidade, deveriam ser repristinadas as normas que anteriormente regulavam a matéria, cujo teor era o de destinar a integralidade do ICMS ao Estado de origem. A modulação, contudo, ao ressalvar as ações em curso, acabou por transferir a titularidade dos valores arrecadados a título DIFAL do Estado de origem para o contribuinte. Em outras palavras, sob o pretexto de modular os efeitos da decisão, o tribunal acabou por beneficiar terceiros, que não seriam contemplados nem com a manutenção do ato impugnado nem com a restauração do regime jurídico anterior.

Além da questão da repristinação, este caso chama a atenção para outro ponto, que tem se repetido nas causas tributárias: o STF, desde o julgamento do RE 556.664, tem modulado os efeitos da decisão de inconstitucionalidade de tributo para limitar os beneficiários àqueles que já tenham ingressado com ações individuais até o julgamento do leading case. O problema é que, como já mencionado acima, este tipo de modulação não trata nem da questão da repristinação nem da retroatividade da declaração de inconstitucionalidade, mas de adoção de critério para limitar os destinatários da decisão. Em se tratando de benefício fiscal, contudo, qualquer tipo de limitação implica em violação da isonomia, com impactos concorrenciais. Ou seja, a modulação acaba por criar distorções no mercado. Ademais, o critério que o STF tem adotado acaba produzindo incentivos contraditórios: beneficia-se os litigantes contumazes em prejuízo daqueles que cumprem as obrigações tributárias sem questioná-las. Estimula-se, portanto, a litigiosidade em contraposição à cooperação.

Por fim, é se destacar mais um ponto. A Lei 9.868/99, em razão da excepcionalidade da modulação, previu um quórum diferenciado de dois terços. Não obstante, há notícia de concessão monocrática da medida (RE 870.947). Mais recentemente, o STF concluiu que o quórum de dois terços só é exigido nos casos em que há declaração de inconstitucionalidade. Já nos casos de mudança jurisprudencial, basta a maioria absoluta (RE 638.115). Como os casos acima bem exemplificam, é cada vez mais raro que a modulação modifique os efeitos da declaração de inconstitucionalidade. Cada vez mais, o que se modifica é o resultado da própria decisão ou o seu escopo de abrangência. O receio é que, com a redução do quórum, estas medidas heterodoxas passem a ser cada vez mais frequentes.

4. Modular a modulação?

Derrotados saem-se vencedores, vencedores são excluídos da vitória e terceiros acabam levando o prêmio. O instituto da modulação afastou-se de seu propósito inicial – regulamentar os efeitos retroativos e repristinatórios da decisão de inconstitucionalidade – e passou a impactar na própria normatividade do direito constitucional. Quando o mérito de uma decisão tida como correta é modulado com base em juízos teleológicos de oportunidade e conveniência desnatura-se a própria função jurisdicional. A banalização da modulação exige, pois, uma profunda reflexão por parte dos membros da comunidade jurídica.

No contexto, a Comissão de Juristas nomeada pelo Presidente da Câmara dos Deputados para sistematizar as normas de processo constitucional tem oportunidade única para aprimorar o instituto. Exigir que a Corte aponte especificamente qual efeito da declaração de inconstitucionalidade está limitando (se o efeito retroativo ou repristinatório) é o primeiro passo para se evitar abusos. Em segundo lugar, deve-se proibir modulações que não sejam universalizáveis. Restrições que firam a isonomia não encontram respaldo na Constituição de 1988. Ou se modula para todos ou para ninguém. Por fim, o caráter excepcional da modulação deve ser reforçado, impondo quórum de dois terços para todo e qualquer caso.

15
A OBSOLESCÊNCIA DA SÚMULA VINCULANTE NA JURISDIÇÃO CONSTITUCIONAL BRASILEIRA

Victor Marcel Pinheiro

Introdução

O presente artigo tem o objetivo de colaborar com o debate sobre a racionalização do processo constitucional brasileiro, abordando o seguinte aspecto: a obsolescência das Súmulas Vinculantes em face dos instrumentos atualmente existentes à disposição da jurisdição constitucional.

Para tanto, serão feitos argumentos de duas naturezas. O primeiro argumento é de natureza histórico-descritiva e analisará os instrumentos à disposição do STF para uniformizar sua jurisprudência. Será visto que, com o passar do tempo, houve uma clara tendência de ascensão e queda da utilização da Súmula da Jurisprudência Dominante, criada em 1963, e da Súmula Vinculante, instituída pela Emenda Constitucional nº 45, de 2004, para a recente adoção das "teses".

O segundo argumento é de natureza eminentemente normativa. Será apontado que o atual sistema de precedentes vinculantes já suplantou as razões subjacentes à instituição da Súmula Vinculante, de modo que ela deve ser revogada do texto constitucional, como forma de simplificar a tutela da Constituição. Será visto, também, que a principal consequência processual do desrespeito a uma súmula vinculante (o cabimento de reclamação constitucional diretamente para o STF) hoje tem sua razão de existir muito mitigada considerando os avanços dos últimos anos em direção a um modelo brasileiro de precedentes vinculantes.[1]

1. A evolução da uniformização da interpretação constitucional por meio de entendimentos judiciais

Doutrinariamente diferenciam-se dois grandes modos de uniformização do entendimento judicial sobre o direito vigente[2]. De um lado, há os mecanismos recursais, mediante os quais os tribunais têm a função de corrigir entendimentos que considere incorretos. De outro lado, há mecanismos de vinculação por precedentes, no sentido de que o entendimento estabelecido por um juízo possa ser aplicado em outros casos futuros semelhantes. Entende-se, aqui, que toda decisão judicial (e, como ressalta Frederick Schauer, toda decisão da vida prática[3]) cria um precedente no sentido de ser uma decisão para um caso concreto que poderá ser invocada como argumento para a resolução no mesmo sentido de um caso semelhante no futuro.

José Carlos Barbosa Moreira destaca que a tradição do direito brasileiro está fundada na utilização dos mecanismos recursais como instrumentos de uniformização do direito[4]. Aqui deve ser lembrado o diagnóstico feito por Aliomar Baleeiro da pouca relevância dos julgados do STF perante as demais instâncias do Poder Judiciário expresso já no título de sua obra *STF – esse outro desconhecido*, publicada em 1968[5]. Esse diagnóstico é preciso também no que se refere ao caso especial da interpretação constitucional, em que, por longo período, não se conheciam no direito brasileiro precedentes vinculantes no sentido da imposição obrigatória de um entendimento judicial.

Contudo, a partir da criação da Súmula da Jurisprudência Dominante do STF em 1963 (prática posteriormente adotada por outros tribunais),

[1] O presente artigo, em diversas passagens, adapta para a questão das Súmulas Vinculantes os argumentos presentes em Victor Marcel Pinheiro, *Decisões Vinculantes do STF: a cultura de precedentes*, São Paulo, Almedina, 2021.

[2] Cf. Ada Pellegrini Grinover, *Direito processual civil*, 2ª ed., José Bushatsky, 1974, p. 137.

[3] Cf. Frederick Schauer, "Precedent", *Stanford Law Review* 39 (1987-1988), pp. 571-605, p. 572.

[4] Cf. José Carlos Barbosa Moreira, *Comentários ao Código de Processo Civil*, vol. V, 13ª ed., Rio de Janeiro, Forense, 2006, p. 6.

[5] Aliomar Baleeiro, *O Supremo Tribunal Federal, êsse outro desconhecido*. Rio de Janeiro: Forense, 1968.

a criação do controle abstrato geral de constitucionalidade pela Emenda Constitucional nº 16, de 1965, e sua ampliação na Constituição Federal de 1988, a criação da Ação Declaratória de Constitucionalidade, das Súmulas Vinculantes, do requisito de admissibilidade de repercussão geral para conhecimento dos recursos extraordinários e, mais recentemente, com a promulgação do Código de Processo Civil de 2015, há um grande fortalecimento do papel dos precedentes como mecanismos de uniformização da interpretação jurídica.

Isso invariavelmente leva a uma maior complexidade do sistema jurídico e desses mecanismos de uniformização de entendimentos que, embora tenham finalidade semelhante, acabam por criar dificuldade operacional dogmática por requisitos processuais, hipóteses de cabimento, quóruns e efeitos jurídicos diversos.

Nesse sentido, Roger Stiefelmann Leal fazia prognóstico a respeito da tendência de inoperância das súmulas vinculantes por "saturação sistêmica de efeitos vinculantes":

> A incorporação de novos mecanismos sem a eliminação ou redefinição normativa de outros mais tradicionais estimula o surgimento de pontos de estrangulamento do modelo por motivos de excesso ou saturação. Nessa perspectiva, a atribuição de efeito vinculante às decisões do STF proferidas em sede de controle concreto produz sérios reflexos sobre o instituto da súmula vinculante. A obsessão pela racionalização do exercício da jurisdição constitucional – de modo que a Corte Suprema seja dispensada de decidir mais de uma vez sobre a mesma matéria – resulta na significativa diminuição do papel reservado às súmulas vinculantes. Trata-se de instrumento que, na esteira da tendência ora apontada, encontra-se a caminho da inoperância por saturação sistêmica de efeitos vinculantes.[6]

Como será visto, trata-se de prognóstico que se confirmou.

Nesse sentido, cabe registrar os dados da edição por ano de enunciados das Súmulas, Súmulas Vinculantes e teses em recursos extraordinários:

[6] Roger Stiefelmann Leal, "A incorporação das súmulas vinculantes à jurisdição constitucional brasileira: alcance e efetividade em face do regime legal da repercussão geral e da proposta de revisão jurisprudencial sobre a interpretação do art. 52, X, da Constituição", *Revista de Direito Administrativo* 261 (2012), pp. 179-201, p. 197.

ANO	SÚMULAS	SV	TESES RE
1963	370	0	0
1964	102	0	0
1969	79	0	0
1976	50	0	0
1984	21	0	0
2003	114	0	0
2007	0	3	0
2008	0	10	23
2009	0	14	25
2010	0	3	23
2011	0	1	37
2012	0	0	12
2013	0	0	41
2014	0	5	61
2015	0	16	44
2016	0	3	37
2017	0	0	47
2018	0	0	27
2019	0	0	33
2020	0	2	122
2021	0	0	7
TOTAL	**736**	**57**	**539**

Fonte: dados colhidos no site do STF

Os dados acima são interessantes, pois demonstram uma certa tendência temporal de utilização dos mecanismos. De 1963 (data da criação da Súmula da Jurisprudência Dominante) até 2003, houve 736 Súmulas editadas (média de 18,4 por ano). A partir de 2004, com a criação das Súmulas Vinculantes, não foram mais editadas as Súmulas tradicionais. A partir da regulamentação da Lei nº 11.417, de 19 de dezembro de 2006, houve a edição de 57 Súmulas Vinculantes (média de 4,10 por ano), sendo que 55 (94,7%) foram editadas até 2016 e outras duas no período posterior. Com o início da regulamentação do requisito de repercussão geral dos recursos extraordinários a partir da modificação regimental feita pela Resolução nº 19, de 2006, do STF houve a edição de 539 teses fixadas em repercussão geral (média de 35,9 por ano).

Isso permite apontar que houve uma mudança nos instrumentos mais frequentemente utilizados pelo STF para uniformizar seus entendimentos: inicialmente adotou-se a prática de editar os enunciados da Súmula tradicional. Entretanto, a criação das Súmulas Vinculantes e da sistemática da repercussão geral importou no abandono prático da edição de Súmulas tradicionais. Isso é corroborado pelo fato de que em nenhum dos anos houve um número maior de Súmulas Vinculantes do que teses fixadas em recursos extraordinários. Além disso, nos últimos cinco, foram editadas cinco Súmulas Vinculantes e 236 teses em recursos extraordinários. Isso mostra uma prática atual de o STF privilegiar a fixação de entendimentos por meio das teses e não por meio das Súmulas Vinculantes.

Diante desses dados cabe investigar se há hipóteses explicativas para a mudança no perfil dos instrumentos de uniformização utilizados pelo Tribunal. Como será desenvolvido, uma possível explicação para a ruptura brusca na edição das Súmulas tradicionais é a atribuição de efeito vinculante às Súmulas Vinculantes diretamente pelo texto constitucional, a partir da Emenda Constitucional nº 45, de 2004, o que diminuiu os incentivos para o STF continuar a fixar entendimentos por mecanismo com pouca capacidade de *enforcerment* perante outros juízos. Já a preferência atual pela fixação de teses em recursos extraordinários (e, como será visto, em outras classes processuais também), pode decorrer da cada vez maior aproximação dos efeitos da fixação dessas teses com a edição das Súmulas Vinculantes. Isso será explorado em maiores detalhes abaixo.

1.1. A "sumula da Jurisprudência Predominante" do STF

Devem ser relembradas as razões pelas quais foi criada, por decisão administrativa do STF, a "Súmula da Jurisprudência Predominante" em 1963. Não havia previsão constitucional ou legal para sua existência; ela foi criada por meio de emenda ao Regimento Interno da Corte. Ela foi fruto da dificuldade de o próprio STF e os demais tribunais e juízos identificarem quais seriam as linhas jurisprudenciais já pacificadas pela Corte.

Trata-se de um conjunto de enunciados sintéticos que expressam o entendimento consolidado do Tribunal a respeito de matérias decididas. Seu objetivo era, inicialmente, facilitar o trabalho dos Ministros do STF e dos demais operadores do direito por ser um repositório oficial da jurisprudência do Tribunal.[7] Nos termos da emenda regimental, a Súmula seria adotada pela maioria dos membros do Tribunal e poderia ser revista a qualquer tempo por essa maioria.

É importante analisar o pensamento a respeito do Ministro Victor Nunes Leal, reconhecido como um dos principais idealizadores do instituto e responsável por sua criação. Em sua visão, uma das principais razões para surgimento da Súmula foi a necessidade de facilitar o trabalho de consulta aos entendimentos pacíficos da Corte, que, à época, não eram sistematizados e de fácil acesso. Em suas palavras:

> 62.Muito nos detivemos na Súmula como método de trabalho, mas não se pode subestimar sua função de repertório oficial da jurisprudência predominante da Alta Corte. É quase certo, aliás, que foi esta a primeira motivação da experiência da Súmula. Ela correspondeu, sob este aspecto, à necessidade de sistematizar os julgamentos do Tribunal, para se localizarem os precedentes com menor dificuldade. Ainda hoje é muito espinhosa a tarefa.
>
> 63. Veio, assim, a Súmula, na mesma linha da publicação em dia da Revista Trimestral de jurisprudência, bem como da sua distribuição (até há pouco gratuita) aos membros dos tribunais do país e a todos os juízes de direito. Um passo adiante, em busca de solução mais perfeita, será inevitavelmente a computação eletrônica das decisões judiciais.
>
> 64. Por falta de técnicas mais sofisticadas, a Súmula nasceu – e colateralmente adquiriu efeitos de natureza processual – da dificuldade, para os ministros, de identificar as matérias que já não convinha discutir de novo, salvo se sobreviesse algum motivo relevante. O hábito, então, era reportar-se cada qual à sua memória, testemunhando, para os colegas mais modernos, que era tal ou qual a jurisprudência assente da Corte. Juiz calouro, com a agravante da falta de memória, tive que tomar, nos primeiros anos, numerosas notas, e bem assim sistematizá-las, para pronta consulta durante as sessões de julgamento.

Ao apontar que a Súmula representaria um "ideal do meio-termo" como instrumento de uniformização do direito, o autor afirma:

> "(...) a Súmula realizou o ideal do meio-termo, quanto à estabilidade da jurisprudência (...), ela ficou entre a dureza implacável dos antigos assentos da Casa de Suplicação, 'para inteligência geral e perpétua da lei' e a virtual

[7] Cf. Victor Nunes Leal, "Passado e futuro da Súmula no STF", *Revista de Direito Administrativo* 145 (1981), pp. 1-20, p. 14.

inoperância dos prejulgados. É um instrumento flexível, que simplifica o trabalho da justiça em todos os graus, mas evita a petrificação, porque a Súmula regula o procedimento pelo qual pode ser modificada."[8]

Já à época, Aliomar Baleeiro destacava a aproximação da Súmula com a prática do *stare decisis* do direito americano, no sentido de uma maior estabilização do direito.[9] Indo além, outros entendiam que a Súmula estabeleceria verdadeiros precedentes vinculantes em decorrência da posição ocupada pelo STF no sistema constitucional brasileiro.[10] Entretanto, o entendimento originalmente apresentado na criação do instituto e consagrado na prática foi o de que a Súmula seria meramente persuasiva para casos futuros, ainda que reformas posteriores atribuíssem efeitos processuais à utilização da Súmula em decisões judiciais.[11] Conforme exposto, de 1963 a 2003 foram editados os 736 enunciados da Súmula da Jurisprudência Dominante do STF.

1.2. A Súmula Vinculante

Mediante acréscimo do art. 103-A à Constituição Federal pela Emenda Constitucional 45/2004, foi estabelecida a vinculatividade de súmulas aprovadas por 2/3 dos membros do STF após reiteradas decisões sobre determinada questão de interpretação constitucional, perante as demais instâncias do Poder Judiciário e para a administração pública. Trata-se de instituto claramente inspirado no *stare decisis* do direito anglo-saxão e nos assentos vinculantes da tradição portuguesa e brasileira.[12] Após sua previsão no texto constitucional, o novo instituto foi regulamentado pela Lei nº 11.417, de 19 de dezembro de 2006.

[8] Cf. Victor Nunes Leal, "Passado e futuro da Súmula no STF", *Revista de Direito Administrativo* 145 (1981), pp. 1-20.
p. 10.

[9] Cf. Aliomar Baleeiro, *O Supremo Tribunal Federal, êsse outro desconhecido*, p. 128. Para o conceito de *stare decisis*, cf. item 4.1.2.

[10] Cf. Anete Vasconcelos Borborema, "Análise da súmula 282 do Supremo Tribunal Federal", *Revista de Processo* 21 (1981), pp. 295-298; Rubem Nogueira, "Desempenho normativo da jurisprudência do STF", *RT* 448 (1973), pp. 24-33 e José de Moura Rocha, "A importância da súmula", *Revista Forense* 257 (1977), pp. 91-98.

[11] Cf. Alfredo Buzaid, "Da uniformização da jurisprudência", *Boletim da Faculdade de Direito da Univerisdade de Coimbra* 58 (1982), pp. 127-167, p. 162.

[12] Cf. Elival da Silva Ramos, *Controle de constitucionalidade no Brasil:perspectivas de evolução*, São Paulo, Saraiva, 2010, p. 382.

Como destacado no parecer de um dos relatores da PEC 96/1992 – que culminou na EC 45/2004 –, Deputado Aloysio Nunes, a criação do instituto teria basicamente duas finalidades. A primeira seria descongestionar o Poder Judiciário, especialmente os tribunais superiores, pela resolução com eficácia vinculante de uma questão jurídica que pudesse se multiplicar em diversos processos individuais com redução de processos e ganhos de celeridade. O segundo objetivo seria a busca de maior respeito ao princípio da igualdade, no sentido de que um mesmo enunciado normativo seja interpretado de modo uniforme para toda a coletividade.[13] Desde sua origem, portanto, fica clara a intenção de se atribuir vinculatividade à fundamentação de decisões proferidas em controle concreto de constitucionalidade, tendo em vista que as decisões em controle abstrato já contavam com eficácia *erga omnes* e efeito vinculante[14].

Nesse momento, as diferenças jurídicas entre as Súmulas tradicionais e as Súmulas Vinculantes eram muito claras, sendo a principal delas o fato de que as primeiras seriam meramente persuasivas para as demais instâncias do Poder Judiciário; já as segundas, deveriam ser obrigatoriamente seguidas. Desde sua criação, a Súmula Vinculante foi objeto de intensas críticas, no sentido de que violaria a separação de poderes, ao estabelecer competência legislativa para o Poder Judiciário, levaria a um enrijecimento da interpretação constitucional e violaria a independência funcional do magistrado.[15]

Embora não se vá aprofundar cada uma dessas críticas, é importante salientar que os enunciados da Súmula Vinculante não podem ser confundidos com textos normativos semelhantes às leis. Essa equiparação entre enunciado criado por via judicial e lei não é de maneira alguma admitida pelo direito brasileiro, nem pela prática dos precedentes em outros países. Caso as Súmulas Vinculantes, teses e outros enunciados fixados por decisões judiciais sejam compreendidos como textos revestidos de autoridade desvinculados dos casos concretos dos quais originados, poder-se-ia concordar com a crítica acima de que haveria violação à separação de poderes e indevida atribuição de função legislativa ao Poder Judiciário.

[13] Disponível em http://www.planalto.gov.br/ccivil_03/revista/Rev_02/parecer%20relator.htm.

[14] Cf. Roger Stiefelmann Leal, "A incorporação das súmulas vinculantes à jurisdição constitucional brasileira", p. 185, e Elival da Silva Ramos, *Controle de constitucionalidade no Brasil*, p. 373.

[15] Para um dos artigos mais críticos da instituição da Súmula Vinculante, cf. Luiz Flávio Gomes, "Súmula vinculante e independência judicial", *Revista dos Tribunais* 739 (1997), pp. 11-42, p. 32.

Entretanto, os precedentes vinculantes, inclusive aqueles que embasam súmulas vinculantes, devem ser compreendidos à luz das circunstâncias dos casos concretos em que emitidos. Ao se diferenciar texto normativo e norma jurídica, não se pode equiparar o enunciado textual de uma súmula ou o enunciado textual de uma regra utilizada na fundamentação de uma decisão judicial com a própria regra jurídica a ser extraída desses textos para ser obrigatoriamente aplicada em casos futuros. A utilização de regras jurídicas em decisões judiciais leva em conta necessariamente as circunstâncias do caso concreto. Abstrair esses elementos na aplicação da mesma regra em casos futuros significa cair em um modelo em que o texto poderia apresentar um sentido imanente desvinculado das circunstâncias concretas em que emitido e das circunstâncias em que deva ser aplicado – o que não pode ser admitido no Estado de Direito em que a função de jurisdição e legislação são claramente separadas[16] . É por essa razão que Lenio Streck afirma que "o precedente não cabe na súmula".[17]

Passada sua fase inicial de criação, o STF editou 57 Súmulas Vinculantes no período de 2006 a 2021, como visto acima. É curioso notar que nos últimos cinco anos, apenas duas Súmulas Vinculantes foram editadas. Em contrapartida, nesse mesmo período, houve a edição de 236 teses apenas em sede de recurso extraordinário.

O que explica essa redução do número de edição de enunciados da Súmula Vinculante? Não haveria a Súmula Vinculante atingido seus objetivos de reduzir a quantidade e o tempo de duração dos processos judiciais e por isso o STF não as tem adotado com frequência? A verdade é que ainda não há pesquisas empíricas que demonstrem isso, e, ainda mais importante, trata-se da questão errada a ser respondida sobre as Súmulas Vinculantes.

Barbosa Moreira já apontava que tal suposição da redução da duração de processos era feita sem maiores bases empíricas, mas somente com base em expectativas de comportamentos futuros.[18] A despeito de algumas tentativas de mapear tais fatores, o autor aponta que nos Estados Unidos – um

[16] Cf. Victor Marcel Pinheiro, A fixação de teses pelo STF e a "sumulização" dos precedentes constitucionais, 2020, disponível em: https://www.conjur.com.br/2020-ago-01/observatorio-constitucional-fixacao-teses-stf-sumulizacao-precedentes .

[17] Lenio Luiz Streck, "Súmulas vinculantes em *terrae brasilis:* necessitamos de uma 'teoria para a elaboração de precedentes'?", *Revista Brasileira de Ciências Criminais* 78 (2009), 284-319, p. 300.

[18] Cf. José Carlos Barbosa Moreira, "Súmula, jurisprudência, precedente: uma escalada e seus riscos", *Revista Síntese de Direito Civil e Processual Civil* 35 (2005), pp.5-16, pp. 12 e s.

dos países referência em matéria de precedentes vinculantes – a alta litigância e os processos judiciais também são marcados por notória morosidade.

É nesse sentido que Lenio Streck critica a suposição de que a adoção do efeito vinculante enquanto atribuição de imperatividade à fundamentação de decisões do STF seria uma verdadeira "panacéia nacional" para os problemas da morosidade do Poder Judiciário.[19] Como esse autor reconhece, a crise de morosidade enfrentada pela Justiça está fundada em causas mais profundas relacionadas à sua estrutura e à cultura jurídica em que imersa. Há inclusive pesquisa em perspectiva antropológica sobre o funcionamento dos cartórios judiciais, no sentido de que funcionariam com base em práticas para além das normas jurídicas que dificultam a desejada celeridade processual.[20]

De modo diverso, a efetiva adoção de um sistema funcional de precedentes tem suas principais justificativas no direito fundamental à igualdade e à segurança jurídica e não em um suposto ganho de celeridade processual. O decisivo aqui é tratar casos semelhantes de modo semelhante de maneira estável no tempo, permitindo à sociedade como um todo saber as diretrizes interpretativas adotadas pelo Poder Judiciário em relação ao direito vigente.

Especificamente em relação aos objetivos de isonomia e segurança jurídica, a questão a ser investigada é se eles são mais bem alcançados pela prática mais recente de fixação de teses pelo STF. Isso será investigado abaixo.

1.3. A fixação de teses pelo STF

As teses nada mais são do que enunciados sintéticos em que se descreve uma *ratio decidendi* de um caso decidido por órgão judicial. Não se trata, portanto, de uma norma jurídica autônoma, que seria semelhante à lei ou ato normativo. Nesse sentido, a tendência de "sumulização" dos precedentes constitucionais por meio das teses nada mais é do que uma etapa no direito brasileiro que se iniciou com a Súmula da Jurisprudência Dominante, passou pela Súmula Vinculante e agora deságua nas teses[21].

[19] Cf. Lenio Luiz Streck, "O efeito vinculante das súmulas e o mito da efetividade", *Revista do Instituto de Hermenêutica Jurídica* 3 (2005), pp. 83-128, p. 102. Em sentido semelhante, Elival da Silva Ramos, *Controle de constitucionalidade*, pp. 381 e s.

[20] Cf. Wagner Brito, *A celeridade processual: uma pesquisa empírica nos cartórios judiciais da capital do Rio de Janeiro*, Rio de Janeiro, Autografia, 2017.

[21] Cf. Victor Marcel Pinheiro, A fixação de teses pelo STF e a "sumulização" dos precedentes constitucionais, *2020, disponível em:* https://www.conjur.com.br/2020-ago-01/observatorio-constitucional-fixacao-teses-stf-sumulizacao-precedentes .

As origens das teses estão diretamente relacionadas à criação do novo requisito de admissibilidade de repercussão geral dos recursos extraordinários, mediante a inserção do art. 103-B na Constituição Federal pela Emenda Constitucional nº 45, de 2005.

A Lei 11.418/2006 regulamentou o instituto, ao inserir os arts. 543-A e 543-B no Código de Processo Civil de 1973. A regulamentação processual da repercussão geral trouxe inovações que ultrapassam sua caracterização exclusivamente como requisito de admissibilidade do recurso extraordinário, pois foram atribuídas importantes consequências processuais à decisão a respeito da existência ou não de repercussão geral de uma questão constitucional e à decisão de mérito de um recurso extraordinário com repercussão geral reconhecida.

Tais inovações foram mantidas em grande parte pelo Código de Processo Civil de 2015. Nesse sentido, os arts. 1.029 a 1.035 do CPC de 2015 estabelecem um mecanismo de seleção de recursos extraordinários que apresentem uma questão constitucional de grande relevância ou de possível repetição em outros recursos. Uma vez selecionado um ou mais recursos-paradigma, todos os demais recursos extraordinários que versem sobre questão constitucional idêntica deverão ser sobrestados no tribunal de origem até que o STF decida sobre a existência ou não de sua repercussão geral. Caso o STF decida pela inexistência de repercussão geral, todos os demais recursos sobrestados serão inadmitidos no tribunal de origem. No caso de existência de repercussão geral e após o julgamento de mérito do respectivo recurso extraordinário, abre-se a possibilidade de os tribunais de origem modificarem suas decisões para que seja adotada a tese firmada pelo Supremo Tribunal.

Diante desses efeitos processuais, ainda sob o CPC de 1973, instalou-se controvérsia a respeito da possível obrigatoriedade da interpretação constitucional adotada pelo STF na fundamentação da decisão de mérito em recurso extraordinário com repercussão geral reconhecida para casos futuros em face dos demais órgãos do Poder Judiciário.

De um lado, defendia-se a existência de verdadeira vinculação às decisões proferidas pelo STF em recursos extraordinários com repercussão geral reconhecida, sob argumento de que a criação de um mecanismo de seleção de casos a serem julgados pressupõe a noção de obrigatoriedade para casos futuros, sob pena de ineficiência do sistema e de frustração do objetivo de que questões repetitivas tenham julgamento uniforme.[22] De outro lado, sustentava-se que a interpretação jurídica adotada nessas decisões não apresentavam obrigatoriedade, uma vez que a tradição brasileira sempre rejeitou a ideia de precedentes vinculantes, sendo necessária previsão normativa expressa para que ela seja adotada. Desse modo, a atribuição de determinados efeitos processuais às decisões do STF a respeito do mérito dos recursos extraordinários com repercussão geral não seria suficiente para estabelecer essa vinculação.[23]

Ainda antes da entrada em vigor do CPC de 2015, o STF tocou nessa questão.

Em um julgado paradigmático, a Ministra Ellen Gracie fez interessantes considerações a respeito da imperatividade de decisões proferidas pelo STF em sede de recurso extraordinário com repercussão geral reconhecida. Em sua visão, os demais órgãos do Poder Judiciário estão vinculados à tese fixada pelo Supremo Tribunal no julgamento desses recursos extraordinários. Em suas palavras:

> "Tudo porque é inerente ao sistema inaugurado pela EC 45/2004 que decisões proferidas pelo Plenário do Supremo Tribunal Federal quando do julgamento de recursos extraordinários com repercussão geral vinculem os demais órgãos do Poder Judiciário no que diz respeito à solução, por estes, de outros feitos sobre idêntica controvérsia.
>
> Cabe aos juízes e desembargadores respeitar a autoridade da decisão do Supremo Tribunal Federal tomada em sede de repercussão geral, assegurando racionalidade e eficiência ao Sistema Judiciário e concretizando a certeza jurídica sobre o tema.
>
> Se assim não for, admitidas decisões díspares do entendimento firmado pelo Supremo Tribunal Federal em processos com repercussão geral, haverá

[22] Cf. Luiz Guilherme Marinoni, *Precedentes obrigatórios*, São Paulo, Revista dos Tribunais, 2010, p. 472. No sentido da atribuição de efeito vinculante às decisões proferidas pelo STF e STJ na sistemática dos chamados recursos repetitivos, ainda na vigência do Código de Processo Civil de 1973, cf. Georges Abboud, "Precedente judicial *versus* jurisprudência dotada de efeito vinculante: a ineficácia e os equívocos das reformas legislativas na busca de uma cultura de precedentes", *in* Teresa Arruda Alvim Wambier (coord.), *Direito jurisprudencial*, São Paulo, Revista dos Tribunais, 2012, pp. 491-552, p. 522.

[23] Cf. Vanice Lírio do Valle, "Repercussão geral: um passo a mais na difícil trilha de construção da vinculatividade das decisões judiciais", *Revista da EMERJ* 40 (2007), pp. 129-157, p. 152, e Elival da Silva Ramos, *Controle de constitucionalidade no Brasil*, p. 276-7.

gradativamente o enfraquecimento de toda a sistemática estabelecida pelo Congresso Nacional.".[24]

Outras decisões posteriores também apontam para a vinculatividade da *ratio decidendi* das decisões tomadas em sede de recurso extraordinário.[25] Com o CPC de 2015, nos termos de seu art. 489, § 1º, incisos V e VI, art. 927, incisos III e V, houve a expressa previsão da vinculatividade da *ratio decidendi* das decisões do STF em recurso extraordinário, bem como daquelas adotadas pelo Plenário do Tribunal[26].

Também no caso das *rationes decidendi* utilizadas em ações de controle abstrato de constitucionalidade o STF tem entendido por sua vinculatividade. Podem aqui ser mencionados os julgamentos da ADI 4.029 (Rel. Min. Luiz Fux, j. 08/03/2012), em que se declarou a inconstitucionalidade em caráter incidental de dispositivos da Resolução nº 1, de 2002, do Congresso Nacional a respeito da tramitação de medidas provisórias, e a ADI 3.470 (Rel. Min. Rosa Weber, j. 29/11/2017), em que se declarou incidentalmente a inconstitucionalidade do art. 2º da Lei nº 9.055, de 1º de junho de 1995, que permitia a extração e comercialização do amianto crisotila.

Diante desse cenário, portanto, deve-se concluir pela vinculatividade das razões de decidir das decisões proferidas pelo STF em diversos de seus julgados, inclusive todos os proferidos pelo Plenário. Com isso, há um forte esvaziamento das finalidades práticas da Súmula Vinculante, pois há uma aproximação de efeitos jurídicos muito grande entre elas e as demais decisões do Tribunal. Deixa de ser necessário reiteradas decisões, um procedimento próprio e quórum mais rigoroso para fixação de entendimentos vinculantes. Essa é a principal hipótese explicativa para a grande diferença entre o número de Súmulas Vinculantes e teses fixadas em recursos extraordinários.

Para além da descrição do cenário atual, é fundamental analisar criticamente essa prática e avaliar se o Tribunal deveria adotar o expediente de se utilizar como mais frequência da Súmula Vinculante ou se há razões para defender-se sua revogação do texto constitucional.

[24] Cf. voto da Ministra Ellen Gracie, STF, Rcl 10.793, pp. 8 e s. Outros julgados no mesmo sentido Rcl 12.600 (Pleno, Rel. Min. Ricardo Lewandowski, j. 17/11/2011), e Rcl 23.653 (2ª T., Rel. Min. Ricardo Lewandowski,j. 13/04/2018).

[25] STF, Rcl-AgR 27.939 (2ª T., Rel. Min. Dias Toffoli, j. 14/08/2018).

[26] Nesse sentido, cf., por todos, Daniel Mitidiero, *Precedentes: da persuasão à vinculação*, Revista dos Tribunais, São Paulo, 2018.

2. A desnecessidade da Súmula Vinculante no direito brasileiro vigente

Feita a descrição da evolução normativa e da prática do STF, há, basicamente, três argumentos relevantes que poderiam justificar a manutenção das Súmulas Vinculantes no direito brasileiro:

a) as Súmulas Vinculantes são resultado da consolidação de uma linha jurisprudencial por meio de "reiteradas decisões" e, portanto, permitem maior maturação do posicionamento da Corte antes que ele se torne obrigatório para as demais instâncias do Poder Judiciário;
b) a *ratio decidendi* das decisões em geral do STF, especialmente as proferidas em recursos extraordinários, enunciadas em teses não seriam vinculantes para a administração pública, como são as Súmulas Vinculantes;
c) as Súmulas Vinculantes são dotadas de uma especial proteção processual: a reclamação constitucional.

Examinam-se os argumentos acima.

2.1. As "reiteradas decisões" e os precedentes vinculantes

Uma primeira razão para a defesa da manutenção das Súmulas Vinculantes é a de que, por expressa exigência do art. 103-A, da Constituição Federal, elas somente podem ser editadas após "reiteradas decisões" do STF. A ideia aqui é a de que após uma longa linha jurisprudencial, o Tribunal decida atribuir vinculatividade ao entendimento pacífico objeto de maturação em diversas ocasiões.

Ocorre que, na prática, o STF nem sempre segue o comando constitucional. Três enunciados de sua Súmula Vinculante foram fixados com base em uma única decisão (Súmulas Vinculantes nº 28, 53 e 57). Esse, entretanto, não é o principal argumento para rejeição da razão acima.

Há no direito brasileiro uma tendência de se atribuir vinculatividade a decisões paradigmáticas (*leading cases*) dos Tribunais, especialmente do STF, que inauguram novas linhas de entendimento. Desde a consolidação do controle abstrato de constitucionalidade com a Emenda Constitucional nº 16, de 1965, há decisões judiciais no direito brasileiro que, tomadas uma única vez, alteram, na prática, todo o sistema jurídico vigente. Basta se pensar em uma ação de controle abstrato, em que se declara a inconstitucionalidade de uma norma: na prática, ela deixa de fazer parte do ordenamento jurídico.

Isso não é exclusividade das decisões de controle abstrato de constitucionalidade. Também em ações de controle concreto há a mesma tendência. Um dos exemplos mais claros é a evolução da jurisprudência do STF sobre os mandados de injunção, no sentido de que as decisões proferidas nessas ações também apresentam eficácia *erga omnes*[27]. Esse entendimento inclusive foi cristalizado no art. 9º, § 1º, da Lei nº 13.300, de 23 de junho de 2016. Recentemente o STF também passou a admitir o *habeas corpus* coletivo, cuja decisão projeta efeitos jurídicos gerais de modo direto[28]. Como exposto acima, essa mesma tendência ocorre pela fixação de "teses", ou seja, em termos dogmáticos mais claros, pela atribuição de vinculatividade à *ratio decidendi* das decisões do Tribunal seja em controle abstrato ou controle concreto de constitucionalidade, com destaque para os recursos extraordinários.

Não seria, entretanto, desejável uma modificação dessa tendência para que um entendimento judicial somente pudesse ser vinculante caso fruto de uma longa linha de precedentes?

Aqui é relevante reforçar a relação entre o princípio da igualdade e um modelo de precedentes vinculantes. Toda decisão judicial é tomada com base em pelo menos uma regra jurídica, que não é dada de antemão pelos textos ou precedentes pertinentes, mas invariavelmente fruto de interpretação para o caso concreto.[29] Essa regra pode ser objeto de questionamentos e, desse modo, ser fundamentada por diferentes argumentos admitidos pelo discurso jurídico. A importância da identificação dessa exigência aponta para a ideia de universalizabilidade das razões utilizadas em decisões judiciais, como pressuposto de racionalidade do discurso jurídico e respeito à noção de igualdade em sentido formal.[30] Para fundamentar sua decisão, o juiz deve identificar uma regra que deverá ser aplicada ao caso presente e a todos os casos que apresentem características semelhantes.[31]

[27] Cf. Gilmar Ferreira Mendes, "MI e seus respectivos limites constitucionais: análise do julgamento da renda básica", 2021, disponível em: https://www.conjur.com.br/2021-mai-01/observatorio-constitucional-mandado-injuncao-respectivos-limites-constitucionais

[28] STF, HC 165.704 2ª T., Rel. Min. Gilmar Mendes, j. 20/10/2020.

[29] Cf. Robert Alexy, *Teoria da argumentação jurídica: a teoria do discurso racional como teoria da justificação jurídica*, 2ª ed., São Paulo, Landy, 2005, p. 219.

[30] Cf. Thomas da Rosa de Bustamante, *Teoria do precedente judicial: a justificação e a aplicação de regras jurisprudenciais*. São Paulo: Noeses, 2012.p. 112.

[31] Cf. Neil MacCormick, *Rethoric and the Rule of Law: a Theory of Legal Reasoning*. Oxford: Oxford University, 2009, p. 99.

É justamente essa exigência de universalizabilidade do discurso jurídico que consolida a relação entre precedentes vinculantes e a ideia de igualdade. Uma vez adotada uma regra (ou seja, uma *ratio decidendi*) como fundamento de uma decisão judicial, a igualdade em sentido formal exige que outras situações sobre as quais ela incida sejam por ela efetivamente disciplinadas. Em outras palavras, a ideia de igualdade formal requer que uma regra jurídica utilizada em uma decisão judicial seja utilizada em outros casos nos quais possa incidir.[32] Aqui não se trata de uma mera faculdade hermenêutica do intérprete: em decorrência do princípio da igualdade, o precedente gera razões de autoridade para que a mesma *ratio decidendi* utilizada como fundamento de uma decisão passada seja utilizada como fundamento em uma decisão presente[33].

Nada disso quer dizer a *ratio decidendi* é uma regra jurídica estabelecida a partir de um enunciado canônico autointerpretável (como uma indevida compreensão das súmulas vinculantes ou das teses) ou que a tarefa da corte futura que se depara com o procedente judicial apenas se resume a aplicá-la por subsunção. A interpretação e aplicação de precedentes – como todo material jurídico – é tarefa complexa que exige sua valoração no caso concreto para identificar possíveis afastamentos excepcionais e eventualmente sua superação. Com isso, uma linha jurisprudencial é apenas iniciada e não definitivamente estabelecida por um *leading case*, pois ela será objeto constante de interpretação pela corte do precedente e demais cortes que devam levá-lo em consideração[34].

O ponto aqui é reforçar que não há nada intrinsicamente equivocado em se defender que os precedentes judiciais podem ser vinculantes, mesmo que sejam apenas uma única decisão que inaugura uma nova linha jurisprudencial. Esse entendimento, aliás, é tradicional em países de *common law*[35]

[32] Cf. Zenon Bankowski / Neil MacCormick / Lech Morawski / Alfonso Ruiz Miguel, "Rationales for Precedent", in Neil MacCormick / Robert S. Summers (org.), *Interpreting Precedents: a Comparative Study*, Aldershot, Dartmouth, 1997, pp. 481-502, p. 488.

[33] Para o exame das diferentes possibilidades de vinculação por precedentes ver Victor Marcel Pinheiro, *Decisões vinculantes do STF*, pp. 157-163.

[34] Sobre o decisivo papel de todos os órgãos do Poder Judiciário como intérpretes da Constituição e dos precedentes do STF, cf. Lenio Luiz Streck, *Precedentes judiciais e hermenêutica: o sentido da vinculação no CPC/2015*, Salvador, Jus Podium, 2021, pp. 69-78.

[35] Cf. Rupert Cross / J. W. Harris, *Precedent in English Law*. 4ª ed. Oxford: Clarendon, 1991, p. 4, Neil Duxbury, *The Nature and Authority of Precedent*, Cambridge, Cambridge, 2008, p. 1.

e se compatibiliza com a exigência de universalizabilidade do discurso jurídico.

2.2. Os destinatários da Súmula Vinculante e dos precedentes vinculantes

Um segundo possível argumento para a manutenção da Súmula Vinculante no direito brasileiro seria o de que, por expressa disposição constitucional, seus destinatários incluem a administração pública, enquanto as demais decisões proferidas em controle concreto pelo STF vinculariam, no máximo, as demais instâncias do Poder Judiciário.

Como destacam Nina Pencak e Sara Aquino, esse argumento foi de grande relevância no momento de edição de uma das duas últimas Súmulas Vinculantes, a de nº 57, cujo enunciado é: "A imunidade tributária constante do art. 150, VI, d, da CF/88 aplica-se à importação e comercialização, no mercado interno, do livro eletrônico (e-book) e dos suportes exclusivamente utilizados para fixá-los, como leitores de livros eletrônicos (e-readers), ainda que possuam funcionalidades acessórias."[36]

Primeiramente deve ser ressaltado que esta Súmula foi editada com base em uma única decisão do Tribunal: o RE 330.817 (Rel. Min. Dias Toffoli, j. 08/03/2017), como já criticado acima.

Para além da questão da quantidade de decisões em que fundada, a Súmula Vinculante nº 57 é relevante, pois sua edição foi motivada especialmente pelo fato de a Administração tributária ter entendido que não estaria vinculada à *ratio decidendi* de decisões proferidas em recursos extraordinários, uma vez que não existiria previsão legal nesse sentido. Dessa forma, o Tribunal entendeu por editar a Súmula Vinculante nº 57 para estender a vinculação da *ratio decidendi* do RE 330.817 também para a administração pública, de modo que o contribuinte não pudesse sofrer autuações com base em entendimentos diferentes ao fixado pelo STF[37]. Essa situação não é situação isolada e repetiu-se em outros julgados em matéria tributária no STF[38]

[36] Cf. Nina Pencak / Sara de Assis Aquino, "STF e tributação da tecnologia", 2020, disponível em https://www.jota.info/opiniao-e-analise/colunas/women-in-tax-brazil/stf-e-tributacao-da-tecnologia-19062020

[37] STF, Proposta de Súmula Vinculante nº 132, fixada em 15/04/2020.

[38] Cf. Nina Pencak / Sara de Assis Aquino, "Para que(m) serve um precedente em matéria tributária?", 2020, disponível em: https://www.conjur.com.br/2020-set-01/pencak-aquino-precedente-materia-tributaria

A pergunta que se coloca é: faz sentido a afirmação de que os juízes estão vinculados a uma norma jurídica ou entendimento jurisprudencial e, ao mesmo tempo, entender que as pessoas e entidades públicas e privadas que praticam as condutas a serem avaliadas não estão a ela vinculadas?

A resposta é não. Isso porque o discurso jurídico-dogmático orientado para a tomada de decisão, desde os escritos de Hart sobre o ponto de vista interno do direito e distinção entre normas primárias e secundárias, rejeitam a ideia de que haveria parâmetros normativos diferentes a serem utilizados pelos juízes e pelas demais pessoas em geral. Essa é uma das grandes viradas na teoria do direito que permite compreendê-lo como prática social que vai além da mera regularidade de comportamentos socialmente observáveis ou de um sistema de comandos entre emissor e receptor, mas de normas socialmente compartilhadas com uma dimensão interna de obrigatoriedade experienciada pelos participantes dessa prática[39].

Embora o debate sobre a melhor interpretação da prática social do direito ultrapasse em muito o objeto do presente texto, um ponto pode ser destacado: ela pressupõe a aceitação de padrões normativos de avaliação de condutas que sejam compartilhados pelos seus destinatários. Em outras palavras, as normas jurídicas (e também as razões de decidir de precedentes judiciais) não são direcionadas exclusivamente aos juízes, mas às pessoas cuja condutas são por elas reguladas. Não faria sentido, portanto, uma decisão judicial cujo conteúdo fosse: "embora o direito não exija determinada conduta X do réu, eu, na condição de magistrado, estou vinculado a entender que a conduta X é obrigatória para o réu e, como conclusão, o réu está obrigado a X." Esse enunciado expressa uma verdadeira contradição performática, pois a prática social do direito exige que as decisões judiciais somente sejam fundamentadas no direito vigente para aqueles possam por ele ser afetados[40]. Não há um direito vigente para os cidadãos em geral e para a Administração Pública e o outro para o Poder Judiciário.

[39] Cf. Cláudio Fortunato Michelon Júnior, *Aceitação e objetividade: uma comparação entre as teses de Hart e o positivismo precedente sobre a linguagem e o conhecimento do Direito*, São Paulo, Revista dos Tribunais, 2004, pp. 156-168.

[40] Para uma discussão clássica sobre a possibilidade de uma pretensão de correção no discurso jurídico e seus possíveis sentidos ver Robert Alexy, *Teoria da argumentação jurídica*, p. 310-313 e Manual Atienza, *As razões do direito: teorias da argumentação jurídica*, São Paulo, Landy, 2006, pp. 195-200.

Portanto, vincular o Poder Judiciário é vincular a esfera jurídica de todos, pois, ao decidir, o magistrado deverá levar em conta os parâmetros de decisão que também as partes em juízo devem levar em consideração ao praticarem suas condutas. Já afirmei em outra ocasião que haveria aqui uma "vinculação indireta"[41] dos particulares e do legislador e gostaria de deixar registrado que a ênfase deve ser mais na "vinculação" do que "indireta": uma vez estabelecido um entendimento judicial vinculante para o Poder Judiciário, todos terão suas condutas avaliadas conforme esse entendimento. "Indireta" aqui aponta para o fato de que é possível que essas pessoas e entidades atuem para reformar o entendimento inicialmente fixado – seja perante o próprio Poder Judiciário ou perante o Poder Legislativo. É possível, por exemplo, ajuizar uma ação judicial, cujo fundamento seja um entendimento diferente do precedente vinculante, sem que exista nenhuma ilicitude nesse sentido. De todo modo, as partes interessadas não poderão deixar de seguir o precedente vinculante, pois suas condutas serão avaliadas com base nele.

Essas possibilidades de divergência de interpretação são instrumentos fundamentais para que as decisões judiciais, em especial as decisões vinculantes do STF, sejam objeto de futuros questionamentos. Ainda que o entendimento fixado em um precedente vinculante deva ser obedecido em casos futuros, isso não significa que ele seja necessariamente a única resposta discursivamente admitida para a questão que resolveu. Os particulares e a Administração Pública, embora sejam indiretamente atingidos pela *ratio decidendi* de uma decisão do STF, não podem ser sancionados pela simples discordância da interpretação assim fixada e pela utilização de meios legítimos para alterá-la.

Isso revela que as Súmulas Vinculantes não oferecem grande novidade em termos de eficácia jurídica em comparação com as teses. Ambas são enunciados que descrevem com maior ou menor precisão uma *ratio decidendi* de decisões do STF que vinculam diretamente as demais instâncias do Poder Judiciário e indiretamente a todos. Embora não seja objeto deste trabalho, aqui há um ponto de reflexão sobre se também deve ser mantida a competência do Senado Federal do art. 52, inciso X, da Constituição Federal, tendo em vista que a ampliação dos efeitos atribuídos às *rationes decidendi* das decisões do STF e, consequentemente, a possível mutação

[41] Cf. Victor Marcel Pinheiro, *Decisões Vinculantes do STF*, p. 206-210.

constitucional desse dispositivo, como apontado por diversos Ministros do STF no julgamento da ADI 3.470 (Rel. Min. Rosa Weber, j. 29/11/2017).

2.3. A reclamação constitucional como instrumento subsidiário de tutela processual dos precedentes vinculantes

Por fim, um terceiro argumento em favor da manutenção das Súmulas Vinculantes no direito brasileiro seria o de que ela é protegida por um especial meio de impugnação: a reclamação constitucional. Como consta do art. 103-A, § 3º, da Constituição Federal: "§ 3º Do ato administrativo ou decisão judicial que contrariar a súmula aplicável ou que indevidamente a aplicar, caberá reclamação ao Supremo Tribunal Federal que, julgando-a procedente, anulará o ato administrativo ou cassará a decisão judicial reclamada, e determinará que outra seja proferida com ou sem a aplicação da súmula, conforme o caso."

Deve ser ressaltado que as *rationes decidendi* da grande maioria das decisões do STF não pode ser tutelada diretamente com base em reclamação constitucional. Há uma possibilidade residual do ajuizamento de reclamação constitucional para tutela de decisões proferidas em recursos extraordinários, no caso de esgotamento das instâncias ordinárias nos termos do art. 988, § 5º, II, do CPC. O STF já fixou o entendimento de que, nesse caso, a reclamação deve ser manejada após o julgamento do agravo interno de decisão monocrática da Presidência ou Vice-Presidência do Tribunal *a quo* que não admitam recurso extraordinário para STF.[42]

Deveria, então, a Súmula Vinculante ser mantida no direito brasileiro pelo fato de ela possibilitar o ajuizamento de reclamação constitucional diretamente para o STF?

A resposta é novamente não.

O estabelecimento de vinculatividade a uma *ratio decidendi* nada tem a ver com a existência de um meio processual próprio e específico para sua

[42] Veja-se passagem do Voto da Min. Rosa Weber, Relatora da Rcl-AgR 37.871 (1ª T., j. 15/04/2020), pp. 5-6: "A jurisprudência desta Suprema Corte vem se firmando no sentido de que o esgotamento da instância ordinária somente se concretiza após o julgamento de agravo interno manejado contra a decisão da Presidência ou Vice-Presidência da Corte que, no exame de admissibilidade do recurso extraordinário, aplica a sistemática da repercussão geral, nos termos do art. 1.030 e § 2º, do CPC/2015. Nesse sentido: Rcl 26194/SP, Rel. Min. Luiz Fux, DJe 03.3.2017; Rcl 26458/RN, Rel. Min. Roberto Barroso, DJe 10.3.2017; Rcl 26300/RS, Rel. Min. Ricardo Lewandowski, DJe 02.3.2017; Rcl 26336/SP, Rel. Min. Dias Toffoli, DJe 02.3.2017."

tutela. Basta pensar na legislação como um todo: caso uma norma legal seja violada, qual remédio judicial para sua tutela? Na imensa maioria dos casos, uma ação judicial perante o primeiro grau de jurisdição, em que violação da norma afete um direito do autor da ação. E no caso do desrespeito a um entendimento judicial vinculante, qual remédio judicial para sua tutela? A resposta é a mesma: na imensa maioria dos casos, uma ação judicial perante o primeiro grau de jurisdição, em que o desrespeito ao entendimento vinculante afete um direito do autor da ação.

Essa diferenciação entre vinculação e remédio processual foi feita claramente pelo próprio STF na Rcl 10.793 (Rel. Min. Ellen Gracie, j. 13.04.2011), que estabeleceu a linha jurisprudencial sobre o tema.

Essa ação fora ajuizada em face de decisão de Juiz do Trabalho que ordenou a satisfação de crédito trabalhista por empresa subsidiariamente responsável em relação à empregadora em recuperação judicial. A reclamante sustentou que essa decisão desrespeitou a tese fixada pelo STF no RE 583.955 (Pleno, Rel. Min. Ricardo Lewandowski, j. 28.05.2009) com repercussão geral reconhecida, mediante a qual a decisão a respeito de todos os créditos da empresa em recuperação judicial, inclusive trabalhistas, somente caberia ao juízo da recuperação judicial e não ao juízo trabalhista.

A Relatora Ministra Ellen Gracie liderou a maioria do Tribunal no caso. Em seu voto, entendeu que a reclamação constitucional, no caso, não era admissível, argumentando que caberia ao tribunal hierarquicamente superior – no caso, o respectivo TRT – a correção da decisão em questão e a aplicação do entendimento fixado pelo STF por qualquer meio processual idôneo para tanto, como um agravo de instrumento ou apelação, conforme o caso. Em suas palavras:

> "A cassação ou revisão das decisões dos Juízes de primeiro grau, contrárias à orientação firmada em sede de repercussão geral, deve ser feita pelo Tribunal a que estiverem vinculados, pela via recursal ordinária, normalmente mediante agravo de instrumento, apelação, agravo de petição, recurso ordinário ou recurso de revista, conforme a natureza da decisão recorrida.
>
> A atuação desta Corte há de ser subsidiária, só se justificando quando o próprio Tribunal a quo negar observância ao *leading case* da repercussão geral, ensejando, então, a interposição e a subida de recurso extraordinário para cassação ou revisão do acórdão, conforme previsão legal específica constante do art. 543-B, § 4º, do Código de Processo Civil.

> Caso contrário, o instituto da repercussão geral, ao invés de desafogar esta Corte e liberá-la para a discussão das grandes questões constitucionais, passaria a assoberbá-la com a solução dos casos concretos, inclusive com análise de fatos e provas".[43]

No julgamento da Rcl-AgR 12.600 (Pleno, j. 17.11.2011), o STF, por meio de votação unânime nos termos do voto do Ministro Relator Ricardo Lewandowski, reafirmou a vinculação dos demais órgãos do Poder Judiciário à tese fixada em recurso extraordinário com repercussão geral reconhecida.[44] Do mesmo modo como na Rcl 10.793, o Tribunal entendeu não ser cabível nesses casos a reclamação constitucional para impugnar decisões de juízos de primeira instância, devendo a parte buscar a correção da decisão impugnada por meio das vias processuais ordinárias.

Do exame das decisões acima mencionadas, nota-se que o Supremo Tribunal fez uma distinção importante. Nos termos do voto da Ministra Relatora Ellen Gracie na Rcl 10.793, há uma dissociação entre decisões cuja *ratio decidendi* é obrigatória e as hipóteses de cabimento de reclamação constitucional diretamente ao STF. Admitiu-se a obrigatoriedade da interpretação jurídica adotada na fundamentação de decisões do Tribunal sem que, necessária e automaticamente, caiba um meio de impugnação autônomo como a reclamação constitucional perante o STF. Em outras palavras, do caráter vinculativo das *rationes decidendi* descritas em teses fixadas em recursos extraordinários não se extrai a conclusão de que seria cabível reclamação constitucional diretamente ao STF para tutelá-las, mas somente os demais meios processuais ordinários perante o órgão judiciário hierarquicamente superior.

O argumento acima mostra que todos os instrumentos processuais existentes já são aptos a tutelar *rationes decidendi* de decisões vinculantes do STF, pois elas deverão ser respeitadas em todo e qualquer processo judicial. Isso significa que, caso exista o desrespeito a uma decisão vinculante, em qualquer processo judicial é possível tutelá-la. Admitir o cabimento de reclamação constitucional para toda hipótese de descumprimento de um precedente vinculante implicaria considerar o STF não somente como a Corte que fixa um precedente, mas também a primeira a definir qual deve

[43] Cf. voto da Ministra Ellen Gracie, STF, Rcl 10.793, pp. 10 e s.

[44] Cf. voto do Ministro Ricardo Lewandowski, STF, Rcl 12.600, p. 7.

ser a interpretação de suas próprias decisões. Isso retiraria grande parte da contribuição dos demais tribunais na interpretação constitucional com prejuízo à toda riqueza fática dos casos concretos.

Em síntese, a reclamação constitucional não deve ser o meio processual ordinário de tutela das *rationes decidendi* das decisões do STF – inclusive para ações de controle abstrato de constitucionalidade. Nesse sentido, deixa-se para reflexão a possibilidade de modificação legislativa para reduzir as hipóteses de cabimento de reclamação constitucional também no caso de ações de controle abstrato de constitucionalidade. Isso evita uma excessiva centralização da intepretação da Constituição e dos precedentes do STF no próprio Tribunal, abrindo espaço para que os demais órgãos do Poder Judiciário possam exercer seu papel decisivo na interpretação e aplicação do direito e dos precedentes constitucionais nos casos concretos.

Conclusões

O presente artigo apontou que a prática de utilização das Súmulas Vinculantes foi sendo reduzida no tempo. Nos últimos cinco anos, apenas dois enunciados foram editados. No mesmo período, foram editadas quase trezentas teses em recursos extraordinários. Esses dados mostram uma clara tendência no comportamento do Tribunal em privilegiar a divulgação de seus entendimentos por meio de teses e não de Súmulas Vinculantes.

A razão para tanto é a que as teses são mais flexíveis do ponto de vista dos pressupostos para sua aprovação: enquanto a Súmula Vinculante exige "reiteradas decisões", procedimento especial e quórum de dois terços para sua aprovação, as teses são fixadas já no momento de um único julgamento sem a necessidade de quórum especial, bastando a maioria dos presentes. Além disso, do ponto de vista da vinculatividade das *rationes decidendi* das decisões que embasam as Súmulas Vinculantes e em recursos extraordinários, os efeitos são muito semelhantes.

Para além dessas tendências, foram analisados três possíveis argumentos pela manutenção das Súmulas Vinculantes no direito brasileiro vigente.

O primeiro seria o de que haveria ganhos em somente se atribuir vinculatividade às razões de decidir adotadas em um conjunto de julgados e não casos individuais do Tribunal. Como visto, entretanto, há uma tendência de se estabelecerem entendimentos vinculantes com base em uma única decisão que inaugura uma nova linha jurisprudencial. Trata-se, inclusive, de prática que se compatibiliza com a ideia de igualdade que exige a universalizabilidade das razões de decidir utilizadas em todas as decisões judiciais.

O segundo argumento seria no sentido de que os destinatários da Súmula Vinculante são mais abrangentes do que os destinatários dos precedentes proferidos em controle concreto de constitucionalidade. Enquanto somente o Poder Judiciário estaria vinculado a esses precedentes, inclusive a Administração Pública estaria vinculada às Súmulas Vinculantes. Trata-se de entendimento que não reflete a significativa mudança pela qual passou o sistema jurídico brasileiro, que atribui cada vez mais relevância aos precedentes judiciais, inclusive nos termos da jurisprudência do STF. Além disso, há, no mínimo, a vinculação indireta de todos os possíveis afetados por um entendimento judicial vinculante, o que aproxima em larga medida os efeitos práticos da Súmula Vinculante e dos precedentes do STF.

O terceiro argumento refere-se a uma suposta proteção processual reforçada da Súmula Vinculante por meio do cabimento de reclamação constitucional. Aqui a crítica é direcionada ao próprio instituto da reclamação, inclusive no caso de sua utilização para tutela de Súmulas Vinculantes, pois ela deve ser encarada como remédio judicial excepcional. A forma ordinária de corrigir atos particulares ou do poder público que sejam contrários aos entendimentos vinculantes do STF é via as ações judiciais já previstas no ordenamento jurídico, sem a necessidade de um meio de impugnação autônomo diretamente ajuizado perante o Tribunal. Isso permite que a interpretação do direito e dos precedentes seja tarefa compartilhada entre todos, especialmente os demais órgãos do Poder Judiciário, cuja missão é mais complexa do que uma suposta aplicação automática de enunciados.

Assentadas essas considerações, coloca-se em debate a proposta de extinção da Súmula Vinculante do direito brasileiro. Embora ela tenha desempenhado um papel de grande relevância no passado, a construção de uma cultura de precedentes no Brasil desenvolveu outras formas mais flexíveis de se obter o incremento de igualdade e segurança jurídica na intepretação e aplicação do direito brasileiro.

Referências

ABBOUD, Georges. "Precedente judicial *versus* jurisprudência dotada de efeito vinculante: a ineficácia e os equívocos das reformas legislativas na busca de uma cultura de precedentes", *in* Teresa Arruda Alvim Wambier (coord.), *Direito jurisprudencial*. São Paulo: Revista dos Tribunais, 2012, pp. 491-552.

Alexy, Robert. *Teoria da argumentação jurídica: a teoria do discurso racional como teoria da justificação jurídica.* 2ª ed. São Paulo: Landy, 2005.

Baleeiro, Aliomar. *O Supremo Tribunal Federal, êsse outro desconhecido.* Rio de Janeiro: Forense, 1968.

Bankowski, Zenon et al."Rationales for Precedent", in Neil MacCormick / Robert S. Summers (org.), *Interpreting Precedents: a Comparative Study*, Aldershot: Dartmouth, 1997, pp. 481-502.

Borborema, Anete Vasconcelos. "Análise da súmula 282 do Supremo Tribunal Federal", *Revista de Processo* 21 (1981), pp. 295-298.

Brito, Wagner. *A celeridade processual: uma pesquisa empírica nos cartóriosjudiciais da capital do Rio de Janeiro Rio de Janeiro.* Rio de Janeiro: Autografia, 2017.

Buzaid, Alfredo. "Da uniformização da jurisprudência". *Boletim da Faculdade de Direito da Univerisdade de Coimbra* 58 (1982), pp. 127-167.

Cross, Rupert / Harris, J. W. *Precedent in English Law.* 4ª ed. Oxford: Clarendon, 1991.

Duxbury, Neil. *The Nature and Authority of Precedent.* Cambridge: Cambridge, 2008.

Gomes, Luiz Flávio. "Súmula vinculante e independência judicial", *Revista dos Tribunais* 739 (1997), pp. 11-42.

Grinover, Ada Pellegrini. *Direito processual civil.* 2ª ed. José Bushatsky, 1974.

Leal, Roger Stiefelmann. "A incorporação das súmulas vinculantes à jurisdição constitucional brasileira: alcance e efetividade em face do regime legal da repercussão geral e da proposta de revisão jurisprudencial sobre a interpretação do art. 52, X, da Constituição", *Revista de Direito Administrativo* 261 (2012), pp. 179-20.

Leal, Victor Nunes. "Passado e futuro da Súmula no STF". *Revista de Direito Administrativo* 145 (1981), pp. 1-20.

Maccormick, Neil. *Rethoric and the Rule of Law: a Theory of Legal Reasoning.* Oxford: Oxford University, 2009.

Marinoni, Luiz Guilherme. *Precedentes obrigatórios,* São Paulo, Revista dos Tribunais, 2010.

Mendes, Gilmar Ferreira. "MI e seus respectivos limites constitucionais: análise do julgamento da renda básica", 2021, disponível em: https://www.conjur.com.br/2021-mai-01/observatorio-constitucional-mandado-injuncao-respectivos-limites-constitucionais

Michelon Júnior, Cláudio Fortunato. *Aceitação e objetividade: uma comparação entre as teses de Hart e o positivismo precedente sobre a linguagem e o conhecimento do Direito,* São Paulo, Revista dos Tribunais, 2004.

Mitidiero, Daniel. *Precedentes: da persuasão à vinculação,* Revista dos Tribunais, São Paulo, 2018.

Moreira, José Carlos Barbosa. *Comentários ao Código de Processo Civil.* vol. V. 13ª ed. Rio de Janeiro: Forense, 2006.

____. "Súmula, jurisprudência, precedente: uma escalada e seus riscos", *Revista Síntese de Direito Civil e Processual Civil* 35 (2005), pp. 5-16.

Nogueira, Rubem. "Desempenho normativo da jurisprudência do STF", *RT* 448 (1973), pp. 24-33.

Pencak, Nina / Aquino, Sara de Assis, "Para que(m) serve um precedente em matéria tributária?", 2020, disponível em: https://www.conjur.com.br/2020-set-01/pencak--aquino-precedente-materia-tributaria

____. "STF e tributação da tecnologia", 2020, disponível em https://www.jota.info/opiniao-e-analise/colunas/women-in-tax-brazil/stf-e-tributacao-da-tecnologia-19062020

Pinheiro, Victor Marcel. *Decisões Vinculantes do STF: a cultura de precedentes*, São Paulo, Almedina, 2021.

____. A fixação de teses pelo STF e a "sumulização" dos precedentes constitucionais, 2020, disponível em: https://www.conjur.com.br/2020-ago-01/observatorio-constitucional-fixacao-teses-stf-sumulizacao-precedentes .

Ramos, Elival da Silva. *Controle de constitucionalidade no Brasil:perspectivas de evolução.* São Paulo: Saraiva, 2010.

Rocha, José de Moura, "A importância da súmula", *Revista Forense* 257 (1977), pp. 91-98.

Schauer, Frederick. "Precedent", *Stanford Law Review* 39 (1987-1988), pp. 571-605.

Streck, Lenio Luiz. *Precedentes judiciais e hermenêutica: o sentido da vinculação no CPC/2015.* Salvador: Jus Podium, 2021.

____."Súmulas vinculantes em *terrae brasilis:* necessitamos de uma 'teoria para a elaboração de precedentes'?", *Revista Brasileira de Ciências Criminais* 78 (2009), pp. 284-319.

____. "O efeito vinculante das súmulas e o mito da efetividade", *Revista do Instituto de Hermenêutica Jurídica* 3 (2005), pp. 83-128.

Valle, Vanice Lírio, "Repercussão geral: um passo a mais na difícil trilha de construção da vinculatividade das decisões judiciais", *Revista da EMERJ* 40 (2007), pp. 129-157.

16
REFLEXÕES SOBRE A RECLAMAÇÃO NA REFORMA DO PROCESSO CONSTITUCIONAL BRASILEIRO

Osmar Mendes Paixão Côrtes

Considerações iniciais

A reclamação, medida originária de competência dos Tribunais, prevista na Constituição Federal, é hoje regulada em detalhes pelo Código de Processo Civil.

O atual CPC consolidou a tendência de as Cortes assumirem papéis mais uniformizadores e consolidadores da jurisprudência. E, uma vez definidas as teses, a reclamação, como instrumento para impor a observância às suas decisões e preservar a sua competência, foi muito valorizada.

Isso, notadamente em um contexto de consolidação do microssistema objetivo, de fortalecimento da sistemática de precedentes.

A reclamação é essencial para a manutenção do novo sistema. Cabe, então, a reflexão acerca de faltar ou não algo na sua regulamentação, quando de uma reforma do processo constitucional, considerando, principalmente, a sua importância para a realização de valores constitucionalmente previstos (celeridade, efetividade e segurança jurídica).

1. O atual microssistema objetivo de demandas

Os recursos repetitivos inserem-se, no contexto da atual legislação, dentro de um microssistema objetivo de demandas repetitivas, que vinha se formando de modo gradual e foi consolidado no atual Código de Processo Civil.

A consagração desse microssistema guarda íntima relação com a mudança de paradigma iniciada já antes da atual legislação – do subjetivo para o objetivo[1].

Há muito se fala na mudança de paradigma – do subjetivo clássico para o objetivo. Os Tribunais, notadamente os Superiores, já sinalizam há um tempo que não pretendem continuar sendo Cortes de varejo, mas, ao contrário, querem apreciar teses, *leading cases*, exercendo sua função nomofilácica de forma talvez mais pura e eficaz[2].

Prioriza-se a função de os Tribunais firmarem teses e assim controlarem e preservarem a ordem jurídica, já que se viu que resolver todos os casos concretos com justiça é impossível.

Aliás, no ponto, vale notar, sobre a função nomofilácica[3] dos Tribunais, que o atual CPC, no artigo 926, a estimula, na medida em que fala no dever de uniformizar a jurisprudência e mantê-la estável, íntegra e coerente[4]. Ou seja, a novel legislação determina, por racionalidade e por segurança, que as normas devem ser aplicadas de forma coerente e íntegra.

Pode-se analisar essa mudança de paradigma também sobre o enfoque da tutela plurindividual. Visto o mau funcionamento do modelo de tutela coletiva de direitos individuais homogêneos, somado à necessidade de dar

[1] Em outra oportunidade, apreciamos o tema. Vide nosso *A "objetivação" no processo civil: as características do processo objetivo no procedimento recursal in* REPRO 178, dezembro de 2009. São Paulo: Editora Revista dos Tribunais, 2009. pp. 220-226.

[2] Rodolfo de Camargo Mancuso anota que as Cortes Superiores têm o papel de preservar a ordem jurídica (nomofilácica), de fornecer parâmetros decisórios para os demais órgãos judiciais (paradigmática) e resolver com justiça o caso concreto (função dikelógica). Mancuso, Rodolfo de Camargo. *Sistema brasileiro de precedentes: natureza: eficácia: operacionalidade.* 2 ed. São Paulo: Editora Revista dos Tribunais, 2016. p. 542.

[3] Teori Zavascki, em voto proferido na RCL 4335/AC, anotou sobre o que seria a função nomofilácica – "entendida a nomofilaquia no sentido que lhe atribuiu Calamandrei, destinada a aclarar e integrar o sistema normativo, propiciando-lhe uma aplicação uniforme -, funções essas com finalidades 'que se entrelaçam e se iluminam reciprocamente' e que têm como pressuposto lógico inafastável a força expansiva *ultra partes* dos seus precedentes."

[4] Vale anotar, no ponto, que a apreciação de teses pelos Tribunais (a partir do julgamento das causas) pode dar margem ao ativismo judicial. Não que uma coisa esteja ligada à outra necessariamente, mas a atribuição do poder de fixar teses de forma mais geral, aplicáveis a um grande número de processos, aumenta o risco do ativismo judicial, fenômeno observado em diversos países e estudado por importantes autores, como Ran Hirschl e Jeremy Waldron, que buscam tornar mais previsível o padrão de conduta dos intérpretes qualificados da lei. Para mais profundidade no assunto, ver nosso *A objetivação do processo e o ativismo judicial no contexto do pós-positivismo*, publicado na Revista de Processo 251 de janeiro de 2016.

mais racionalidade e agilidade à prestação jurisidicional, foi necessário se pensar em outro modelo, desenvolvendo-se técnicas de julgamento plurindividual. É o que defende Bruno Dantas[5].

A tutela plurindividual não é a coletiva e nem a individual. É a que excede os limites da jurisdição singular e envolve um número expressivo de sujeitos envolvidos e não chega a ser coletiva por não se respaldar na idéia de um tratamento molecular.

Os julgamentos de casos repetitivos bem ilustram essa modalidade de tutela, pois seleciona-se um caso representativo e aprecia-se a tese, que produz efeitos sobre inúmeros casos de jurisdição singular. Rodolfo de Camargo Mancuso é preciso ao concluir que "pode-se dizer que as ações replicadas e os recursos repetitivos encontram-se num patamar diferenciado, não havendo excesso em aí se reconhecer um *tertium genus*, a que se vem chamando *tutela judicial plurindividual*."[6]

O atual Código de Processo Civil não só regulamentou melhor a sistemática dos recursos repetitivos como criou outros novos instrumentos, como a assunção de competência e os incidentes de resolução de demandas repetitivas. E, principalmente, infiltrou, em toda a novel legislação, o espírito de observância das teses firmadas pelos Tribunais e, por consequência, valorizou o papel uniformizador, pacificador e fixador de teses das Cortes.

A melhor regulamentação dos repetitivos fica clara quando se observa que o atual Código supriu lacunas existentes, especificando, por exemplo, detalhes sobre a decisão de afetação, desistência dos recursos, procedimento de distinção entre o paradigma e o caso concreto afetado, etc..

Por outro lado, também a criação do incidente de resolução de demandas repetitivas imbuiu os Tribunais de segunda instância de poderes para também firmarem teses, inclusive para o futuro (pois a decisão, ao contrário da tomada nos recursos repetitivos) deve ser aplicada não apenas aos casos existentes, em curso.

E alguns dispositivos, como o artigo 332 que autoriza o julgamento pela improcedência liminar do pedido no caso de existir decisão do Tribunal Superior em repetitivo, e o 932, IV e V, sobre a possibilidade de os relatores dos processos nos Tribunais julgarem monocraticamente se hou-

[5] DANTAS, Bruno. *Teoria dos recursos repetitivos: tutela pluri-individual nos recursos dirigidos ao STF e STF (art. 543-B e 543-C do CPC).* São Paulo: Editora Revista dos Tribunais, 2015.

[6] MANCUSO, Rodolfo de Camargo. *Sistema brasileiro de precedentes: natureza: eficácia: operacionalidade.* 2 ed. São Paulo: Editora Revista dos Tribunais, 2016. p. 542

ver decisão firmada pelo STJ ou pelo STF também em repetitivo, merecem destaque em particular, pois deixam claro que os julgamentos paradigma são objetivos, no sentido de desapegados de particularidades dos casos que lhes deram origem e de observância e de conhecimento obrigatórios.

A assunção de competência é outro instrumento que reforça o poder de os Tribunais firmarem teses de uma forma mais objetiva. Podem afetar determinados casos, em razão da relevância da matéria e até para prevenirem divergência interna, e, desde logo, em um colegiado maior, fixarem o sentido do entendimento. Note-se se sequer precisa haver amadurecimento ou debate prévio sobre o assunto a ser apreciado em assunção.

O artigo 947 do novo CPC prevê o incidente "quando o julgamento de recurso, de remessa necessária ou de processo de competência originária envolver relevante questão de direito, com grande repercussão social, sem repetição em múltiplos processos."

Ou seja, a assunção não se confunde com as demandas ou recursos repetitivos e pode ser resumida como uma afetação com eficácia 'erga omnes'.

A prática da afetação de determinado caso a um colegiado superior no âmbito interno de alguns Tribunais já existia. A intenção é decidir a questão em definitivo para que todos os demais órgãos da Corte sigam a tese firmada, evitando ou pacificando divergências internas.

O artigo 947 regulamentou a prática e expressamente atribuiu efeito vinculante e eficácia 'erga omnes' à decisão. Nesse sentido, o § 3º dispõe que "o acórdão proferido em assunção de competência vinculará todos os juízes e órgãos fracionários, exceto se houver revisão de tese". E, ainda, o artigo 988, no inciso IV, tratou do cabimento de reclamação se descumprida a decisão.

Em outras palavras, definida a tese no caso afetado, todos os demais órgãos e juízes vinculados e hierarquicamente inferiores ao colegiado que decidiu deverão seguir a diretriz fixada, em casos presentes e futuros.

A inovação do CPC é positiva por dois motivos centrais. Em primeiro, porque a afetação para colegiados superiores no âmbito interno de Tribunais já é uma realidade; em segundo, porque a atribuição de efeitos vinculantes à decisão segue a diretriz adotada pelo novo CPC, de tentar impor cada vez mais a observância a decisões tomadas por órgãos de jurisdição superior (artigo 927).

Outro exemplo de consolidação da objetivação é a previsão da reclamação no atual Código. Remédio de alta importância, foi estendido a todo e qualquer tribunal além de ter sido aprimorada. No artigo 988, foram previstos, por exemplo, detalhes de procedimento e especificadas as hipóteses de cabimento[7]. E, com as alterações da Lei 13256/2016, regulada a utilização contra as decisões em recursos repetitivos. Note-se que a medida continua expressamente, mesmo após as alterações da referida lei, cabível inclusive para os Tribunais Superiores contra decisões em repetitivos, desde que exauridas as tentativas de impugnação, nos termos do parágrafo 5 º, II, do artigo 988.

Além de instrumentos e remédios cabíveis, a nova legislação infiltrou em diversos pontos, consoante já anotado, a preocupação de que as teses, o que pacificado, a jurisprudência firme, sejam aplicadas e observadas, fortalecendo a tendência à objetivação.

O artigo 927 não é, assim, apenas uma norma genérica e principiológica ao pregar o respeito às decisões dos Tribunais, pois há instrumentos para fazer cumpri-lo.

Tudo isso demonstra a consolidação de um novo paradigma objetivo e a existência de um microssistema de demandas repetitivas.

Em conclusão do tópico, merece referência a constatação de Humberto Dalla e Roberto Rodrigues, de que o microssistema aqui tratado (chamado pelos autores de microssistema de formação de precedentes vinculantes) é composto “pelas normas gerais previstas nos arts. 926 a 928, bem como pelas disposições esparsas que regulamentam todos os mecanismos de julgamentos por amostragem”[8].

2. A evolução do cabimento da reclamação – da jurisprudência à legislação

A reclamação surgiu a partir de uma construção jurisprudencial no Supremo Tribunal Federal. Antes de qualquer previsão legislativa, o STF viu-se diante da necessidade de admitir a medida com base na ideia dos poderes implícitos – quem podem decidir pode controlar a aplicação e o cumprimento da decisão.

[7] Côrtes, Osmar Mendes Paixão. *A reclamação para os Tribunais Superiores no novo CPC, com as alterações da Lei 13,256/2016* in REPRO 257, julho de 2016. São Paulo: Editora Revista dos Tribunais, 2016. pp. 255-265.

[8] Pinho, Humberto Dalla Bernardina de, Ribeiro, Roberto de Aragão. *O microssistema de formação de precedentes judiciais vinculantes previsto no novo CPC* in Revista de Processo REPRO 259. São Paulo: Editora Revista dos Tribunais, 2016. p. 421.

Assim, ainda sob a vigência do Código de Processo Civil de 1939, a Suprema Corte passou a admitir, no seu Regimento Interno, a medida, com a intenção de resguardar sua competência e preservar a autoridade dos seus julgados.

Daniel Mitidiero bem anota que:

> "O primeiro desafio foi vencido com o caso *Meirelhes Cintra v. Flaury Meirelhes,* julgado pelo Pleno em 1952. Alçando mão da teoria dos poderes implícitos desenvolvida na doutrina americana em 1788 e posteriormente acolhida pela *U.S. Supreme Court* em 1819, o STF decidiu que o seu poder seria 'vão', 'se lhe não fora possível fazer prevalecer os seus próprios pronunciamentos, acaso desatendidos pelas justiças locais'. Assim, a 'criação dum remédio de direito para vindicar o cumprimento fiel das suas sentenças, está na vocação do Supremo Tribunal Federal e na amplitude constitucional e natural de seus poderes'."[9]

Anos se passaram e a medida mostrou-se fundamental para a afirmação de princípios constitucionais, como o da segurança jurídica (impondo o respeito às decisões) e até o da celeridade processual (pois ao impor o respeito à jurisprudência colabora para um desfecho mais rápido dos processos).

E o seu cabimento sofre, em determinados momentos, aberturas. Basta notar que o STF, notadamente a partir da paradigmática Reclamação 4335/AC, admitiu em alguns casos a medida para impor a observância a decisões tomadas em processos de controle difuso de constitucionalidade.

Fugindo da linha tradicional de que apenas decisões tomadas em processos de controle concentrado produzem efeitos vinculantes e *erga omnes*, o Tribunal admitiu a reclamação, mesmo não tendo havido a suspensão da lei declarada inconstitucional pelo Senado Federal.

Outros estudos já foram dedicados ao assunto[10], mas vale lembrar, resumidamente, que a Corte Constitucional, pelas razões principalmente do voto do relator, considerou que o ato de suspensão de uma lei pelo Senado é meramente político, devendo-se impor a observância a decisões em con-

[9] *Reclamação nas Cortes Supremas: entre a autoridade da decisão e a eficácia do precedente.* pp. 19 e 20. São Paulo: Thomson Reuters Brasil, 2020.

[10] *A "objetivação" no processo civil: as características do processo objetivo no procedimento recursal* in REPRO 178, dezembro de 2009. São Paulo: Editora Revista dos Tribunais, 2009. pp. 220-226.

trole difuso de constitucionalidade até em nome do papel constitucional do Tribunal. Na mesma linha o entendimento tomado nos autos da RCL 2280/RJ. Luiz Guilherme Marinoni faz coro ao aumento da vinculação das decisões do STF ainda que não em controle concentrado, pontuando que "não há motivo para limitar a eficácia vinculante apenas às decisões com igual eficácia no controle objetivo" [11].

O Superior Tribunal de Justiça, na mesma linha de ampliar o cabimento da medida, admitiu-a, a partir da RCL 3752/GO (que levou à edição da Resolução 12/2009), contra decisões de Turmas Recursais que desrespeitem a jurisprudência firme da Corte.

Estes exemplos da ampliação do cabimento da medida realçam a importância da reclamação, principalmente no contexto da objetivação do processo (que passa a ser encarado de uma forma menos subjetiva, individualizada, sofrendo efeitos de decisões tomadas em outros casos, de uma forma mais direta).

Por outro lado, o STF e o STJ reduziram o cabimento da reclamação no tocante aos recursos repetitivos. Mesmo sendo a sistemática destes recursos distinta da tradicional dos recursos – por afetar-se um caso para julgamento da tese que será decisivamente firmada, devendo ser observada – os Tribunais adotaram majoritariamente o entendimento de que não se deve admitir a reclamação quando recursos sobrestados forem mal indeferidos ou forem mal julgados após a decisão no caso paradigma.

Em estudo específico foram exploradas as limitações[12] merecendo destaque algumas decisões que fixaram teses restritivas, como a da Corte Especial na QO no Ag 1154599/SP (Rel. Min. Cesar Rocha. DJ de 12/05/2011), originariamente quanto ao não cabimento de agravo para o STJ e posteriormente estendida para a reclamação, ao argumento de que a aplicação equivocada de precedente em repetitivo não usurpa a competência do Tribunal Superior.

Outras decisões, como a do AgRg na Rcl 8264/RN (Rel. Min. Antonio Carlos Ferreira. Segunda Seção. DJ de 26/08/2014) reconheceram a ausência de caráter vinculante à decisão tomada no repetitivo, pois "as orientações

[11] MARINONI, Luiz Guilherme. *Precedentes obrigatórios.* 4 ed. São Paulo: Editora Revista dos Tribunais, 2016. p. 299.

[12] *A reclamação no novo CPC – fim das limitações impostas pelos Tribunais Superiores ao cabimento?* in REPRO 244, junho de 2015. São Paulo: Editora Revista dos Tribunais. 2015. pp. 347-358.

emanadas em recursos especiais repetitivos não detêm força vinculante ou efeito erga omnes, não autorizando, por si só, o ajuizamento da reclamação constitucional contra decisão judicial que venha a contrariá-las".

O Superior Tribunal de Justiça, assim, por regra, já interpretava o preceito constitucional viabilizador da reclamação, quanto aos recursos repetitivos, de forma limitada – por regra, apenas em casos de descumprimento de decisão no caso concreto. Aplicado mal um precedente em caso de recurso sobrestado, incabível agravo para o Tribunal Superior ou reclamação. Cabível, apenas, agravo interno para o Tribunal. Da mesma forma, se houver má aplicação do precedente em repetitivo quando do rejulgamento de determinado processo pelo Tribunal de origem.

Excetuava-se, pela previsão própria da Resolução 12/2009, o cabimento de reclamação contra decisões de Turmas Recursais, ao fundamento de que as medidas seriam distintas, pois a "reclamação constitucional decorre do direito de petição e tem por escopo preservar a competência do Superior Tribunal de Justiça ou garantir a autoridade das suas decisões", a reclamação da Resolução 12 tem "natureza recursal", o que justifica, inclusive, a previsão de prazo para o seu ajuizamento (AgRg na Rcl 18108/BA. Rel. Min. Og Fernandes. Primeira Seção. DJ de 21/08/2014).

No âmbito do Supremo Tribunal Federal, as limitações já seguiam a mesma linha, não se admitindo, por regra, reclamação contra decisão que aplica o entendimento firmado em repetitivo ou em repercussão geral. Desde o julgamento da Questão de Ordem no AI 760358 (Rel. Min. Presidente. Tribunal Pleno. DJ de 19/02/2010) foi estabelecido que a reclamação, além do agravo de instrumento, é incabível contra a decisão que aplica (mal) o entendimento firmado em recurso repetitivo. Cabível apenas o agravo interno no próprio Tribunal *a quo*.

No que toca à repercussão geral, também o STF já vinha entendendo que os precedentes não são dotados de eficácia *erga omnes*. Ainda que deva ocorrer a observância ao paradigma, se houver o desrespeito por parte do Tribunal de origem, deve-se tentar resolver o problema no âmbito da própria Corte Inferior, não podendo haver, *per saltum*, a atuação do STF. Merece referência a Rcl 17914/MS (Rel. Min. Lewandowski. Segunda Turma. DJ de 04/09/2014) onde restou consignado que "não cabe reclamação fundada em precedentes sem eficácia geral e vinculante" e que "conquanto o decidido nos recursos extraordinários submetidos ao regime da repercussão geral vincule os outros órgãos do Poder Judiciário, sua aplicação aos demais casos concretos (...) não poderá ser buscada, diretamente, nesta Suprema Corte, antes da apreciação da controvérsia pelas instâncias ordinárias".

No mesmo sentido, a decisão na Rcl 17512/SP (Rel Min. Barroso. Primeira Turma. DJ de 25/09/2014), segundo a qual "as decisões proferidas em sede de recurso extraordinário, ainda que em regime de repercussão geral, não geram efeitos vinculantes aptos a ensejar o cabimento de reclamação, que não serve como sucedâneo recursal".

Ou seja, tanto no STJ quanto no STF, o desrespeito a decisão que deveria ser observada (tomada em repetitivo ou com repercussão geral) deveria ser atacado de outras formas (notadamente nos Tribunais inferiores), não sendo cabível, por regra, a reclamação diretamente às Cortes Superiores.

Consoante anotado a seguir, o legislador, notadamente pela Lei 13256/16, ajustou a regulamentação da reclamação à linha da jurisprudência do Superior Tribunal de Justiça e do Supremo Tribunal Federal já firmada.

3. A alteração imposta pela Lei 13256/16 ao cabimento da reclamação

O atual CPC alteraria em muito a jurisprudência dos Tribunais Superiores, na medida em que expressamente previa a reclamação para a hipótese, entre outras, de garantir a observância de precedente proferido em julgamento de casos repetitivos ou em incidente de assunção de competência.

A Lei 13256/2016, todavia, alterou o dispositivo para limitar a reclamação contra decisões que aplicam mal precedentes em repetitivos ou em repercussão geral. O atual inciso IV do artigo 988 estabelece que ela é cabível, quanto aos repetitivos, para garantir a observância a precedentes de incidente de resolução de demandas repetitivas ou de incidente de assunção de competência.

E no inciso II, do § 5º do artigo 988, especifica que é inadmissível a reclamação "proposta perante o Supremo Tribunal Federal ou o Superior Tribunal de Justiça para garantir a observância de precedente de repercussão geral ou de recurso especial em questão repetitiva", se não "esgotadas as instâncias ordinárias".

Ou seja, com as alterações da Lei 13256/2016, a reclamação não é cabível sempre e diretamente para o Tribunal Superior quando for mal aplicado um precedente (seja indeferindo um recurso especial ou extraordinário sobrestado, seja rejulgando-o). Mas poderá ser cabível se a parte tentar resolver com os remédios possíveis o problema no Tribunal inferior e não conseguir.

Essa limitação parece coincidir com a linha da jurisprudência já firmada e referida acima – não se deve reclamar diretamente ao STF ou ao STJ. Deve-se adotar os remédios possíveis no âmbito das Cortes de origem. Apenas em casos extremos, nos quais não se consiga resolver a questão da observância ao precedente firmado em repetitivo ou em repercussão geral no Tribunal inferior é que se pode abrir a via da reclamação.

Outra não deve ser a interpretação a ser dada ao artigo 988, § 5º, inciso II, alterado pela Lei 13256/2016, pois negar a reclamação em definitivo (mesmo após as tentativas no Tribunal inferior) significa autorizar eventual desrespeito ao precedente que deve vincular e ser aplicado a outros casos, afrontando a própria intenção e o espírito do novo CPC – impor o respeito à jurisprudência.

O que diferencia os precedentes em repetitivos e em repercussão geral das decisões das Cortes Superiores em casos individuais e ordinários é justamente a possibilidade de produzirem efeitos para além daquele processo (objetivação), afetando casos suspensos e até futuros.

As partes devem, então, após a decisão em repetitivo ou em repercussão geral, se não houver a correta aplicação do "precedente" aos processos suspensos, lançar mão dos remédios previstos na legislação perante as Cortes de origem antes de ajuizar a reclamação.

Se o recurso especial ou o extraordinário sobrestado for mal indeferido, deve peticionar requerendo a reconsideração da decisão ou o recebimento da petição como agravo interno para que o colegiado reveja a decisão equivocada (que indeferiu recurso que não deveria ter sido indeferido). A redação original do atual CPC autorizava o agravo para o Tribunal Superior. A Lei 13256/2016 alterou, todavia, o artigo 1042, não mais cabendo o agravo, exceto o interno.

Se o recurso especial ou o extraordinário sobrestado for mal "rejulgado" (determinou-se o rejulgamento pelo colegiado do Tribunal inferior e o precedente foi mal aplicado), deve-se peticionar no Tribunal inferior requerendo o processamento do recurso especial ou extraordinário, nos termos do artigo 1041, ou interpor novo recurso se for o caso.

Apenas se infrutíferas essas tentativas poderá a parte ajuizar reclamação ao STJ ou ao STF, nos termos do artigo 988, § 5º, inciso II.

A Lei 13256/2016, portanto, colocou limite ao cabimento direto da reclamação, mas ainda assim a reclamação foi fortalecida, não apenas pela brecha do referido inciso II, mas porque a previsão do novo CPC, mesmo com a redação atual, é muito detalhada, valorizando a medida.

E o curioso é que a Lei 13.256/2016 manteve a reclamação direta para as hipóteses de incidentes de resolução de demandas repetitivas e assunção de competência. Nos Tribunais Estaduais ou Regionais, dessa forma, cabível a medida se desrespeitado por órgão inferior o precedente em repetitivo. E, nos Tribunais Superiores, cabível a reclamação se descumprido precedente firmado em assunção de competência, incidente previsto no artigo 947 que pode ser resumido como uma afetação para decisão de questão relevante pelo colegiado maior de um Tribunal, com efeitos vinculantes.

O Superior Tribunal de Justiça, inclusive, pela sua Primeira Seção, já decidiu que apenas após a interposição do agravo interno contra o indeferimento do recurso especial é que cabe a reclamação (Primeira Seção. Rel. Ministro Gurgel de Faria. RCL 37081/SP. DJ de 23/04/2019).

De se anotar, ainda, que, com a alteração do inciso IV do artigo 988, parece ter acabado a possibilidade de reclamação para casos futuros (não sobrestados) que não observem o entendimento firmado em repetitivo ou em repercussão geral, já que a exceção do § 5º, inciso II parece ser para as hipóteses nas quais se tenha tentado fazer com que os Tribunais inferiores apliquem a processos sobrestados a jurisprudência consolidada em repetitivo ou em repercussão geral.

Mais recentemente, todavia, o Superior Tribunal de Justiça, pela Corte Especial, decidiu em sentido distinto, afirmando não ser cabível a reclamação para aferir o acerto ou o desacerto na aplicação do "precedente" firmado em recurso repetitivo (RCL 36476/SP. Rel. Min. Nancy Andrighi. DJ de 06/03/2020).

O debate foi amplamente posto – a reclamação contra o descumprimento de decisões em recursos repetitivos é crucial para a manutenção do sistema, ou o sistema consegue sobreviver sem a medida?

A conclusão da Corte Especial após amplos debates foi de que a reclamação não é cabível contra decisão que aplica o paradigma em repetitivo do Superior Tribunal de Justiça. Em síntese, fundamentou, por maioria, o colegiado:

- que o próprio legislador, pela Lei 13.256/16, suprimiu o cabimento da reclamação contra decisão em repetitivo (e paradoxalmente acrescentou o parágrafo 5, II, ao artigo 988, veiculando outra hipótese de cabimento);
- que a finalidade da sistemática de recursos repetitivos é racionalizar a prestação jurisdicional;

- que a função do Superior Tribunal de Justiça é dar a última palavra e a última interpretação acerca da legislação (e não fiscalizar a aplicação individualizada da tese jurídica em cada caso concreto);
- que a discussão acerca da aplicação em concreto do "precedente" em repetitivo deve se dar na via recursal ordinária (até o agravo interno do artigo 1030, parágrafo 2, do CPC).

São consistentes os fundamentos da decisão. Na linha do que exposto no presente estudo, todavia, parece-nos que a reclamação não é essencial ao sistema, como se ele ruísse sem o cabimento da medida contra descumprimento das decisões em repetitivos. Mas a reclamação é de extrema importância, notadamente considerando o problema cultural de decisões serem muitas vezes desrespeitadas em nome da independência do julgador.

A previsão expressa da reclamação, ainda que condicionada ao exaurimento prévio das instâncias ordinárias bem mostra a sua importância e impõe o respeito ao que decidido de forma vinculante pelas Cortes Superiores.

E o papel do Superior Tribunal de Justiça, enquanto Corte última de uniformização da jurisprudência acerca da legislação infraconstitucional, implicitamente abrange também o controle sobre a aplicação dos seus julgados (notadamente em repetitivos, que vinculam). Aliás, a reclamação no âmbito do Supremo Tribunal Federal surgiu à margem da legislação processual e constitucional (que apenas posteriormente previu a medida) justamente com fundamento na ideia de poderes implícitos (se a Corte pode decidir, deve poder exercer o controle acerca da aplicação das suas decisões).

Em síntese, a reclamação parece-nos importante para dar rigidez e substância à sistemática dos repetitivos, tão valorizada pela atual legislação. No futuro, talvez, se a cultura do respeito aos padrões decisórios ("precedentes") dos repetitivos vingar, poderia a reclamação até deixar de ser cabível para os Tribunais Superiores, pois o novo sistema (microssistema) já estaria maduro. A jurisprudência atual do Superior Tribunal de Justiça, todavia, hoje já a entende dispensável.

4. O futuro da medida – a reclamação precisa de mais regulamentação em uma reforma constitucional?

A importância histórica da medida, gestada no Supremo Tribunal Federal, ainda na década de 1950, e construída para ser um instrumento de garantia do cumprimento das decisões e da preservação da autoridade do Tribunal, vem sendo reiterada e cada vez mais fortalecida.

Os princípios constitucionais da efetividade, da celeridade e da segurança jurídica também guardam relação com a medida. E a sistemática atual de valorização de precedentes estimulou mais ainda o aprimoramento da reclamação.

O atual CPC, nessa linha, estendeu-a para todos os Tribunais, tratou do procedimento e bem regulou as hipóteses de cabimento.

Como legislação infraconstitucional, o Código trata de detalhes, sem contrariar o permissivo constitucional da medida (prevista, na Constituição da República, para o STF e para o STJ – artigos 102, I, l, e 105, I, f).

A regulamentação atual é positiva, e muito avançou. Cabe, todavia, a reflexão: o que existe hoje na legislação acerca da reclamação é suficiente? Ou pela sua importância uma maior disciplina seria importante, considerando principalmente a realização dos princípios constitucionais da efetividade, da segurança e da celeridade processuais?

Preocupa a limitação colocada pela Lei 13256/16 e também pela jurisprudência atual do STJ.

Lembre-se que, a partir da importância dada pelo atual CPC ao microssistema de demandas repetitivas, na linha do que observado, desenhou-se a reclamação como a medida fundamental para manter a estrutura do sistema, que pressupõe o respeito às decisões paradigmas.

Se o Tribunal julgar um recurso repetitivo, por exemplo, e não tiver um instrumento forte para impor o respeito ao que decidido, pergunta-se: toda a construção do microssistema e dos recursos repetitivos em particular é colocada em dúvida?

Uma análise profunda da evolução da legislação processual e da estrutura do atual CPC demonstra que a preocupação com a observância das decisões paradigmas é uma realidade, assim como a construção de um sistema que deve funcionar respeitando as decisões "precedentes". O artigo 927, nesse contexto, não é apenas decorativo e principiológico.

Ao contrário, o legislador infiltrou em toda a legislação a preocupação em impor o respeito às decisões "precedentes". Basta observar os dispositivos sobre tutela de evidência (artigo 311, II) e o próprio cabimento de ação rescisória para impor o respeito ao padrão decisório de um recurso repetitivo (artigo 966, § 5º).

Ou seja, esse microssistema objetivo de precedentes foi criado e consolidado a partir de vários dispositivos. O cabimento da reclamação quando houver o desrespeito à decisão paradigma em um recurso repetitivo é um deles.

Mas é extremamente importante. Isso porque o cabimento da reclamação confirma a importância de imediatamente se impor o respeito a uma decisão. Demonstra que o desrespeito à decisão paradigma é coisa séria e se não for resolvido o problema rapidamente através de recursos é cabível a medida.

Pode até não ser essencial para a sobrevivência do microssistema, mas é muito importante sim já que destaca a natureza diferenciada da decisão paradigma.

Recursos são cabíveis sempre, contra decisões mais fortes e mais fracas, mas a reclamação não! Ela dá um diferencial, elevando de nível em termos de impacto e observância, a decisão paradigma em um recurso repetitivo.

Assim, parece que pela importância, a medida deve ser admitida, sem as restrições construídas. Apenas isso, sendo suficiente, no mais, a regulamentação constitucional e infraconstitucional existentes.

Referências

ALVIM, Teresa Arruda *et al. Primeiros Comentários ao Código de Processo Civil.* 3 ed. São Paulo: Thomson Reuters, 2020.

BRENNER, Saul, SPAETH, Harold J.. *Stare Indecisis – the Alteration of Precedent on the Supreme Court, 1946-1992.* Cambridge: Cambridge University Press, 2003.

CÔRTES, Osmar Mendes Paixão. *A "objetivação" no processo civil: as características do processo objetivo no procedimento recursal* in Revista de Processo RePro 178 dezembro 2009. São Paulo: Editora Revista dos Tribunais, 2009.

________. *A reclamação no novo CPC – Fim das limitações impostas pelos Tribunais Superiores ao cabimento?* in Revista de Processo RePro 244 junho 2015. São Paulo: Editora Revista dos Tribunais, 2015.

________. *A reclamação para os Tribunais Superiores no Novo CPC, com as alterações da Lei 13.256/2016* in Revista de Processo RePro 257, julho de 2016. São Paulo: Editora Revista dos Tribunais, 2016.

________. *A objetivação do processo e o ativismo judicial no contexto do pós-positivismo,* in Revista de Processo Repro 251, janeiro de 2016. São Paulo: Editora Revista dos Tribunais, 2016.

________. *Reclamação – A ampliação do cabimento no contexto da "objetivação" do processo nos Tribunais Superiores* in Revista de Processo RePro 197 julho 2011. São Paulo: Editora Revista dos Tribunais, 2011.

________. *Recursos repetitivos, súmula vinculante e coisa julgada*. Brasília: Gazeta Jurídica, 2018.

________. *Natureza e efeitos da decisão em recurso repetitivo: uma tentativa de sistematizar a observância à tese firmada na decisão paradigma,* in Revista de Processo Repro 273, novembro de 2017. São Paulo: Editora Revista dos Tribunais, 2017.

________. *O futuro da reclamação contra o descumprimento de decisão em recurso especial repetitivo,* in Revista Caderno Virtual. v. 3. n. 45. Brasília: IDP, 2019.

________. *O futuro da reclamação – cabimento contra o descumprimento de decisão em recurso especial repetitivo à luz da decisão da Corte Especial do Superior Tribunal de Justiça nos autos da RCL 36.476/SP.* in Revista de Processo Repro 316, de junho de 2021. São Paulo: Thomson Reuters, 2021.

DANTAS, Bruno. *Repercussão geral: perspectivas histórica, dogmática e de direito comparado – questões processuais.* 3 ed. São Paulo: Revista dos Tribunais, 2012.

________. *Teoria dos Recursos Repetitivos: tutela pluri-individual nos recursos dirigidos ao STF e ao STJ (arts. 543-B e 543-C do CPC).* São Paulo: Revista dos Tribunais, 2015.

MANCUSO, Rodolfo de Camargo. *Sistema brasileiro de precedentes: natureza: eficácia: operacionalidade.* 2 ed. São Paulo: Editora Revista dos Tribunais, 2016.

MARINONI, Luiz Guilherme. *Precedentes Obrigatórios.* 4 ed. São Paulo: Editora Revista dos Tribunais, 2016.

________. *Julgamento colegiado e precedente* in Revista de Processo REPRO 264 – fevereiro de 2017. São Paulo: Editora Revista dos Tribunais.

MARINONI, Luiz Guilherme, ARENHART, Sérgio Cruz, MITIDIERO, Daniel.*Novo Código de Processo Civil comentado.* São Paulo: Editora Revista dos Tribunais, 2015.

MENDES, Aluisio Gonçalves de Castro. *Incidente de Resolução de Demandas Repetitivas: sistematização, análise e interpretação do novo instituto processual.* Rio de Janeiro: Forense, 2017.

MITIDIERO, Daniel. *Reclamação nas Cortes Supremas: entre a autoridade da decisão e a eficácia do precedente.* São Paulo: Thomson Reuters Brasil, 2020.

OLIVEIRA, André Macedo de. *Recursos especiais repetitivos.* Brasília: Gazeta Jurídica, 2015.

PINHO, Humberto Dalla Bernardina de. *Direito Processual Civil Contemporâneo. v. 1. Teoria Geral do Processo.* 6 ed. Rio de Janeiro: Saraiva, 2015.

PINHO, Humberto Dalla Bernardina de; RODRIGUES, Roberto de Araújo Ribeiro. *O microssistema de formação de precedentes judiciais vinculantes previsto no novo CPC* in Revista de Processo REPRO 259 – setembro de 2016. São Paulo: Editora Revista dos Tribunais, 2016.

PUGLIESE, William. *Precedentes e a civil law brasileira: interpretação e aplicação do novo Código de Processo Civil.* São Paulo: Editora Revista dos Tribunais, 2016.

WAMBIER, Teresa Arruda Alvim (coord). *Direito jurisprudencial.* São Paulo: Editora Revista dos Tribunais, 2012.

WAMBIER, Teresa Arruda Alvim, DIDIER JR., Fredie, TALAMINI, Eduardo, DANTAS, Bruno (coord.). *Breves comentários ao novo Código de Processo Civil.* São Paulo: Editora Revista dos Tribunais, 2015.

WAMBIER, Teresa Arruda Alvim, DANTAS, Bruno. *Recurso especial, recurso extraordinário e a nova função dos tribunais superiores no direito brasileiro.* 3 ed. São Paulo: Editora Revista dos Tribunais, 2016.

17
A INDEVIDA ASSIMILAÇÃO DO EFEITO VINCULANTE DO PRECEDENTE AO DA DECISÃO E SUA REPERCUSSÃO NO CABIMENTO DA RECLAMAÇÃO

Daniel Mitidiero

O art. 988, CPC, refere que cabe reclamação para garantir a "autoridade das decisões", a "observância de enunciado de súmula vinculante e de decisão do Supremo Tribunal Federal em controle concentrado de constitucionalidade", a observância de acórdão proferido em "incidente de assunção de competência", de "acórdão de recurso extraordinário com repercussão geral reconhecida" e "acórdão proferido em julgamento de recursos extraordinário ou especial repetitivos"[1]. Ao prescrever o cabimento da reclamação em todos esses casos, esse dispositivo ilustra perfeitamente a indevida assimilação do efeito vinculante do precedente ao da decisão operada no direito brasileiro. O Código de 2015 oferece uma vidraça opaca para a reclamação.

Para além de um equívoco de política legislativa[2], o legislador incorreu nessa assimilação em *inconstitucionalidade*. Essa não deriva, contudo, da previsão de vinculação ao precedente[3], tendo em conta que a sua obri-

[1] Conforme art. 988, incisos II, III, IV, *in fine*, e § 5, inciso II, CPC.

[2] Conforme Daniel Mitidiero, Cortes Superiores e Cortes Supremas – do Controle à Interpretação, da Jurisprudência ao Precedente (2013), 3. Ed. São Paulo: Revista dos Tribunais, 2017, p. 135; Id., Precedentes – da Persuasão à Vinculação (2016), 3. Ed. São Paulo: Revista dos Tribunais, 2018, p. 108.

[3] Conforme sustentam, por exemplo, Nelson Nery Jr. e Rosa Maria Andrade Nery, Comentários ao Código de Processo Civil. São Paulo: Revista dos Tribunais, 2015, p. 1980. Corretamente

gatoriedade sequer depende de previsão legislativa[4]. A inconstitucionalidade decorre do fato de que a Constituição só admite reclamação para as Cortes Supremas para a "garantia da autoridade das suas *decisões*"[5] – e não de seus *precedentes*. Afora a violação do precedente subjacente à súmula vinculante, a reclamação só se presta para a garantia da autoridade dos *julgados* do STF e do STJ[6].

Estar vinculado à decisão é muito diferente de estar vinculado ao precedente. A decisão obriga pelo dispositivo que *julga a controvérsia*. O precedente obriga pelas razões elaboradas a partir do *julgamento de outra controvérsia*. Em ambos os casos, é claro, pode-se dizer que há vinculação a uma norma. Existe, contudo, uma diferença fundamental: enquanto a obrigação de seguir a norma particular é *concreta*, *específica* e *atual*, a de seguir a norma geral é *abstrata*, *genérica* e *futura*.

Essa distinção é devida à origem do dever de seguir uma decisão e a de seguir um precedente. Enquanto o dever de seguir uma decisão resulta da existência de um *julgamento* de uma controvérsia devidamente particularizada, o de seguir um precedente deriva da *simples exposição* à ordem jurídica. A obrigação de seguir uma decisão, portanto, está fundada em um prévio exame de uma controvérsia particular, ao passo que a de seguir um precedente, não.

Quando se está no plano da obrigação de seguir uma decisão, um julgamento sobre determinada controvérsia particular já foi realizado. Daí que para *garantir a sua autoridade basta afirmar a abrangência e o conteúdo do julgado*. Quando se está no plano da obrigação de seguir um precedente, contudo, nenhuma controvérsia particular foi ainda devidamente apreciada no processo. Diante de um desacordo, para saber se o precedente é obrigatório para aquelas pessoas diante daquela situação específica *é necessário um julgamento que o interprete e aplique-o, em sendo o caso, à controvérsia particular*.

criticam semelhante orientação, Teresa Arruda Alvim e Bruno Dantas, Recurso Especial, Recurso Extraordinário e a Nova Função dos Tribunais Superiores (2002), 5. Ed. São Paulo: Revista dos Tribunais, 2018, p. 588.

[4] Conforme Daniel Mitidiero, Precedentes – da Persuasão à Vinculação (2016), 3. Ed. São Paulo: Revista dos Tribunais, 2018, pp. 87/94.

[5] Conforme arts. 102, inciso I, alínea "l", e 105, inciso I, alínea "f", CRFB.

[6] Para um desenvolvimento da distinção entre decisão e precedente e sua repercussão no âmbito da reclamação, Daniel Mitidiero, Reclamação nas Cortes Supremas. São Paulo: Revista dos Tribunais, 2020.

A atividade de *afirmar a abrangência e o conteúdo de uma decisão* não se confunde com a de *interpretar e aplicar um precedente*. Ao passar pela porta, o ouriço não se transforma em raposa.

A afirmação da abrangência e do conteúdo de uma decisão constitui típica atividade de *interpretação*. O que se quer saber é quem deve fazer e o que deve ser feito em função da vinculação à decisão. Há efetiva adscrição de sentido pelas Cortes Supremas à decisão já tomada no prévio exame de uma controvérsia particular. Como há identidade institucional entre o órgão que a decidiu e o que deve interpretar a decisão, a atividade interpretativa desenvolvida pelas Cortes Supremas nesse caso pode ser bem caracterizada como hipótese de *interpretação autêntica*[7].

A interpretação e a aplicação de um precedente envolvem diferentes atividades. Em primeiro lugar, é preciso identificar o precedente, isto é, individualizar a sua *ratio decidendi*. Em segundo lugar, é preciso interpretar o caso ao qual se pretende aplicá-lo para saber se é juridicamente idêntico ou suficientemente semelhante. Se não é, deve-se fazer uma distinção, rejeitando-se a sua aplicação. Se é, deve ser aplicado, julgando-se o caso concreto. Enquanto na afirmação da abrangência e do conteúdo de uma decisão já houve julgamento de uma controvérsia particular, na interpre-

[7] A interpretação autêntica constitui um tema clássico no âmbito da teoria da interpretação. Ainda que encontre formulação já no direito romano imperial, o seu apogeu ocorreu certamente no âmbito do final dos Setecentos na França situando-o como atividade do legislador (conforme Paolo Alvazzi del Frate, *L'Interpretazione Autentica nel XVIII Secolo – Divieto di* Interpretatio *e "Riferimento al Legislatore" nell'Iluminismo Giuridico*. Torino: Giappichelli, 2000; Id., *Giurisprudenza e Référé Législatif in Francia nel Periodo Rivoluzionario e Napoleonico*. Torino: Giappichelli, 2005). O tema foi retomado por Hans Kelsen (1881 – 1973) nas primeiras décadas dos Novecentos, o qual o situa, porém, como atividade do juiz (conforme *Reine Rechtslehre* (1934, 1960). Wien: Österreich, 2000, pp. 351/352). Embora atualmente seja comum restringi-lo ao campo das *leis interpretativas* (conforme Giovanni Tarello, *L'Interpretazione della Legge*. Milano: Giuffrè, 1980, pp. 240 e seguintes; Riccardo Guastini, *Interpretare e Argomentare*. Milano: Giuffrè, 2011, pp. 81 e seguintes), não há menor dúvida de que se trata de noção que pode ser utilizada de maneira fecunda no campo da interpretação das decisões judiciais (conforme Emilio Betti (1890 – 1968), *Interpretazione della Legge e degli Atti Giuridici (Teoria Generale e Dogmatica)* (1949), 2. Ed. Milano: Giuffrè, 1971, pp. 189 e seguintes). Vale-se igualmente da interpretação autêntica para caracterizar a atividade de interpretação na reclamação Gustavo Azevedo, Reclamação Constitucional no Direito Processual Civil. Rio de Janeiro: Forense, 2018, pp. 168/170. Para o desenvolvimento particularizado do tema, *infra*, Parte II, item 2.

tação e aplicação de um precedente o julgamento ainda ocorrerá – sendo justamente o precedente o meio empregado para realizá-lo[8].

A afirmação da abrangência e do conteúdo de uma decisão ocorre mediante interpretação autêntica. A *autoridade da decisão*, portanto, é promovida pela reafirmação da sua adequada interpretação diante de uma controvérsia particular já julgada. A interpretação e a aplicação de um precedente ocorrem mediante identificação, comparação e emprego para a solução de uma controvérsia particular. A *autoridade do precedente*, portanto, é promovida pela sua utilização em um julgamento.

Se, como parece correto, decisão e precedente não se confundem e impõem diferentes atividades para a garantia da respectiva autoridade, como esses dois conceitos foram indevidamente assimilados e encaixados na reclamação? Existem marcas bem nítidas desse percurso pelas estradas do direito brasileiro.

Na galeria dos antepassados da reclamação, não havia nenhum retrato do precedente. Desde o caso *Marçal Justen*[9], com sucessivas investidas em *INPS*[10] e *CNPQ*[11], o precedente tenta entrar na família. O STF sempre foi firme, porém, em afirmar o descabimento da reclamação para impor os efeitos de uma decisão sua para casos idênticos.

Em controle abstrato, embora já reconhecido o seu efeito *erga omnes*[12], o STF sempre manteve orientação no sentido de ser incabível reclamação para a tutela da sua decisão, justificando-a no caráter objetivo do processo – o caso *Porto Alegre* é emblemático dessa posição[13]. Em *Conselho Federal da OAB*, contudo, admitiu a propositura de reclamação pelas partes[14]

[8] Sobre a interpretação e aplicação de precedentes, com as devidas indicações bibliográficas, Daniel Mitidiero, Precedentes – da Persuasão à Vinculação (2016), 3. Ed. São Paulo: Revista dos Tribunais, 2018, pp. 109/115. Para o desenvolvimento particularizado do tema, *infra*, Parte II, item 3.

[9] Conforme *Marçal Justen v. Tribunal de Justiça do Paraná*, 1959 (STF, Pleno, Reclamação n. 371/PR, Rel. Min. Villas Boas, j. em 08.07.1959).

[10] Conforme *INPS v. Porto Alegre*, 1969 (STF, Pleno, Reclamação n. 726/RS, Rel. Min. Luiz Gallotti, j. em 05.03.1969).

[11] Conforme *CNPQ v. Juiz Federal da 5ª Vara da Seção Judiciária do Distrito Federal*, 1988 (STF, Pleno, Reclamação n. 287/DF, Rel. Min. Néri da Silveira, j. em 14.12.1988).

[12] No mínimo desde o julgamento do caso *Procurador-Geral da República* (STF, 1979).

[13] Conforme *Porto Alegre v. Tribunal de Justiça do Rio Grande do Sul*, 1991 (STF, Pleno, Reclamação n. 354/RS, Rel. Min. Celso de Mello, j. em 16.05.1991).

[14] Conforme *Conselho Federal da OAB v. Governador do Espírito Santo*, 1994 (STF, Pleno, Reclamação n. 467/DF, Rel. Min. Celso de Mello, j. em 10.10.1994).

e em *Turmalina* pelas partes e terceiros[15]. Vale dizer: em *Turmalina*, o STF estendeu o efeito vinculante da *decisão* em controle abstrato ao seu *precedente*. Nada obstante tenha finalmente conseguido um lugar à mesa, o casamento durou pouco e logo veio o divórcio com a superação de *Turmalina* por *Indaiatuba*[16].

É interessante perceber, contudo, que *Turmalina* deriva de um *non sequitur*.

Afirmar que os *motivos determinantes* (*tragende Gründe*)[17] ou os *precedentes* (*rationes decidendi*)[18] são vinculantes – isto é, abrangem todos expostos à ordem jurídica e são obrigatórios – é absolutamente correto. É um equívoco, porém, afirmar que o seu "reflexo processual"[19] está no cabimento da reclamação. Se a *decisão* não se confunde com o *precedente*, não há razão para se estender instrumento expressamente ligado pela Constituição ao

[15] Conforme *Turmalina v. TRT da 15ª Região*, 2002 (STF, Pleno, Reclamação n. 1.880/SP, Rel. Min. Maurício Correa, j. em 07.11.2002) – reafirmado em 2003 em *Distrito Federal v. TRT da 10ª Região*, 2003 (STF, Pleno, Reclamação n. 1.987/DF, Rel. Min. Maurício Correa, j. em 01.10.2003) e em *Capitão Poço v. TRT da 8ª Região*, 2003 (STF, Pleno, Reclamação n. 2.363/PA, Rel. Min. Gilmar Mendes, j. em 23.10.2003). A propósito, diante do debate mais amplo suscitado, Patrícia Campos Mello considera *Distrito Federal* – e não *Turmalina* – o *leading case* a respeito da matéria (conforme Patrícia Campos Mello, Precedentes. Rio de Janeiro: Renovar, 2008, p. 149).

[16] Conforme *Indaiatuba* (STF, 2010) – reafirmado em 2015 em *CIDASC v. Juiz do Trabalho de Florianópolis* (STF, Pleno, Reclamação n. 8.168/SC, Rela. Mina. Ellen Gracie, j. em 19.11.2015). Entre *Indaiatuba* e *CIDASC*, é ainda acesa no STF a questão e o seu entorno – como se pode ver, por exemplo, principalmente dos votos dos Mins. Gilmar Mendes e Teori Zavascki no caso *Defensoria Pública da União v. Juiz de Direito da Vara de Execuções Penais de Rio Branco*, 2014 (STF, Pleno, Reclamação n. 4.335/AC, Rel. Min. Gilmar Mendes, j. em 20.03.2014).

[17] Conforme Gilmar Ferreira Mendes, Jurisdição Constitucional (1996), 6. Ed. São Paulo: Saraiva, 2014, p. 482; Ana Paula Ávila, "Efeito Vinculante e STF: é Correto Negar a Transcendência dos Motivos Determinantes das Decisões?", Processo Constitucional. São Paulo: Revista dos Tribunais, 2019, p. 461, coordenação de Ingo Sarlet e Luiz Guilherme Marinoni e organização de Paula Pessoa e Cleverton Cremonese.

[18] Conforme Luís Roberto Barroso, O Controle de Constitucionalidade no Direito Brasileiro (2006), 7. Ed. São Paulo: Saraiva, 2016, p. 248; Luiz Guilherme Marinoni, Precedentes Obrigatórios (2010), 5. Ed. São Paulo: Revista dos Tribunais, 2016, pp. 85 e seguintes.

[19] Como sustentou o Min. Maurício Correia em *Turmalina* (STF, 2002). Corretamente, Lucas Buril de Macedo, Precedentes Judiciais e o Direito Processual Civil. Salvador: JusPodium, 2015, pp. 488/493; Alexandre Freitas Câmara, Levando os Padrões Decisórios a Sério. São Paulo: Atlas, 2018, p. 137. Rigorosamente, como observa Taís Schilling Ferraz, O Precedente na Jurisdição Constitucional. São Paulo: Saraiva, 2017, p. 109, a previsão de reclamação para a tutela do precedente "acaba por subverter um dos principais vetores da sua instituição, qual seja, o de reservar ao STF e ao STJ o papel de Cortes de Interpretação".

efeito vinculante da primeira ao segundo. O fato de caber reclamação para tutela da *autoridade da decisão* nada diz a respeito do seu cabimento para a tutela da *autoridade do precedente* – salvo, é claro, se identificarmos indevidamente os dois conceitos.

A costura da eficácia *erga omnes* com o efeito vinculante foi tramada no direito brasileiro com o objetivo – correto – de se acentuar o caráter obrigatório do precedente formado no controle abstrato de constitucionalidade. Um gol de placa[20]. O passo seguinte, porém, foi em falso: a reclamação não se presta nem para garantir a autoridade do precedente (mas apenas da decisão de uma controvérsia particular – concreta ou abstrata) e nem para viabilizar a sua eventual superação (que tem de ser buscada pelo leito comum do recurso extraordinário)[21].

O desenvolvimento da doutrina dos precedentes no processo civil também deu a sua contribuição para forçar a acomodação da decisão e do precedente no espartilho da reclamação. Na esteira da distinção entre eficácia *erga omnes* do dispositivo e efeito vinculante do precedente esboçada em função do controle abstrato[22], parte da doutrina passa a entender que "por simples consequência" do reconhecimento do efeito vinculante há autorização do uso da reclamação para a tutela do precedente[23].

[20] Devido notoriamente a Gilmar Ferreira Mendes, Jurisdição Constitucional (1996), 6. Ed. São Paulo: Saraiva, 2006, pp. 482 e seguintes, que liga a eficácia *erga omnes* ao dispositivo e o efeito vinculante aos motivos determinantes das decisões em controle abstrato de constitucionalidade. Na esteira da ligação entre efeito vinculante e motivos determinantes, Roger Stiefelmann Leal, O Efeito Vinculante na Jurisdição Constitucional. São Paulo: Saraiva, 2006, pp. 165/167. Igualmente nessa linha, Carlos Xavier observa que "o que define o efeito vinculante do controle abstrato brasileiro é a possibilidade de ajuizamento da reclamação" (Reclamação Constitucional e Precedentes Judiciais. São Paulo: Revista dos Tribunais, 2016, p. 48).

[21] Contra, Gilmar Ferreira Mendes, Jurisdição Constitucional (1996), 6. Ed. São Paulo: Saraiva, 2006, pp. 482/487 e 495/506. A propósito, em *INSS v. Turma Recursal dos Juizados Especiais Federais de Pernambuco*, 2013 (STF, Pleno, Reclamação n. 4.374/PE, Rel. Min. Gilmar Mendes, j. em 18.04.2013), o STF chegou a encampar essa ideia.

[22] Conforme Luiz Guilherme Marinoni, Precedentes Obrigatórios (2010), 5. Ed. São Paulo: Revista dos Tribunais, 2016, p. 196.

[23] Conforme Luiz Guilherme Marinoni, Precedentes Obrigatórios (2010), 5. Ed. São Paulo: Revista dos Tribunais, 2016, pp. 231 e 321. Na mesma linha, observa Carlos Xavier, Reclamação Constitucional e Precedentes Judiciais. São Paulo: Revista dos Tribunais, 2016, p. 48, que "a possibilidade de ajuizamento de reclamação como consequência direta do efeito vinculante é algo que se infere da análise da evolução histórica da jurisprudência do Supremo Tribunal".

Essa ligação acabou se convertendo em lugar comum e ganhando expressa consagração no art. 988, CPC. Aliás, a partir daí várias classificações arquitetadas pela doutrina envolvendo a força dos precedentes procuram explicar o seu efeito vinculante justamente a partir da existência da reclamação[24]. Isso não significa, porém, que essa associação seja correta – a fim de que as Cortes Supremas possam desempenhar suas funções de forma adequada, é imprescindível distinguir aquilo que cabe e o que não cabe dentro do estojo da reclamação.

Quando os art. 988, § 5º, inciso II, CPC, destina a reclamação para a tutela dos precedentes oriundos dos julgamentos de recursos extraordinários com repercussão geral e dos recursos repetitivos incorre em *inconstitucionalidade*, porque não cabe reclamação para o STF e o STJ para a tutela de seus *precedentes* – mas apenas para a garantia da autoridade de suas *decisões*[25]. Daí a necessidade de separar *autoridade da decisão* e *julgamento de caso* com base em precedente retratado em súmula vinculante para que se possa bem equacionar as hipóteses de cabimento da reclamação.

[24] Por todos, Teresa Arruda Alvim e Bruno Dantas, Recurso Especial, Recurso Extraordinário e a Nova Função dos Tribunais Superiores (2002), 5 ed. São Paulo: Revista dos Tribunais, 2018, pp. 277/279. Hermes Zaneti Jr., O Valor Vinculante dos Precedentes (2015), 3. Ed. Salvador: JusPodium, 2017, pp. 348/352, embora aluda à reclamação como elemento capaz de distinguir certos precedentes de outros, corretamente não a utiliza como algo capaz de graduar a força vinculante do precedente. A propósito, também não a utiliza como critério capaz de graduar a vinculação ao precedente Ronaldo Cramer, Precedentes Judiciais – Teoria e Dinâmica. Rio de Janeiro: Forense, 2016, pp. 115/117. Embora Luiz Guilherme Marinoni, Precedentes Obrigatórios (2010), 5. Ed. São Paulo: Revista dos Tribunais, 2016, ligue efeito vinculante do precedente à reclamação, não realiza nenhum tipo de graduação da sua força em função dessa relação. Os precedentes são sempre vinculantes – e isso independe da previsão de reclamação para a respectiva tutela (conforme Daniel Mitidiero, Precedentes – da Persuasão à Vinculação (2016), 3. Ed. São Paulo: Revista dos Tribunais, 2018, pp. 98/100).

[25] Conforme arts. 102, inciso I, alínea "l", e 105, inciso I, alínea "f", CRFB.

18
CONTROLE DAS OMISSÕES INCONSTITUCIONAIS: TRATAMENTO ATUAL E PROPOSTA DE REFORMA

Pedro França Aires
Matthäus Kroschinsky

Introdução: a omissão como problema da teoria constitucional
Quem quer que cuide de analisar o tema das omissões inconstitucionais encontrar-se-á diante de um tema árido, cercado de encruzilhadas que vem recebendo cada vez mais atenção da doutrina e da jurisprudência, especialmente diante da ineficiência de tais mecanismos em nossa ordem constitucional que, a bem da verdade, vem encontrando boa e significativa melhora na última década e meia.

O tratamento das omissões só foi realmente iniciado no Brasil com a Constituição de 1988, tendo o constituinte se inspirado no art. 283 da Constituição Portuguesa de 1976. Ainda que a existência de instrumento *específicos* à colmatação dessas lacunas seja restrita a alguns poucos países, nem por isso tantos outros deixam de encontrar resultados semelhantes através de técnicas interpretativas.[1]

Contudo, deve-se reconhecer que a Constituição brasileira foi, em algum sentido, além da portuguesa, que não dispõe de mecanismo dotado de "efeito substitutivo", tal como, entre nós, tem o mandado de injunção (LMI 8º II).[2]

[1] Miranda, Jorge. *Fiscalização de Constitucionalidade*, 1. ed. Coimbra: Almedina, 2017, n. 96, p. 368-369.
[2] Miranda, Jorge. *Fiscalização de Constitucionalidade*, cit., n. 97, p. 371-372.

Na lição precisa de J.J. Gomes Canotilho, "(o)missão, em sentido jurídico-constitucional, significa não fazer aquilo a que se estava obrigado"[3]. Portanto, a positivação na Constituição de um instrumento que permita ao Judiciário reconhecer a mora legislativa inconstitucional importa no reconhecimento de que, em dadas situações, existe um *dever* de legislar que foge ao mero campo da conveniência política, ou uma "pretensão individual a uma atividade legislativa".[4]

A doutrina tem se esmerado em identificar tais situações. Canotilho apresenta-nos uma tipologia bastante interessante, que pode sintetizada na forma a seguir.[5] Por primeiro, temos as *imposições constitucionais legiferantes em sentido estrito*, consubstanciadas em "preceitos constitucionais *concretamente* impositivos"; são imposições permanentes a que se sujeita o legislador, *e.g.* estabelecimento legal de salário-mínimo nacionalmente unificado (CF 7º IV).

Em segundo lugar, temos a hipótese de omissão legislativa decorrente da inércia em dar exequibilidade prática a normas constitucionais sem densidade normativa suficiente. Prosseguindo, temos o descumprimento a *ordens de legislar*, que são imposições constitucionais únicas, (diferentes, portanto, das *imposições*, que são permanentes) "de emanação de uma ou várias leis necessárias à criação de nova instituição ou à adaptação das velhas leis a uma nova ordem constitucional."[6]

Fazemos aqui pequena ressalva à lição do ilustre professor português. Entendemos que a terceira hipótese apontada por Canotilho encerra, em verdade, duas situações distintas: (i) a omissão do legislador em dar cumprido a comando constitucional único e pontual de produzir determinada lei; e (ii) inércia legislativa em atualizar legislação já existente.

Nessa segunda situação, está-se diante de uma omissão parcial *superveniente*, posto que se tornou defeituosa com o decurso do tempo e pela

[3] Canotilho, J.J. Gomes. *Direito Constitucional e Teoria da Constituição*, 7. ed. Coimbra: Almedina, Tit. 6, Cap. 4, p. 1033.

[4] Mendes, Gilmar Ferreira; Streck, Lenio Luiz. Comentário ao art. 103, §2º da CF. In: Canotilho, J.J. Gomes; Mendes, Gilmar Ferreira; Sarlet, Ingo Wolfgang; Streck, Lenio Luiz (Coords.). Comentários à Constituição do Brasil. 2. ed. São Paulo/Coimbra: Saraiva/Almedina, 2018, p. 1524; Mendes, Gilmar Ferreira e Branco, Paulo Gustavo Gonet. *Curso de Direito Constitucional*, 13. ed. São Paulo: Saraiva, 2018, p. 1341.

[5] Canotilho, J.J. Gomes. *Direito Constitucional e Teoria da Constituição*, cit., pp. 1033-1035.

[6] Ibidem, p. 1035.

ação de novas circunstâncias fáticas ou jurídicas. Aqui, o STF pode vislumbrar uma situação de inconstitucionalidade que se avizinha; é o caso da chamada norma *ainda* constitucional em que o Tribunal pode se valer do chamado *apelo ao legislador* (*Apellentscheidung*) para que este promova a competente atualização normativa.[7-8]

A *Apellentscheidung* tem, portanto, caráter, preventivo. Contudo, caso as circunstâncias já tenham se concretizado e a norma posta tornada insuficiente, estar-se-á diante não mais do apelo ao legislador para que corrija a situação antes de sua completa *inconstitucionalização*, mas, de caso típico de declaração de omissão parcial que, tal como ocorre na declaração de inconstitucionalidade sem pronúncia de nulidade (*Unvereinbarkeitserklärung*), expressa também um "juízo de desvalor" do Judiciário em relação à mora legislativa.[9]

De forma mais ampla, temos a posição de Georges Abboud, para quem há também omissão pela constatação de que determinado "dispositivo constitucional (direito subjetivo ou bem jurídico constitucional) está sendo prejudicado em virtude da omissão legislativa."[10]

A tarefa de constatar a existência de uma omissão inconstitucional torna-se ainda mais ingrata quando consideramos que, após mais de trinta anos de vigência da Constituição Federal de 1988, a maioria dos comandos constitucionais diretos e explícitos ao legislador já se efetivaram, com maior ou menor grau de êxito; isso significa que o problema maior com que se depara a teoria constitucional nesse campo é o das omissões *parciais*, nas quais a legislação já elaborada é – ou se tornou – por alguma razão, deficiente, nos termos vistos acima.

Mas nem só o *objeto* da omissão inconstitucional é problemático. Quando consideramos a ação direta de inconstitucionalidade por omissão, consta-

[7] Mendes, Gilmar Ferreira. O apelo ao legislador: apellentscheidung: na práxis da Corte Constitucional Federal Alemã, In: *Revista de Informação Legislativa*, v. 29, n. 114, p. 473-502, abr./jun. 1992 (489-490).

[8] Nas palavras de Gilmar Ferreira Mendes, trata-se de decisão "na qual o Tribunal reconhece a situação como *ainda constitucional*, anunciando a eventual conversão desse estado de *constitucionalidade imperfeita* numa situação de completa inconstitucionalidade.". Ibidem, p. 482. Cf. Abboud, Georges. *Direito Constitucional Pós-Moderno*, 1.ed. São Paulo: Revista dos Tribunais, 2021, n. 3.10.2, pp. 646-647.

[9] Ibidem, p. 483-484.

[10] Abboud, Georges. *Processo Constitucional Brasileiro*, 5. ed. São Paulo: Revista dos Tribunais, 2021, n. 3.7., p. 608.

tamos que detém legitimidade ativa para propô-la os mesmos legitimados à ação direta comissiva (LADIn 12-A).

Essa situação nada teria de anormal se parte desses legitimados (Presidente da República e integrantes das Mesas da Câmara dos Deputados e Senado Federal) não dispusesse de amplo direito à iniciativa legislativa no plano federal.[11] Vale dizer, alguns dos principais agentes responsáveis pela apresentação dos projetos para as próprias leis faltantes podem pedir a declaração de mora legislativa.

Trata-se de questão *interna corporis* das Casas Legislativas, que diz respeito especificamente à tutela das minorias parlamentares, as quais não podem de forma alguma ser subjugadas pelas maiorias eventuais, em desatenção à verdadeira e significativa maioria essencial: aquela elaboradora da constituinte originária.

Essa circunstância leva-nos diretamente ao *título* do presente texto; o leitor atento terá percebido que o "controle" das omissões não foi qualificado como *judicial* pelos Autores. E isso foi proposital, uma vez que a colmatação de lacunas inconstitucionais é dever dos Três Poderes.

Os Poderes Executivo e Legislativo, portanto, contribuem não só eventualmente propondo as referidas ações junto ao Judiciário como também mantendo-se atentos à jurisprudência que se forma no seio do STF em sede de controle das omissões para que possam tomar as devidas providências.

A concretização da Constituição – sua *força normativa*, como quereria K. Hesse – depende também – e talvez principalmente – de lutas políticas.[12] Diante disso, não se pode deixar de anotar outras formas de colmatação das omissões inconstitucionais, tais como a facilitação – via reforma constitucional – da apresentação de projetos de iniciativa popular de lei (CF 61 §2º), cujo exercício é sabidamente custoso.[13]

Ainda que todos os problemas apontados acima, de objeto e legitimidade, fossem resolvidos, ainda assim a questão das omissões inconstitucionais permaneceria espinhosa; afinal, *como resolvê-las*? Quais efeitos emprestar à sentença constitucional que resolve ADIn por omissão ou

[11] Mendes, Gilmar Ferreira; Streck, Lenio Luiz. Comentário ao art. 103, §2º da CF., cit., p. 1524.

[12] Canotilho, J.J. Gomes. *Direito Constitucional e Teoria da Constituição*, cit., p. 1034.

[13] Cf. Silva, Virgílio Afonso da. *Direito Constitucional Brasileiro*, 1ª edição, São Paulo: EDUSP, 2021, pp. 308 e 525.

mandado de injunção? Veremos, no decorrer do texto, que a jurisprudência do STF e a legislação (notadamente a LMI) têm indicado bons caminhos.

1. O Estado da Arte: controle das omissões inconstitucionais na Constituição Federal de 1988

Parte da ineficácia dos instrumentos criados pela Constituição para o enfrentamento das omissões inconstitucionais decorre, é verdade, de uma deficiência em diferenciar a ação direta de inconstitucionalidade por omissão ("ADO") e o mandado de injunção ("MI") de forma suficientemente técnica com relação às suas funções, requisitos e efeitos.[14]

Façamos isso.

1.1. A ação direta de inconstitucionalidade por omissão: L 9868/99

A ação direta de inconstitucionalidade por omissão (CF 103 §2º) é o instrumento de defesa *par excellence* da ordem constitucional objetiva contra omissões legislativas. Por se tratar de instrumento processual destinado à tutela da ordem constitucional objetiva, a legitimação ativa é restrita àqueles legitimados previstos constitucionalmente (CF 102 I *"a"*, 103 *caput* e §3º, LADIn 12-A).[15]

Seu objeto é constituído por omissões oriundas de autoridades no plano federal que impeçam a concretização da Constituição, evitando, assim, que o constituinte possa ter se valido de promessas que nunca logrem concretização; vale dizer, o sequestro político da Constituição pelas maiorias políticas eventuais.[16]

A ADO, portanto, não se destina a tutelar situações subjetivas nos quais a ausência de lei ou ato do poder público impeça o exercício de certo direito constitucional. Como veremos na sequência, tal função foi deixada ao mandado de injunção.

[14] *V.g.* Streck, Lenio Luiz. *Jurisdição constitucional*, 6ª edição, Rio de Janeiro: Forense, 2019, pp. 513-521.

[15] Em diante, cf. Kroschinsky, Matthäus. A ação direta de inconstitucionalidade por omissão e o mandado de injunção. In: Abboud, Georges. *Direito Constitucional sob curadoria de Georges Abboud*, São Paulo: Revista dos Tribunais, 2021. Disponível em: https://thomsonreuters.jusbrasil.com.br/doutrina/secao/1282345752/1-a-acao-direta-de-inconstitucionalidade-por-omissao-e-o-mandado-de-injuncao-direito-constitucional-sob-curadoria-de-georges-abboud-ed-2021.

[16] Mendes, Gilmar Ferreira e Branco, Paulo Gustavo Gonet. *Curso de Direito Constitucional*, 13ª edição, São Paulo: Saraiva, 2018, pp. 1341-1344.

Como é próprio do controle abstrato de constitucionalidade, o pronunciamento exarado em sede de ADO produzirá eficácia *erga omnes* e efeito vinculante, podendo, inclusive, subsidiar (no requisito da demonstração da omissão) eventual mandado de injunção voltado a remediar a mesma ausência normativa.

O objeto da ADO é uma omissão que pode ter duas origens distintas. Em primeiro lugar, temos aquelas oriundas da inércia dos órgãos administrativos, sobre as quais a ação tem força mandamental, já que é a própria Constituição a determinar a edição do ato omisso em até trinta dias, caso reconhecida a omissão (CF 103 §2º), ou "em prazo razoável a ser estipulado excepcionalmente pelo Tribunal, tendo em vista as circunstâncias específicas do caso e o interesse público envolvido" (LADIn 12-H §1º).

Tal dispositivo, entendemos, deve ser lido em conjunto com a LINDB 22, vez que a colmatação da omissão normativa inconstitucional por órgão administrativo deve, necessariamente, levar em conta as dificuldades reais do gestor público, a justificar eventual prazo maior que a regra geral.[17]

Em segundo lugar, temos as omissões inconstitucionais decorrentes da inércia legislativa. Encontramos aqui o ponto preciso da controvérsia, já que, até em função da separação de poderes (CF 2º), a Constituição não outorga ao Judiciário o poder de impor ao Legislativo a edição do ato faltante, limitando-se a determinar sua "ciência" acerca da omissão.

Aliás, a Constituição não o fez, e talvez nem o pudesse ter feito, afinal, a política tem seu próprio tempo e sua lógica interna, muitas vezes incompreendidos pelo Judiciário. A possibilidade de constituição em mora pela constatação de inércia legislativa deve ser vista como um dos contrapesos exercidos pelo Judiciário sem que, com isso, se arrogue nas funções de legislador, algo que poderia causar males constitucionais e institucionais ainda mais graves que a própria omissão.

Muito embora tecnicamente a sentença de inconstitucionalidade que reconheça uma omissão tenha natureza *declaratória*, isso não significa que seja destituída de efeitos; tal como ocorre na declaração de inconstitucionalidade sem pronúncia de nulidade (*Unvereinbarkeitersklärung*) há aqui também um "juízo de desvalor" do Judiciário em relação à mora legislativa.[18]

[17] KROSCHINSKY, Matthäus. A ação direta de inconstitucionalidade por omissão e o mandado de injunção, cit.

[18] MENDES, Gilmar Ferreira. O apelo ao legislador: apellentscheidung: na práxis da Corte Constitucional Federal Alemã, In: *Revista de Informação Legislativa*, v. 29, n. 114, pp. 473-502, abr./jun. 1992 (483-484).

Não é, portanto, sentença nula de efeitos, já que constitui o Poder Legislativo em mora ao reconhecer que sua inércia é inconstitucional, ou seja, ao constatar que sua demora é irrazoável e prejudica a concretização da Constituição.

Diferentemente do que ocorre com o MI, em que há a necessidade de comprovação de um dano subjetivo, no bojo da ADO a mera constatação da mora já enseja a procedência da ação: já que se trata de processo objetivo, a simples inércia legislativa já torna o dano presumido.

Quanto à extensão, a omissão inconstitucional pode ser *total* – na qual a inércia legislativa é absoluta e o dever de legislar é completamente descumprido, ou *parcial*, quando a lei, por qualquer razão inicial ou superveniente, é deficiente.

Reforçamos que a omissão total tende a não gerar tantos problemas em sua constatação, mormente se decorre de comando constitucional explícito de legislar (*e.g.* CF 102 §1º, que determina a elaboração de lei regulamentadora da arguição de descumprimento de preceito fundamental, que somente veio a ocorrer em 1999).

Há aqui importante diferença a ser feita entre prejuízo *em abstrato* a bem jurídico constitucional, que pode ser objeto de ação direta por omissão, e prejuízo *concreto* a direito subjetivo, para o qual serve o mandado de injunção.

Conforme valiosa lição de Jorge Miranda, "(c)omo quer que seja, a falta de medidas legislativas há de ser sempre atual, e não eventual. Nada autoriza o órgão de fiscalização a operar qualquer juízo de prognose sobre a situação em que, no futuro, pode vir a deparar-se a realização desta ou daquela norma constitucional."[19] Ou seja, prejuízo *em abstrato* não significa etéreo, mas tão somente aquele que já se encontra em estado de ser verificado em situações concretas.

Pode ocorrer, contudo, que o produto legislado seja deficiente por qualquer razão e, com isso, incorrer o legislador em uma omissão *parcial*, em geral decorrente de quebra da isonomia ou por proteção excessiva/insuficiente no plano infraconstitucional.

Exemplo clássico de omissão parcial por violação à isonomia ocorre quando *"o ato normativo outorga a determinada categoria de pessoas certo benefício, excluindo outra – ou outras – categoria que deveria ter sido contemplada, em*

[19] MIRANDA, Jorge. *Fiscalização de Constitucionalidade*, cit., n. 95, p. 358.

detrimento do princípio da isonomia",[20] ao passo que se determinada lei proteger o bem constitucional de forma excessiva, inviabilizando-o, ou de forma deficiente, incorrerá o legislador igualmente em omissão parcial a ser corrigida.

As omissões parciais tendem a ser mais problemáticas, especialmente em casos de proteção insuficiente ou excessiva. Aqui entendemos que um consequencialismo pode ser ferramenta extremamente útil de análise, já que permite sejam vislumbradas, no limite, as consequências prováveis que podem decorrer da aplicação da norma, auxiliando na compreensão de se essa realmente tutelou o bem constitucional de forma aquém ou além do desejado.[21]

Aliás, a questão das omissões parciais já suscitou em parte da doutrina a questão acerca da possibilidade de fungibilidade entre ações diretas por ação e omissão já que, nesse caso, poder-se-ia tanto questionar a parte legislada quanto a parte omissa.

A doutrina tem entendido pela possibilidade de fungibilidade porque, em rigor, a ação direta por ação ou omissão é única, possuindo, portanto, um mesmo *pedido* (declaração de inconstitucionalidade). A ação ou omissão constituem tão somente *causas de pedir* diversas.[22] É essa a posição adotada pelo Supremo Tribunal Federal desde o julgamento conjunto das ações diretas nº 1987, 875, 2727 e 3243 em 2010.

As omissões parciais podem muitas vezes ser resolvidas no ato de interpretação/aplicação por intermédio de sentenças interpretativas como a interpretação conforme a constituição (*Verfassungskonforme auslegung*) e a arguição de nulidade parcial sem redução de texto.[23] Ambas atuam no plano da *norma*, mantendo o texto intacto, o que somente é possível a partir de uma teoria que, a partir da virada linguística, descole texto e norma.

Pela via interpretativa a correção das omissões parciais pode ocorrer também via sentença aditivas, cuja função é "*conformar a legislação vigente ao texto e à principiologia constitucional*".[24]

[20] Abboud, Georges. *Processo Constitucional Brasileiro*, cit., n. 3.7., p. 610; Canotilho, J.J. Gomes. *Direito Constitucional e Teoria da Constituição*, cit., pp. 1035-1036.

[21] Sobre o assunto, ver Abboud, Georges. Uma visão pós-positivista sobre o direito e as consequências das decisões jurídicas. In: *Revista do Instituto de Hermenêutica Jurídica – RIHJ*, Belo Horizonte, ano 17, n. 25, p. 65-83, jan/jun 2019.

[22] Abboud, Georges. *Processo Constitucional Brasileiro*, cit., n. 3.7.1, pp. 612-616. Ver também Miranda, Jorge. *Fiscalização de Constitucionalidade*, cit., n. 97, pp. 375-378.

[23] Abboud, Georges. *Processo Constitucional Brasileiro*, cit., n. 3.7, pp. 611 e ss e Streck, Lenio Luiz. *Jurisdição constitucional*, cit., pp. 521-525.

[24] Abboud, Georges. *Processo Constitucional Brasileiro*, cit., n. 3.24.2, p. 763.

Pelas razões lançadas acima é que defendermos uma vocação especificamente *político-dialógica* à ADO, que pode (e deve) ser aprimorada em lei mediante instrumentos que fomentem esse diálogo entre Poderes da República.

A ADO, como visto, não tem como pressuposto um prejuízo subjetivo, e sequer poderia remediá-lo, dada a natureza declaratória de sua sentença; ao constituir o Legislativo (ou Executivo) em mora, o Judiciário convida-o à ação conjunta. É dever dos demais Poderes manterem-se atentos à jurisprudência formada no seio do Supremo Tribunal Federal para que possam concretizar a Constituição no plano infraconstitucional em tempo hábil.[25]

As discussões travadas pelo Plenário do STF podem e devem ser (também) dirigidas a um diálogo com o Parlamento, orientando-o sobre soluções possíveis e riscos (consequenciais) da permanência do estado de mora.

Se na ADO o prejuízo é ainda subjetivo, é dever do órgão inerte cuidar para que este não se torne um prejuízo concreto; como já anotou Konrad Hesse "*(t)rata-se de um terrível engano imaginar que, por não ser esperada, uma ameaça não se devera concretizar. Caso se verifique essa situação, faltará uma disciplina normativa, ficando a solução do problema entregue ao poder dos fatos.*"[26]

1.2. O mandado de injunção: Lei 13.300/16

O mandado de injunção é previsto pela CF 5º LXXI e seu objeto é a colmatação da omissão de norma regulamentadora cuja ausência "total ou parcial (...) torne inviável o exercício dos direitos e liberdades constitucionais e das prerrogativas inerentes à nacionalidade, à soberania e à cidadania" (LMI 2º). O *writ* foi regulamentado pela Lei 13.300/16.[27]

O instrumento trata igualmente da colmatação de omissões normativas inconstitucionais. Contudo, diferentemente do que ocorre na ADO, trata-se de ação subjetiva, o que indica a necessidade de demonstração de um dano efetivo a direito subjetivo como decorrência da inércia pública para a configuração do interesse de agir.[28]

[25] Ver Abboud, Georges. *Processo Constitucional Brasileiro*, cit., n. 3.7.2, pp. 616-618.

[26] Hesse, Konrad. *A força normativa da Constituição*. Trad. Gilmar Ferreira Mendes. Porto Alegre: Fabris, 1991, p. 32.

[27] Em diante, ver Kroschinsky, Matthäus. A ação direta de inconstitucionalidade por omissão e o mandado de injunção, cit.

[28] "É imprescindível, para o exame do writ, a presença de dois pressupostos sucessivos: i) a verificação da omissão legislativa e ii) a efetiva inviabilidade do gozo de direito, faculdade

A reforçar essa característica está a jurisprudência do STF que expressamente reconhece incabível a distinção do MI em "preventivo" e "repressivo"[29], tal como ocorre, por exemplo, com o mandado de segurança ou *habeas corpus*. Não se trata, portanto, de dano presumido como ocorre na ADO, que busca tutelar a ordem constitucional objetiva.

O pronunciamento judicial exarado em sede de mandado de injunção produzirá, como regra, eficácia *inter partes*, ressalvada a possibilidade prevista pela LMI 9º §1º mencionada abaixo.

Há substancial diferença na legitimação, dada a natureza subjetiva do mandado de injunção. Se na ADO estávamos diante de um rol restrito de legitimados ativos previstos pela CF 103, a legitimação para a impetração de MI é ampla e aberta a qualquer indivíduo que venha a ter algum direito constitucional violado pela ausência de norma regulamentadora.

O mandado de injunção demorou a lograr uma boa efetividade em nossa ordenança. Durante muito tempo imperou na jurisprudência do STF uma quase equiparação entre os efeitos do MI e da ADO, de modo que mesmo a procedência de um MI tinha tão somente o condão de constituir em mora o Congresso Nacional. O mais ilustre antecedente deste posicionamento inicial do STF é o Mando de Injunção nº 107.[30] Trata-se, é verdade, de julgado ocorrido em fins de 1990 e, portanto, muito próximo à promulgação da Constituição; sem embargo, demonstra como a Corte foi inicialmente assaz cautelosa em dar ao MI o caráter satisfativo de que hoje dispõe, talvez até em virtude de ausência de lei que o regulamentasse.

Desde o julgamento pelo STF do MI nº 283 em 1991 – no qual o Tribunal passou a adotar uma postura mais ativa na concessão das injunções – a efetividade do MI vem aumentando sensivelmente; contudo, a viragem jurisprudencial concretizou-se definitivamente apenas com o julgamento conjunto dos MIs nº 670 e 708 em 2007, nas quais o STF determinou a aplicação da lei de greve dos trabalhadores privados aos servidores públicos que, pela ausência de norma especifica regulamentadora viam-se privados do exercício do direito de greve (CF 9º).

ou prerrogativa consagrados constitucionalmente em razão do citado vácuo normativo." STF, Tribunal Pleno, MI 2.123 AgR, rel. Marco Aurélio, rel p/ acórdão: Min. Dias Toffoli, DJe 31.7.2013. Ver, ainda STF, Tribunal Pleno, MI 4.551, AgR, rel. Min. Carmen Lúcia, DJ*e* 28.5.2013.

29 C.f. por todos STF, MI 5450 AgR, Tribunal Pleno, rel. Min. Teori Zavascki, DJ*e* 19.11.2013.

30 STF, Tribunal Pleno, MI 107, rel. Min. Moreira Alves, j. 21.11.1990, DJU 2.8.1991.

O mais importante acontecimento legislativo recente que contribuiu para uma maior efetividade do MI foi a edição da Lei 13.300/16, que regulamentou o remédio constitucional e trouxe importantes novidades, tais como a possibilidade de mandado de injunção coletivo (LMI 12º) e extensão *ultra partes* ou *erga omnes* à decisão concessiva da injunção (LMI 9º §1º), uma vez que, como visto acima, a regra geral no MI é a eficácia *inter partes.* O STF deve ser expresso quanto à extensão dos efeitos emprestados pelo *decisum*, podendo ser provocado via embargos de declaração para esclarecê-los (CPC 1022).

O LMI 9º II permite ao Relator estender monocraticamente os efeitos da decisão – depois de transitada em julgado – a casos análogos. Trata-se de forma engenhosa de garantir maior efetividade ao *writ* e a fórmula poderia ser aproveitada por outros remédios constitucionais, já que amplia a legitimidade do Relator para atuar monocraticamente, reduzindo o tempo de análise de casos análogos.

O artigo 10º da LMI permite que o Tribunal siga aberto ao aprendizado, já que introduz a possibilidade de revisão da decisão tomada a partir da superveniência de circunstâncias fáticas ou jurídicas novas. Trata-se de mecanismo importante, uma vez que evita o congelamento jurisprudencial e dá ao instrumento a maleabilidade necessária.

Contudo, uma vez revista a decisão o STF inexoravelmente ver-se-á diante da necessidade de considerar a possibilidade de modulação de efeitos do novo *decisum*, ou até mesmo, em casos mais complexos, de estabelecer um regime de transição,[31] podendo determinar a produção de efeitos *ex tunc* aos beneficiados pela decisão original, sob pena de violação da isonomia.

Circunstância diversa ocorre com a LMI 11º, em que há previsão *ope legis* de que a norma regulamentadora superveniente produzirá efeitos *ex nunc*, salvo se mais favorável aos beneficiados. Vale dizer: a norma recém editada só retroage beneficamente.

Em casos complexos, o Legislador pode estabelecer um diálogo com o STF ao editar legalmente um regime de transição que considere a situação dos beneficiados desde a decisão judicial que lhes favoreceu. Não há dúvidas de que os benefícios não lhes serão tirados, mas pode ocorrer de o Legislativo propor solução diversa, quiçá igualmente boa em relação àquela determinada pelo STF com fundamento na LMI 8º II; nessas cir-

[31] Cf. Abboud, Georges. *Direito Constitucional Pós-Moderno*, cit., n. 3.10.4, pp. 648-650.

cunstâncias, não há razão para impedir que os beneficiados possam optar por um ou outro regime.

É relevante ressaltar que a LMI 8º II prevê expressamente que, reconhecido o estado de mora, será deferida a injunção para: (i) "determinar prazo razoável para que o impetrado promova a edição da norma regulamentadora" ; e (ii) "estabelecer as condições em que se dará o exercício dos direitos, das liberdades ou das prerrogativas reclamados ou, se for o caso, as condições em que poderá o interessado promover ação própria visando a exercê-los, caso não seja suprida a mora legislativa no prazo determinado."

Vale dizer, a partir da nova lei o Tribunal ficou efetivamente autorizado a criar uma regulamentação provisória para impedir a continuação da violação ao direito subjetivo do impetrante.

A solução dada é sem dúvida interessante, já que permite uma atuação bem mais extensiva do Judiciário em relação a uma inercia do Legislativo; contudo, partindo deste último a diretriz normativa para tanto, não vemos nela qualquer *déficit* democrático, mas, antes, verdadeiro avanço legislativo em direção à concretização de direitos e garantias constitucionais.

Se essa circunstância tornou muito maior a possibilidade de o mandado de injunção tornar-se um instrumento cada vez mais efetivo, aumentou ainda mais a necessidade de uma adequada motivação (CF 93 IX e CPC 489 §1º) como sustento da legitimidade da decisão, bem como a de uma busca incessante pela resposta constitucionalmente mais adequada, especialmente diante da possibilidade de extensão *ultra partes* ou *erga omnes* à decisão concessiva da injunção que, reforçamos, deve ser lançada de forma expressa pelo Tribunal, com eventual modulação de efeitos necessária à tutela de direitos fundamentais.

Por esse conjunto de razões entendemos desempenhar o mandado de injunção uma espécie de *vocação concreta*. Ainda que no bojo das discussões judiciais possam ser colhidas bons subsídios pelo legislador, seu intento principal é remediar uma situação de prejuízo já ocorrida.[32]

Como já assinalou Elival da Silva Ramos, o MI acaba por se tornar ferramenta inoperante em relação aos direitos sociais prestacionais, cujo "*maior obstáculo ao seu pleno desfrute não está na ausência de norma regulamentadora e*

[32] Kroschinsky, Matthäus. A ação direta de inconstitucionalidade por omissão e o mandado de injunção, cit.

sim na insuficiência de recursos materiais por parte do Estado"[33]; de forma isolada, o STF não pode garantir a plena realização de tais normas, donde retiramos uma possibilidade de diálogo entre Poderes via mandado de injunção, em que o Executivo e Legislativo devem permanecer atentos e mobilizar esforços administrativos para a colmatação de omissões inconstitucionais que impeçam o exercício de direitos e liberdades constitucionais.

Relembramos aqui o quanto dito acima acerca da natureza política de parcela importante da colmatação das lacunas constitucionais. Trata-se, é verdade, de uma questão *jurídica* quando há um dever de legislar – nos termos já explorados; contudo, muitas vezes a mera edição de certo ato normativo ou administrativo não é suficiente para fazer cessar o prejuízo sofrido pelo impetrante.

Seja no campo da ADO ou do MI, há que existir uma mobilização dos Poderes em diálogo com a sociedade para que toda uma estrutura normativa e de políticas públicas seja erigida, se necessário for. A colmatação exercida pelo Judiciário não pode permanecer meramente simbólica, uma luta quixotesca por direitos que só podem ser implementados com – e por intermédio de – vontade política.

2. Algumas propostas de reforma

Postas as considerações acima, entendemo-nos aptos a propor algumas sugestões de aprimoramento ao já refinado arcabouço normativo atinente ao controle das omissões judiciais.

2.1. Um retorno necessário às diferenças entre ADO e MI

Um primeiro passo será, no plano doutrinário, jurisprudencial e pragmático, um retorno às diferenças técnicas entre a ADO e o MI.

O ano de 2019 nos trouxe um exemplo assaz elucidativo do nosso ponto: o julgamento conjunto da ADO nº 26 e MI nº 4733, no qual o STF viu-se diante da necessidade de analisar eventual mora legislativa na edição de lei criminalizando atos de homofobia e transfobia.

Vejamos que ambos os instrumentos foram utilizados (e julgados) simultaneamente para combater a mesma questão, ainda que, conforme visto

[33] Ramos, Elival da Silva. Controle jurisdicional de políticas públicas: a efetivação dos direitos sociais à luz da Constituição brasileira de 1988. In: *Revista Da Faculdade De Direito, Universidade De São Paulo*, n. 102, 2007, pp. 327-356 (348). Disponível em: https://www.revistas.usp.br/rfdusp/article/view/67758.

linhas acima, ambos desempenhem funções bastante diversas e, até por isso, possuem requisitos totalmente distintos. O julgamento conjunto das ações, sem lhes atribuir essencialmente a mesma solução jurídica parece de certo modo incentivar sua diferenciação técnica.

Não se está a dizer que é errado que tramitem simultaneamente ADOs e MIs sobre a mesma questão, até mesmo porque ambas tratam da omissão a partir de prismas diversos. O que se quis dizer é que as ações não podem ser *equiparadas*. Esse ponto, contudo, nos ocupará no item 3.2, abaixo.

No julgamento mencionado, a saída encontrada pelo STF para remediar a situação foi o enquadramento da homofobia e da transfobia no tipo penal definido pela Lei do Racismo (Lei 7716/89), vale dizer, criação de tipo penal por analogia, violando frontalmente o princípio da legalidade (CF 5º II), tão caro ao direito e processo penal.

Sem adentrar nos meandros dos casos concretos, nos parece evidente que uma tal mora legislativa dá azo a um prejuízo eventual em abstrato (tal como posto acima). A caracterização de um prejuízo concreto – necessário à configuração do interesse de agir no mandado de injunção – é matéria que depende de prova.

Com efeito, postulou-se a responsabilização do Estado em "indenizar as pessoas vítimas de todas as formas de homofobia e transfobia, enquanto tais condutas não forem criminalizadas de forma eficiente."[34] A questão, muito embora urgente, não parece evidenciar um dano concreto e subjetivo apto a ensejar o *mandamus*; trata-se de matéria de ADO.

Nesse ponto, andou bem o STF em reconhecer a autonomia vocacional da ADO e rejeitar o pedido formulado de condenação fundada em reconhecimento da responsabilidade civil do Estado. Contudo, a extensão a um tipo penal para fins de responsabilização não parece ter sido também a melhor solução.

Ora, o comando constitucional não é expresso quanto à forma criminal de punição dessas formas de discriminação. O fato de a Constituição determinar o estabelecimento de "punição", não pode ser, sem maiores problemas, equiparado a um mandamento para criação de tipo penal.[35]

[34] STF, Tribunal Pleno, ADO 26, rel. Min. Celso de Mello, j. 13.6.2019, DJ*e* 6.10.2020, p. 16/566 do acórdão.

[35] STRECK, Lenio Luiz (et al). Perigo da criminalização judicial e quebra do Estado Democrático de Direito, In: Coluna "Senso Incomum", *Consultor Jurídico*, 21.08.2014.

O que se está fazendo aqui não é colocar em dúvida a ocorrência infelizmente diuturna desse tipo de conduta, ou da necessidade de uma represália exemplar por parte do Estado. Discorda-se tão somente do pedido de fixação *in abstracto* de um dever de indenizar (do Estado) em sede de ADO.

Afinal, se existe dever de indenizar, houve ilícito (CC 186). Se este houve, devem ser demonstrados os seus requisitos – excluído o elemento subjetivo, dada a natureza objetiva da responsabilidade estatal, o que é matéria de prova e merece atenção probatória concreta. Se não houve ilícito – vale dizer, situação concreta de violação a direito subjetivo decorrente da inércia estatal – não há legitimidade ativa para propositura de MI, tampouco causa para que o STF fixe etereamente – lembremos aqui das observações de Jorge Miranda lançadas acima – a responsabilidade do Estado.

Dito ainda de forma mais clara, a ADO cumpre seu papel ao declarar a mora congressual, mas a fixação abstrata de responsabilidade do Estado não pode ser feita, já que responsabilização pressupõe prejuízo efetivo, e não mera prognose.

Tal "precedente" de que o Congresso – e, portanto, o Estado – está em mora pode, é claro, ser utilizado como *causa de pedir* em ações originárias requerendo-se a responsabilização do Estado por omissão em virtude de um prejuízo específico. Contudo, continua a ser uma questão genérica, própria da ADO.[36]

Caso um MI demonstrasse originariamente prejuízo efetivo – e não em abstrato – da mora legislativa, entendemos que a melhor solução do ponto de vista consequencial seria a reforma, reparação ou cassação do ato lesivo (*e.g.* fixação do dever de indenizar em casos de transfobia ou homofobia) e cientificação do Congresso a respeito de sua mora sem, contudo, criar um tipo penal pela via jurisprudencial, mantendo o mandado de injunção em sua vocação concreta.

Por fim, nesse sentido, entendemos que a L 13300/26 poderia ser aprimorada no sentido de presumir não o dano, mas a omissão estatal quando o próprio STF já a tiver reconhecido em sede de ADO a respeito da mesma questão jurídica.

Disponível em: https://www.conjur.com.br/2014-ago-21/senso-incomum-criminalizacao-judicial-quebra-estado-democratico-direito.

[36] Cf. MIRANDA, Jorge. *Fiscalização de Constitucionalidade*, cit., n. 100, pp. 382-384.

Trata-se, dadas as devidas proporções, de solução similar àquela dada pelo CPC 1035 §3º, no qual são elencadas algumas situações em que há presunção de repercussão geral do recurso extraordinário.

2.2. Uso coordenado da ADO e MI

Partindo do mesmo – e icônico – julgamento do STF, analisemos como o regramento (em especial a LADIn e o RISTF) podem ser aperfeiçoados do ponto de vista de um uso coordenado da ADO e MI.

A análise da omissão via processo objetivo nos parece mais clara e certeira. Afinal, se a Constituição garante a igualdade (CF 5º *caput*) e veda quaisquer formas de discriminação (CF 3º IV), a ausência de regramento específico contra atos de transfobia e homofobia – sabidamente (e infelizmente) de ocorrência diuturna no Brasil – conduz a uma inércia na realização infraconstitucional da Constituição.

Retomamos o que dissemos acima, a título de exemplo. A legislação poderia prever um uso coordenado das ações, no sentido de, existindo ADOs e MIs sobre a mesma controvérsia jurídica, julgar-se antes a ADO de forma ampla e genérica para posteriormente aplicar a solução lá adotada aos casos concretos dos MIs, de acordo com cada prejuízo postulado e demonstrado, adequando a solução *geral* ao caso *particular*.[37]

No caso da criminalização da homofobia, o STF poderia – em sede de ADO – fixar a mora congressual, e aplicar a cada MI individualmente a solução mais adequada, tendo em vista essa moldura geral, determinado, se necessário, a própria condenação do Estado por omissão.

Esse julgamento coordenado sequer reclamaria alteração legislativa. A bem da verdade, a simples alteração na forma do Regimento Interno do

[37] No Brasil, ao que nos consta somente Georges Abboud atentou-se para a possibilidade desse uso coordenado das ações. Cf. "Sendo o mandado de injunção um dos mecanismos disponibilizados pelo sistema para a colmatação das omissões inconstitucionais, entendemos necessária uma coordenação de pautas bastante específica no sentido de que o STF deve, sempre que possível, julgar primeiro eventuais ADIn's por omissão sobre o tema, uma vez que, em se tratando de processo objetivo, há a possibilidade de o Tribunal fixar as balizas do tema de forma mais ampla e detalhada. A partir da fixação de uma orientação geral, incumbiria ao Tribunal tão somente aplicá-la aos mandados de injunção (processos subjetivos) sobre o mesmo assunto, complementando o ato decisório com as determinações específicas do caso concreto, já que, embora similares, MI e ADO não se confundem." ABBOUD, Georges. *Processo Constitucional Brasileiro*, cit., n. 4.11.4.4, p. 1010.

STF a respeito do julgamento dessas ações já permitia tal utilização mais racional e efetiva dos mecanismos.

2.3. A responsabilidade do proponente e a exposição do STF a custos políticos desnecessários

Pontuamos ainda que, de um ponto de vista institucional, contudo, o Judiciário não equacionou bem a questão a respeito das repercussões da decisão. Ao permitir a criação de tipo penal pela via jurisprudencial, o Tribunal não só estabelece um mau precedente como desencadeou uma série de repercussões institucionais indesejadas.

Em primeiro lugar, o Tribunal desonera o Legislativo e talvez até o incentive a permanecer em mora; é notável que em casos como esse, há um custo líquido político enorme que o Congresso deve saber equacionar, de modo que o STF não pode, sob o pretexto de proteger direitos fundamentais, arrogar para si tal custo.

Além disso, o problema não é totalmente resolvido, afinal, existem evidentes dificuldades procedimentais não supridas pela decisão, tais como a possibilidade de reenquadramento de denúncias já oferecidas com base em outros tipos penais ou o redirecionamento de inquéritos policiais em curso.

Uma reforma essencial a ser levada a cabo – e essa menos de direito positivo do que de *práxis cotidiana* – é a da responsabilidade que o proponente da ADO/MI precisa saber carregar quando de seu ajuizamento.

Com isso, queremos dizer que a ADO/MI são instrumentos diversos para provocar uma resposta do STF sobre determinada matéria, ciente de que isso lhe impõe um custo político.

Vale, portanto, indagar: é conveniente que o STF se exponha ao custo de ter que se pronunciar a respeito de determinada matéria? Como a questão vem sendo tratada no Congresso? Há possibilidade de pressão popular para que a omissão seja tratada pela via legislativa?

Além disso, o impetrante deve reconhecer-se responsável diante de seus pares; afinal, há sempre a possibilidade de um pronunciamento negativo do STF a respeito do quanto pleiteado, o que pode gerar um mal-estar ainda maior em relação à situação inicialmente ostentada.

O proponente deve também estar ciente da diferenciação técnica existente entre ambas as ações, e elaborar seu pedido adequadamente. Ora, não parece razoável, como visto alhures, pedir a condenação genérica e abstrata do Estado em sede de ADO, tampouco pleitear nessa mesma seara uma atuação substitutiva própria ao mandado de injunção.

Afinal, o MI permite tal atuação mais ostensiva do Estado justamente para permitir a correção de um injusto já ocorrido, o que não ocorre com a ADO, que pressupõe apenas um prejuízo em abstrato à ordem constitucional, já em potência de se concretizar individual ou coletivamente.

2.4. Omissão como ocasião para o diálogo entre os Poderes da República

Nas palavras precisas de Georges Abboud, "(o) reconhecimento de uma omissão é um momento de aproximação entre os Poderes, Legislativo e Judiciário que pode resultar em atrito ou em diálogo."[38]

A decisão dialogada conta com um superávit de legitimidade justamente pela democratização de sua discussão. É importante que tanto a sociedade civil quanto os demais Poderes tenham a oportunidade de apresentar suas dificuldades e experiências para retirar o Judiciário do isolamento, muitas vezes autoimposto, e providenciar uma lufada de novas perspectivas.

Nesse sentido, Georges Abboud alerta para a necessidade de maior participação em casos complexos (especificamente em sede de controle concentrado de constitucionalidade), nos quais o discurso jurídico acaba por ser insuficiente:

Nessa linha de ideias, defendemos que casos complexos, nos quais o discurso jurídico tradicional, puro e simples, não consegue fornecer resposta imediata ou definitiva, o controle abstrato de normas requer um elemento extra de legitimação que tornará a decisão mais apta a absorver tal complexidade.[39]

Quanto maior à colaboração na reunião de argumentos e conhecimento metajurídico, aliado ao próprio discurso jurídico, maior a possibilidade de o Judiciário ter acesso a um quadro mais amplo de consequências e caminhos possíveis.

Essa necessidade de diálogo sobressai em alguns casos específicos, tais como nas ações diretas por omissão, dada sua função de proteção da ordem constitucional objetiva ou, ainda, em decisões proferidas em sede

[38] Abboud, Georges. *Processo Constitucional Brasileiro*, cit., n. 3.7.2, p. 616.

[39] Abboud, Georges. *Processo Constitucional Brasileiro*, cit., n. 3.14.2, p. 654.

de mandado de injunção com extensão *ultra partes* ou *erga omnes* dos efeitos da decisão.

No julgamento mencionado acima (omissão congressual acerca da criminalização de atos de transfobia e homofobia) a participação dos grupos LGBTQ+ foi essencial, até mesmo pela possibilidade de levar ao conhecimento do Tribunal as diversas formas sob os quais a discriminação é materializada no cotidiano, bem como possíveis soluções.

Entendemos, portanto, que como regra geral, se um grupo de indivíduos será atingido pela deliberação, será tanto mais democrática essa deliberação quanto forem as oportunidades de manifestação e exposição dos interessados.

Talvez no bojo do julgamento conjunto acerca da criminalização da transfobia pudessem ter sido fornecidos subsídios metajurídicos, tais como de psicologia social, que auxiliassem na compreensão acerca dos estímulos de tais comportamentos discriminatórios e potenciais formas de repreensão/prevenção. Por certo, tais elementos seriam de grande valia em eventual deliberação congressual a respeito do tema.

No ordenamento atual dispomos de uma série de mecanismos que, se corretamente equacionados, podem proporcionar um diálogo frutífero entre Poderes para a solução de omissões inconstitucionais. A colmatação de tais omissões é um verdadeiro dever do Estado, não atribuível a este ou aquele Poder em específico, no qual, contudo, a sociedade pode e deve colaborar.

Por essa razão é que, por razões didáticas, denominamos diálogo direto aquele ocorrido entre os Poderes ou órgãos de Estado e indireto aquele havido entre Estado e sociedade. É importante que Legislativo, Executivo e Judiciário estejam cientes das dificuldades recíprocas envolvidas na seara de cada Poder.

No âmbito das ações diretas de inconstitucionalidade (por ação ou omissão), a própria manifestação do Advogado-Geral da União (LADIn 8º) é propícia à exposição das dificuldades enfrentadas pelo Executivo, ou mediante participação deste ou do Legislativo durante o período de informações (LADIn 6º), como reforçaremos abaixo.

Há na LADIn 7º § 2º um importantíssimo instrumento de diálogo. É nesse dispositivo onde se admite a intervenção do chamado *amicus curiae*, que é um terceiro interessado na tese em discussão.

O *amicus curiae* pode não só fornecer dados meta jurídicos (além do conhecimento juridico), como também auxiliar o Judiciário na análise das consequências possíveis de uma decisão num ou noutro sentido.[40] Afinal, o *amicus curiae* deve representar certa organização ou entidade, e é natural que consiga melhor vislumbrar os efeitos possíveis da decisão no seio desse grupo.

Assim, ao mesmo tempo em que entendemos ser um dever do legislativo manter-se atento à jurisprudência do STF e corrigir suas inércias em tempo hábil, é igualmente dever do Judiciário procurar entender o tempo e a lógica da política, ciente de que ele não é plenamente redutível ao código jurídico. É a partir dessas lentes que a LMI 8º prevê o estabelecimento de "prazo razoável" para que a autoridade responsável edite o ato faltante, por exemplo.

Como contrapartida, o legislador deve ficar atento às injunções já concedidas para regulamentar a omissão em tempo hábil e evitar que toda a normação da matéria questionada fique à cargo do Tribunal, o que imporia um ônus político indevido, além de sempre cogitar regimes de transição com relação à solução adotada pelo Supremo Tribunal Federal.

Além disso, vejamos o que ocorreu na ADIn 6298 MC/DF, no bojo do qual foram suspensas uma série de modificações trazidas pelo chamado "pacote anticrime" (Lei 13.964/19). Por mais criticável que a decisão seja, devemos destacar o entendimento de que a *vacatio legis* de trinta dias seria irrazoável para a implementação das modificações estruturais e organizacionais necessárias à implementação de figuras como a do juiz de garantias.

Aqui, o Judiciário mostrou compreender o tempo da política e do Executivo, soube ponderar que as consequências de uma *vacatio* tão pequena seriam as de um colapso orçamentário e caos geral na prestação jurisdicional penal.

Nas ações diretas por omissão e mandados de injunção, é importante não só que o legislador se mantenha atento à jurisprudência do STF como também que participe ativamente das discussões, utilize o material coletado para suas próprias deliberações e tenha posturas até mesmo mais ativas.[41]

[40] Abboud, Georges. *Processo Constitucional Brasileiro*, cit., n. 3.14.2, p. 654 e ss.

[41] Conforme sugestão de Abboud: "Entendemos, no entanto, que é possível com o regramento atual permitir uma maior participação do Congresso Nacional. Verificada uma omissão

Esse é um ótimo exemplo daquilo que se pode chamar de diálogo direto entre os Poderes. Podemos citar ainda a CF 52 X que confere ao Senado Federal o poder de "suspender a execução, no todo ou em parte, de lei declarada inconstitucional por decisão definitiva do Supremo Tribunal Federal". Trata-se de inclusão do Legislativo no seio do controle concreto de constitucionalidade, e uma oportunidade de este avaliar as posições do STF e eventualmente dialogar com elas.

Aliás, a própria Lei de Abuso de Autoridade (L 13869/19) representou uma positivação de diversas decisões proferidas pelo Supremo Tribunal Federal no âmbito da operação Lava-Jato, o que demonstra a importância de o legislador manter-se atento ao quanto decidido pela mais alta Corte do país.

2.5. A inércia de agentes públicos: uma circunstância incômoda

Nesta análise das omissões inconstitucionais, gostaríamos de chamar a atenção para as decorrentes da inércia de agentes públicos. A elas, seguindo Georges Abboud, poderíamos dar o nome de *omissões inconstitucionais não normativas*.[42]

Elas representam, a nosso ver, um problema à parte, tão fascinante quanto às hipóteses tradicionais. Isso se deve, em grande medida, às tensões sofridas por nós, enquanto sociedade, durante os últimos anos, durante a Presidência de Jair Bolsonaro.

É preciso dizer com todas as letras: o agente político que deixa de agir quando a preservação da democracia e dos direitos democráticos exige ação imediata viola a Constituição Federal.

Como outros exemplos, pode-se pensar no Procurador-Geral da República que deixa de requerer a abertura de inquérito para que se apurem atos ou fatos antidemocráticos ou, ainda, no Presidente da Câmara dos Deputados que, mesmo à luz de indícios mais do que contundentes, deixa de trazer à votação a abertura de processo de *impeachmet* contra o Presidente da República.

inconstitucional, seria de todo desejável, que o Supremo Tribunal Federal, no prazo de informações prevista pela LADIn 6 e 12-E, determinasse a manifestação do Congresso Nacional para que informe sobre propostas em tramitação sobre o tema ou o interesse de qualquer Congressista em propô-la. " Abboud, Georges. *Processo Constitucional Brasileiro*, cit., n. 3.7.2, p. 617.

42 Abboud, Georges. *Processo Constitucional Brasileiro*, cit., p. 618.

Isso nos leva a indagar, junto de Georges Abboud, se (p)oderá ter a inércia diante da possibilidade de um Presidente da República acumular crimes de responsabilidade o mesmo tratamento, pelo STF, de uma emenda à Constituição que tramite em desacordo com as normas do regimento interno, casos em que o Tribunal tradicionalmente se manifesta pela impossibilidade dada a sua natureza *interna corporis*?[43]

Somando-se a essa perplexidade, veja-se como, em 14.4.2021, o Plenário do STF referendou a liminar concedida no MS 37760 que determinara a instalação de uma CPI para apurar as omissões do Governo Federal no enfrentamento da pandemia de Covid-19. Ao julgar a liminar, o Min. Relator deixou registrado que:

(a) instalação de uma CPI não se submete a um juízo discricionário do presidente ou do plenário da casa legislativa. Não pode o órgão diretivo ou a maioria parlamente se opor a tal requerimento por questões de conveniência e oportunidade políticas. Atendidas as exigências constitucionais, impõe-se a criação da Comissão Parlamentar de Inquérito.[44]

Vale também mencionar a decisão monocrática proferida na PET 9760, na qual se indeferiu um pedido do MP para não se desse prosseguimento à queixa-crime apresentada contra o Presidente da República pela (suposta) prática de crime de prevaricação na compra de vacinas. Depois do retorno dos autos à PGR, com a determinação expressa de que eles voltassem acompanhados de "nova manifestação nos limites de suas atribuições constitucionais"[45], a Procuradoria requereu, enfim, a abertura do inquérito, depois de ter sua resistência corrigida pelo Poder Judiciário, e sua inércia, compensada pela ação parlamentar.

Na ausência de um instrumento específico para lidar com situações como essa, nos parece que ser possível manejar ADPF, dado seu objeto residual, razoavelmente aberto para abarcar essas hipóteses.

Contudo, ao advogar por essa medida como caminho para o controle judicial das omissões inconstitucionais não normativas, não queremos abrir as portas da discricionariedade. É preciso cautela, fundamentação exaustiva e abertura constante à revisão. Seria o Plenário, é claro, o órgão competente para esse tipo de decisão.

[43] Ibidem.

[44] STF, decisão monocrática, MS 37760/DF MC, rel. Min. Luís Roberto Barroso, j. 8.4.2021, Dje 12.4.2021, p. 9-15 da decisão.

[45] STF, decisão monocrática, PET 9760, rel. Min. Rosa Weber, j. 1.7.2021.

3. Conclusões

A edição da Lei 13.300/16 não ocorreu no período de tempo transcorrido entre o julgamento do MI 107 – postura mais acanhada do Tribunal – e o julgamento que garantiu aos servidores públicos o direito à greve. Contudo, o STF por contra própria começou a dar os passos em direção a uma maior efetividade dos mecanismos de resolução das omissões inconstitucionais.

Isso para dizer que a *proposta de reforma* a que se refere o título do presente texto deve ser lida de forma ampla; não é só aquela ocorrida no plano do direito positivo, como também a que ocorre na prática das instituições. O normativo disponível em termos de processo constitucional obviamente pode ser aprimorado, mas muito já foi feito com o que está aí, e pode avançar ainda mais.

Quaisquer modificações na lei positiva ou na prática institucional no que diz respeito à colmatagem das omissões deve ter como norte o diálogo entre os Poderes e a mentalidade de que travam juntos uma empreitada em favor da concretização da Constituição Federal de 1988.

O STF não pode – nem deve – desconsiderar o tempo da política, tampouco invadir sua esfera. Sem prejuízo, não pode também assistir à inércia injustificada do legislador e, assim, virar as costas para seu dever de guardião da Constituição.

19
POR UMA SISTEMATIZAÇÃO NO TRATAMENTO DAS OMISSÕES INCONSTITUCIONAIS

FÁBIO LIMA QUINTAS

Introdução

Tivemos, ao longo da vigência da Constituição de 1988, um incremento exponencial no controle das omissões inconstitucionais. Num primeiro momento, o Supremo Tribunal Federal limitou os efeitos da declaração de inconstitucionalidade a um apelo ao legislador, à luz do disposto no art. 103, §2º, da Constituição, segundo o qual "*declarada a inconstitucionalidade por omissão de medida para tornar efetiva norma constitucional, será dada ciência ao Poder competente para a adoção das providências necessárias e, em se tratando de órgão administrativo, para fazê-lo em trinta dias*". Paulatinamente, no entanto, o Supremo Tribunal Federal avançou nas técnicas de decisão do controle das omissões inconstitucionais, chegando mesmo a colmatar a lacuna normativa ou fixar parâmetros que deveriam ser observados pelo Judiciário ou por outras instituições públicas para lidar com a omissão inconstitucional.

Identificamos esse avanço ao examinar a jurisprudência da Corte firmada em mandado de injunção e nas ações diretas de inconstitucionalidade por omissão. Mas o que chama mais a atenção é verificar que decisões sensíveis e paradigmáticas em controle de constitucionalidade das omissões legislativas foram tomadas pelo Supremo Tribunal Federal por meio de outros instrumentos de controle de constitucionalidade (arguição de descumprimento de preceito fundamental, ação direta de inconstitucionalidade[1], recurso extraordinário[2] e mesmo em sede de reclamação[3]).

Essas constatações podem justificar a conclusão de que há virtude de haver uma sistematização no âmbito legislativo acerca do regime jurídico do controle das omissões inconstitucionais. Essa é nossa hipótese de trabalho.

De fato, o tratamento orgânico no plano legislativo do regime jurídico do controle das omissões inconstitucionais teria, primeiramente, a virtude de ampliar a legitimidade do controle de constitucionalidade, dado que seria gestado no ambiente político e democrático do processo legislativo. Além disso, a sistematização (mesmo que seja exemplificativa) das hipóteses que justificam a atuação do Supremo Tribunal Federal nesse sensível campo do controle de constitucionalidade e dos efeitos das decisões que venham a ser proferidas pela Corte pode trazer uma régua que sirva de parâmetro para estabelecer um ponto de equilíbrio nas tensões entre o Supremo Tribunal Federal e o Poder Legislativo. Por fim, essa sistematização – ao reafirmar a atribuição do STF no controle das omissões legislativas inconstitucionais – pode contribuir para frear a atuação indevida de juízes e tribunais na esfera do controle de constitucionalidade.

1. Um histórico sobre o controle das omissões inconstitucionais no Brasil pelo Supremo Tribunal Federal[4]

Nas palavras de Elival da Silva Ramos, a inconstitucionalidade por omissão se configura pela: i) existência de uma norma constitucional de eficácia limitada, impositiva de um dever específico de legislar ou de editar ato administrativo-normativo; ii) falta de atuação dos Poderes incumbidos de colmatar o vazio normativo; e iii) ultrapassagem do prazo constitucionalmente estipulado para tanto ou demora desarrazoada na adoção das providências necessárias (2010b, p. 93).

[1] Confira-se, a propósito, o julgamento da ADI 5543 (Rel. Min. Edson Fachin, julgado em 11/5/2020, DJ 26/8/2020, que julgou inconstitucional resolução da ANVISA que impunha restrição de doação de sangue a homossexuais.

[2] Vide o julgamento do RE 565.089 (Rel. Min. Roberto Barroso, j. 25/9/2019, DJ 28/4/2020), sobre "inexistência de lei para revisão geral anual das remunerações dos servidores públicos".

[3] Confira-se, a propósito, o julgamento da Rcl 4374 (Rel. Min. Gilmar Mendes, Tribunal Pleno, julgado em 18/04/2013, DJ-e 4/9/2013), sobre o "benefício assistencial de prestação continuada ao idoso e ao deficiente (art. 203, inciso V, da CF).

[4] Para uma completa análise do assunto, remete-se o leitor para o livro de nossa autoria: Mandado de Injunção no Supremo Tribunal Federal, São Paulo, Saraiva, 2016, pp. 206-223.

Se o dever de legislar é inteiramente descumprido, configura-se omissão inconstitucional total; se for cumprido de forma insuficiente, configura-se a denominada omissão inconstitucional parcial. Se a omissão inconstitucional decorrer de um dever autônomo de legislar, tem-se omissão inconstitucional absoluta; se resultar de uma violação ao princípio da isonomia, tem-se uma omissão inconstitucional relativa (Ramos, 2010b, p. 95), também denominada *exclusão arbitrária de benefício* (Segado, 2008, p. 81-82).

No que se refere às modalidades de controle das omissões inconstitucionais, a Constituição de 1988, ainda segundo as lições de Elival da Silva Ramos, revelou-se sintonizada com o constitucionalismo contemporâneo, ao lidar do problema da omissão de medida normativa em afronta a específico dever constitucional de legislar, dando-lhe tratamento no âmbito da jurisdição constitucional sem comprometer o esquema geral de partilha de funções entre os Poderes, por meio de dois institutos específicos: a ação direta de inconstitucionalidade por omissão e o mandado de injunção (Ramos, 2010b, p. 304).

Na ação direta de inconstitucionalidade por omissão, como modalidade de controle abstrato, o foco da preocupação é o diálogo entre o Poder Legislativo e o Tribunal Constitucional, "*dado que está em causa a aparente 'criação' de normas com efeitos gerais*". No mandado de injunção, que se situa no âmbito do controle concreto, o cerne da questão está, em princípio, na delimitação de competências entre o Tribunal Constitucional e a jurisdição ordinária, dado que a questão "*desenrola-se no âmbito de um processo de integração de lacunas ou omissões relativas disputado por dois tipos de jurisdições*" (Morais, 2009, p. 35).

1.1. A ação direta de inconstitucionalidade por omissão

A ação direta de inconstitucionalidade por omissão é ação de controle concentrado, objetivo e abstrato, de competência do Supremo Tribunal Federal, quando exercida em razão de omissão decorrente de lei federal ou estadual em face da Constituição (art. 102, inciso I, alínea *a*, da CF/88) e que pode ser proposta pelos legitimados previstos no art. 103 da Constituição, em vista da índole objetiva do processo.

Nos termos do § 2º do art. 103 da Constituição, para as situações de omissão legislativa, "*declarada a inconstitucionalidade por omissão de medida para tornar efetiva norma constitucional, será dada ciência ao Poder competente para a adoção das providências necessárias*".

Disciplinando o procedimento da ação, a Lei n. 9.868, de 1999, na redação que lhe deu a Lei n. 12.063, de 2009, indica o cabimento da ação por omissão total ou parcial, presente essa última quando se identifica a existência de norma que confere tratamento insuficiente para cumprir a imposição constitucional.

A lei prevê a possibilidade de concessão de medida liminar, em casos excepcionais de urgência e relevância da matéria (por decisão da maioria absoluta do Plenário, com quórum de deliberação de, pelo menos, 8 Ministros, nos termos do art. 22), a qual poderá "*consistir na suspensão da aplicação da lei ou do ato normativo questionado, no caso de omissão parcial, bem como na suspensão de processos judiciais ou de procedimentos administrativos, ou ainda em outra providência a ser fixada pelo Tribunal*" (art. 12-F, *caput* e § 1º, da Lei n. 9.868, de 1999). Ao assim estabelecer, a legislação buscou superar a jurisprudência do Supremo Tribunal Federal, que não reconhecia a possibilidade de concessão de medida de urgência nessa sede.

A faculdade concedida pela legislação para a concessão de medida de urgência foi utilizada pelo Min. Dias Toffoli na decisão monocrática que proferiu na ADO24 MC, para o fim de, em sede de tutela provisória, porém satisfativa, "*reconhecer o estado de mora do Congresso Nacional, a fim de que os requeridos, no prazo de 120 (cento e vinte) dias, adotem as providências legislativas necessárias ao cumprimento do dever constitucional imposto pelo art. 27 da Emenda Constitucional nº 19, de 4 de junho de 1998*" (promulgação da lei de defesa do usuário de serviços públicos)[5].

No que se refere ao provimento final, a Lei n. 9.868, de 1999 (com a redação conferida pela Lei n. 12.063, de 2009) prevê que se aplicarão ao julgamento de procedência da ação direta de inconstitucionalidade por omissão as disposições cabíveis do regime de decisões da ação direta de inconstitucionalidade e da ação declaratória de constitucionalidade (que dispõe, entre outras medidas, sobre a possibilidade de modulação dos efeitos da declaração de inconstitucionalidade).

Na jurisprudência do Supremo Tribunal Federal, há uma tendência de limitar os efeitos da declaração de inconstitucionalidade por omissão ao

[5] Com a edição da Lei nº 13.460/2017, entendeu o Min. Dias Toffoli que "o Congresso Nacional atendeu ao dever de legislar imposto pelo art. 27 da Emenda Constitucional nº 19/1998, não remanescendo omissão inconstitucional a ser sanada, na presente ação. Sendo assim, forçoso reconhecer a perda de objeto da presente ação direta de inconstitucionalidade por omissão" (DJ 1/2/2018).

apelo ao legislador, na linha do comando constitucional previsto no § 2º do art. 103. Mas há precedente em sentido diverso. De fato, o Supremo Tribunal Federal já ensaiou a possibilidade de ir além do mero reconhecimento da mora do Congresso Nacional no âmbito da ação direta de inconstitucionalidade por omissão, quando fixou, por exemplo, prazo de 18 meses para que o Congresso Nacional editasse lei complementar para tratar de criação, desmembramento, fusão e incorporação de municípios (como determinado pelo art. 18, § 4º, da CF, com a redação que lhe deu a EC n. 15, de 1996). Eis, como se vê da ementa do acórdão lavrado nos autos da ADI por omissão n. 3.682, o resultado do julgamento:

> AÇÃO DIRETA DE INCONSTITUCIONALIDADE POR OMISSÃO. INATIVIDADE DO LEGISLADOR QUANTO AO DEVER DE ELABORAR A LEI COMPLEMENTAR A QUE SE REFERE O § 4º DO ART. 18 DA CONSTITUIÇÃO FEDERAL, NA REDAÇÃO DADA PELA EMENDA CONSTITUCIONAL N. 15/1996. AÇÃO JULGADA PROCEDENTE.
>
> 1. A Emenda Constitucional n. 15, que alterou a redação do § 4º do art. 18 da Constituição, foi publicada no dia 13 de setembro de 1996. Passados mais de 10 (dez) anos, não foi editada a lei complementar federal definidora do período dentro do qual poderão tramitar os procedimentos tendentes à criação, incorporação, desmembramento e fusão de municípios. Existência de notório lapso temporal a demonstrar a inatividade do legislador em relação ao cumprimento de inequívoco dever constitucional de legislar, decorrente do comando do art. 18, § 4º, da Constituição.
>
> 2. Apesar de existirem no Congresso Nacional diversos projetos de lei apresentados visando à regulamentação do art. 18, § 4º, da Constituição, é possível constatar a omissão inconstitucional quanto à efetiva deliberação e aprovação da lei complementar em referência. As peculiaridades da atividade parlamentar que afetam, inexoravelmente, o processo legislativo, não justificam uma conduta manifestamente negligente ou desidiosa das Casas Legislativas, conduta esta que pode pôr em risco a própria ordem constitucional. A *inertia deliberandi* das Casas Legislativas pode ser objeto da ação direta de inconstitucionalidade por omissão.
>
> 3. A omissão legislativa em relação à regulamentação do art. 18, § 4º, da Constituição, acabou dando ensejo à conformação e à consolidação de estados de inconstitucionalidade que não podem ser ignorados pelo legislador na elaboração da lei complementar federal.

4. Ação julgada procedente para declarar o estado de mora em que se encontra o Congresso Nacional, a fim de que, em prazo razoável de 18 (dezoito) meses, adote ele todas as providências legislativas necessárias ao cumprimento do dever constitucional imposto pelo art. 18, § 4º, da Constituição, devendo ser contempladas as situações imperfeitas decorrentes do estado de inconstitucionalidade gerado pela omissão. Não se trata de impor um prazo para a atuação legislativa do Congresso Nacional, mas apenas da fixação de um parâmetro temporal razoável, tendo em vista o prazo de 24 meses determinado pelo Tribunal nas ADI 2.240, 3.316, 3.489 e 3.689 para que as leis estaduais que criam municípios ou alteram seus limites territoriais continuem vigendo, até que a lei complementar federal seja promulgada contemplando as realidades desses municípios (STF, ADI 3682, 2007).

A preocupação manifestada pelo Relator, Min. Gilmar Mendes, no voto condutor desse julgado, ao fixar prazo de 18 meses para a edição da Lei Complementar, era instar o Congresso Nacional a deliberar sobre as situações de fato já consolidadas, mas francamente inconstitucionais.

O Congresso Nacional não chegou a editar a Lei Complementar, mas, demonstrando certa sensibilidade com as decisões proferidas pelo Supremo Tribunal Federal acerca da matéria, ofereceu-lhe uma resposta, ao promulgar a Emenda Constitucional n. 57, de 18 de dezembro de 2008 (um mês depois de escoado o prazo de 18 meses assinalado pelo Supremo Tribunal Federal) para convalidar "*os atos de criação, fusão, incorporação e desmembramento de Municípios, cuja lei tenha sido publicada até 31 de dezembro de 2006, atendidos os requisitos estabelecidos na legislação do respectivo Estado à época de sua criação*" (nova redação do art. 96 do ADCT).

Outras perspectivas de desenvolvimento surgiram para a ação direta de inconstitucionalidade por omissão (ADO).

No campo da omissão legislativa parcial, o Supremo Tribunal Federal concluiu, em 2010, o julgamento de ações diretas de inconstitucionalidade nas quais era impugnada a omissão do Congresso Nacional em editar nova lei que dispusesse sobre os critérios de repartição das receitas recolhidas pela União e destinadas ao Fundo de Participação dos Estados, cuja lei disciplinadora, de 1992, não mais espelharia os parâmetros constitucionalmente adequados (voltados à manutenção do equilíbrio socioeconômico entre os Estados).

A questão em julgamento, como se vê, dizia respeito à omissão parcial, em vista da insuficiência do acervo normativo existente. Em sua decisão, o Tribunal, para além de reconhecer a inconstitucionalidade por omissão parcial, fixou prazo para o Congresso Nacional legislar (31 de dezembro de 2012), depois do que a norma perderá sua validade, como bem se percebe da leitura da ementa:

> Ações Diretas de Inconstitucionalidade (ADI n. 875/DF, ADI n. 1.987/DF, ADI n. 2.727/DF e ADI n. 3.243/DF). Fungibilidade entre as ações diretas de inconstitucionalidade por ação e por omissão. Fundo de Participação dos Estados – FPE (art. 161, inciso II, da Constituição). Lei Complementar n. 62/1989. Omissão inconstitucional de caráter parcial. Descumprimento do mandamento constitucional constante do art. 161, II, da Constituição, segundo o qual lei complementar deve estabelecer os critérios de rateio do Fundo de Participação dos Estados, com a finalidade de promover o equilíbrio socioeconômico entre os entes federativos. Ações julgadas procedentes para declarar a inconstitucionalidade, sem a pronúncia da nulidade, do art. 2º, incisos I e II, §§ 1º, 2º e 3º, e do Anexo Único, da Lei Complementar n. 62/1989, assegurada a sua aplicação até 31 de dezembro de 2012 (STF, ADI 875, 2010).

Partindo do pressuposto de que a suspensão (ou declaração de nulidade) da norma que padece do vício da inconstitucionalidade por omissão parcial agravaria a situação de inconstitucionalidade, o Min. Gilmar Mendes, em seu voto, conclui que a superação da situação inconstitucional pode demandar que a decisão contemple duas etapas que se sucedem no tempo: uma primeira com o reconhecimento da inconstitucionalidade (sem a pronúncia de nulidade) e a segunda, com a aplicação da sanção de nulidade (STF, ADI 875, fls. 270-277). E assim foi decidido, de modo que, em 31 de dezembro de 2012, a Lei Complementar n. 62/1989 perderia, em princípio, sua validade. Ocorre que, em 24 de janeiro de 2013, o Min. Ricardo Lewandowski, relator da ADO 23, concedeu liminar para protrair a validade da legislação por mais 150 dias em caráter emergencial. Em 18 de julho de 2013, foi publicada a Lei Complementar nº 143, que dispõe sobre os critérios de rateio do FPE, suprindo-se, enfim, a omissão inconstitucional declarada pelo Supremo Tribunal Federal.

Em 2013, o controle das omissões legislativas teve mais um importante e polêmico capítulo. Com efeito, em julgamento iniciado em fevereiro de 2013 e encerrado em junho, o Plenário do STF julgou o Mandado de Injunção 4.733 (Rel. Min. Edson Fachin) e a Ação Direta de Inconstitucionalidade por Omissão 26 (Rel. Min. Celso de Mello), nos quais se pretendia obter provimento que conduza à "*criminalização específica de todas as formas de homofobia e transfobia, especialmente (mas não exclusivamente) das ofensas (individuais e coletivas), dos homicídios, das agressões e discriminações motivadas pela orientação sexual e/ou identidade de gênero, real ou suposta, da vítima*". Nesse julgamento, por ampla maioria (8 a 3), a Corte deliberou que as condutas preconceituosas relacionadas à orientação sexual devem ser enquadradas na lei de racismo, até que sobrevenha lei aprovada pelo Congresso Nacional criminalizando a homofobia e a transfobia. Entendeu o Supremo Tribunal Federal que haveria omissão inconstitucional do Congresso Nacional em legislar sobre o assunto, em face do disposto no artigo 5º, incisos XLI e XLII, da Constituição, segundo os quais "*a lei punirá qualquer discriminação atentatória dos direitos e liberdades fundamentais*" e "*a prática do racismo constitui crime inafiançável e imprescritível, sujeito à pena de reclusão, nos termos da lei*". O entendimento subjacente a esses julgamentos é de que há (i) um mandamento constitucional de legislar criminalmente que obriga o legislador a criminalizar a homofobia e a transfobia, e (ii) mora legislativa no cumprimento desse dever.

Em 2016, o Supremo Tribunal Federal enfrentou, nos autos da ADO 25 (Rel. Min. Gilmar Mendes), outra questão sensível ao federalismo para tratar da partilha de recursos financeiros entre os entes federados, na forma prevista no art. 91 do ADCT, que exigia a edição de lei complementar para instituir medidas compensatórias em vista da desoneração das exportações estabelecida pela Lei Kandir. Na linha da jurisprudência tradicional da Corte, deliberou-se por fixar prazo de 12 meses para que seja sanada a omissão. Indo além, buscando criar incentivos para superar a inércia do poder público na deliberação acerca do assunto, estabeleceu o Tribunal que, "*após esse prazo, caberá ao Tribunal de Contas da União, enquanto não for editada a lei complementar: a) fixar o valor do montante total a ser transferido anualmente aos Estados-membros e ao Distrito Federal, considerando os critérios dispostos no art. 91 do ADCT; b) calcular o valor das quotas a que cada um deles fará jus, considerando os entendimentos entre os Estados-membros e o Distrito Federal realizados no âmbito do Conselho Nacional de Política Fazendária – CONFAZ*". Em fevereiro de 2019, o STF prorrogou o prazo estabelecido por mais 12 meses. Passo seguinte, houve a constituição de comissão especial com a participação da União e dos Estados para a busca de uma solução consensual, com a realização de várias audiências de conciliação no âmbito do STF. Em maio de 2020, foi celebrada transação entre as partes (no qual se deliberou, entre outros pontos, pelo encaminhamento de anteprojeto de lei complementar ao Congresso Nacional) e homologado pelo STF (ADO25 QO, Rel. Min. Gilmar Mendes, j. 20/5/2020, DJ 12/11/2020). O acordo, após homologação, foi encaminhado ao Congresso Nacional, que deliberou sobre os termos do anteprojeto de lei complementar, do que resultou o advento da Lei nº 14.114/2020.

No plano das omissões relativas, o Plenário do Supremo Tribunal Federal, em 2020, julgando a ADO nº 30 (Rel. Min. Dias Toffoli) considerou a existência de omissão do poder público, ao deixar de incluir as pessoas com deficiência auditiva no rol de beneficiários da isenção do IPI prevista na Lei nº 8.989, de 1995. Suprindo essa omissão inconstitucional relativa, deliberou-se pela aplicação do art. 1º, inciso IV, da Lei 8.989, de 24 de fevereiro de 1995, com a redação dada pela Lei nº 10.690/03, às pessoas com deficiência auditiva, enquanto perdurar a omissão legislativa.

1.2. O mandado de injunção

Além da ação direta de inconstitucionalidade, a Constituição de 1988 institui o mandado de injunção, destinado a suprir omissão inconstitucional "sempre que a falta de norma regulamentadora torne inviável o exercício dos direitos e liberdades constitucionais e das prerrogativas inerentes à nacionalidade, à soberania e à cidadania" (art. 5º, inciso LXXI, da CF).

Trata-se de uma modalidade de controle subjetivo e concreto que se encarta entre os remédios constitucionais concedidos aos cidadãos para a proteção contra certos abusos do poder público, decorrentes, no caso, de suas omissões.

Nos termos do art. 102, inciso I, alínea *q*, o mandado de injunção deve ser julgado pelo Supremo Tribunal Federal, "quando a elaboração da norma regulamentadora for atribuição do Presidente da República, do Congresso Nacional, da Câmara dos Deputados, do Senado Federal, das Mesas de uma dessas Casas Legislativas, do Tribunal de Contas da União, de um dos Tribunais Superiores, ou do próprio Supremo Tribunal Federal".

No plano infraconstitucional, passados mais de 25 anos da promulgação da Constituição, foi editada a lei regulamentadora do mandado de injunção (Lei 13.300, de 23 de junho de 2016). Antes dessa lei, a única referência legislativa para disciplinar o instituto estava no art. 24, parágrafo único, da Lei n. 8.038, de 1990, que determinava, no que coubesse, a aplicação do rito do mandado de segurança ao mandado de injunção. Em face da ausência de referências legislativas, todo o desenvolvimento do instituto decorreu basicamente de construção pretoriana (destacando-se, por óbvio, as diretrizes traçadas pelo Supremo Tribunal Federal).

O primeiro passo significativo na implementação e no desenvolvimento do instituto do mandado de injunção foi dado no julgamento do MI-QO 107, no ano de 1989, quando o Supremo Tribunal Federal entendeu que esse writ constitucional era dotado de autoaplicabilidade.

Conforme assinalado em outra oportunidade (Quintas, 2010b, p. 27), o Supremo Tribunal Federal, nesse julgamento histórico, ao tempo em que reconheceu a autoaplicabilidade do mandado de injunção (submetendo--lhe ao rito do mandado de segurança), cuidou de enfatizar a natureza e a dimensão de eficácia do provimento em sede de mandado de injunção, assentando que essa espécie de ação "visa a obter do Poder Judiciário a declaração de inconstitucionalidade dessa omissão se estiver caracterizada a mora em regulamentar por parte do poder, órgão, entidade ou autoridade de que ela dependa, com a finalidade de que se lhe dê ciência dessa declaração, para que adote as providências necessárias" (STF, MI-QO 170, 1990).

Esse julgamento (que sofreu e ainda sofre forte crítica da comunidade jurídica) constituiu a base para o desenvolvimento superveniente do instituto. Em inúmeros e repetidos julgados, a partir de então, o Tribunal veio a afirmar que:

> O mandado de injunção nem autoriza o Judiciário a suprir a omissão legislativa ou regulamentar, editando o ato normativo omitido, nem, menos ainda, lhe permite ordenar, de imediato, ato concreto de satisfação do direito reclamado: mas, no pedido, posto que de atendimento impossível, para que o Tribunal o faça, se contém o pedido de atendimento possível para a declaração de inconstitucionalidade da omissão normativa, com ciência ao órgão competente para que a supra (STF, MI 168, 1990).

Apesar de frustrar as expectativas da quase totalidade da comunidade jurídica, essa visão (por assim dizer) tímida e restritiva do mandado de injunção expressava (e continua expressando) um esperado voto de confiança do Supremo Tribunal às instituições incumbidas de produzir a norma.

Cuida-se de um padrão de decisão que privilegia a prudência, em face de risco de crises institucionais, e a crença na capacidade de os canais ordinários de representação política responderem às demandas constitucionais (o que, se mostrava plenamente justificável, quando se pensa que, naquele momento, estava-se ainda sob os influxos do pós-Constituinte) (QUINTAS, 2010a, p. 35-36).

À luz desses primeiros passos, pode-se afirmar, em apertada síntese, que o mandado de injunção foi concebido originalmente como uma espécie de ação constitucional, regida pelo rito do mandado de segurança (enquanto não editada a sua regulamentação[6]), tendo como autoridade coatora aquela que teria a competência para suprir o vazio normativo, com efeito ordinário de, uma vez constatada pelo Tribunal a omissão legislativa, notificar o Poder Público para supri-la (segundo o padrão definido para a ação direta de inconstitucionalidade por omissão). Foi essa a conformação inicial dada ao instituto na primeira fase de seu desenvolvimento, iniciada no julgamento da Questão de Ordem no MI 107 (Rel. Min. Moreira Alves).

Com esse entendimento inicial, fácil constatar, o Supremo Tribunal Federal praticamente equiparou os efeitos do mandado de injunção aos da ação direta de inconstitucionalidade por omissão (RAMOS, 2010b, p. 318), com a peculiaridade de o mandado de injunção ser modalidade de controle concreto, por iniciativa daquele prejudicado pela ausência de norma ou de ato do Poder Público, a que se atribuiu eficácia *inter partes* (pela associação que o STF fez entre controle concreto, subjetivo e eficácia *inter partes*, em contraposição ao controle concentrado, objetivo, com eficácia *erga omnes*).

Do ponto de vista processual, a questão da legitimidade para impetração e da amplitude dos efeitos da sentença em mandado de injunção teve uma importante definição do Supremo Tribunal Federal, valorizadora do instituto, ao admitir o ajuizamento do *writ* em sua forma coletiva. De fato, nos julgamentos do MI 342 (STF, 1994), do MI 20 (STF, 1996) e do MI 73 (STF 94), restou assentado que seria aplicável ao mandado de injunção, por analogia, o disposto no art. 5º, inciso LXX, que dispõe sobre o mandado de segurança coletivo. Essa, certamente, foi a inspiração para a regulamentação dada pela Lei nº 13.300, de 2016, ao mandado de injunção coletivo, tanto no que se refere ao rol de legitimados para propositura da ação, quanto no que guarda pertinência com os efeitos do provimento no âmbito da ação coletiva (arts. 12 e 13).

A orientação geral a respeito dos efeitos meramente declaratórios da sentença que reconhece a omissão inconstitucional sofreu sua primeira

[6] Nesse sentido, vale lembrar, o art. 24, parágrafo único, da Lei n. 8.038, de 1990.

modificação no julgamento dos MI 283 (STF, 1991) e MI 284 (STF, 1992), pelo Supremo Tribunal Federal, em março de 1991.

Tratava-se de mandados de injunção que visavam à regulamentação do direito previsto no art. 8º, § 3º, do ADCT, que previa reparação pecuniária àqueles que foram perseguidos por meio de certas Portarias do Ministério da Aeronáutica, em 1964. Tendo em vista a renitência do Congresso Nacional em não editar a norma no prazo constitucionalmente assinalado de doze meses a partir da promulgação da Carta, o Supremo Tribunal Federal admitiu que, após a declaração da lacuna normativa e não havendo purgação da mora, caberia indenização por perdas e danos, a ser apurada em ação própria, em que se veicularia pedido condenatório em face da União (Quintas, 2010a, p. 37).

Conforme entendimento já externado em outra oportunidade (Quintas, 2010a, p. 37), não é possível retirar desse caso a conclusão de que o Supremo alterou a natureza do provimento do mandado de injunção de mandamental para condenatória. Em verdade, o deferimento da reparação pecuniária, a ser apurada posteriormente em ação própria, é consequência do descumprimento da ordem judicial. No caso, portanto, reforçou-se, no limite do possível na visão da Corte de então (que afastava a viabilidade de compelir o Poder Legislativo a emitir a norma) a natureza mandamental do *writ*, dado que a eficácia da ordem foi potencializada, com a conversão da obrigação de fazer infungível em perdas e danos.

Outro momento relevante para o instituto, na sua gradual evolução jurisprudencial, ocorreu ainda no ano de 1991, no julgamento do MI 232 (STF, 1992), quando se discutia o alcance do § 7º do art. 195 (que trata de isenção das contribuições previdenciárias para entidades beneficentes de assistência social). Nesse caso, o STF entendeu que, se não houvesse regulamentação da aludida isenção, a norma seria considerada, a partir de então, com eficácia contida. Note-se que, aqui, houve tutela judicial que garantiu o melhor resultado prático que adviria do cumprimento da ordem (e não conversão da obrigação de fazer em perdas e danos). Por outro turno, essa tutela foi consequência de mera técnica interpretativa do § 7º do art. 195 da Constituição: o Supremo Tribunal Federal transformou uma norma constitucional de eficácia limitada em norma constitucional de eficácia contida (Quintas, 2010a, p. 37-38).

Até esse momento, é importante fixar, o Supremo Tribunal Federal negava-se a estabelecer, de forma ostensiva, uma regulamentação geral e abstrata que concretizaria a norma constitucional carente de ação legislativa (STF, MI 447, 1994). No limite, nos julgamentos do MI 543 (STF, 2002) e do MI 562 (STF, 2003), o Tribunal concedeu ao impetrante a faculdade de ajuizar ação de reparação de danos resultantes da falta de regulamentação do direito constitucional assegurado, "dando-se como certos os fatos constitutivos do direito, limitada, portanto, a atividade judicial à fixação do *quantum* devido" (STF, MI 562, 2003).

Essa situação modificou-se em 2007 (que representa um novo marco para o instituto), quando o Supremo Tribunal Federal deu o passo mais significativo na valorização do instituto. Nesse ano, a Corte enfrentou, em sede de mandado de injunção, com outro viés, a problemática (i) da aposentadoria especial do servidor público submetido a condições de insalubridade e periculosidade e (ii) do exercício do direito de greve do servidor público.

Nos autos dos MIs 721 (STF, 2007) e 758 (STF, 2008), o Supremo Tribunal Federal reconheceu que, ante a omissão do Congresso Nacional em editar a lei complementar requerida pelo § 4º do art. 40 da Constituição, para regulamentar o direito de aposentadoria especial do servidor público submetido a condições de insalubridade e periculosidade, impunha-se que fosse adotado para os impetrantes o regime próprio aos trabalhadores submetidos ao Regime Geral de Previdência Social, estabelecido no artigo 57, § 1º, da Lei n. 8.213, de 1991.

Nos julgamentos dos MIs 670, 708 e 712 (STF, 2008), que buscavam a regulamentação do direito de greve do servidor público civil, previsto no art. 37, inciso VII, da Constituição Federal, o Supremo também caminhou para garantir resultado prático equivalente à tutela específica da obrigação de fazer, ao determinar a aplicação da lei geral de greve dos trabalhadores vinculados ao regime celetista (Lei n. 7.783, de 1989) para suprir o vácuo normativo, diante da prolongada mora legislativa. Vale destacar que o Supremo Tribunal Federal estabeleceu eficácia *erga omnes* a esse julgado, cujos efeitos devem se projetar por tempo indefinido, até que sobrevenha a legislação específica exigida pela Constituição sobre a matéria.

Em ambos os casos, o Supremo está a suprir o vácuo normativo, interferindo diretamente na vida institucional de outros entes federados que não podem ser responsabilizados diretamente pela omissão do Congresso Nacional. De qualquer modo, a repercussão não sai do âmbito estatal.

Nessa longa caminhada, há de mencionar-se o julgamento ocorrido em junho de 2011, no qual se discutia o direito de o trabalhador ver regulamentado o aviso prévio proporcional ao tempo de serviço (art. 7º, inciso XXI, da CF). O Supremo Tribunal Federal, por considerar injustificada a demora na regulamentação do aviso prévio, cogitou ele próprio fixar regras para que o aviso prévio seja proporcional ao tempo de serviço prestado por um trabalhador (MI 943, MI1.010, MI1.074 e MI1.090). Antes de concluído o julgamento, no entanto, o Congresso Nacional apressou-se a editar a Lei n. 12.506, de 11 de outubro de 2011. Em vista disso, o STF acabou por reconhecer aos impetrantes o direito de ver seu aviso prévio regido pelas regras da novel legislação.

Com o advento da Lei nº 13.300, de 2016, os contornos dados ao mandado de injunção pelas mãos do Supremo Tribunal Federal foram amplamente legitimados pelo Poder Legislativo, estabelecendo-se regramento que, em certa medida, até mesmo amplia os poderes do Supremo Tribunal Federal no tratamento das omissões legislativas inconstitucionais.

No que se refere ao cabimento, a Lei 13.300, de 2016, indo além do que admitia o Supremo Tribunal Federal, permite a impetração do mandado de injunção não apenas para impugnar omissões inconstitucionais totais, mas também para lidar com as omissões parciais e relativas, "quando forem insuficientes as normas editadas pelo órgão legislador competente" (art. 2º, caput e parágrafo único).

Quanto ao procedimento, mimetiza-se o rito do mandado de segurança, em linha com o que já era praticado: (i) o autor do mandado de injunção é denominado impetrante (art. 3º), (ii) o polo passivo deve ser ocupado pela pessoa jurídica ao qual estão vinculados o órgão ou autoridade responsáveis pela edição do ato normativo (art.4º), (iii) os quais ocupam a posição de impetrados (art. 5º) e devem prestar informações ao Tribunal (fazendo as vezes de autoridade coatora, no modelo do mandado de segurança), (iv) há intervenção obrigatória do Ministério Público (art. 7º).

No que concerne à natureza do provimento judicial em mandado de injunção e aos requisitos para sua concessão, a nova Lei tem o mérito de oferecer alguma sistematização, conquanto o faça de forma minimalista: i) a concessão do writ demanda não apenas omissão inconstitucional, mas o reconhecimento de mora legislativa (art. 8º); ii) o provimento se volta, em princípio, para determinar que o impetrado promova a edição da norma regulamentadora, investindo o Tribunal do poder de estabelecer as condições necessárias para o exercício dos direitos cuja fruição foi obstada pela omissão legislativa inconstitucional, caso a mora não seja purgada (art. 8º).

Quanto à extensão dos efeitos do provimento judicial, a Lei estabelece que, em princípio, "a decisão terá eficácia subjetiva limitada às partes" e eficácia temporal "até o advento da norma regulamentadora" (art. 9º).

Os efeitos subjetivos poderão ser ampliados pelo Tribunal para alcançar toda a coletividade (eficácia ultra partes ou erga omnes), "quando isso for inerente ou indispensável ao exercício do direito, da liberdade ou da prerrogativa objeto da impetração" (§ 1º do art. 9º). Se o Tribunal não confere efeitos erga omnes a sua decisão, a Lei nº 13.300 admite que os Relatores decidam monocraticamente casos análogos (§ 2º do art. 9º).

No que se refere aos efeitos temporais, o advento da norma regulamentadora "produz efeitos ex nunc em relação aos beneficiados por decisão transitada em julgado", permitindo-se que a nova legislação tenha efeitos retroativos "se a norma editada lhes for mais favorável (art. 11).

Esses dispositivos mostram como o instituto da coisa julgada no mandado de injunção sofre os influxos da jurisdição constitucional e se distancia do processo subjetivo. Nesse aspecto, merece destaque a regra do art. 10, que estabelece a possibilidade de revisão, pelo próprio Supremo Tribunal Federal, de provimento que tenha sido dado em decisão já transitada em julgado, "quando sobrevierem relevantes modificações das circunstâncias de fato ou de direito" e respeitados os "efeitos já produzidos". Parece importante destacar que essa revisão demanda a provocação da parte interessada, por meio do ajuizamento de ação própria (que deverá seguir, no que couber, o rito do mandado de injunção, conforme art. 10, parágrafo único).

Retomando a jurisprudência do Supremo Tribunal Federal, após a edição da Lei nº 13.300, de 2016, há dois julgamentos relevantes que merecem destaque. O primeiro deles, ocorrido em 2019, diz respeito ao MI 4.733 (Rel. Min. Edson Fachin), que tratava da "*criminalização específica de todas as formas de homofobia e transfobia*", foi referido quando se mencionou no tópico antecedente, o julgamento ocorrido na ADO 26 (Rel. Min. Celso de Mello).

Esse julgamento é uma evidência de que o STF passou a aceitar que a mora no cumprimento da obrigação de editar a norma regulamentadora pelo Estado pode trazer como consequência jurídica uma obrigação a ser suportada diretamente pelo cidadão, criando um regime legal que obriga os particulares. De todo modo, parece correto assumir que a decisão proferida não subtrai permanentemente o poder normativo da autoridade coatora, que tem preservada a sua função de emitir o ato regulamentador.

O outro caso que merece ser referido é o julgamento do MI 7.300, ocorrido em abril de 2021, que tratava da omissão do Poder Público (Presidente da República) em fixar renda básica de cidadania (renda mínima garantida) tal como exigido pelo art. 2º da Lei nº 10.835/2004, a fim de cumprir o mandamento constitucional de combater a pobreza (arts. 3º, inciso III, 6º e 23 da Constituição). Reconhecendo a omissão inconstitucional do Poder Público (de forma unânime), o Plenário do STF acolheu a proposição do Min. Gilmar Mendes para, concedendo parcialmente a ordem injuncional, (i) "determinar ao Presidente da República que, nos termos do art. 8º, I, da Lei 13.300/2016, implemente, 'no exercício fiscal seguinte ao da conclusão do julgamento do mérito (2022)', a fixação do valor disposto no art. 2º da Lei 10.835/2004 para o estrato da população brasileira em situação de vulnerabilidade socioeconômica (extrema pobreza e pobreza – renda per capita inferior a R$ 89,00 e R$ 178,00, respectivamente – Decreto 5.209/2004), devendo adotar todas as medidas legais cabíveis, inclusive alterando o PPA, além de previsão na LDO e na LOA de 2022", e (ii) "realizar apelo aos Poderes Legislativo e Executivo para que adotem as medidas administrativas e/ou legislativas necessárias à atualização dos valores dos benefícios básico e variáveis do programa Bolsa Família (Lei 10.836/2004), isolada ou conjuntamente, e, ainda, para que aprimorem os programas sociais de transferência de renda atualmente em vigor, mormente a Lei 10.835/2004, unificando-os, se possível".

Nesse julgamento, o STF, a partir de mandado de injunção individual, impetrado por um cidadão (representado pela Defensoria Pública da União), proferiu decisão com efeitos abrangentes, impondo ao Poder Público determinação de suprimento da omissão inconstitucional em favor de toda a sociedade brasileira.

2. A caracterização da omissão legislativa inconstitucional

Esse me parece um dos pontos mais sensíveis no controle das omissões legislativas inconstitucionais que pode encontrar, na atuação do legislador, uma sinalização relevante sobre aquilo que o Congresso Nacional e o Presidente da República – no curso do processo legislativo – consideram como parâmetros razoáveis para a intervenção do Supremo Tribunal Federal.

Na generalidade dos casos, o Supremo Tribunal Federal tem entendido que, iniciado o processo legislativo, não se configura a omissão inconstitucional do legislador. No julgamento da ADI (por omissão) n. 3.682, entendeu, no entanto, que, em certas circunstâncias, a existência de projetos de lei em tramitação podem não ser suficientes para elidir a mora legislativa, quando se verifica uma inércia na deliberação que se estende por prazo indefinido (STF, ADI 3.682, 2007, p. 304).

Nessa linha, podem ser mencionadas ainda as seguintes manifestações da Corte:

> "O Supremo Tribunal Federal consolidou jurisprudência no sentido de que a mera existência de proposição legislativa não afastaria, por si só, a inércia inconstitucional (ADO 26, Rel. Min. Celso de Mello, Tribunal pleno, julgado em 13/06/2019; ADI 3.682/MT, Rel. Min. Gilmar Mendes, julgado em 9/5/2007). O exame da mora legislativa, no presente caso, depende de um juízo mais aprofundado que não pode ser realizado a contento com os elementos que dispomos nesta etapa processual." (ADO56, voto Fachin)
>
> "A inertia deliberandi pode configurar omissão passível de ser reputada inconstitucional no caso de os órgãos legislativos não deliberarem dentro de um prazo razoável sobre projeto de lei em tramitação. Precedente: ADI nº 3.682/DF." (ADO 30, Rel. Dias Toffoli, Tribunal Pleno, julgado em 24/8/2020, DJe 6/10/2020)

Considerando a maior ou menor gravidade da mora legislativa, é possível contemplar diferentes tipos de provimentos que o STF pode utilizar, quando reconhecer situação de inconstitucionalidade por omissão, desde o apelo ao legislador até a fixação de um regime jurídico provisório para a fruição do direito fundamental obstado pela inércia do Poder Público. Esse aspecto merece reflexão específica.

3. O suprimento da omissão legislativa e o fortalecimento da jurisdição constitucional do STF. O uso das formas brandas da jurisdição constitucional

Não se deve ver com naturalidade a emissão de sentenças aditivas por juízes e Tribunais, no exercício da jurisdição constitucional que lhes é ínsita (para estender, por exemplo, o benefício legal a uma categoria excluída, por ofensa ao princípio da isonomia), restrição essa que não se põe com a mesma intensidade para a jurisdição constitucional exercida pelo Supremo Tribunal Federal.

Já tivemos a oportunidade de registrar que essa conclusão converge para visão de Ricardo Guastini, que observa: "não se pode desconhecer que certos procedimentos interpretativos, ainda que sejam exclusivos da interpretação constitucional, são típicos da prática interpretativa dos tribunais constitucionais" (Guastini, 2010, p. 73, tradução livre).

Há de reconhecer-se que há uma reserve de jurisdição constitucional do Supremo Tribunal Federal para suprir omissões inconstitucionais.

Por outro lado, entendemos que o Supremo Tribunal Federal, no exercício desse mister, deve fazer uso, com parcimônia, de instrumentos brandos da jurisdição constitucional (*weak forms of judicial review*). A respeito do ponto, o Min. Gilmar Mendes trouxe observações pertinentes no voto que proferiu no MI 7300, que se transcreve (pp. 27/28):

> "A partir da experiência do direito italiano, o Tribunal tem, excepcionalmente, admitido sentenças de perfil aditivo, evitando postura meramente contemplativa em face de lesão concreta a direitos reconhecidos pelo texto constitucional. Nessa perspectiva, a atividade de integração do ordenamento jurídico, notadamente no julgamento de mandados de injunção, deve ser exercida com cautela, parcimônia e, sobretudo, deferência ao Poder Legislativo.
>
> Atuações mais incisivas do Tribunal, reservadas para os casos de manifesta inoperância do legislador, têm se limitado aos casos em que o Supremo Tribunal Federal identifica uma solução obrigatória na perspectiva constitucional ("a rime obbligate").
>
> Em outras palavras, atenta à excepcionalidade do instituto, a Corte absteve-se de proferir decisões aditivas sempre que vislumbrou um leque de alternativas constitucionalmente admissíveis para a solução de omissão legislativa, por reconhecer que a conformação de políticas públicas compete exclusivamente aos representantes democraticamente eleitos.
>
> No mais, nas raras hipóteses em que prolatou decisões manipulativas com efeitos aditivos, este Tribunal sinalizou preferência por soluções que incorporam parâmetros normativos preestabelecidos, ou seja, limitou-se a estender, por analogia, critérios definidos pelo legislador para situações similares.
>
> Vê-se, pois, que a Corte tem observado critérios rígidos no controle incidental de omissões estatais, de modo a limitar a discricionariedade dos juízes na prolação de sentenças aditivas.
>
> Empiricamente, tem-se observado na jurisprudência do Tribunal incansável busca pela preservação do equilíbrio existente entre o indeclinável dever de tutela dos direitos e liberdades constitucionais (CF, art. 5º, XXXV) e o princípio da divisão funcional dos poderes (CF, art. 2º), concorrendo para

maior contenção na atuação do Judiciário como legislador positivo e para distanciamento dos juízes da seara política."

No nosso entender, haveria virtude de o legislador oferecer sua visão sobre o tema, considerando o atual estágio do desenvolvimento da jurisdição constitucional no Brasil.

Conclusões

O que se pode afirmar, de todo esse desenvolvimento jurisprudencial e legal a respeito do tema, é que ele bem retrata o protagonismo que o Supremo Tribunal Federal assumiu na arquitetura constitucional brasileira, a partir do exercício da jurisdição constitucional, inclusive na situação limite das omissões legislativas reputadas como inconstitucionais.

Essa evolução também traz à consideração que o exercício da jurisdição constitucional, em situações de omissão legislativa inconstitucional, deve ser visto com prudência e parcimônia: a atuação do Supremo Tribunal Federal não demanda apenas a configuração de omissão legislativa, mas de verdadeira mora legislativa (ou seja, a conclusão de que a omissão legislativa é qualificada como demora injustificada). Além disso, para o suprimento da omissão, o Supremo pode valer-se de várias técnicas: desde o apelo ao legislador até o suprimento da omissão, por meio de regra que deverá ser observada por todo o Poder Judiciário.

Não obstante o amplo acervo jurisprudencial e as bases legais estabelecidas, pode haver virtude no esforço legislativo de buscar uma sistematização dos instrumentos jurídicos voltados ao suprimento das omissões legislativas inconstitucionais, como forma de balizar não só a atuação do Supremo Tribunal Federal, mas também dos demais órgãos do Poder Judiciário.

Referências

BRASIL. Supremo Tribunal Federal, Tribunal Pleno, ADI 5543, Rel. Min. Edson Fachin, julgado em 11/5/2020, DJ 26/8/2020.

BRASIL. Supremo *Tribunal* Federal, Decisão monocrática, ADO24 MC, Rel. Min. Dias Toffoli, DJ-e 1/8/2013.

BRASIL. Supremo Tribunal Federal, Tribunal Pleno, ADO 25, Rel. Min. Gilmar Mendes, julgado em 30/11/2016, DJ-e 18/8/2017.

BRASIL. Supremo Tribunal Federal, Tribunal Pleno, ADO 25-QO, Rel. Min. Gilmar Mendes, julgado em 20/5/2020, DJ 12/11/2020

BRASIL. Supremo Tribunal Federal, Tribunal Pleno, ADO 26, Rel. Min. Celso de Mello, julgado em 13/6/2019, 6/10/2020.

BRASIL. Supremo Tribunal Federal, Tribunal Pleno, ADO 30, Rel. Min. Dias Toffoli, Tribunal Pleno, julgado em 24/8/2020, DJe 6/10/2020

BRASIL. Supremo Tribunal Federal, Tribunal Pleno, MI 232, Rel. Min. Moreira Alves, j. 2-8-1991, *DJ* 27-3-1992.

________. Supremo Tribunal Federal, Tribunal Pleno, MI 283, Rel. Min. Sepúlveda Pertence, j. 20-3-1991, *DJ* 14-11-1991.

________. Supremo Tribunal Federal, Tribunal Pleno, MI 284, Rel. Min. Marco Aurélio, j. 22-11-1991, *DJ* 26-6-1992.

________. Supremo Tribunal Federal, Tribunal Pleno, MI 107 QO, Rel. Min. Moreira Alves, j. 23-11-1989, *DJ* 21-9-1990.

________. Supremo Tribunal Federal, Tribunal Pleno, MI 168, Rel. Min. Sepúlveda Pertence, j. 21-3-1990, *DJ* 20-4-1990.

________. Supremo Tribunal Federal, Tribunal Pleno, MI 670, Rel. p/ acórdão Min. Gilmar Mendes, j. 25-10-2007, *DJe* 30-10-2008.

________. Supremo Tribunal Federal, Tribunal Pleno, MI 708, Rel. Min. Gilmar Mendes, j. 25-10-2007, *DJe* 31-10-2008.

________. Supremo Tribunal Federal, Tribunal Pleno, MI 712, Rel. Min. Eros Grau, j. 25-10-2007, *DJ* 30-10-2008.

________. Supremo Tribunal Federal, Tribunal Pleno, MI 721, Rel. Min. Marco Aurélio, j. 30-8-2007, *DJ* 30-11-2007.

________. Supremo Tribunal Federal, Tribunal Pleno, MI 758, Rel. Min. Marco Aurélio, j. 1º-7-2008, *DJ* 26-9-2008.

________. Supremo Tribunal Federal, Tribunal Pleno, MI 4.733, Rel. Min. Edson Fachin, j. 13/6/2019, DJ 29/9/2020.

________. Supremo Tribunal Federal, Tribunal Pleno, MI 7.300, Rel. p/ acórdão Min. Gilmar Mendes, j. 16 a 26 de abril de 2021, DJ 23/8/2021.

________. Supremo Tribunal Federal, Tribunal Pleno, Rcl 4374, Rel. Min. Gilmar Mendes, julgado em 18/04/2013, DJ 4/9/2013.

________. Supremo Tribunal Federal, Tribunal Pleno, RE 565089, Rel. Min., Roberto Barroso, julgado em 25/9/2019, DJ 28/4/2020

GUASTINI, Riccardo. *Teoria e ideología de la interpretación constitucional*. 2. ed. Madrid: Trotta/UNAM, 2010.

MORAIS, Carlos Blanco de. As sentenças com efeitos aditivos. In: MORAIS, Carlos Blanco de (org). *As sentenças intermédias da justiça constitucional*: estudos luso-brasileiros de direito público. Lisboa: AAFDL, 2009.

QUINTAS, Fábio Lima. *Mandado de Injunção no Supremo Tribunal Federal*. São Paulo: Saraiva, 2016.

QUINTAS, Fábio Lima. *STF julga se há omissão inconstitucional na criminalização da homofobia*, CONJUR, 9 de fevereiro de 2019. Disponível em: https://www.conjur.com.br/2019-fev-09/observatorio-constitucional-stf-julga-congresso-omisso-criminalizacao-homofobia

RAMOS, Elival da Silva. *Ativismo judicial*: parâmetros dogmáticos. São Paulo: Saraiva, 2010.

________. *Controle de Constitucionalidade no Brasil*: perspectivas de evolução. São Paulo: Saraiva, 2010.

SEGADO, Francisco Fernández. El control de las omisiones legislativas por el Bundesverfassungsgericht. *Revista Iberoamericana de Derecho Procesal Constitucional*, n. 10, julio-diciembre 2008.

20
TUTELA CONSTITUCIONAL DE EVIDÊNCIA: NOTAS PARA UMA SISTEMATIZAÇÃO DA TÉCNICA ANTECIPATÓRIA NO PROCESSO CONSTITUCIONAL OBJETIVO

João Costa-Neto
João Pedro de Souza Mello

Introdução – o uso não cautelar das cautelares no controle concentrado de constitucionalidade

O processo objetivo também conhece o fenômeno da urgência. Em 30 de janeiro de 1961, o Ministro Victor Nunes Leal deferiu liminar em Representação de Inconstitucionalidade e suspendeu a execução da lei que instituía o Tribunal de Contas do Estado do Rio Grande do Norte[1]. Em seu entendimento, um Tribunal de Contas estadual era incompatível com o dispositivo da Constituição do Estado que estabelecia que a fiscalização das contas do governo era atividade privativa da Assembleia Legislativa. A lei havia sido criada quase 4 anos antes, em 1957, e só estaria a ser posta em execução "no apagar das luzes" do mandato do governador. Uma reversão de sua eventual implementação causaria graves danos aos cofres estaduais. Todo o quadro recomendava cautela. A Constituição de 1946 não previa a possibilidade de medida cautelar em processo de controle concentrado de constitucionalidade e tampouco o fazia a legislação. O Ministro concedeu a liminar com base em aplicação analógica da Lei do Mandado de Segurança.

[1] STF. **RP nº 467.** Tribunal Pleno. Rel. Min. Victor Nunes Leal. Rel. p/ acórdão Min. Luiz Galotti. Julgado em 12/05/1961. DJ 07/08/1961.

Antes mesmo que a Constituição o previsse – e ela viria a fazê-lo apenas em 1988 – o Supremo Tribunal Federal criou o seu próprio poder "cautelar". Como costuma ocorrer[2], a autoridade da Corte para conceder medidas temporárias foi reconhecida *depois* de ela já tê-las concedido. A Corte Constitucional, tal qual em *Marbury v. Madison,* cria seus próprios poderes. É o problema que Barber e Vermeule chamam de *constitutional bootstrapping*[3]*:* a expansão dos poderes da Corte pela própria Corte, quando chamada a definir suas próprias competências. Para os autores, uma das mais importantes razões levadas em consideração quando uma Corte Constitucional decide fazer um *bootstrap* é justamente a necessidade de efetivar a Constituição[4]. A Constituição por si só não tem em si a garantia da sua própria efetivação, mas possui as limitações da realidade[5]. No caso das medidas antecipatórias ("cautelares"), essa razão ganha relevo, porque a antecipação do provimento jurisdicional é muitas vezes uma condição indispensável da efetividade do direito – razão pela qual, aliás, muitos autores defendem, sob variadas formas, haver um direito fundamental à técnica antecipatória no processo civil[6].

Três anos depois da liminar de Victor Nunes Leal, e de forma mais notória, o STF utilizaria outra vez a analogia com o mandado de segurança para conceder liminar em *habeas corpus*[7]. O confronto entre, de um lado, a necessidade de decisões liminares para lidar com situações urgentes e, do outro, a dificuldade de encontrar base legislativa para justificá-las foi uma problemática presente na história jurisprudencial brasileira do século XX. Toda a erudita defesa de Rui Barbosa acerca da posse sobre direitos pessoais[8] tinha como única consequência prática a utilização da ação

[2] Hart, H. L. A. **The Concept of Law.** p. 153. Para Hart, é um "erro formalista" acreditar que todo passo dado por um tribunal está amparado em uma regra que lhe conferiu previamente autoridade para dá-lo.

[3] Barber, N.W.. Vermeule, Adrian. The exceptional role of courts in the constitutional order. **Notre Dame Law Review.** v. 92. n. 2. p. 823-829 e 850 e ss.

[4] Barber, N.W.. Vermeule, Adrian. *Op. Cit. 852.*

[5] Grimm, Dieter. **Constitutionalism – past, present and future.** p. 18-19.

[6] CF. Marinoni, Luiz Guilherme. **Técnica processual e tutela dos direitos**. p. 154 e ss; Mitidiero, Daniel. **Antecipação da tutela.** p. 76 e ss; Nery Junior, Nelson. **Princípios do processo na Constituição Federal.** p. 214.

[7] STF. **HC nº 41.296.** Tribunal Pleno. Rel. Min. Gonçalves de Oliveira. Julgado em 23/11/1964. DJ 22/12/1964.

[8] Cf. Barbosa, Rui. **Posse de direitos pessoais.** *passim.*

possessória – e, portanto, de um procedimento que permitia liminares – para protegê-los. Essa inaptidão dos procedimentos ordinários para lidar com a urgência também foi, segundo Marinoni[9], causa de uma utilização desvirtuada e hipertrófica do processo cautelar, antes da generalização da técnica antecipatória para o processo de conhecimento pelas reformas processuais de 1994. Nesse tempo, tornou-se comum a concessão de medidas satisfativas (restituitórias, inibitórias, reintegratórias etc.) sob o rótulo de cautelares[10]. Essa desvirtuação, no entanto, foi fundamental para permitir que a jurisdição atingisse, então, seu objetivo de tutela dos direitos: *"A expansão da cautelar inominada significou um fenômeno de democratização do processo, do acesso à justiça e da efetiva tutelabilidade jurisdicional dos direitos"*[11].

O processo cautelar foi utilizado para finalidades que em princípio lhe eram estranhas porque seu procedimento permitia a *técnica antecipatória*[12]. A técnica antecipatória caracteriza-se, estruturalmente, pela formação por meio de cognição sumária, pelo caráter provisório, e pela relação de identidade – total ou parcial – com o provimento final[13]. Impõe-se notar, no entanto, que há o direito à tutela do direito e há o direito à segurança da tutela do direito[14] (um direito substancial e autônomo à cautela[15]) – de modo que a técnica antecipatória pode ser um meio para obtenção da tutela satisfativa ou mesmo da tutela cautelar. A diferença entre tutela antecipada e tutela cautelar é, assim, a diferença entre técnica processual e tutela do direito.

Em 1975, o plenário do Supremo Tribunal Federal concedeu "medida preventiva" para suspender a execução de lei cuja inconstitucionalidade se impugnava por meio de representação[16]. Certa lei sobre a carreira da magistratura estava em questão e, se não suspensa, poderia causar promoções no Poder Judiciário difíceis de reverter. O voto do Relator, Ministro Thompson Flores, lidava com uma difícil questão: se cabia ao Senado, e

[9] MARINONI, Luiz Guilherme. **Técnica processual e tutela dos direitos.** p. 68-70.

[10] MARINONI, Luiz Guilherme. Tutela antecipatória não é tutela cautelar. **Revista de Processo.** v. 74. p. 98-101, 1994.

[11] *Idem. p. 69*

[12] MARINONI, Luiz Guilherme. **Tutela de urgência e tutela da evidência.** *p. 55*

[13] MITIDIERO, Daniel. **Antecipação da tutela.** p.74

[14] MITIDIERO, Daniel. *Op. Cit.* p.72

[15] Cf. SILVA, Ovídio Baptista da. **Do processo cautelar.** p. 34 e ss.

[16] STF. **RP nº 933.** Tribunal Pleno. Rel. Min. Thompson Flores. Julgado em 5/06/1975. DJ 26/12/1975.

não ao STF, suspender a execução da lei declarada inconstitucional, como poderia o Supremo suspendê-la em medida preventiva[17]? A solução do relator foi a seguinte: se a declaração de inconstitucionalidade pelo Supremo é irreversível, e se o Senado não tem alternativa que não suspender a execução da lei declarada inconstitucional, então a declaração de inconstitucionalidade equivale à suspensão da execução.

Esse desafio é similar ao enfrentado pela implementação da tutela satisfativa antecipada no processo civil. Isso porque, no processo civil liberal clássico, *"a tutela jurisdicional era basicamente de declaração. A declaração, que apenas podia ocorrer depois do exaurimento da cognição, é que podia dar atuação à lei"*[18] – e vigia, além do mais, o princípio da *nulla executio sine titulo*. O processo destinava-se à obtenção de uma declaração. E essa declaração constituía um título que poderia desencadear, só então, a atividade executiva. Como a cautelar nunca foi capaz de declarar definitivamente o direito, a doutrina precisava excluí-la conceitualmente do âmbito "processo de conhecimento"[19]. Foi essa exclusão, aliás, que permitiu a Calamandrei incluir a "cautelar satisfativa" no espaço conceitual das cautelares[20], *"doutrina perfeita à Itália de quase cem anos atrás"*[21] – proposta que foi fundamental para a outorga de tutela efetiva aos direitos nesse período.

Nesse contexto doutrinário, que no direito brasileiro só começaria a ser superado com as reformas processuais de 1994, é que aparece na Constituição de 1988 o dispositivo que autoriza a "medida cautelar" na ação direta de inconstitucionalidade (art. 102, I, 'p', CF). A legislação infraconstitucional viria a regular essa medida cautelar na Lei nº 9.868 de 1999. A confusão conceitual é tão notória que o art. 11, § 2º, da referida Lei, estabelece como regra a repristinação da legislação anterior – isto é, o conteúdo da hipótese típica de medida cautelar, prevista expressamente na lei, é satisfativo e não cautelar.

[17] No sistema atual, esse tipo de discussão está esvaziado, após o STF ter decidido nas ADIs 3406 e 3470 que a declaração de inconstitucionalidade tem eficácia *erga omnes* independente de pronunciamento do Senado Federal.

[18] Marinoni, Luiz Guilherme. **Tutela de urgência e tutela da evidência.** *p. 59.*

[19] Silva, Ovídio Baptista da. **Do processo cautelar.** p. 36.

[20] Cf. Calamandrei, Piero. **Introdução ao estudo sistemático dos procedimentos cautelares.** p. 64 e ss.

[21] Marinoni, Luiz Guilherme. **Tutela de urgência e tutela da evidência.** p. 63.

1. A prática do Supremo Tribunal Federal, o estado da arte da doutrina sobre cautelares em controle concentrado de constitucionalidade e as especificidades do processo objetivo

Em regra geral, a doutrina admite que a medida cautelar na ação direta de inconstitucionalidade consiste na suspensão do ato atacado[22].

Quanto aos requisitos, a doutrina costuma apontar o *fumus boni iuris* – isto é, a razoabilidade da tese jurídica veiculada na ação – e o *periculum in mora* – isto é, alguma manifestação de urgência[23].

A forma de definir o *periculum in mora* varia. Para Zeno Veloso, o *periculum in mora* é *"a probabilidade de ocorrerem transtornos graves, lesões irremediáveis, danos ou prejuízos de difícil ou incerta reparação"*[24]. Para Georges Abboud, essas lesões, danos e prejuízo têm destinatário certo: a "ordem pública"[25].

Nesses dois aspectos, as explicações doutrinárias talvez não tenham dado conta da evolução da prática jurisprudencial do STF.

Em 1997, editou-se uma lei no Estado do Goiás que previa os títulos que deveriam ser considerados nos concursos de ingresso e remoção nos serviços notariais. Vários desses títulos beneficiavam exclusivamente pessoas que já haviam exercido atividades notariais no passado. Em 2010, foi concedida medida cautelar pelo Supremo Tribunal Federal que estabeleceu que a norma violava o princípio da isonomia[26]. Dois elementos nesse precedente são elucidativos para testar os limites do arsenal doutrinário

O STF suspendeu a maior parte da lei. No entanto, quanto à apreciação como título da aprovação em concursos anteriores de carreiras notariais, a Corte preferiu conferir-lhe interpretação conforme a Constituição para determinar que esse título deve ser pontuado na mesma proporção da aprovação em concursos de cargos de carreiras jurídicas.

O outro elemento são as poucas palavras destinadas à identificação do *periculum in mora* no voto do relator. A íntegra dessa questão foi assim fundamentada:

22 Cf. Abboud, Georges. **Processo constitucional.** p. 508; Zavascki, Teori. **Eficácia das sentenças na jurisdição constitucional.** p. 77. Mendes, Gilmar Ferreira. Gonet Branco, Paulo Gustavo. **Curso de direito constitucional.** p. 1327. Veloso, Zeno. **Controle jurisdicional de constitucionalidade.** p.105.

23 Cf. *Idem.*

24 Veloso, Zeno. **Controle jurisdicional de constitucionalidade.** p.105.

25 Abboud, Georges. **Processo constitucional.** p. 508.

26 STF. **ADI 4.187 REF-MC.** Tribunal Pleno. Rel. Min. Cezar Peluzo. Julgado em 04/02/2010. DJ 07/05/2010.

7. O requisito do *periculum in mora* vem manifesto à necessidade de definição dos resultados do concurso já terminado[27].

O primeiro elemento mostra que a medida cautelar nem sempre consiste na suspensão do ato atacado. Como a medida cautelar é, em realidade, antecipação do provimento final, então todas as técnicas decisórias disponíveis na decisão final estão também disponíveis na medida cautelar: a interpretação conforme a Constituição, a declaração de nulidade parcial (com e sem redução de texto).

O segundo elemento, comum a decisões que se amparam em largo histórico de precedentes do próprio STF, mostra que nem sempre a Corte sente a necessidade de justificar aprofundadamente a urgência supostamente autorizadora da concessão da cautelar. Essa constatação abre caminho para a possibilidade de se reconhecer uma tutela da evidência constitucional.

Há, com efeito, inúmeros casos mais recentes em que o Supremo Tribunal Federal deferiu medidas cautelares sem nem sequer fazer referência ao *periculum in mora*. A título de exemplo, é o caso das medidas cautelares nas ADIs 6262 (DF)[28] e 6475 (MA)[29] (nas quais se faz menção a "estar caracterizado o *periculum in mora*" sem nenhuma fundamentação específica).

Apesar dos alertas de certa doutrina de que os conceitos da teoria geral do processo e do processo civil não se amoldam perfeitamente ao processo de controle concentrado de constitucionalidade[30], a literatura ainda não conseguiu articular a explicação das cautelares com as peculiaridades de um processo objetivo. E a primeira peculiaridade é justamente essa: o processo de controle concentrado de constitucionalidade é um processo sem partes – ou com partes meramente funcionais. No dizer de Jorge Miranda:

[27] STF. **ADI 4.187 REF-MC.** Tribunal Pleno. Rel. Min. Cezar Peluzo. Julgado em 04/02/2010. DJ 07/05/2010.

[28] STF. **ADI 6262-MC**. Rel. Min. Edson Fachin Julgado em 20/12/2019. DJ 22/04/2020.

[29] STF. **ADI 6475**. Rel. Min. Ricardo Lewandowski. Julgado em 13/10/2020. DJ 09/11/2020.

[30] Nesse sentido, cf. Nunes, Jorge Amaury Maia. A clássica teoria geral do processo e o novo CPC. In: Nunes, Jorge Amaury Maia. Pupe da Nóbrega, Guilherme. **Processo e procedimento – Migalhas de direito processual.** São Paulo: Migalhas, 2019. Também: CANAS, Vitalino. Os efeitos das decisões do Tribunal Constitucional: a garantia da segurança jurídica, da equidade e do interesse público. **Revista brasileira de direito constitucional.** n. 2, 2003, p. 226-239.

> A fiscalização abstracta vincula-se a um poder funcional de iniciativa – ao poder de requerer ao Tribunal Constitucional a apreciação da constitucionalidade ou da legalidade das normas jurídicas.
>
> Dizemos *poder funcional*, e não *direito* de iniciativa, porque impende sobre certos órgãos ou fracções de titulares de órgãos do poder político no âmbito do sistema político global da Constituição; porque se reconduz a uma competência; e porque é dominado exclusivamente por uma perspectiva de interesse público e objectivo. Por isso, só se justifica falar aqui em acção de inconstitucionalidade com acção pública e não, de modo algum, como ação *stricto sensu*. Não há partes na fiscalização abstracta. (MIRANDA, 2008, p. 247)

A ausência de partes cria indagações óbvias no âmbito das cautelares. O risco de *dano*, de *consequências indesejáveis iminentes* é um de seus requisitos? Se sim, dano ao direito de quem? Certamente não ao das partes da ação – já que não existem, ou ao menos não defendem direito subjetivo. Na medida cautelar na ADI 4509[31], como em tantas outras, o *periculum in mora* foi justificado com base no risco aos cofres públicos. Evitar o prejuízo à Fazenda de determinado Estado é evitar dano a direito subjetivo desse Estado. Isso significa que, mesmo o objeto da ação sendo o direito objetivo, as medidas cautelares podem proteger direitos subjetivos – inclusive difusos e coletivos.

Essa constatação põe em xeque a adequação da doutrina das cautelares para o controle concentrado mesmo quando utilizadas em sua função mais ortodoxamente "cautelar". Isso porque, sendo correta a análise acima, o controle concentrado dispensa a "referibilidade" entre o direito acautelado e o objeto do processo que é tradicionalmente associada aos procedimentos cautelares.

Outra peculiaridade das cautelares no processo objetivo de constitucionalidade – posta, aliás, pelo Ministro Celso de Mello em uma das primeiras medidas cautelares apreciadas sob a Constituição de 1988[32] – é que nelas deve agir como fator dificultador de concessão a presunção de constitucionalidade.

[31] STF. **ADI nº 4509.** Tribunal Pleno. Rel. Min. Carmen Lucia. Julgado em 07/04/2011. DJ 25/05/2011.

[32] STF. **ADI nº 96-9.** Tribunal Pleno. Rel. Min. Celso de Mello. Julgado em 18/10/1989.

2. Conclusão: apontamentos para uma futura sistematização

A doutrina da técnica antecipatória no processo objetivo de constitucionalidade encontra-se em descompasso tanto com a doutrina da técnica antecipatória em geral quanto com a doutrina do próprio processo objetivo de constitucionalidade. Uma futura sistematização precisará, em primeiro lugar, partir da distinção entre tutela cautelar e técnica antecipatória e perceber que nem todo provimento antecipado proferido pela Corte Constitucional é cautelar.

Essa constatação poderá, em primeiro lugar, abrir caminho para uma "recautelarização das cautelares". Isto é: se a presunção de constitucionalidade é limitadora da concessão de provimentos antecipados, deve-se encontrar, diante da urgência, o provimento mais restritivo possível que proteja os direitos (de pessoas que não são partes) afetados. Por isso, é possível pensar em decisões que acautelem os direitos sem esgotar o objeto da ação.

É possível, por exemplo, ainda que haja convencimento preliminar da inconstitucionalidade integral de um dispositivo, suspender apenas a palavra mais danosa, ou a hipótese de incidência mais danosa, fazendo distinção de técnica decisória entre a medida cautelar e o provimento final. Também é possível pensar, em casos mais complexos, até na hipótese inversa: suspender cautelarmente a íntegra do ato, até que se possa, no provimento final, construir a interpretação conforme a constituição que o preserva.

Em segundo lugar, será possível pensar em uma tutela constitucional antecipada (satisfativa) de evidência, proposta que parece já caminhar tacitamente no Supremo Tribunal Federal. Pense-se, por exemplo, em ADI contra lei de determinado estado que seja idêntica a inúmeras outras, de outros Estados, que o Supremo já tenha julgado inconstitucional. É viável pensar na dispensa, nesses casos, do requisito da urgência. Trata-se de verdadeira tutela constitucional de evidência.

Referências

Julgados citados

STF. **RP nº 467.** Tribunal Pleno. Rel. Min. Victor Nunes Leal. Rel. p/ acórdão Min. Luiz Galotti. Julgado em 12/05/1961. DJ 07/08/1961.

STF. **HC nº 41.296.** Tribunal Pleno. Rel. Min. Gonçalves de Oliveira. Julgado em 23/11/1964. DJ 22/12/1964.

STF. **RP nº 933-MC.** Tribunal Pleno. Rel. Min. Thompson Flores. Julgado em 5/06/1975. DJ 26/12/1975.

STF. **ADI nº 3470.** Tribunal Pleno. Rel. Min. Rosa Weber. Julgado em 29/11/2017. DJ 01/02/2019.

STF. **ADI 4.187 REF-MC.** Tribunal Pleno. Rel. Min. Cezar Peluzo. Julgado em 04/02/2010. DJ 07/05/2010.

STF. **ADI 6262-MC**. Rel. Min. Edson Fachin Julgado em 20/12/2019. DJ 22/04/2020.

STF. **ADI 6475**. Rel. Min. Ricardo Lewandowski. Julgado em 13/10/2020. DJ 09/11/2020.

STF. **ADI nº 4509.** Tribunal Pleno. Rel. Min. Carmen Lucia. Julgado em 07/04/2011. DJ 25/05/2011.

STF. **ADI nº 96-9.** Tribunal Pleno. Rel. Min. Celso de Mello. Julgado em 18/10/1989.

Referências

ABBOUD, Georges. **Processo constitucional.** ed. 3. São Paulo: Revista dos Tribunais, 2019.

BARBER, N.W.. VERMEULE, Adrian. The exceptional role of courts in the constitutional order. **Notre Dame Law Review.** v. 92. n. 2. p. 817-858.

BARBOSA, Rui. **Posse de direitos pessoais.** São Paulo: Edipro, 2008.

CALAMANDREI, Piero. **Introdução ao estudo sistemático dos procedimentos cautelares.** Tradução da edição italiana de 1936 por Carla Roberta Andreasi Bassi. Campinas: Servanda, 2000.

CANAS, Vitalino. Os efeitos das decisões do Tribunal Constitucional: a garantia da segurança jurídica, da equidade e do interesse público. **Revista brasileira de direito constitucional.** n. 2, 2003, p. 226-239.

GRIMM, Dieter. **Constitutionalism – past, present and future.** Oxford: Oxford University Press, 2016.

HART, H. L. A.. **The Concept of Law.** ed. 3. Oxford: Oxford University Press, 2012.

MARINONI, Luiz Guilherme. **Técnica processual e tutela dos direitos.** ed. 3. São Paulo: Revista dos Tribunais, 2010.

MARINONI, Luiz Guilherme. **Tutela de urgência e tutela da evidência.** ed. 3. São Paulo: Revista dos Tribunais, 2019.

MARINONI, Luiz Guilherme. Tutela antecipatória não é tutela cautelar. **Revista de Processo.** v. 74. p. 98-101, 1994.

MENDES, Gilmar Ferreira. GONET BRANCO, Paulo Gustavo. **Curso de direito constitucional.** ed. 13. São Paulo: Saraiva, 2018.

MIRANDA, Jorge. **Manual de direito constitucional.** Tomo VI. ed. 3. Coimbra: Coimbra Editora, 2008.

NERY JUNIOR, Nelson. **Princípios do processo na Constituição Federal.** ed. 13. São Paulo: Revista dos Tribunais, 2017.

NUNES, Jorge Amaury Maia. A clássica teoria geral do processo e o novo CPC. In: NUNES, Jorge Amaury Maia. PUPE DA NÓBREGA, Guilherme. **Processo e procedimento – Migalhas de direito processual.** São Paulo: Migalhas, 2019.

SILVA, Ovídio Baptista da. **Do processo cautelar.** ed. 3. Rio de Janeiro: Forense, 2001.

VELOSO, Zeno. **Controle jurisdicional de constitucionalidade.** Belém: Cejup, 1999.

ZAVASCKI, Teori. **Eficácia das sentenças na jurisdição constitucional.** ed. 2. São Paulo: Revista dos Tribunais, 2013.